UNIVERSITÉ DE FRANCE — ACADÉMIE DE NANCY

DROIT ROMAIN

ESSAI

SUR LA

GENS & LES GENTILES

A ROME

—

DROIT FRANÇAIS

CONTRIBUTION

A

L'ÉTUDE DU DROIT COUTUMIER LORRAIN

FIEFS — CENSIVES — SERVITUDES RÉELLES

———

THÈSE POUR LE DOCTORAT

PRÉSENTÉE A LA FACULTÉ DE NANCY

PAR

VICTOR RISTON

AVOCAT

———

PARIS

LIBRAIRIE NOUVELLE DE DROIT ET DE JURISPRUDENCE

ARTHUR ROUSSEAU, ÉDITEUR

14, RUE SOUFFLOT, ET RUE TOULLIER, 13

—

1887

THÈSE

POUR LE DOCTORAT

UNIVERSITÉ DE FRANCE — ACADÉMIE DE NANCY

DROIT ROMAIN

ESSAI

SUR LA

GENS & LES GENTILES

A ROME

DROIT FRANÇAIS

CONTRIBUTION

A

L'ÉTUDE DU DROIT COUTUMIER LORRAIN

FIEFS — CENSIVES — SERVITUDES RÉELLES

THÈSE POUR LE DOCTORAT

PRÉSENTÉE A LA FACULTÉ DE NANCY

PAR

VICTOR RISTON

AVOCAT

L'acte public sur les matières ci-après sera présenté et soutenu
le mardi 28 juin 1887, à 4 heures du soir

Président : M. LEDERLIN, Doyen de la Faculté

Suffragants { MM. A. LOMBARD } *Professeur*
{ L. BEAUCHET }
{ G. BOURCART, *Agrégé.*

Le Candidat répondra en outre aux questions qui lui seront faites sur les autres
matières de l'enseignement.

PARIS
LIBRAIRIE NOUVELLE DE DROIT ET DE JURISPRUDENCE
ARTHUR ROUSSEAU, ÉDITEUR
14, RUE SOUFFLOT, ET RUE TOULLIER, 13

1887

FACULTÉ DE DROIT

MM. LEDERLIN, ✳, I ⬥, Doyen, Professeur de Droit romain, autorisé à faire le cours de Pandectes, et Chargé du cours de Droit français étudié dans ses origines féodales et coutumières.

JALABERT, ✳, I ⬥, Doyen honoraire.

LOMBARD (Ad.), ✳, I ⬥, Professeur de Droit commercial et Chargé du cours de Droit des gens.

LIÉGEOIS, I ⬥, Professeur de Droit administratif et Chargé du cours d'Histoire du Droit.

BLONDEL, I ⬥, Professeur de Code civil et Chargé du cours de Droit constitutionnel.

BINET, A ⬥, Professeur de Code civil et Chargé du cours d'Enregistrement.

LOMBARD (P.), A ⬥ Professeur de Code civil.

GARNIER, A ⬥, Professeur d'Economie politique.

MAY, A ⬥, Professeur de Droit romain.

GARDEIL, A ⬥, Professeur de Droit criminel.

BEAUCHET, A ⬥, Professeur de Procédure civile.

BOURCART, Agrégé, Chargé du cours des Pandectes, autorisé à faire le cours de Droit romain.

GAVET, Agrégé, Chargé du cours d'Histoire générale du Droit français public et privé.

CHRÉTIEN, Agrégé, Chargé du cours de Droit international privé.

LACHASSE, I ⬥, Docteur en droit, secrétaire.

La Faculté n'entend ni approuver ni désapprouver les opinions particulières du candidat.

BIBLIOGRAPHIE

1. — Sigonius : *De antiquo jure civium Romanorum. Franckœfurti.* 1593.
2. — Cujas : *Opera omnia. Lutetiæ,* 1658.
3. — Nieuport : *Rituum, qui olim apud Romanos.... explicatio. Argentorati,* 1738.
4. — Gravina : Esprit des lois romaines. Londres, 1766.
5. — Heineccius : *Opera omnia, Genevæ,* 1767.
6. — De Beaufort : Dissertation sur l'incertitude des cinq premiers siècles de Rome. Utretch, 1738.
7. — Terrasson : Histoire de la jurisprudence romaine, Paris, 1750.
8. — Pothier : *Pandectæ Justinianæ.* Paris, 1821.
9. — Bénech : Programme d'un cours de droit romain. Toulouse, 1836.
10. — Niebuhr : Histoire romaine, traduction de Golbery. Paris, 1830.
11. — Guérard : Essai sur l'histoire du droit privé des Romains. Paris, 1841.
12. — Giraud : De la gentilité romaine. (Revue Wolowski, 1847).
12. — Ortolan : Explication des Institutes de Justinien. Paris, 1863.
14. — Laferrière : Histoire du droit civil de Rome et du droit français. Paris, 1852.
15. — Walter : Geschichte des römischen Rechts. Rome, 1860.
16. — Mommsen : Histoire romaine, traduction Alexandre. Paris, 1863.
17. — Fustel de Coulanges : La Cité antique. Paris, 1864.
18. — De Caqueray : Explication des principaux passages de droit privé, que l'on trouve dans Cicéron. Paris, 1857.
19. — Cauvet : Organisation de la famille chez les Romains.
20. — Revillout : Les familles politiques d'Athènes et les *gentes* de Rome (Revue historique, 1862).

21. — DOMENGET : Les institutes de Gaïus traduites en français. Paris, 1866.

22. — DÉZOBRY : Rome au siècle d'Auguste.

23. — WILLEMS : Le droit public romain. Louvain, 1880.

24. — MADWIG : L'État romain et sa constitution. Paris, 1882.

25. — IHERING : Esprit du droit romain, traduction Meulenaere. Paris, 1880.

26. — BERTHELOT et DIDIER : Histoire intérieure de Rome, tirée de Lange. Paris, 1885.

27. — CAGNAT : Cours élémentaire d'épigraphie latine.

28. — DE LAVELEYE : De la propriété.

29. — SUMNER-MAINE : Institutions primitives.

30. —   »   »   L'ancien droit. Paris, 1874.

31. — DÉMÉLIC : Le droit coutumier des Slaves (Revue de législation, 1876.)

32. — BORCHERON-DESPORTES : Aperçu historique et analytique du droit hindou. (Revue historique, 1855).

33. — BOISSONNADE : La réserve héréditaire dans l'Inde. (Revue de législation, 1870.)

34. — CRÉMAZY : Le droit hindou. (Revue de législation, 1876.)

35. — DE VALROGER : Les Celtes et la Gaule celtique.

36. — WALTER-SCOTT : Waverley. (Renseignements historiques.)

37. — QUINON : Dissertation sur la gens et le droit de gentilité.

38. — KLIMRATH : Histoire du droit privé et public de la France.

39. — BLOCH : Les Origines du Sénat romain. Paris, 1883.

40. — HANOTEAU et LETOURNEUX : La Kabylie et les coutumes Kabyles.

41. — MISPOULET : Institutions politiques des Romains.

42. — La gens, par M. Casati. Paris, 1886-1887.

43. — Recherches sur la propriété collective à Rome par M. E. Gauckler. Nancy, 1883.

44. — MUIRHEAD : Roman. Land., Edimbourg, 1886.

45. — SUMNER-MAINE : De l'organisation juridique de la famille chez les Slaves du Sud et chez les Rapjoutes. Paris, 1878.

ESSAI

SUR LA

GENS & LES GENTILES A ROME

« Moribus antiquis stat res romana, virisque. »

(Ænnius).

INTRODUCTION

Dans un certain nombre de passages appartenant à des auteurs latins, jurisconsultes ou littérateurs, il est fait mention de ce que les Romains appellent : la *gens*, les *gentes*, les *gentiles*. Ces termes qui, dans une traduction large, pourraient être regardés comme de simples synonymes des mots : *regio*, *natio*, *populi*, *cives* et, par conséquent, rester inaperçus, acquièrent au contraire dans le langage précis du droit un sens technique indubitable. A cette expression *gens* devait donc correspondre dans l'esprit du jurisconsulte l'idée d'une institution positive à laquelle il faisait allusion.

Ce qui donne à cette question particulière un grand intérêt, c'est que précisément si nous retrouvons encore quelques vestiges de la *gentilitas* à l'époque des empereurs, ce ne sont plus pour ainsi dire que de très vagues souvenirs conservés par la tradition. Ce sont des reliques d'une époque passée, c'est une organisation primitive qu'il nous faut reconstituer complètement à l'aide des quelques renseignements parvenus jusqu'à nous.

Pour préciser davantage les faits et la façon dont le problème se trouve posé, nous n'avons qu'à ouvrir les Commentaires de Gaïus au livre III, paragraphe 17, où il s'occupe de la dévolution de la succession *ab intestat,* et nous donne à ce sujet l'exposé de la législation des Douze-Tables.

Le jurisconsulte, après avoir indiqué que l'hérédité déférée en premier lieu aux héritiers siens passait ensuite au *proximus agnatus,* continue ainsi : « Si nullus agnatus sit, eadem lex Duodecim Tabularum gentiles ad hereditatem vocat : qui sint autem gentiles, primo commentario retulimus, et cum illic admonuerimus totum gentilitium jus in desuetudinem abiisse, supervacuum est hoc quoque loco de eadem re curiosius tractare. »

Les *gentiles* composaient donc le troisième ordre d'héritiers *ab intestat* appelé par la loi, Gaïus le mentionne formellement, mais par contre il ne nous donne dans ce passage aucune explication sur ce que l'on doit entendre par ce mot *gentiles.* Ceci d'ailleurs ne doit point lui être imputé à faute, puisque cet auteur s'était déjà occupé de cette matière dans son premier commentaire. Pour ses lecteurs, c'était donc sujet connu, et afin d'éviter toute longueur dans un manuel destiné à des débutants, Gaïus renvoie simplement à son premier livre ; voulant de plus écarter tout reproche d'obscurité il a soin, pour se justifier, d'ajouter que, depuis longtemps, la *gentilitas* est tombée en désuétude, ce qui à ses yeux enlevait une grande partie de l'intérêt à la question.

L'étudiant romain était parfaitement renseigné, et il ne pouvait se plaindre, mais notre sort actuellement est loin d'être aussi favorable. Nous aussi nous voudrions nous reporter à ce premier commentaire et y trouver la solution de l'énigme, c'est en vain ! Par un de ces hasards malheureux, dont l'histoire nous fournit bien des exemples, le temps n'a pas respecté ce précieux passage auquel le jurisconsulte nous renvoyait.

Telle est la façon dont le problème se pose à nous, mais nous avons hâte d'ajouter que la difficulté ne date pas de la découverte des Commentaires de Gaïus, car depuis le début des études de droit romain au moyen âge, l'on connaissait déjà l'existence des *gentiles* par la lecture des autres auteurs latins ; ce sujet avait fait à maintes reprises l'objet des luttes les plus passionnantes. On espérait que la trouvaille de Vérone viendrait mettre fin aux discussions entamées à cette occasion, mais nous savons comment ce dernier espoir a été déçu.

Gaïus n'est d'ailleurs pas le seul des écrivains romains qui nous ait laissé quelques mots sur la *gens*, et nous trouvons épars dans la majorité des auteurs des allusions plus ou moins directes à la matière dont nous entreprenons l'étude. Ciceron, Festus, Catulle, Paul, Ulpien, Aulu-Gelle, Denys d'Halicarnasse, Tite-Live, Varron,

Suétone, Plutarque et d'autres encore pourront nous fournir de temps en temps quelques renseignements précieux; mais malheureusement nous sommes en présence d'une pénurie absolue de textes précis sur lesquels il soit possible de baser une opinion certaine. Nous en serons donc réduits à essayer de résoudre le problème en nous aidant des passages des quelques auteurs, que nous venons de citer, et surtout, moyen qui nous paraît le seul véritable, en appliquant au peuple romain les règles immuables que nous retrouvons toujours dans le développement historique de tous les peuples. Le raisonnement, appuyé d'une part sur l'histoire, et de l'autre sur les textes latins, sera la méthode que nous nous proposons de suivre dans ce travail.

SOMMAIRE

Après avoir, en quelques lignes, donné dans un premier chapitre un aperçu chronologique des différentes opinions anciennes et modernes émises sur la *gentilitas*, nous aborderons directement la difficulté dans un chapitre second où nous aurons à rechercher quelle était la nature et l'essence de la *gentilitas* primitive, son origine et les circonstances au milieu desquelles elle s'est développée. Nous consacrerons notre chapitre troisième au point capital de cette étude à la comparaison et au développement de la *gentilitas* et de l'agnation avant et après la loi des Douze-Tables. Nous nous occuperons à rechercher le fondement de la *gentilitas*, la composition et les destinées de la *gens* dans un chapitre quatrième. L'énumération détaillée des droits et des obligation des *gentiles* formera l'objet de notre chapitre cinquième; et enfin notre chapitre sixième renfermera l'examen rapide du développement de la notion sociale de gentilité dans les principales nations indo-européennes; ce sera la preuve définitive des idées que nous aurons émises dans le cours de notre travail.

CHAPITRE PREMIER

APERÇU CHRONOLOGIQUE DES DIFFÉRENTES OPINIONS ÉMISES SUR LA « GENTILITAS » PAR LES AUTEURS ANCIENS ET MODERNES

Le droit romain était encore en vigueur en Occident, que déjà des esprits curieux avaient été frappés de la sorte de mystère entourant ce sujet.

Ce fut, d'après Giraud [1], à qui j'emprunte une partie de ce court résumé historique, saint Isidore de Séville, qui le premier aborda la difficulté dans son étude « sur les origines » (livre IX, ch. I,), et pour qui le caractère essentiel de la *gentilitas* se trouve dans la nécessité d'une origine commune pour tous les membres d'une même gens dont il laisse cette définition : *multitudo ab uno principio orta.*

Les glossateurs et l'école de Bologne, qui donnèrent une si grande impulsion aux travaux de droit romain, mirent complètement de côté la matière qui nous occupe, et il nous faut remonter jusqu'en 1508 pour trouver Guillaume Budé, qui conclut dans ses *Annota-*

[1] Giraud : De la gentilité romaine.

tiones ad Pandectas que les *gentiles* étaient de même race et personnifiaient les derniers représentants de la noblesse primitive de Rome. (Édition de 1541, pages 25, 142 et 254.)

Barnabé Brisson, vers 1583, adopta une opinion semblable, en voyant dans la *gens* une association de familles naturelles.

Cujas s'occupa peu de la question, mais de l'ensemble de ses œuvres et notamment de son commentaire sur les lois 38 et 39 D. L, XVI, et sur la loi 1, D. XXII, III, il ressort que pour lui la gentilité, privilège exclusif des patriciens, repose essentiellement sur les liens du sang, et constitue une véritable parenté plus compréhensive que l'agnation.

Pour Gravina [1], les *gentiles* sont des parents de même race, mais de familles différentes (*De ortu et progressu juris civilis*).

Pasquier s'attache surtout au caractère d'ingénuité perpétuelle, et croit y voir une parenté aristocratique.

Hotoman, vers la même époque, adopte un système tout autre, et voulant trouver une séparation absolue entre l'agnation et la gentilité, émet l'opinion que tous les parents jusqu'au dixième degré forment l'ordre des agnats, tandis que ceux au-delà constituent celui des *gentiles*. (*Commentarius in* IV *institutionum juris civilis libros*, § 5 ; *de succ. cognat.*)

Chaldem se rapproche beaucoup de l'idée précédente. Pour lui aussi, l'agnation et la gentilité ne sont que des espèces différentes d'une même parenté ; mais il n'ose pas indiquer le point exact où finit l'agnation

---

[1] Gravina : *De ortu et progressu juris civilis.*

et où commence la *gentilitas* : il reste dans le vague en se contentant de dire des *gentiles* qu'ils sont: *cives de quorum tamen proximitate consanguinitatis non constat.* (*De gentilitate veterum Romanorum.*)

Pothier suivit le système de Cujas, dont il résume la doctrine par ces mots : *gentiles sunt agnati remotiores, ejusdem nominis et gentis sed diversarum familiarum.* (Pothier : vº *Gentiles, sur le livre* 50, *titre* 16 *au Digeste.*)

L'historien Italien Sigonius fut tenté d'expliquer l'institution de la *gens romana* par l'analogie de ce qui se passait sous ses yeux; aussi vit-il dans cette institution une parenté aristocratique qu'il séparait de l'agnation par cette sorte de formule que « la *gens* est à l'agnation comme cette dernière est à la famille[1] ». Les *gentiles* pour lui sont des parents plus éloignés que les *agnati*, et pour le prouver il s'appuie sur l'ordre des personnes appelées à recueillir une hérédité. La *gentilitas* serait donc une parenté plus étendue que l'agnation et qui revêtirait un caractère essentiellement aristocratique au moins au début. (*De antiquo jure civium romanorum* : I, 7.) Ce système, qui eut une grande vogue, fut adopté successivement par Terrasson, Nieuport, Pitiscus, Beaufort et Rosinus.

Pour Heineccius (*Antiquitates romanæ* : III, 2, 2), les *gentiles* sont également des parents par le sang, et se reconnaissent à la similitude du nom qu'ils portent. Ils descendent tous d'un même auteur commun, mais forment différentes familles séparées, dont cha-

---

[1] « Ego autem inter gentilitatem et agnationem illud interesse opinor quod inter gentis et familiæ jura... quippe ut quemadmodum familia nos proprius attingit quam genus, sic agnati arctiore nobiscum quam gentiles necessitudine junguntur. »

que membre a la qualité d'agnat et ajoute au *nomen gentilitum* un *cognonem*. L'agnation ne comprendrait qu'une seule famille, d'après cet auteur, tandis que la gentilité serait formée de la réunion de plusieurs familles particulières.

Nous signalerons enfin François Baudoin, qui, contrairement à l'opinion de ses contemporains, crut voir dans la *gens* une institution politique, sur laquelle, il est vrai, il est très sobre de détails, mais dont l'existence ne semble être pour lui l'objet d'aucun doute. (Commentaire de la loi des Douze-Tables.)

Là s'arrête notre rapide exposé des doctrines anciennes qui, on a pu le constater, reviennent presque toutes à considérer la gentilité comme un lien de parenté naturelle fondée sur la consanguinéité.

Si nous passons maintenant à l'examen des nombreuses opinions des savants contemporains, et si nous cherchons à faire une classification de ces systèmes, nous constaterons que tous les auteurs peuvent rentrer dans trois groupes bien distincts.

1.) Suivant les uns, et c'est l'opinion la plus ancienne, la *gens* repose essentiellement sur les liens du sang.

Fustel de Coulanges a développé cette thèse avec beaucoup d'habileté dans la « Cité antique. » Pour lui la *gens*, qui avait au début une constitution essentiellement patricienne et aristocratique à laquelle les Douze-Tables portèrent une atteinte mortelle, était la famille elle-même, réunissant une ou plusieurs lignées, fondée sur l'obéissance à la loi religieuse, ordonnant le culte des ancêtres communs.

D'après Laferrière (Histoire du droit civil des Romains) la *gens* est la famille antique, toujours ingénue, qui a donné son nom générique aux familles particulières issues d'elle, lesquelles en se multipliant se sont distinguées de la race génératrice par un surnom de famille ou de branche. Les agnats sont les seuls citoyens qui ont été placés « *effectivement* » sous la puissance d'un même *paterfamilias*.

Domenget, reprenant l'idée émise autrefois par Hotoman, estime que les *gentiles* sont les agnats au-delà du septième degré. (*Institutes* de Gaïus, traduites en français.)

Pour Guérard, la gentilité est la seule parenté admise entre les patriciens avant la loi des Douze-Tables, tandis que l'agnation est la parenté plébéienne, *imposée à l'aristocratie par cette nouvelle législation*, qui amena la disparition de la gentilité.

Pour Ortolan enfin la *gens* présuppose formellement l'idée d'une origine commune ; mais, d'après lui, cette origine n'est pas naturelle, c'est-à-dire fondée sur les liens du sang, mais civile, et son fondement ne serait autre que les rapports existant entre les affranchis et leurs anciens maîtres. Seront *gentiles*, les citoyens d'origine purement ingénue ; ceux au contraire qui descendront d'un ancêtre autrefois esclave, ne le seront jamais. A l'égard de ces derniers, le *manumissor* et tous leurs descendants seront leurs *gentiles*, sans que pour cela l'affranchi et ses enfants soient les *gentiles* des fils et petits-fils de leur *manumissor*

La gentilité est en conséquence une distinction aristocratique et le signe d'une race noble.

2.) D'autres auteurs, et notamment Niebuhr [1], et Gi-

---

[1] Niebuhr : Histoire romaine.

raud [1], n'ont vu dans la *gens* qu'une institution purement civile et artificielle. La *gens* étant selon eux une
agrégation politique de diverses familles patriciennes
étrangères les unes aux autres par les liens du sang et de
la puissance paternelle, mais unies civilement, habitant
le même quartier, honorant les mêmes dieux et jouissant d'une participation égale au gouvernement de
l'État. La *gens* ne serait autre que la décurie, c'est-à-
dire une subdivision de la curie, et Rome sur ce point
n'aurait fait que copier l'organisation grecque. (*Infrà*.)

3.) Certains auteurs enfin estiment que la véritable
solution se trouve dans un système qui, tout en admettant la communauté d'origine comme caractère essentiel de la *gentilitas*, reconnaît néanmoins dans cette
institution les traces d'une organisation politique ou
administrative.

Mommsen [2], qui peut rentrer dans ce dernier groupe,
enseigne que la *gens* est la famille étendue, dont l'ensemble des membres porte le même nom et dont la généalogie est perdue. Ces caractères, d'après ces historiens, durèrent peu, et bientôt la *gens* devint une
véritable division politique, trait distinctif qu'elle conserva jusqu'à sa disparition.

A l'exemple de Niebuhr, Ihéring [3] admet la division
des trente curies en trois cents *gentes*, mais il se sépare
de son devancier en rattachant les *gentes* au principe
de la famille, et en formulant sa pensée dans cette sorte
de maxime « *que la gens est l'identité de la famille et de
l'Etat* ».

[1] Giraud : De la Gentilité romaine.
[2] Mommsen : Histoire romaine.
[3] Ihering : L'Esprit du droit romain.

Tel est, en un mot, l'ensemble des grands systèmes admis aujourd'hui sur notre matière. La France avec Ortolan, Fustel de Coulanges et Giraud, l'Allemagne avec Niebuhr, Mommsen et Ihéring sont dignement représentées dans ce tournoi scientifique.

Malgré l'essai de classification que nous venons de faire, nous tenons à ajouter qu'il ne faudrait pas en exagérer la portée, ni la croire en tous points d'une rigueur mathématique, notre seul but ayant été de vouloir mettre un peu d'ordre dans la variété des opinions, qui se sont produites au sujet de la gentilité romaine.

Avant de développer les idées, qui nous paraissent pouvoir expliquer d'une façon satisfaisante cette question tant controversée, nous croyons devoir indiquer brièvement les différents sens donnés par les anciens au mot *gentilis* ; nous prémunirons par là d'interprétations erronées qui ne pourraient que venir encore compliquer le sujet.

1° Dans les livres saints, l'on trouve presque toujours cette expression *gentilis* employée comme *synonyme de paganus* ; c'est le sens que lui attache saint Augustin, et parmi les jurisconsultes Cujas dans son titre : *De paganis*.

2° *Gentilis* peut en outre être employé dans le sens du terme *compatriote*. (Aulu-Gelle : Nuits attiques ; XVII, 17.).

3° Ce terme peut également être pris dans l'acception du mot « homonyme ». (Ciceron : Tuscul., 16.)

4° Le mot *gentilis* enfin doit avoir un *sens technique* propre, et désigner un membre de la *gens*, et c'est précisément sur la signification de ce terme pris dans son acception scientifique que porte toute la discussion ;

aussi le sens qu'il faudra selon nous attacher à cette
expression ressortira-t-il de l'ensemble de notre travail,
dont il sera pour ainsi dire le résultat et la conclusion.

Nous ferons également remarquer en terminant ce
chapitre que le mot *genus* s'emploie très souvent pour
le terme *gens*, et qu'on peut considérer l'un comme
synonyme de l'autre. (Voir notamment des exemples de
ce fait dans le Brutus de Cicéron, dans Tite-Live, II, 46;
et X, 3 et 5 ; dans Plaute et dans Ænnius.).

CHAPITRE SECOND

DE LA NATURE ET DE L'ORIGINE DE LA « GENTILITAS » DANS LES TEMPS HISTORIQUES DE ROME

Aussi loin que nous pouvons remonter dans l'histoire, nous nous figurons comme premiers habitants du pays, qui plus tard devait devenir la ville de Rome, des tribus errantes venant de régions lointaines, et vivant de cette vie d'aventures que l'on peut encore constater aujourd'hui dans certaines parties de l'Afrique ou du plateau asiatique.

Tant que dura cette période primitive, il est impossible de dire que le peuple romain existait ; c'étaient seulement des familles nomades, dressant leurs tentes un jour dans un endroit pour les reporter plus loin le lendemain. A ce moment le régime patriarcal règne sans partage, et la famille telle que nous la concevons avec nos idées modernes n'existe pas encore. A la tête d'un groupe d'individus se trouve placé un homme, le *pater-familias*, qui réunit en lui l'ensemble de tous les pouvoirs ; il est chef absolu des personnes ; sa femme, ses enfants, les enfants de ses enfants, ses esclaves, tout vit

sous son entière dépendance, et c'est lui seul qui représente la tribu, dont il est l'incarnation vivante. La
femme dans le groupe n'a aucune autorité, elle est sans
volonté et se trouve sur le même rang social que ses
propres enfants.

L'autorité du chef, du *senior*, n'a pas de contrôle ; il
a le droit de vie et de mort, et personne ne peut lui demander compte de ses actes ; toute justice émane de lui.

La tribu possède des biens, principalement des troupeaux et des meubles de toute espèce ; la propriété
immobilière y étant inconnue au début, en raison même
du genre de vie de ces peuplades primitives. Le *pater*,
relativement à ces biens, n'a pas plus de droit que les autres membres ; sans doute il impose ses volontés au sujet de l'emploi et de l'usage à faire de ces objets, mais il
n'est pas pour cela propriétaire ; il n'a pas le *jus ven-
dendi*, et n'est que l'administrateur et le représentant
de la tribu, qui seule possède. C'est le régime de la propriété collective.

Enfin, au point de vue religieux, le *paterfamilias* est
le grand-prêtre de la tribu ; c'est lui seul qui offre les
sacrifices aux divinités, dont il est le pontife, en attendant qu'un jour il soit lui-même compté au nombre des
dieux de la famille.

Ce chef suprême n'est pas élu par ses parents ; c'est
l'âge qui désigne le *pater*, appelé également *senior* ;
aussi est-ce l'ancêtre vivant le plus éloigné, qui est investi de l'autorité sur toutes les personnes de la tribu.
Ce fait n'a d'ailleurs rien de surprenant, lorsqu'on sait
que la tribu repose essentiellement sur la parenté par
le sang et sur l'idée de descendance d'un même auteur
commun.

Tel était en un mot, d'après l'opinion générale, l'état social en vigueur avant la fondation de Rome.

Bientôt néanmoins les habitudes changèrent, et l'on vit ces familles nomades se fixer peu à peu sur le sol de la région qu'elles traversaient, s'y établir d'une façon stable, y bâtir des habitations, en résumé devenir sédentaires.

Pendant un certain temps, le groupe primitif reste uni comme précédemment, chaque famille particulière ne se séparant pas de l'aïeul, qui conserve le pouvoir absolu sur tous ses descendants ; mais, dans la suite, on s'aperçut des inconvénients que présentait ce que je pourrais appeler cette concentration à outrance, inconvénients que l'on ne soupçonnait même pas tant que la vie fut nomade. En effet, dans ce dernier état, l'encombrement n'apparaissait pas ; lorsque la tribu avait épuisé toutes les ressources d'une contrée, elle s'en allait plus loin chercher un endroit non encore dévasté, où elle pouvait trouver de quoi entretenir et nourrir ses troupeaux ; la vie en définitive était facile, et le déplacement tout naturel à un moment où nul n'avait conscience de la possibilité d'un autre genre d'existence. Lorsque la tribu devint sédentaire la situation changea complètement ; la famille entière dont les membres étaient très-nombreux vit bientôt les ressources diminuer autour d'elle. L'espace qu'elle occupait devint trop restreint, et l'augmentation des membres du groupe continuant toujours par suite de nouvelles naissances amena, croyons-nous, une dislocation dans ce petit état jusqu'alors si uni.

Poussées par la nécessité, ces nouvelles grandes familles se séparèrent les unes des autres pour vivre iso-

2

lément, mais dans une région très-proche de façon à conserver avec la famille primitive des relations suivies de parenté et d'amitié. Il nous semble d'ailleurs qu'au début la puissance du chef ne dut pas être altérée à la suite de ces séparations, et que toutes les branches restèrent encore longtemps sous son entière dépendance, unies par ce lien particulier qui n'a point reçu de nom spécial.

A la suite de séparations nouvelles et par une conséquence inévitable des idées que nous venons d'indiquer, cette condition que nous serions tentés d'appeler le régime patriarcal sédentaire, changea de nouveau et chaque grande branche de la tribu, tout en restant liée aux autres par une parenté certaine, finit par acquérir une indépendance de plus en plus considérable. Chaque groupe particulier, dont l'agglomération était due tout à la fois à une communauté d'origine plus étroite, à des usages et à des habitudes identiques, se choisit un chef, qui sans doute n'eut plus les pouvoirs absolus dont était investi le *senior* de l'âge précédent, mais qui néanmoins conservait encore une large part d'influence sur ses subordonnés.

Ces sections distinctes, composées elles-mêmes d'un certain nombre de familles (*sensu stricto*), forment dès lors des sortes de tribus réduites, jouissant d'une organisation, qui n'est plus celle du régime patriarcal, mais qui n'est point encore celle de la famille, telle que nous la concevons aujourd'hui ; ce sont, selon nous, des *gentes* ou familles agrandies.

L'histoire nous a conservé les noms des premières tribus, qui en se réunissant fondèrent la nation romaine. Le premier groupe fut celui des *Ramnenses*, compre-

nant, d'après la tradition, environ mille hommes libres,
ou chef de famille : vint ensuite la tribu des *Titienses*,
qui, en s'alliant aux *Ramnenses*, établirent ensemble
une sorte de fédération. Rome dès lors était fondée et,
pour gouverner la nouvelle nation, les deux grandes
tribus s'assemblèrent afin de nommer un roi, qui fut
Romulus. Un troisième groupe enfin s'adjoignit aux
deux premiers, ce fut celui des *Luceres* composé en
grande partie de sujets étrusques. L'époque de cette
dernière réunion est assez incertaine, et tandis que les
auteurs la reportent en général au règne de Tarquin
l'Ancien. M. Mispoulet croit au contraire que ce fait historique remonte à une période beaucoup plus ancienne,
au règne même de Romulus. (Institutions politiques des
Romains, tome 1ᵉʳ, pag. 4. — Tacite, *Annales* — IV, 65,
5. Festus : vº *Tuscum vicum.* — Varron, *De lingua latina*,
V. 55.)

Ces populations primitives restèrent toujours guer-
rières, la force pour eux primait le droit : aussi comme
la victoire leur souriait souvent, elles furent bientôt à
la tête d'une multitude de captifs, anciens habitants du
pays conquis, qui tombèrent en leur puissance et dont
elles se partagèrent les biens, qui vinrent augmenter
la fortune collective des groupes.

Les *gentes*, à leur origine, étaient donc, selon nous, des
groupes des familles primitives et ingénues qui, formant autrefois une seule tribu, se séparèrent dans la
suite, tout en restant unies par les liens de la parenté
naturelle et par la croyance à une communauté d'origine ; aussi, pour reconnaître cette descendance ininterrompue, chaque famille particulière composant une
gens ajouta-t-elle à son nom propre un nom spécial, le *no-*

men gentilitium, qui en général, n'était autre que le nom
même du fondateur de toutes les branches rentrant dans
le groupe. Ce lien, qui les unissait, et qui en définitive
n'était qu'une parenté naturelle, était désigné par le
mot *gentilitas*, et les membres par celui de *gentiles*.

La réunion des *gentes* composant une tribu resta pendant longtemps séparée des deux autres, et quoique
formant un seul et même peuple, chaque groupe garda
durant une certaine période son individualité propre
avec ses mœurs et ses coutumes particulières, quoiqu'au fond, ils aient tous la même origine. C'est ainsi
qu'il est de tradition constante, que ces trois tribus
n'avaient pas toutes droit aux mêmes honneurs, et
qu'en particulier celle des *Luceres* paraît avoir occupé
un rang relativement inférieur à celui des deux autres,
au sein desquelles le roi était toujours choisi au début.

La division en tribus ne fut pas la seule admise par
les Romains, qui partagèrent ensuite chaque tribu en
dix curies [1]; mais ici le principe sur lequel on s'appuyait

[1] Après nous avoir fait connaître les circonstances qui accompa-
gnèrent la fondation de Rome et la division des trois tribus en trente
curies, Niebuhr et après lui Giraud, s'appuyant sur un texte de Denys
d'Halicarnasse (II, 7), prétendent que chaque curie fut à son tour subdivisée en dix décuries, mot traduit en grec par le terme δεκας, ou
décades. La désignation romaine de *decuria* serait rapidement tombée
en désuétude, et aurait été remplacée dans le langage usuel par celle
de « gens », de telle sorte que, selon ces auteurs, les trois termes de :
décades, décuries, *gentes*, répondraient à une seule et même institution.
Pour arriver à une conclusion relativement à la nature de la *gens* romaine, Giraud se livra à une étude approfondie de la décade grecque, qui
d'après lui n'était qu'une simple division politique ne reposant nullement sur l'idée de consanguinité ; d'où transportant cette théorie en
droit romain, il arriva à poser ce principe de l'assimilation complète,
quant à leur organisation et quant à leur fondement, de la décade et
de la décurie ou *gens*. En un mot, pour Niebuhr et Giraud, la *gens*

dans la classification des tribus disparut, la curie ne
reposant plus sur la consanguinéité, mais étant simplement une institution politique et administrative. Si l'on
nous objectait que la division en trois tribus n'était éga-

n'est pas un ensemble de familles provenant d'une souche commune,
mais un simple groupement municipal, une subdivision de la curie,
et pour preuve de l'identité de la décurie et de la *gens*, ils rapportent que Denys confond, dans ses écrits, les *sacra gentilitia* avec les
sacra des décuries, et qu'il prend indifféremment ces deux termes l'un
pour l'autre (ii, 21).

Cette assimilation de la décade, de la décurie et de la *gens*, qui dans
ce système constitue un fait indiscutable, nous semble précisément
être une affirmation complètement erronée. Sur quoi, en effet, repose
cette argumentation ? Sur deux textes de Denys, que nous allons rapidement examiner. Dans le premier (ii, 7), l'auteur grec, parlant de l'organisation romaine, enseigne que la curie était subdivisée en parties
qu'il appelle décades, mot emprunté aux institutions politiques de son
pays et à sa langue nationale, qu'il emploie pour traduire probablement le mot latin *decuria* ; d'où Niebuhr a conclu immédiatement à
l'identité absolue de la décurie romaine et de la décade ; or, c'est ce
que nous prétendons impossible. En effet, comme l'a très bien fait
remarquer M. Revillont (Revue historique, 1862), la confusion et l'analogie des termes viennent de ce motif que Denys racontait l'histoire romaine en écrivant en grec, et que cette dernière langue n'avait pas de
mots qui pussent correspondre exactement aux termes latins : *tribus,
curia ;* dans cette circonstance cet historien pensa que l'on pouvait
désigner ces institutions par les termes φυλη ou τριττυς pour le mot :
tribus, et par φρατρια ou λογος pour *curia*. Quant au terme *decuria*
(sur la nature de laquelle nous dirons plus loin un mot), Denys trouva
une traduction toute naturelle, mais vague dans le mot δεκας, signi-
fiant à Athènes une réunion de huit à douze hommes. On ne peut
donc prétendre qu'en agissant de la sorte, l'historien ait voulu établir
la moindre comparaison entre ces deux organisations, c'était un simple rapprochement imaginé pour se faire mieux comprendre des Grecs
encore peu familiarisés avec la langue latine. De plus, et ceci est topi-
que, il faut bien observer que Denys, qui s'est tant occupé de ces questions, n'a jamais indiqué qu'il y avait en droit romain un équivalent
de la décade ; aussi ne peut-on, sans être taxé d'exagération, lui faire
dire plus que ce qu'il a affirmé. Comme conclusion, nous aboutissons

lement qu'une mesure civile, en se fondant sur un passage de Varron, ainsi conçu : « *Ager romanus primum divisus in partres tres.* » (V, 57.), nous pourrions répondre en prétendant qu'il n'est point suffisamment probant pour entraîner notre conviction, mais nous ne faisons aucune difficulté pour l'admettre ; de telle sorte, qu'à notre avis, nous serions disposés à voir dans la di-

donc à repousser l'assimilation de la décurie et de la décade ; quant à la nature même de cette dernière institution, nous ne la discuterons pas ici, réservant cette étude pour un chapitre suivant ; mais nous pouvons dès maintenant affirmer que nous arriverons également sur ce point à des résultats, opposés à ceux de Niebuhr, au moins d'une façon générale.

Le second texte de Denys (ii, 21), qui sert à Giraud pour démontrer l'identité de la décurie et de la *gens*, ne nous paraît pas plus probant que le premier, car il ne s'agit dans ce passage que de la façon dont les prêtres des dieux étaient recrutés à Rome. L'historien grec parle sans doute de « συγγενικαι ιερωσυναι », d'où l'on a prétendu que ces termes ne pouvaient désigner que les prêtres de la décurie, car autrement cette subdivision politique n'aurait point eu de *sacra* particuliers, fait qui serait en contradiction avec tous les principes romains. Cette argumentation, qui peut avoir du vrai, si l'on adopte, les yeux fermés, les affirmations de Denys d'Halicarnasse, est complétement erronée, si au contraire, avec la majorité des auteurs, et notamment avec Becker, Lange et Willems, on pense que dans la description de l'organisation politique de Rome, cet historien a commis une confusion en prenant pour subdivision de la curie, la décurie, qui en réalité n'était qu'une simple institution militaire et une subdivision de la centurie. Sous le bénéfice de cette remarque capitale, l'objection de Niebuhr tombe d'elle-même, personne n'ayant jamais soutenu qu'à Rome les groupements militaires jouissaient de dieux et de prêtres spéciaux.

En admettant même sur ce texte, l'interprétation que nous venons de combattre, il est encore impossible de se ranger au système allemand. Si l'on veut, en effet, tirer les conséquences logiques d'une telle doctrine, on devra mettre les *sacra gentilitia* sur la même ligne que les *sacra* de la curie et de la tribu, puisque ce sont trois subdivisions administratives présentant le même caractère ; or, nous savons que les divinités des deux derniers groupes étaient considérées comme des

vision du peuple en tribus une institution tout à la fois
naturelle et civile, mais en maintenant fermement
qu'elle fut naturelle avant d'être civile. Du texte de Varron nous tirerons cette autre conséquence intéressante,
à savoir que chaque tribu, et par suite les *gentes* qui
la composaient, habitaient un quartier spécial du territoire ; ainsi Romulus et les Latins occupaient le Palatin
Tatius et les Sabins le Quirinal et le Capitole. (Denys. II,
50. — Festus : v° *Quirinalis*. — Dion Cassius : VI, 2.)

Nous avons avancé plus haut un point qu'il nous
faut maintenant prouver, nous voulons parler de la
haute antiquité de la *gentilitas* : preuve qui, à notre
avis, ressort de la nature même de l'institution. La *gens*
est une agrégation composée de la réunion d'un nombre plus ou moins considérable d'individus, unis entre
eux par des liens extrêmement étroits, comme nous le
constaterons dans un chapitre suivant. L'on pourrait
dire que la solidarité était le principe fondamental de
leur association : communauté dans la vie comme dans
la mort, appui des faibles par les forts, autorité unique
planant sur tous les membres pour veiller à leurs intérêts et trancher les difficultés, voilà en deux mots les
traits de l'organisation de la *gens*. Or que l'on examine
tant soit peu cette manière de vivre et l'on sera vite convaincu que, pour que le système soit efficacement mis
en pratique, il faut qu'il existe entre les différents mem-

« sacra publica », aussi devrions-nous pouvoir en conclure que telle
était également la nature des *sacra gentilitia*. Malheureusement pour
l'opinion que nous rapportons, Festus, en parlant de la *gens* donne à
ses dieux la qualification de « sacra privata », aussi ce témoignage
est-il pour nous la meilleure preuve de la fausseté du système de Niebuhr, qui ne voit dans la *gens* qu'une institution politique ou municipale.

bres composants cette société des sentiments d'affection
mutuelle, une sorte de *jus fraternitatis*, faisant que
chacun ne voie dans son compagnon qu'un parent à
entr'aider, et non pas un ennemi ou même simplement
un étranger. Aussi, n'est-ce pas sans raison, selon nous,
que l'on a trouvé dans les traditions de cette époque le
fondement des règles, admises par le droit romain postérieur en matière de société universelle de biens[1].

Cet état de civilisation particulière qui, avec nos
idées modernes, paraît être un rêve enchanteur, trouve
néanmoins son explication naturelle dans la situation
d'isolement, qui était le partage des peuples primitifs.
L'homme voyait en effet, dans l'accomplissement des
devoirs dont nous venons de parler, la condition même
de son existence ; en dehors du cercle au milieu duquel
il était né, tout était inconnu et dangereux, au dedans
au contraire régnaient la tranquillité et la paix. C'est
ce que M. Sumner-Maine nous a fait découvrir, en nous
disant : « que lorsqu'un homme n'était pas parent avec
« un autre, il n'y avait rien de commun entre eux ;
« c'était un ennemi à tuer, à dépouiller, à haïr, tout
« comme les bêtes fauves auxquelles la tribu faisait la
« chasse ; c'était réellement une bête fauve et des plus
« dangereuses. Il serait à peine exagéré de dire que les
« chiens, qui suivaient le camp avait plus de part à
« son existence que les membres d'une tribu étrangère
« et sans liens de parenté[2]. » La communauté était donc
pour l'homme des temps primitifs tout à la fois et une
nécessité de la vie et un moyen de prospérer : aussi nous

[1] Gauckler : Recherches sur la propriété collective à Rome.
[2] Sumner-Maine : Institutions primitives, page 81.

semble-t-il bien établi, que l'organisation intérieure de la *gens* prouve à elle seule le fait de son ancienneté. Quant aux faits sur lesquels nous nous appuyons pour soutenir l'origine première de la notion de la *gentilitas*, nous ne les énumèrerons pas ici, afin d'éviter toute répétition, nous réservant de développer ces points dans les chapitres III, IV et VI.

Telle est l'idée que nous nous faisons de l'institution de la *gens* à Rome au début même de son histoire, qui en définitive n'était qu'une transition entre l'état patriarcal qui finissait et la famille actuelle qui n'était point encore née. Le terme de *gentilitas* est donc pour nous, dans cette période ancienne, l'expression servant à désigner la seule parenté naturelle unissant les différentes grandes familles primitives, perpétuellement ingénues, issues d'un même ancêtre commun et réunies en une association particulière, qui avait reçu le nom de *gens*.

CHAPITRE TROISIÈME

DE LA « GENTILITAS » ET DE L'AGNATION. — COMPARAISON ET DÉVELOPPEMENT HISTORIQUES DE CES DEUX INSTITUTIONS.

En consultant la loi des Douze-Tables, le plus ancien des monuments que nous possédions sur la législation romaine, nous constaterons immédiatement qu'à côté de la *gentilitas* il est fait mention d'une autre parenté, la plus importante de toutes ; nous voulons parler de l'agnation, lien beaucoup plus étroit et qui assurait à ses membres des droits civils plus considérables que ceux accordés aux *gentiles*.

Comment dès lors expliquer la naissance de l'agnation, quelles différences la séparent de la *gentilitas*, où finit l'une, où commence l'autre : voilà autant de points presque impossibles à résoudre d'une façon certaine, et que nombre d'auteurs ont essayé d'expliquer.

Il est tout d'abord un fait hors de doute, c'est la ressemblance existant au point de vue du droit civil entre l'agnation et la gentilité, qui toutes deux sont des parentés appartenant au même genre. Leur constitution n'est sans doute pas identique et reflète deux états de civilisation différente, mais en allant au fond des choses, on reconnaîtra que toutes deux dérivent d'une façon plus ou moins directe du régime patriarcal et de la puissance absolue dont était alors revêtu le *pater*.

Presque tous les auteurs, qui se sont occupés de ce point, ont abordé la difficulté en se plaçant par la pensée à une époque postérieure à la loi des Douze-Tables. Se trouvant alors en présence de deux parentés distinguées avec soin par le législateur romain, ils ont voulu trouver le moyen de différencier entre elles les deux institutions de la gentilité et de l'agnation, sans avoir soin de rechercher leurs origines, leurs causes, le but auxquelles elles répondaient; en un mot ces auteurs nous paraissent avoir considéré cette question à un point de vue beaucoup trop restreint.

Pour nous, la solution du problème ne peut sortir que de l'étude du développement historique de l'organisation de la famille romaine depuis les temps les plus reculés, étude que nous diviserons en deux parties distinctes, la première comprenant la période qui a précédé la rédaction de la loi des Douze-Tables depuis la fondation de Rome, et la seconde comprenant celle qui a suivi cette même législation.

Section Iʳᵉ.

Epoque antérieure à la loi des Douze-Tables.

Nous nous sommes déjà expliqués au sujet de ce qu'il fallait entendre par *gentes* dans les temps historiques de Rome. Nous avons vu les peuplades latines primitivement nomades devenir peu à peu sédentaires, et placées toutes originairement sous la puissance absolue d'un chef, qui n'était autre que l'ancêtre le plus âgé. A ce moment, où florissait dans toute sa vigueur le régime patriarcal, si l'on veut rechercher quelle était la nature du lien reliant tous les membres de cette immense famille, on la trouvera dans l'idée de descendance d'un même auteur commun ; mais rien ne nous indique que jamais ce lien ait reçu un nom particulier. Les membres étaient alors tellement unis entre eux par la chaîne de cette parenté si étroite que tous, pour ainsi dire, ne formaient qu'une seule personne au point de vue légal, ou plutôt que tous étaient absorbés complétement dans la personne du *pater*, qui seul représentait la vie civile et le pouvoir suprême ; aussi n'est-il pas étonnant de voir que, dans cette organisation originaire, l'on n'ait pas donné un nom quelconque à ce que nous appelons aujourd'hui parenté. Cette idée de parenté, en effet, tout en étant l'expression d'une union réelle entre plusieurs individus, n'en est pas moins au fond la conséquence de cette autre idée de l'indépendance plus ou moins entière existant entre ces mêmes personnes. Si l'on peut se dire parent avec tel ou tel individu, c'est que l'on est, relativement à eux, indépendant et constituant une individualité propre. Cette notion n'a pu, selon nous, se faire jour sous le régime patriarcal. En un mot, dans cet état social rudimentaire la parenté existait en fait par la force même des choses, mais en droit elle n'apparaissait pas, par suite de l'unité de personne juridique de tous les membres du groupe et du *pater*.

Nous avons également étudié plus haut comment ce

régime avait fini par disparaître, ou plutôt comment il
s'était modifié pour arriver à un état de civilisation
mixte présentant sous certains côtés quelque affinité
avec l'organisation première, mais offrant d'ailleurs
des caractères tout nouveaux le rapprochant beaucoup
de la famille romaine de l'époque classique. C'est à ce
moment que, selon nous, les *gentes* sont apparues et se
sont développées.

Les différentes branches de la tribu sont alors séparées, et chaque *gens* dut se choisir un chef pour remplacer le *pater* du groupe primitif. Nous nous trouvons
en présence d'un certain nombre d'associations de personnes toutes issues d'un même auteur commun, et
formant autant de petites républiques indépendantes,
et c'est vers cette époque seulement qu'a pu prendre
naissance en droit la notion de la parenté. Dans l'intérieur de chaque groupe, en effet, les individus composant la *gens* jouissaient d'une véritable autonomie et
d'une indépendance, qui pour ne pas être sans limites,
était néanmoins réelle ; aussi désormais fut-il tout naturel de chercher pourquoi ces citoyens étaient réunis,
en vertu de quelle cause et pour quel but ? La notion juridique de la parenté sortait comme une conséquence
nécessaire de la dislocation de la famille patriarcale, et
ce lien nouveau qui venait unir entre elles les différentes personnes composant le même groupe, n'est autre
pour nous que la *gentilitas*, ou parenté collective si
nous pouvons nous exprimer ainsi.

Examinons maintenant ce qui se passait dans l'intérieur de chaque *gens*. Le nombre des individus assez
peu considérable au début, finit par devenir important
par suite des naissances qui s'y produisent et qui sont

l'origine de nouvelles familles particulières. Ces nouvelles familles (*hoc sensu*) restèrent pendant quelque temps profondément unies avec tous les autres *gentiles*, mais peu à peu des groupes secondaires se formèrent à cause de la trop grande concentration de la population. Grâce à l'existence de ces groupements *dans la gens elle-même*, la notion de l'indépendance individuelle se faisait jour de plus en plus, chacun désirant voir restreindre le cercle beaucoup trop étendu de la famille et abolir une organisation, qui d'ailleurs ne correspondait plus à un des buts principaux pour lesquels elle avait été établie par la coutume, c'est-à-dire le besoin de protection mutuelle. La solidarité, qui était la base même de la *gentilitas*, pesait alors sur tous les membres; aussi les efforts des législateurs de cette époque ou du moins des hommes influents durent-ils porter vers cette réforme, qui, à notre avis, aboutit à la notion de l'agnation et à la famille réduite au père, à la mère et aux enfants, qui fut désormais individualisée par une dénomination nouvelle, le *cognomen* ajouté au *nomen gentilitium* primitif.

Pour nous donc, l'organisation de la famille romaine aurait suivi ou plus exactement aurait marché de front avec l'organisation de la propriété. Les études, qui ont été faites jusqu'à ce jour sur ce dernier point ont prouvé que le régime primitif de la propriété n'avait pas été celui actuellement en vigueur parmi nous. Au début de la civilisation, la notion admise était celle de la copropriété collective de la tribu à l'époque patriarcale, puis vint le régime de la quasi-propriété, ou communauté de villages, enfin l'on arriva au principe de la propriété individuelle. Nous n'insisterons pas sur cette matière, qui nous écar-

terait de notre sujet, mais nous ne pouvions nous empêcher d'indiquer le rapprochement intime existant,
croyons-nous , entre le développement de ces deux
grandes institutions : la famille et la propriété : à la famille
patriarcale correspondant la propriété collective, à la
gens la quasi-propriété, enfin à la famille agnatique la
propriété individuelle.

Après avoir lu les détails qui précèdent, l'on ne
manquera certainement pas de nous demander les
preuves sur lesquelles nous nous appuyons pour soutenir notre opinion ?

Tout d'abord, répondrons-nous, il est à notre avis une
remarque qui s'impose à tous, c'est l'impossibilité de trouver des documents romains se rapportant à une époque
aussi ancienne, et nous estimons en conséquence que
l'on serait dans l'erreur, si l'on voulait exiger d'une façon impérative des textes ou des citations latines confor-
mes à nos idées. Nous nous sommes placés en effet à une
période beaucoup trop reculée de l'histoire de Rome pour
argumenter de la sorte, et à ce point de vue on ne peut
nous reprocher de ne pas employer le mode de dissertation en usage lorsqu'il s'agit par exemple de discuter
sur une difficulté du droit de l'époque classique. Autres
temps, autres modes de preuves. Dans notre matière
un seul moyen existe pour parvenir à la vérité, c'est
de se laisser guider par les probabilités. Nous reconnaissons donc volontiers que les transformations que
nous avons décrites ne sont que de simples conjectures,
mais nous n'estimons pas que cette circonstance constitue contre nous une objection capitale, car, comme
on l'a dit ailleurs : « former des conjectures dans une
étude historique, ce n'est autre chose qu'employer un

procédé nécessaire à toutes les sciences qui font de la
nature l'objet de leur étude. L'histoire du reste, comme
les sciences naturelles, a ses moyens de vérification, elle
aussi peut considérer comme prouvée une hypothèse
qui explique tous les éléments auxquels elle se rattache,
qui se trouve en accord avec tous les faits connus d'une
façon certaine, enfin qui s'harmonise avec les conditions
générales du développement des sociétés. Remonter
ainsi d'une époque connue à une époque inconnue, c'est
faire une induction bien légitime, quand surtout il s'agit
d'un peuple et d'un temps où l'unique loi fut la coutume. » (Gauckler : Recherche sur la propriété collective à Rome.)

D'ailleurs, si nous avons adopté l'opinion que l'on
connaît, ce n'est pas sans motifs sérieux, et c'est en
vertu de cette considération du plus haut intérêt que le
peuple romain n'était en définitive qu'une faible fraction
de l'humanité, et qu'il appartenait d'une façon absolument certaine à cet ensemble de nations que l'on désigne aujourd'hui sous le nom de races indo-européennes.
Dès lors, si nous pouvons suivre la marche successive
et historique de l'organisation de la famille chez ces
différents peuples de race aryenne, et si nous y retrouvons les grandes lignes d'un état social, tel que nous
venons de le décrire avec ses modifications, ne serons-
nous pas en droit de conclure sans témérité que Rome
a dû également passer par les mêmes phases? A une
pareille question, il me semble que l'on ne peut répondre que par l'affirmative. Or, c'est précisément ce qui
arrive : que l'on ouvre le Livre des Lois de Manou, que
l'on parcourt la législation ancienne des Celtes, des Germains, des Écossais, des Irlandais, des peuplades scan-

3

dinaves et actuellement encore l'état des Slaves méridionaux, et l'on sera vite convaincu de la vérité de l'affirmation que nous venons d'émettre. Dans tous ces pays, il nous est donné d'assister à la formation successive de la notion de la famille actuelle. Tandis que Rome et Athènes parvinrent rapidement à l'organisation que les auteurs classiques nous ont appris à connaître, d'autres nations, au contraire, ont mis un temps très considérable dans leur évolution sociale ; c'est ainsi que l'état patriarcal régnait presque encore dans certaines parties de la Russie avant l'ukase du 19 février 1861, que nous trouvons encore l'analogue du régime de la *gens* chez les Slaves méridionaux, et qu'enfin la famille agnatique semble s'implanter dans l'Inde et y remplacer une quasi-communauté de personnes et de biens. Aussi bien curieux est ce spectacle, grâce auquel nous pouvons suivre pas à pas pour ainsi dire le développement d'un peuple, et reconstituer par la pensée les différentes phases par lesquelles l'humanité a passé dans sa marche en avant. Avec cette méthode, les idées s'élargissent et alors il n'y a plus rien de surprenant à retrouver en Italie des institutions que l'on serait tenté d'appeler universelles, et qu'il y a encore peu d'années on croyait absolument propres au génie de Rome et de la Grèce. Nous n'insisterons pas davantage sur tous ces points auxquels nous consacrerons un chapitre spécial, nous ne voulions pour le moment qu'éviter le reproche d'avancer des faits sans aucune donnée certaine.

Quant à l'époque, où eut lieu la transformation de la *gentilitas* en agnation, quoiqu'il nous soit absolument impossible d'en indiquer la date, cette révolution n'ayant point été brusque, mais, au contraire, très lente et jour-

nalière, nous ne sommes pas éloignés de croire qu'elle
ne fut pas de beaucoup antérieure à la loi des Douze-
Tables, et que même l'agnation fut précisément consacrée législativement pour la première fois par ce monument. Rien, en effet, dans l'histoire littéraire ou
juridique de Rome, ne fait la moindre allusion à l'existence de l'agnation avant la loi des Douze-Tables : c'est
là pour nous un fait sur lequel nous pouvons nous appuyer, sinon à titre de preuve irréfutable, du moins à
titre de présomption.

Plusieurs textes d'ailleurs, comme on l'a fait remarquer, semblent bien supposer que l'agnation a été
reconnue légalement pour la première fois par les
Douze-Tables ; nous mentionnerons[1] principalement
un passage des *Regulæ* d'Ulpien (xi, 3.), où le jurisconsulte nous apprend que les tuteurs légitimes, c'est-
à-dire en définitive les *agnati* (la tutelle n'ayant été
déférée aux patrons que par voie de conséquence),
ont été créés par cette loi : «... Lege Duodecim Tabularum *introducti*... ». La même idée est encore reproduite dans un autre paragraphe du même ouvrage,
où nous lisons « legitimæ hereditatis jus, quod ex lege ;
Lege Duodecim Tabularum descendit... » ; qu'est-ce à
dire si ce n'est qu'avant cette législation nouvelle les
agnats ne jouissaient pas du bénéfice de la succession
ab intestat. Un argument, tiré des règles générales d'interprétation, vient en outre à l'appui de cette dernière
opinion, car si l'on veut bien rapprocher de ce texte le
principe absolu dominant toute la matière des succes-

---

[1] Muirhead : Roman Land, passim, et notamment pages 43, 122 et
172.

sions, à savoir que là où se trouve le gain, là également
doivent se trouver les charges, nous arriverons à cette
conséquence que les *agnati*, qui, avant les Douze-Tables, ne subissaient pas la charge de la tutelle, ne devaient pas par contre bénéficier de la vocation *ab intestat* ; ce qui revient à peu près à dire que l'agnation à
cette époque ne produisait aucun effet légal. (*Regulæ*,
XXVII, 5.).

Quant à l'opinion que nous émettions, à savoir que les
Douze-Tables n'auraient fait que confirmer un état de
choses existant en fait depuis un certain temps, elle peut
en outre s'appuyer sur certains textes, qui, s'ils ne sont
pas absolument écrits pour notre matière spéciale, permettent au moins d'argumenter par analogie. C'est ainsi
que nous lisons dans la loi 130, D. L, XVI, que cette législation confirme, entre autres institutions, l'hérédité testamentaire, passage qui, selon nous, n'est que l'indication, pour un cas particulier, du caractère général de
ce mouvement législatif.

Cette législation d'ailleurs, en consacrant l'agnation,
répondait à d'autres besoins, et pour le comprendre, il
me suffira d'indiquer qu'au début de l'histoire romaine,
les patriciens seuls pouvaient faire partie des *gentes* et
par conséquent jouir des avantages de la *gentilitas*. Si
d'un côté cette notion est vraie, et si en outre l'on admet que la *gentilitas* était dans ces temps reculés le seul
lien légal de parenté, on sera forcé de reconnaître
qu'une foule d'individus étaient mis hors la loi et privés de toutes ses faveurs. Telle était notamment la situation des populations vaincues par Rome, et dont les
membres formaient, d'après l'opinion générale, les premiers éléments de la plèbe. Or, si pendant de longues

années, cette classe fut pauvre et sans aucune influence politique, il n'en fut pas toujours ainsi. Peu à peu ces plébéiens tant méprisés finirent par conquérir, soit à force de travail et de patience, soit à force de violences une puissance souvent considérable, et désormais les patriciens eurent à compter avec eux pour l'administration de l'Etat. Ce mouvement d'insurrection ne fit que s'augmenter, jusqu'au moment où la mesure étant pleine la révolution sociale éclata tout à coup. La loi des Douze-Tables en fut le résultat, et les plébéiens pour prix de la paix exigèrent leur admission à la vie civile et leur participation aux droits de la Cité, au même titre que les patriciens.

L'agnation, qui *régissait déjà en fait les rapports de famille des patriciens* [1], fut en conséquence la consécration légale des droits des plébéiens.

En résumé, pour nous, l'agnation comme institution reconnue par la loi, ne remonte guère au-delà des Douze-Tables, qui, en l'établissant législativement, avait un double but : donner satisfaction aux idés d'indépendance individuelle par la diminution du cercle des membres de la famille, puis en second lieu mettre les

---

[1] M. Guérard dans son « Essai sur l'histoire du droit privé des Romains » avait déjà émis l'idée que la gentilité était une parenté patricienne, antérieure aux Douze-Tables, et que l'agnation ne fut reconnue et étendue aux deux ordres que par cette même législation, tandis qu'avant elle *cette dernière sorte de parenté était exclusivement réservée aux plébéiens.* Cette opinion se heurte toutefois à une tradition constante, car il a toujours été admis que la révolution sociale a eu pour conséquence *de faire participer les plébéiens aux droits des patriciens*, et non pas le contraire. Nous croyons, pour notre part, avoir échappé à ce reproche.

plébéiens sur le même rang que les patriciens au point
de vue des biens de la parenté.

Nous venons d'essayer d'expliquer d'une part ce qui
était la gentilité primitive, et d'autre part comment était
née la théorie de l'agnation, nous nous trouvons dès lors
en présence de deux parentés différentes au moins de
nom, et il nous faut maintenant rechercher si au fond
nous pouvons constater entre elles des différences sérieuses.

En se plaçant à l'époque de la loi des Douze-Tables,
nous croyons personnellement que de ce jour la *gentilitas* eût dû disparaître complètement du droit romain,
si le législateur ancien s'était laissé guider uniquement
par la logique. A notre avis, nous attachant toujours
aux idées précédentes, nous voyons dans la création de
l'agnation le pendant de celle de la *gentilitas*, une époque beaucoup plus reculée ; et de même que la gentilité
a remplacé ce lien particulier n'existant qu'en fait entre les membres de la famille patriarcale, et qui n'avait
pas reçu de nom spécial, de même l'agnation nous paraît avoir remplacé la *gentilitas*. En d'autres termes,
nous croyons que la *gentilitas* et l'agnation appartiennent au même genre de parenté, et que la première aurait dû disparaître complètement du jour où la seconde
a été reconnue. Ces deux modes de parenté sont identiques en définitive quant à leur base et quant à leurs caractères ; seule, leur étendue diffère, et nous pourrions
les comparer à deux cercles concentriques dont le plus
grand représenterait la *gentilitas ;* aussi en se plaçant
uniquement à cette époque de l'histoire romaine est-il
impossible, croyons-nous, de trouver entre ces deux institutions des différences essentielles.

Si, après avoir ainsi indiqué les règles qui étaient commandées par la logique, nous parcourons les dispositions de la loi des Douze-Tables, nous apercevrons immédiatement qu'il y est fait mention de la *gentilitas*, et que certains droits importants lui sont encore réservés ; comment dès lors expliquer cette dualité ?

Une observation s'impose d'abord, à savoir que la nouvelle parenté, l'agnation, devient immédiatement prépondérante et que ce fut elle qui, désormais, fut placée au premier rang relativement à l'attribution des droits et notamment des droits de succession. Ce résultat était du reste tout naturel, puisque cette institution nouvelle répondait à la fois aux aspirations les plus vives des patriciens et des plébéiens.

Quant au motif, qui fit consacrer la gentilité par les Douze-Tables, nous n'en apercevrons qu'un seul, l'esprit conservateur du peuple romain et l'attachement aux traditions du passé, qui furent plus forts que le mouvement de la révolution et les nécessités sociales. D'ailleurs si l'on veut bien y réfléchir, qu'y a-t-il de si extraordinaire à la survivance de cette institution ancienne en matière de parenté, si l'on songe pendant combien de siècles persista, dans le droit romain, l'influence de la notion de la co-propriété familiale, alors que depuis longtemps cette organisation avait complètement disparu de la législation positive. Le même résultat se produisit dans notre matière, et l'on peut dire que le parallélisme, dont nous parlions plus haut, se continua pendant quelque temps encore dans la suite du développement de l'histoire de Rome.

Époque postérieure à la loi des Douze-Tables.

Nous devons dans cette section rechercher ce que devinrent, après la promulgation des Douze-Tables, l'agnation et la gentilité.

La première, fondée tout à la fois sur la raison et sur les nécessités pratiques, continua d'être le véritable lien de parenté romaine ; son organisation reposant uniquement sur la *patria potestas* était simple et nettement définie ; aussi subsista-t-elle, tant que l'idée moderne de cognation ne vint pas l'ébranler et tant que le préteur n'en diminua pas l'importance, par l'institution de la « Bonorum possessio unde cognati. »

Quant à la *gentilitas*, nous croyons qu'après avoir continué d'exister peu de temps avec son caractère primitif, elle finit par se métamorphoser complètement ; mais nous tenons sur ce point essentiel à faire bien comprendre notre pensée, et pour cela nous emprunterons à M. Fustel de Coulanges une comparaison qui nous semble ne pas manquer de justesse.

On sait ce qu'était notre noblesse aristocratique française avant la révolution de 1789, l'on sait également comment elle est tombée et comment elle fut anéantie pendant une période assez longue. La réaction se produisit néanmoins, et l'on vit alors réapparaître la notion ancienne de la noblesse. Ce n'était pas, il est vrai, la caste absolue et dominante de l'ancien régime, mais cette distinction sembla avoir requis un relief beaucoup plus éclatant dans l'esprit d'un grand nombre de personnes en raison même des souvenirs qu'on y attachait et des dangers qu'avaient courus ceux qui en étaient autrefois revêtus. Nous croyons que Rome fut témoin d'une transformation analogue : la gentilité après la loi des Douze-Tables subsista d'abord en vertu de la tradition, et de ce que l'on pourrait appeler la vitesse acquise, puis la légende vient très vite entourer cette institution primitive, et par une pente toute naturelle à l'ambition humaine les Romains en arrivèrent à considérer ce terme, dont au fond ils ne comprenaient même pas le sens, et dont ils ignoraient l'origine, comme une marque de distinction et le signe d'une descendance illustre remontant jusqu'aux premiers temps de la fondation de leur État.

Telle fut la modification capitale dont la gentilité dut être l'objet, modification, qui eut pour effet de la faire désormais regarder comme un lien unissant les familles nobles, portant le même nom et dont la généalogie commune remontait à la plus haute antiquité. Aussi dès ce moment, l'engouement pour cette institution fut-il très grand, chaque famille ayant la prétention de prouver son origine ancienne et de pouvoir citer le nom de son fondateur. Il ne faudrait pas croire du reste que ce furent seulement les patriciens, qui s'attachèrent à ces marques de distinction, car les plébéiens de leur côté voulurent également y prétendre, réclamations dictées par l'ambition seule, puisque la gentilité procurait beaucoup moins d'avantages matériels, surtout au point de vue successoral, que l'agnation, dont ils jouissaient pleinement.

Nous ne pouvons nous empêcher de voir une trace de cette notion ancienne dans le sens qui, en tout temps et

en tout lieu, a toujours été réservé aux mots : *gentiles*
et à ses dérivés : gentils, gentilshommes, gentiluomo,
gentilhombre, gentleman, termes que l'on retrouve encore dans nos langues modernes pour « indiquer ce que
l'on nomme une bonne extraction, une noble généalogie,
un sang pur ». On a voulu opposer à l'opinion qui voit
dans la *gentilitas* de la deuxième période une parenté
noble, que la base de cette institution n'était en effet
que l'ingénuité et non pas une distinction aristocratique quelconque. La réponse nous paraît facile, car il
est impossible, si l'on est de bonne foi, de ne pas reconnaître que le droit de gentilité supposant la perpétuité de cette qualité d'ingénuité constitue, par le fait
même, une exception très remarquable et une marque
de distinction aux yeux des personnes avec lesquelles
ces descendants des fondateurs de Rome avaient à traiter. Cette assimilation d'ailleurs n'a point été inventée
par les modernes, car au troisième siècle avant notre
ère, nous savons qu'on confondait en pratique ces deux
qualifications de patricien et d'ingénu, comme en fait
foi le discours de Decius Mus, où parlant des praticiens,
il dit : « patricios, non de cœlo demissos, sed qui patrem ciere possunt, *id est nihil ultra quam ingenuos* ».
(Tite-Live : X, 8. — Festus : v° *Patricios*). Si l'on nous ob-
jecte que dans la suite du développement du droit romain ces deux termes de patriciens et d'ingénus ne furent plus synonymes, nous ferons d'abord remarquer
que précisément à l'époque où cette séparation se produisit les *gentes* avaient déjà presque complètement
disparu. Nous ne pouvons d'ailleurs penser que le peuple ait enlevé ainsi subitement à la notion de la *gentilitas* son ancien cachet et l'idée de noblesse dont elle

avait toujours été entourée. Cette transformation complète serait contraire aux traditions romaines.

La gentilité n'appartient donc qu'aux familles privi-
légiées qui pouvaient justifier de la réalisation en elle
des conditions imposées par la loi ; aussi est-ce cette
rareté même qui nous donne l'explication de ce passage
de Paul. « Intestatorum hereditas lege Duodecim Tabularum primum suis heredibus, deinde agnatis, et *ali-*
quando quoque gentibus deferabatur ». (*Sententia* : IV,
VIII, 3.)

Et ne peut-on pas trouver une dernière preuve du caractère de cette parenté dans le fait des réclamations
incessantes du peuple à être admis à ce privilège ? La
gentilité, pour les plébéiens, ne donnait naissance à aucun droit pratique important, aussi ne s'expliquerait-on
pas facilement l'acharnement qu'ils mirent dans cette
revendication, s'ils n'avaient considéré la possession
de ce titre de *gentilis* comme une marque de distinction, et par conséquent de noblesse ?

La gentilité ne subsista donc après les Douze-Tables,
qu'en vertu de la tradition et de la considération particulière dont ce titre fut désormais entouré, et qui
faisait y voir pour ainsi dire une dernière trace de
l'époque de la fondation de Rome. C'est cette seconde
période, qui constitue à proprement parler l'organisation propre au peuple romain, et à laquelle font allusion la plus grande partie des quelques textes, qui nous
sont parvenus sur cette matière.

Dès ce moment, la *gentilitas* se trouva séparée de
l'agnation par la force même des choses, et ces deux
parentés continuèrent à exister l'une à côté de l'autre.

Comment alors à cette époque pouvait-on distinguer

les *agnati* des *gentiles*, c'est ce que nous apprend Cicéron dans ses *Topiques* en nous donnant la définition suivante des *gentiles* : « *gentiles* sunt, qui inter se eodem nomine sunt. Non est satis ; qui ab ingenuis oriundi sunt. Ne id quidem satis est ; quorum majorum nemo servitutem servivit. Abest etiam nunc, qui capite non sunt deminuti ». (c. 6).

En comparant cette définition avec la notion de l'agnation, on pourra se convaincre que le législateur se montre beaucoup plus exigeant pour concéder le titre de *gentilis* que pour celui d'agnat. Pour l'agnation en effet deux conditions sont seulement nécessaires : la soumission à la puissamce paternelle, et la descendance ininterrompue « per masculos ».

Pour la gentilité, au contraire, il faut la réunion de quatre circonstances essentielles, que nous allons développer :

1° « *Gentiles sunt, qui inter se eodem nomine sunt,* » c'est-à-dire que tous les membres de la *gens* doivent porter le même nom, appelé *nomen gentilitium*, et qui en définitive n'est, comme nous le verrons dans le chapitre suivant, que le signe révélateur de la communauté d'origine ; aussi ne pouvons-nous admettre l'opinion de ceux qui ont donné pour *base unique* à la *gentilitas* la similitude de noms, Cicéron exigeant la réunion d'autres conditions d'une façon impérative [1].

---

[1] Un auteur, M. Casati, vient de signaler dans un opuscule très récent toute l'importance de cette première exigence relative à la similitude du *nomen gentilitium*, et il a cherché à établir que l'origine de la *gens romana* remonte au droit étrusque et, pour le prouver, il a montré par différents exemples que parmi les peuples anciens le *nomen gentilitium* existait seulement dans cette nation. Nous n'avons

2° « *Qui ab ingenuis oriundi sunt.* » Cette nécessité absolue de l'ingénuité spécifie mieux la différence existant entre les deux parentés, puisqu'il n'y a nullement besoin pour être agnat d'être né d'ingénu. C'était là un des caractères essentiels de la nouvelle notion de la *gentilitas*, car les familles qui composaient les *gentes* de cette époque n'eussent jamais souffert parmi elles la présence de membres, qui n'eussent pas joui pleinement du *status libertatis*.

3° « *Quorum majorum nemo servitutem servivit.* » Cette troisième exigence, jointe à la précédente, montre bien, selon nous, le caractère aristocratique de l'institution. Prétendant remonter aux origines de Rome, cette noblesse de race devait descendre de citoyens libres, et toute apparence de servitude dans la personne d'un

---

nullement l'intention de suivre M. Casati dans ses savantes discussions de linguistique ; mais nous ferons simplement remarquer que la base même de son système nous semble fragile, car l'auteur croit pouvoir poser comme *un véritable axiome* ce fait que le nom de famille n'existait dans l'antiquité que chez les Etrusques : « Cela ne me paraît pas « contestable, dit-il, étant établi par plus de deux mille inscriptions.» Pour nous, nous ne sommes nullement convaincus de cette affirmation, d'autant plus que, comme nous le verrons dans notre dernier chapitre, la communauté de nom se retrouve comme un signe de l'existence de cette parenté primitive dans les nations anciennes ou modernes où nous pouvons suivre le développement de cette organisation, et qui n'ont rien de spécialement commun avec les Etrusques. Que l'on possède aujourd'hui un grand nombre d'inscriptions, au moyen desquelles *on puisse prouver d'une façon toute particulière l'existence de ce nom de famille en Etrurie, et qu'on y constate l'origine de certaines grandes familles de la Rome classique,* tout cela est permis et nous y souscrivons ; mais il nous semble qu'on ne peut aller au-delà, ni nous contraindre à restreindre à un seul peuple une institution qui, à notre avis, n'est qu'une phase de la civilisation des races aryennes.

de leurs ancêtres eût terni et même anéanti complètement cette illustre lignée dont les descendants étaient
si fiers !

4° « *Qui capite non sunt deminuti.* » Cicéron ajoute
cette dernière condition, à savoir que le *gentilis* n'ait
pas subi de *capitis deminutio, maxima, media* ou même
minima, car cette déchéance légale, brisant en principe
tous les liens de famille, ne pouvait en conséquence
laisser subsister ceux de gentilité. Malgré la généralité
de ces termes, Quinon dans sa « Dissertation sur la gentilité romaine » prétend que la *capitis deminutio minima*
résultant de la simple émancipation ne saurait avoir
pour effet de rompre les liens de gentilité, puisque dit-
il « l'enfant émancipé conserve son nom et son *genus*,
c'est-à-dire tout ce qui caractérise la gentilité ». Cette
opinion ne nous paraît pas soutenable devant la netteté
des expressions dont s'est servi Cicéron dans sa définition, et qui ne nous semblent pas devoir laisser de place
à des distinctions d'ailleurs en contradiction avec les
principes romains en matière de *capitis deminutio*. Quinon insiste en faisant voir que ce qui disparaît en cette
hypothèse, c'est seulement la puissance paternelle :
« Or, dit-il, la puissance paternelle est un lien éphé-
mère qui sera brisé tôt ou tard par le décès du père, et
cela sans que le droit de gentilité en reçoive aucune
atteinte, pourquoi donc en serait-il autrement, s'il est
brisé plus tôt par ce fait d'une émancipation ! » Ce raisonnement serait admissible, s'il était romain ; malheureusement il ne l'est pas du tout ; nous n'avons pas à
refaire la législation de ce peuple, mais simplement à
l'appliquer, et ce serait certainement se poser en législateur que prétendre que la *capitis deminutio minima* en-

courue à la suite d'une émancipation laisse subsister les liens de la gentilité.

On nous objectera peut-être, au sujet de cette définition, que sur les quatre conditions exigées par Cicéron pour constituer la *gentilitas*, deux étant également requises pour l'agnation, la première et la dernière, et que de plus les deux autres pouvant se rencontrer dans la personne d'un agnat, il sera impossible dans cette hypothèse d'identifier un *gentilis*. A cette observation, nous répondrons que dans ce cas, ce citoyen romain réunira, nous le reconnaissons, cette double qualité d'agnat et de *gentilis* ; sa situation sera donc très avantageuse, car il pourra choisir pour la revendication de ses droits celui de ces deux titres qui lui paraîtra préférable. Si l'on persiste et si l'on réplique que notre doctrine se trouve alors en contradiction avec la loi des Douze-Tables, qui avait institué deux ordres d'héritiers distincts : les *agnati* et les *gentiles*, ce qui indique bien que ces deux qualifications ne sont pas les mêmes, nous dirons qu'à notre avis, cette remarque, exacte en fait, ne peut venir à l'encontre de notre opinion. De ce qu'une personne en effet réunit en elle deux qualités différentes, il ne s'ensuivra jamais pour cela que ces deux titres soient identiques, il y aura pour ainsi dire surabondance, mais rien de plus, et ce point est aussi vrai en droit français qu'en droit romain. C'est ainsi qu'aujourd'hui un frère germain peut se dire tout à la fois héritier de la ligne paternelle et de la ligne maternelle, et qu'à Rome même les *heredes sui* n'étaient en définitive que des *agnati* ; mais de ces circonstances quelqu'un viendra-t-il conclure que, dans notre Code civil, il n'y a jamais qu'une seule ligne d'héritiers, ou qu'à Rome il était impossible de distinguer un héritier sien d'un agnat ? Evidemment non, car autrement ce serait aller contre le bon sens. De plus pour que l'argument que l'on nous oppose soit* irréfutable, il faudrait qu'il prouvât que dans toutes les hypothèses les *agnati* réunissaient en leur personne les qualités essentielles de la *gentilitas*, or, on est loin d'arriver à un tel résultat, puisque précisément nous savons que des conditions spéciales étaient exigées pour donner à un citoyen ce titre de *gentilis*.

Pour nous donc, la *gens*, qui n'impliquait en aucune façon la soumission directe à la puissance paternelle, était, à cette époque, l'ensemble des familles perpétuellement ingénues, portant le même *nomen gentilitium*, et dont aucun des membres n'avait subi de *capitis deminutio*. C'est là, l'interprétation qui ressort de la définition des *Topiques*, où Cicéron, croyons-nous, n'a pas rapporté *le texte d'une ancienne loi aujourd'hui perdue*, mais où plutôt il n'a fait que rassembler et codifier *un ensemble de règles dues à la coutume et au sentiment public*.

Beaucoup d'auteurs ont cherché ailleurs un *critérium* pour reconnaître d'une façon certaine la délimitation existant entre les agnats et les *gentiles* ; il nous semble utile de dire un mot des plus importants. Voici la manière dont s'exprime à ce sujet M. Laferrière dans son Histoire du droit civil de Rome. « La famille n'est pas constituée seulement dans le présent et en vue de l'avenir, elle existe aussi ou peut exister dans le passé. L'aïeul, le père, qui sont devenus les souches d'une famille pouvant tenir eux-mêmes à une race, c'est-à-dire en droit civil à une *gens* plus ou

moins ancienne dont ils portaient le nom. La *gens* est
la famille antique, primitive, toujours ingénue, ou pure
de servitude, qui a donné son nom générique aux familles particulières issues d'elle, lesquelles en se multipliant se sont distinguées de la race génératrice par
un surnom de famille ou de branche. L'agnation fondée sur la *patria potestas* comprend tous ceux soumis
à la puissance du même *paterfamilias*, ou qui y seraient
encore, si celui-ci n'était point décédé. Mais au-dessus
de l'aïeul, il y a le bisaïeul qui, lui aussi, a pu avoir
des enfants, lesquels en se mariant, ont constitué des
souches de nouvelles familles. Ces membres qui se rattachent au bisaïeul n'ont jamais pu être soumis à la
puissance du même *paterfamilias*, il ne sont jamais
agnati par rapports aux parents des degrés inférieurs ;
mais ils font néanmoins partie de la race antique, de
la *gens* : ils sont *gentiles*. Ainsi, le tableau généalogique
doit se diviser en deux parties : au-dessus du tableau,
qui commence à l'aïeul, on peut en tracer un autre
qui partira de l'*atavus* (sixième dans la ligne ascen-
dante) et qui aura les séries transversales de même
étendue. L'aïeul, dans ces tableaux superposés, formera
le point de partage entre l'agnation et la gentilité ;
tout ce qui sera au-dessous de lui, il l'aurait sous sa
puissance, s'il vivait encore, tout ce qui sera au-dessus
de lui serait évidemment en dehors de sa puissance.
Or, c'est la possibilité ou l'impossibilité de soumission
à la puissance du même chef de famille, qui est le caractère distinctif donné par Ulpien et qui fait la véritable séparation de l'agnation et de la gentilité ; tous
les parents, qui formeront ligne transversale à partir
de l'aïeul, représenteront l'agnation, tous ceux qui

4

« formeront ligne transversale au-dessus de l'aïeul re-
« présenteront la gentilité. »

Tel est le *criterium* qu'a proposé M. Laferrière, dont
tout le système se ramène à cette idée que l'on doit
prendre *à la lettre* les mots d'Ulpien « qui sub unius
potestate fuerunt » (195. 2. D. L, 16,) ne reconnaître
pour *agnati* que les personnes qui ont été *effectivement*
sous la puissance du même *pater* [1], et considérer au contraire comme *gentiles* celles qui auraient pu, mais qui
n'ont pas été sous la même *potestas*, par suite de la
mort du père.

Ce *criterium* est-il exact; c'est ce dont il nous sera au
moins permis de douter. Ulpien en effet, dans le passage
cité par M. Laferrière, ne parle aucunement d'une façon restrictive, et l'auteur romain n'avait nullement la
pensée d'indiquer d'une manière précise ce qu'il fallait
entendre par agnats et par *gentiles*; et comme le fait remarquer Ortolan, ce qu'Ulpien « en dit en cet endroit
n'est dit qu'incidemment et par forme de raisonnement;
mais quand il veut définir les *agnati*, voici en quels termes il le fait : « agnati sunt autem cognati virilis sexus,
ab eodem orti, nam post suos et consanguineos statim
mihi proximus est consanguinei mei filius, et ego ei; patris quoque frater, qui patrem appellatur, deinceps cæ-
teri, si qui sunt, hunc orti *in infinitum.* » (2. 1. D. XXXVIII,
16.)

Cette prétendue limite de l'agnation soutenue par
cet auteur ne peut pas en outre lutter contre la définition traditionnelle des agnats, que l'on retrouve dans

---

[1] Cette doctrine a été adoptée par Quinon, et tout récemment encore par M. Casati.

tous les textes de droit romain : « agnati sunt cognati per virilis sexus personas, » et qui ne comporte aucune restriction. L'agnation s'étend *in infinitum*, comme le dit Ulpien, et par conséquent la doctrine de M. Laferrière ne nous paraît pas acceptable [1].

Pour arriver à trouver la solution de la même difficulté, M. Domenget a recours à un texte de Paul. « Si l'on se rappelle, dit-il, que les agnats ne succédaient pas au-delà du septième degré (Paul : *Sententiæ* : IV, XI, 8), parce que, nous rapporte ce texte, il n'est pas dans la nature des choses de retrouver les noms au-delà de ce degré, on sera porté à croire que les *gentiles* de la loi des Douze-Tables étaient précisément ces collatéraux, qui viennent après le septième degré et qui établissent leur généalogie de manière à faire reconnaître leur nom. »

Pour appuyer son opinion, M. Domenget admet d'ailleurs la même interprétation que M. Laferrière relativement au texte d'Ulpien (195. 2. D. L, XVI); il exige en conséquence la *soumission réelle à la « patria potestas »* pour constituer l'agnation, et reconnaît comme *gentiles* les agnats au delà du septième degré.

Ce système, si faiblement établi, est à peu près abandonné, car il vient, en effet, se butter contre un texte formel des Instituts de Justinien (III, 2, 3,) où nous voyons que la succession *ab intestat* doit parvenir toujours à *l'agnatus proximus* à défaut d'héritiers siens. Le passage ajoute qu'au sujet de cet agnat le plus proche, il n'y a nullement à s'occuper du degré auquel il se

---

[1] Pour ces auteurs la difficulté consiste surtout à déterminer d'une façon exacte les personnes qui rentraient dans le cercle de l'agnation.

trouve « la succession lui étant réservée et sa vocation utile, lors même qu'il se trouverait à un degré très éloigné « *etiamsi longissimo gradu sit.* »

Que devient donc la limitation de M. Domenget devant un texte aussi précis ? c'est assurément sa condamnation définitive. L'auteur sans doute nous répond que Gaïus, en traitant le même sujet, n'a pas employé cette expression « longissimo » mais celle de « longiore gradu, » qui cadre bien avec la doctrine que nous analysons, ou qui du moins ne la contredit pas. Nous reconnaissons sans peine la différence des deux termes employés, mais que peut-on véritablement en conclure ? De ce que Gaïus emploie le comparatif au lieu du superlatif, on prétend tirer une limitation ? Cette réplique ne nous semble point sérieuse, car à notre avis notre objection a toujours la même force, et même le texte de Gaïus lui en donne une nouvelle par son silence seul sur toute idée restrictive dans la vocation héréditaire des agnats. Ce qui est vrai, c'est que la cognation s'arrête au septième degré ; mais il en est tout autrement de l'agnation, comme nous croyons l'avoir prouvé ; quant au texte de Paul, sur lequel se fonde tout ce système, il n'a précisément en vue que la limitation de la succession relativement aux cognats. (IV ; XI ; 8.)

En s'arrêtant à l'opinion de M. Domenget, on ne peut en outre expliquer rationnellement la disparition de la *gentilitas* dès l'époque d'Auguste, alors qu'elle eût dû persister normalement jusqu'à Justinien. Enfin, dernière remarque, on ne voit pas facilement la nécessité qu'il aurait eu à employer deux termes différents : *agnatio* et *gentilitas* pour désigner en somme une seule et même chose, ou plus exactement les deux branches d'une institution identique.

De ce système nous rapprocherons celui inauguré autrefois par Hotoman, et repris depuis par quelques auteurs. Le point de départ est le même que celui de M. Domenget : il consiste à prétendre que la *gentilitas* n'est pour ainsi dire que l'agnation prolongée ; mais où les écrivains se séparent, c'est lorsqu'il s'agit de déterminer rigoureusement le point de démarcation des deux parentés.

Pour Hotoman, la gentilité ne commence qu'après le dixième degré d'agnation, et pour soutenir ce sentiment l'auteur s'appuie sur un texte de Justinien (Inst. III, V, 5.), qui, traitant la matière de la vocation des agnats, indique que la succession parviendra toujours utilement au *proximus agnatus* « etiamsi decimo gradu sit. » Hotoman au lieu de voir dans ces mots un exemple, une preuve même de la vocation indéfinie des agnats, une façon de dire que nous serions tentés de traduire par notre « et cætera » a imaginé y découvrir le *criterium* tant cherché. Si, pense-t-il, Justinien a indiqué le dixième degré d'agnation, c'est pour bien nous montrer que si cette parenté s'étend jusque-là, elle ne se continue pas plus loin ; ce texte, à son avis, n'aurait pas d'utilité sur cette interprétation. Telle est l'assertion d'Hotoman, assertion que nous avons jugée à sa valeur en l'exposant, et sur laquelle il est absolument superflu de revenir.

CHAPITRE QUATRIÈME

FONDEMENT DE LA « GENTILITAS. » — COMMUNAUTÉ D'ORI-
GINE. — ADOPTION. — COMPOSITION DE LA « GENS. » — DES
AFFRANCHIS. — DES « GENTES » PATRICIENNES ET PLÉBÉ-
IENNES. — DESTINÉE DE LA « GENTILITAS ».

Section Ier.

Du Fondement de la Gentilitas.

Jusqu'à présent nous avons toujours soutenu dans ce
travail que la *gens* reposait essentiellement sur la communauté d'origine, sur la consanguinéité ; c'est là un
point capital qu'il nous faut maintenant prouver, un
certain nombre d'auteurs, principalement chez les Alle-
mands, ayant suivi la doctrine enseignée autrefois par
Niébuhr, et qui consiste à ne voir dans la *gens* qu'une
institution artificielle et civile. Ce qui nous empêche absolument d'adopter cette dernière opinion, c'est d'abord
l'étymologie du mot *gens*. L'on aura beau employer
d'autres méthodes, ce sera toujours un moyen certain
de reconnaître la nature et l'essence d'une institution,
que celui qui consiste à rechercher l'origine du terme
même qui sert à la désigner. Les caractères originaux

peuvent sans doute changer par suite d'une foule de circonstances et rendre en dernière analyse presque méconnaissable une institution portant encore son nom primitif ; les personnes alors existantes et au milieu desquelles se développe toujours cette organisation vieillie peuvent être étonnées de voir porter à une institution une dénomination, qui n'a plus aucun rapport avec sa fonction actuelle, et c'est ce qui se passe encore de nos jours. Mais si voulant, malgré toutes ces modifications, retrouver la façon dont fonctionnait l'institution à son début on a soin d'en rechercher ou d'en étudier l'étymologie, l'on arrivera presque infailliblement à découvrir la vérité ; c'est ce procédé qui nous semble devoir occuper en notre matière une influence prépondérante.

Le mot *gens* exprime par essence comme tous les mots composés, de même l'idée d'engendrer, de produire, ainsi *genere, gignerare, generator, genitor, generatio...* etc.; aussi nous paraît-il évident que les Romains avaient attaché à cette expression *gens* l'idée d'une origine commune. C'est d'ailleurs ce que vient confirmer la définition que Festus nous a laissée du *gentilis*, et qui est ainsi conçue : «Gentilis dicitur et ex eodem genere ortus, et is qui simili nomine appellatur. » (Festus : vº *Gentilis*.).

De même Varron, comparant la filiation des mots à celle des hommes, regarde les membres de la *gens Æmilia* comme descendant tous d'un même *Æmilius* : « Ut ab Æmilio homines orti, Æmilii ac gentiles. » (Varron : *De lingua latina*, VII, 4).

« Enfin une preuve de ce fait se retrouve encore à sa « limite suprême dans ces beaux passages du Traité des lois de Cicéron, où nous croirions entendre la voix du Christianisme proclamant la fraternité des hommes et la charité universelle, lorsque ce philosophe révèle l'homme créé à l'image de Dieu, non pas dans son corps, mais dans son esprit et recevant pour loi première l'amour de ses semblables. Ainsi voilà l'homme parce qu'il a été créé par Dieu et à sa similitude qui lui est uni par les liens d'une agnation, d'une gentilité et d'une cognation les plus certaines de toutes. » (*De Legibus*, 7).

Ortolan, à qui j'emprunte cette citation avait déjà admis ce point de la communauté d'origine, mais pour lui cette communauté était purement artificielle; il pensait que, « comme les Romains pour la constitution de la famille et pour les droits qui en dépendent ne s'étaient pas arrêtés uniquement aux liens du sang, mais qu'ils avaient assis cette constitution et ces droits sur des liens civils, lesquels pouvaient concourir avec les liens du sang ou en être séparés, quoique imitant et produisant les mêmes effets dans la Cité », il devait en avoir été de même de la *gens*.

Il nous est impossible d'admettre cette idée et en voici la raison. Nous avons vu, en effet, que l'institution de la *gens* avait précédé la fondation de Rome, ou en avait été concomitante, et que c'était une organisation essentiellement primitive ; or, s'il en est ainsi, la *gens* doit reposer sur un fondement naturel, la consanguinéité effective. Ce qui, pour nous, est une preuve convaincante, c'est ce fait, qu'à la naissance des peuples, les hommes prennent toujours pour base de leurs institutions des choses matérielles et tangibles, qui sont sous leurs yeux et non pas des abstractions qu'ils ne pourraient encore comprendre. Une comparaison dans une matière voisine fera comprendre toute ma pensée. L'adoption, par exemple, n'est pas, si je puis m'exprimer ainsi, une coutume primitive; sans doute cette possibilité légale d'avoir des enfants en dehors du mariage remonte fort loin dans l'histoire, mais au début des sociétés c'est en général la naissance seule qui règle les liens de la filiation. Plus tard, quand le sens juridique se sera développé d'une façon suffisante, l'on verra en cette matière, comme dans toutes les autres, poindre l'idée de la fiction : l'adoption en un mot sera admise sur le même rang que la naissance et produira les mêmes effets : « homo imitatur naturam. » Ce sont ces considérations qui, indépendemment des autres objections qu'on peut adresser à ce système, me font repousser dès maintenant la doctrine d'Ortolan. Les Romains primitifs ont appelé notre institution : *gens* ; c'est pour moi la preuve qu'elle avait pour base la naissance elle-même, et non pas une fiction de communauté d'origine plus ou moins abstraite. Je me hâte néanmoins d'ajouter que si telle était l'organisation première, cela n'empêcha pas la *gens* de subir dans la suite de graves modifications sur ce point, comme nous le verrons prochainement.

Nous poserons donc comme principe que la *gens* repose essentiellement sur la consanguinéité réelle ; mais immédiatement apparaissent les objections, qui de tout temps on été faites au système que nous avons adopté, et dont la plus ordinaire consiste à soutenir qu'exiger la communauté d'origine, c'est aller contre la définition célèbre que nous a laissée Cicéron, qui ne mentionne cette condition en aucune façon. (Topiques : VI.). « Ce qui vient renforcer notre conviction, nous dit Giraud,

c'est la définition de Scævola, rapportée par Cicéron.
Les circonstances dans lesquelles l'orateur latin l'écri-
vit sont bien connues ; aussi doit-on croire que rien ne
manque dans l'énumération des caractères exigés pour
constituer la gentilité. En conséquence, vouloir y ajouter un élément quelconque, c'est renchérir sur les éxi-
gences du droit et s'écarter de la vérité, et c'est ce que
l'on fait précisément lorsqu'on soutient la nécessité de
la communauté d'origine *inter gentiles*. C'est donc porter contre Scævola et Cicéron une accusation bien grave
que de prétendre qu'ils ont oublié de mentionner le caractère essentiel de la chose définie. » Giraud fait ensuite
remarquer que Boëce, à qui nous devons un commentaire des *Topiques* n'a rien ajouté à la définition de
Cicéron, qui put faire supposer en quoi que ce soit la
nécessité de la consanguinéité.

Nous répondrons d'abord que les textes que l'on nous
oppose sont loin de nier l'existence primitive d'une parenté naturelle entre les *gentiles* ; du silence qu'ils gar-
dent à ce sujet, il n'est donc pas permis de conclure à
la négation du lien de parenté naturelle. D'ailleurs nous
avons l'intime conviction que cette définition, qui, au
premier abord, semble muette sur cette nécessité, exige
impérativement et par elle seule l'identité d'origine des
membres de la *gens*. Pour le prouver nous n'avons qu'à
nous reporter à la définition, qui commence par ces
mots : « gentiles sunt, qui inter se eodem nomine ap-
pellantur... » ; or, si nous ne nous trompons pas cette
première phrase est la justification de notre opinion.
Cicéron en effet exige d'une façon formelle la similitu-
tude de nom entre les *gentiles* ; mais si l'on veut se demander quelle était la cause qui produisait un tel effet,

on reconnaîtra qu'à Rome ce fait était précisément la communauté d'origine. Si deux citoyens portent le même nom, c'est qu'ils descendent l'un de l'autre, ou du moins d'un même auteur commun ; sans doute cet aïeul primitif pourra ne plus être connu par suite du long laps de temps écoulé depuis sa mort, mais ceci ne constituera jamais qu'une difficulté de preuve, et le principe que nous avons posé reste avec toute son autorité. La similitude de nom n'est donc que ce signe extérieur et révélateur de la communauté d'origine, et Cicéron en exigeant l'une explicitement a exigé également l'autre implicitement et par voie de conséquence forcée.

Quant au silence que Boëce a gardé à ce propos dans son commentaire, il n'y a aucun argument à en tirer. Niébuhr croit que si cet auteur n'a pas parlé de la consanguinéité, c'est que cet élément n'était pas nécessaire ; pour nous, nous serions plutôt tentés de voir dans ce silence la preuve que la question n'était même pas discutée, tant on était persuadé à cette époque, comme nous l'avons vu dans le chapitre premier, que la communauté d'origine était le fondement même de la *gentilitas*. Pour toute personne, qui ne sera pas de parti pris, la question restera donc la même et le commentaire de Boëce ne saurait en vérité faire pencher la balance ni dans un sens ni dans l'autre.

Giraud, prévoyant l'argument que l'on peut tirer dans notre opinion de la similitude de nom pour soutenir la nécessité de la communauté d'origine, posa en principe que cette similitude n'entraînait aucune idée forcée de parenté, et pour exemple il en donne d'abord les propres paroles de Cicéron, qui dans son *Brutus* (§ 16.) se moque des vaines prétentions de certains Romains

voulant établir leur parenté « *genus* » avec un personnage illustre par le seul fait qu'ils portaient le même
nom. Notre adversaire en concluait que l'identité du
nomen n'entraînait pas la communauté d'origine, et
c'est ainsi que Cicéron qui était de la même *gens* que
M. Tullius n'était pas pour cela du même *genus*, c'est-à-
dire de la même famille par le sang.

On a voulu trouver en outre une autre preuve de ce
fait dans les Tusculanes, où Cicéron, qui certainement
n'était pas de la même famille que Servius Tullius, se
sert pour désigner ce roi de ces expressions : « Regnante
meo gentili... » ; d'où l'on a tiré cette conclusion que
Cicéron se donnant comme étant de la même *gens* que
Servius Tullius, c'est que la communauté de nom, nécessaire pour prétendre à la qualité de *gentilis*, n'était
pas une conséquence forcée de la communauté d'origine.

La façon dont sont désignées les *gentes* qui, d'après
ces mêmes auteurs, ne portaient pas le nom du fondateur de la *gens*, mais celui du lieu qu'elles habitaient,
ou tout autre nom étranger semble bien encore être
une nouvelle preuve en faveur du système de Niébuhr,
à laquelle du reste Giraud ajoutait cette considération
que l'idée de famille artificielle était usuelle aux Romains, qui en avaient admis la conception pour régler
les rapports des clients avec leurs patrons, et qui souvent pour désigner la collectivité artificielle du peuple
romain se servaient des termes « gens romana. »

Telles sont les principaux arguments dont on s'est
servi pour combattre l'opinion que nous avons admise ;
nous désirerions y répondre le plus brièvement possible.
Quant aux arguments tirés de Cicéron (Brutus et Tuscu-

lanes,) ils nous semblent peu convaincants. Et d'abord,
pour la preuve empruntée au Brutus, la déduction tombe
à faux, car ce dont l'orateur latin veut se moquer c'est de
la prétention de ceux qui, s'appuyant sur leur seule
communauté de nom (dont il n'examine en rien ni
la cause, ni les effets) prétendaient être *gentiels*. Giraud
écarte, nous le savons, le sens que nous donnons à ce
passage, en disant qu'ici le mot *genus* doit désigner la
parenté par le sang, et non pas la *gens*. C'est là une discussion interminable, puisqu'il s'agit de l'interprétation
d'un texte, où chacun est libre de choisir le sens qui
lui paraît le meilleur. Pour nous, nous croyons devoir
nous ranger au sens de « gens » d'autant plus que cette
manière de voir cadre bien avec les idées développées
par Cicéron dans ce passage, et qu'en outre le même auteur a employé à maintes reprises ce mot *genus* dans un
sens identique, et notamment dans le Brutus, au paragraphe 97. Nous sommes encore fortifiés dans notre
opinion, par ce fait que nous trouvons dans ce texte la
même idée que dans le paragraphe 16 des Tusculanes.
Dans ces deux ouvrages Cicéron nous paraît obéir au
même sentiment, celui de se moquer des prétentions
ridicules de ceux qui se donnent comme *gentiles* d'un
personnage, *par le fait seul qu'ils en portent le nom.* L'auteur romain, dont le nom était le même que celui de
Servius Tullius, ne prétend pas néamoins en être le *gentilis, au moins d'une façon sérieuse,* parce qu'il sait parfaitement n'être point du même sang. Voilà le but que
Cicéron se proposait dans ces deux écrits, et le texte des
Tusculanes n'est, selon nous, qu'une simple plaisante-
rie.

   Même en suivant l'opinion de Giraud qui n'admet pas

que Cicéron ait pu plaisanter au sujet de sa famille pour laquelle il montrait toujours un profond respect, il est difficile d'arriver à une conclusion conforme à la théorie que nous combattons. En effet, si Cicéron dans ce passage se donne pour le *gentilis* de Servius Tullius, c'est qu'il sait pertinemment qu'il remplit toutes les conditions exigées par lui-même dans ses Topiques. Pour adopter la conclusion de M. Giraud, il faudrait l'affirmation de Cicéron nous disant d'un côté qu'il n'est pas parent par le sang avec Servius Tullius, et que malgré cette circonstance il fait partie de la même *gens* ; or, c'est précisément ce que l'on ne saurait nous présenter.

Nous arrivons ainsi à l'argument que l'on a tiré de la façon dont les *gentes* étaient désignées, et qui est loin d'être inébranlable. Il est certain, nous ne le contesterons pas, que quelques *gentes* portaient des noms que l'on peut croire empruntés soit aux quartiers qu'elles habitaient, soit à diverses autres circonstances, mais ce fait ne se rencontrait que très rarement, et le plus souvent dans les nouvelles *gentes* plébéiennes, qui ne présentaient plus les caractères de la *gentilité* primitive. De plus, parmi les anciennes *gentes*, plusieurs pouvaient avoir subi, quant à leur désignation, des changements dont nous constatons aujourd'hui les effets, sans qu'il soit possible d'en signaler exactement la cause. Notons encore que ce que nous prenons actuellement pour le nom d'un endroit, donné ensuite à la *gens* qui y habitait, peut souvent n'être que le nom même du fondateur de la *gens*, qui aurait ainsi laissé son nom au *pagus* où il s'était fixé. Enfin pour que l'argument fut absolument probant, il faudrait démontrer que jamais ou du moins très rarement la *gens* ne portait le nom de son fondateur, tandis que c'est le contraire qui arrivait. Toutes ces familles patriciennes de l'ancienne Rome, qui avaient à honneur de prouver leur ancienne origine faisaient partie de *gentes* portant toutes le nom de leur ancêtre primitif, telles sont les *gentes* Julia, Romilia, Horatia, Fabia, Æmilia, Cornelia, Papiria, Menenia, Sergia, qui toutes, d'après Lange, remontent à l'origine du peuple romain. Nous pouvons donc poser en fait qu'à l'époque où florissait la *gentilité*, chaque *gens* portait, sauf de très rares exceptions, le nom de son auteur auquel elle était intimement rattachée par les liens du sang.

Enfin, quant à l'expression de *gens romana* employée pour désigner le peuple romain, loin d'être une preuve contre notre doctrine, elle n'en est, il nous semble, que la confirmation. S'il est en effet une idée, que l'on retrouve chez tous les peuples profondément implantée dans les traditions, c'est celle de la communauté d'origine des habitants d'une même patrie. On sait parfaitement que ce sentiment est contredit le plus souvent par la réalité des faits, mais on n'en persiste pas moins à regarder les sujets d'un même pays comme les frères les uns des autres et les enfants d'un même ancêtre primitif, fondateur de la nation. Cette expression figurée de *gens romana* appliquée au peuple romain ne fait donc qu'attribuer à la *gens* cette idée de communauté d'origine que le sentiment universel ne peut séparer de la notion de patrie.

Si l'on veut du reste de nouvelles preuves en faveur de notre doctrine, il ne nous sera pas difficile d'en fournir. C'est ainsi que Tite-Live, en parlant de la lutte des Fabii contre les Velleiens, emploie indifféremment pour

les désigner les termes *gens Fabia* et *familia Fabia* (III, 49);
et qu'Ulpien se sert du mot *familia* comme synonyme de
gens (195, 4, D. L, xvi.), ce qui revient bien à dire que
la *gens* repose sur la communauté d'origne.

Le discours de Decius Mus montre également que
pour Tacite la *gens* reposait sur l'idée de communauté d'origine, puisque Decius oppose son fils, qui
pourra citer un aïeul consul, à ceux qui citent leur
gens, leurs aïeux. (Laferrière.)

Tout le monde connaît en outre la tendance des
grandes familles de Rome à faire remonter leur généalogie le plus haut possible, et à vouloir se prétendre
issues d'un ancêtre vivant dans les premiers temps du
monde et souvent même d'un Dieu. Troplong nous rapporte à ce sujet que la *gens Fabia* émettait la croyance
que son origine première remontait jusqu'à Fabius,
ou Fabus, fils d'Hercule. Qui ignore que Jules César, et
aussi bien que lui tous les membres de la *gens Julia*,
prétendait descendre de Jules, fils d'Enée, et que, pour
complaire aux prétentions vaniteuses des Sergii et des
Cluentii, Virgile avait, dans son Enéide, fait figurer au
nombre des compagnons d'Énée un Sergeste et un
Cloanthe ? Or que deviennent ces prétentions, ces idées
qui ont toujours eu cours à Rome, et qui y jouissaient
de la plus grande faveur, si l'on soutient que la *gens*
n'est qu'une institution artificielle ? Cette croyance générale ne pouvait que reposer sur un fond de vérité,
seule l'application pratique était sujette à exagération.

Une autre remarque, que nous avons déjà eu l'occasion de constater, semble encore venir confirmer notre
sentiment, c'est que toujours les *sacra gentilitia* sont

5

considérés comme appartenant à la classe des *sacra privata* (Festus : v° *Publica sacra*. — Denys : ii, 23 et 65 par *a contrario*).

D'un autre côté, M. Sumner-Maine a montré, à ce propos, que dans toutes les sociétés, c'est la consanguinéité, ou parenté par le sang, qui est le lien le plus antique des communautés humaines. Rome donc n'a pas pu faire exception à la règle, lorsque tout au contraire semble nous apporter un témoignage de ce fait. Il peut arriver, il est vrai, qu'à la suite des modifications subies dans la suite des temps, l'institution que nous étudions n'ait plus eu les mêmes caractères qu'au début, peu importe ; mais ce qu'il est essentiel, c'est de s'attacher surtout aux conditions premières au milieu desquelles l'institution s'est développée.

Pour terminer ce débat, nous avons enfin aujourd'hui, grâce aux travaux de M. Mispoulet, une preuve qui nous paraît tout à fait convaincante ; nous voulons parler d'une inscription latine trouvée en Espagne et relatant que la *gens* est une réunion de parents. Cette inscription est ainsi conçue : *Pietati sacrum Jula modesta et in honorem gentis Sex. Aponi Scævi Flacci — mariti sui — et in honorem gentis Julorum parentum suorum*. (Institutions politiques, p. 10). Aussi pouvons-nous poser en principe que la *gens* avait pour fondement la communauté d'origine et la consanguinéité.

Section II.

De la possibilité légale pour une gens *d'adopter des étrangers.*

Nous avons admis que la *gens* reposait sur la communauté d'origine réelle, mais d'un autre côté les auteurs n'ont pas manqué de faire remarquer combien cette théorie exclusive, qui est nôtre, explique difficilement certains faits rapportés par l'histoire, et principalement le nombre très considérable des personnes composant certaines *gentes*. C'est ainsi que Tite-Live nous apprend que la *gens* Fabia ne comprenait pas moins de 306 membres en état de partir pour la guerre, c'est-à-dire de vingt à quarante-cinq ans environ, chiffre de combattants, produisant au moins, et dans le sens le plus favorable, 1200 personnes pour la totalité de la *gens*. De même la famille sabine des Claudii, lors de son arrivée à Rome, se composait d'environ trois mille individus.

D'autre part, nous verrons plus loin qu'il y avait défense pour un *gentilis* de se marier en dehors de sa *gens* sans le consentement du conseil des *gentiles*, c'est donc que le cercle des personnes qui la formaient était suffisamment vaste pour permettre l'application d'une semblable règle.

Ces observations, que l'on adresse à notre doctrine sous forme d'objections, trouvent leur explication toute naturelle dans la possibilité légale pour une *gens* d'adopter des personnes étrangères. La *gens* en effet avait une individualité propre, c'était une sorte de personne morale, et quand le législateur romain fut arrivé à un degré de civilisation où l'idée de la possibilité de la fiction se fit jour, la *gens*, dès ce moment, comme tout citoyen, dut avoir le droit d'adopter des étrangers. C'était pour elle un moyen d'augmenter le nombre de ses membres, partant son influence, et de réparer les pertes que la guerre ou les révolutions intérieures avaient pu produire dans son sein. (Tite-Live : x. 8.)

L'admission de cette possibilité légale d'adopter des étrangers est un des points importants de la matière, car il constitue un changement notable dans la théorie de la *gentilitas*, que nous avons développée. Nous avons vu plus haut qu'à notre avis cette nouvelle base fictive ne devait pas remonter à l'origine même de l'organisation de la *gens* qui, au début, ne s'appuyait que sur la parenté réelle ; néanmoins cette idée de fiction se fit jour d'assez bonne heure à Rome, comme dans toutes les autres nations dont on a pu étudier les développements successifs. En effet, alors que le régime patriarcal avait disparu, et que le nouvel état social des *gentes* était en vigueur, un grand nombre d'étrangers, qui trouvaient dans leur isolement la cause de leur faiblesse, vinrent solliciter leur admission dans le groupe puissant qui s'appelait la *gens*. D'un autre côté, à Rome comme partout ailleurs, le bon ordre ne régna pas toujours et souvent l'on dût passer par des moments de crise et de troubles révolutionnaires. Dans ces circonstances la victoire restait souvent à quelque agitateur étranger, jouissant d'une grande influence, acquise à force d'audace et souvent de crimes, et qui devenait alors un personnage dangereux pour certaines *gentes* anciennes. Un dernier moyen restait à la *gens* menacée pour s'assurer du succès final, c'était d'offrir l'adoption à cet « homme du jour », qui en entrant dans le groupe y apportait sa puissance, contribuait ainsi à le fortifier, et qui presque toujours recevait comme prix de ses services le titre de *princeps gentis*.

Nous ne quitterons pas ce point sans faire mention d'un fait historique incontestable, nous voulons parler de la création de *gentes* nouvelles sous Tarquin l'Ancien. Ce roi, voulant augmenter le nombre des *gentes* primitives et surtout s'attirer une cause de popularité certaine..., décida en conséquence la formation artificielle de cent nouvelles *gentes* composées de familles plébéiennes puissantes qui, grâce à la toute puissance royale, furent mises sur le même pied que les *gentes* primitives. Leur qualification seule différa, car pour les distinguer des anciennes *gentes* ou *majores*, on leur réserva le nom de *gentes minores*. Ces groupes nouveaux ne reposaient donc ni sur la consanguinéité naturelle, ni sur la parenté fictive, mais constituaient une véritable exception, ce qui d'ailleurs n'a pas lieu de nous surprendre, puisqu'elle était le résultat de l'omnipotence royale, et non pas de la marche normale de l'institution. L'exception ici ne fait que confirmer la règle.

Composition de la gens. Les affranchis pouvaient-ils en faire partie ?

Après avoir étudié la base sur laquelle reposait l'institution de la *gentilitas*, nous devons rechercher en ce moment la façon dont une *gens* était composée.

Dans l'intérieur de chaque famille particulière, dont la réunion formait la *gens*, se trouvaient, indépendamment des hommes libres, d'autres personnes, telles que des esclaves, des affranchis et des clients, au sujet desquels on s'est demandé si elles pouvaient être investies du titre de *gentiles* ? Des premières, des esclaves, nous n'avons rien à dire si ce n'est, qu'étant considérées comme de véritables choses, elles ne faisaient partie du groupe qu'au point de vue de la richesse générale, et au même titre que les terres et les troupeaux.

Mais, quant aux affranchis et aux clients, rentraient-ils dans la *gens*, étaient-ils les *gentiles* de leurs patrons et des autres membres de l'association et réciproquement ? telle est la question délicate que nous allons aborder.

D'après Niebuhr, les affranchis et les clients des patriciens faisaient partie de la *gens* à laquelle ceux-ci appartenaient. Ils étaient les *gentiles* de tous les autres membres du groupe et participaient aux droits qui étaient afférents à cette qualité, sans pouvoir toutefois prendre part au vote dans les comices.

Malgré cette affirmation, une difficulté très-sérieuse se pose à l'encontre de ce système, c'est la définition

même des *Topiques*, où Cicéron exige en termes qui
ne peuvent laisser de doute l'ingénuité perpétuelle
pour tous les membres de la *gens*. En présence d'un passage aussi formel, l'historien allemand soutient néanmoins son opinion en cherchant à prouver l'inexactitude de la définition sur ce point essentiel. Niebuhr
pour cela rappelle d'abord le procès des Claudii et des
Marcelli (*De oratore :* I, 39), et croit pouvoir affirmer
que Cicéron n'a inséré cette condition de l'ingénuité
perpétuelle dans son ouvrage que précisément à la
suite du jugement de condamnation des Marcelli, lorsque d'ailleurs cet arrêt pouvait avoir été motivé par
d'autres considérations qui ne nous sont plus connues
actuellement. En un mot cet auteur pense que Cicéron
n'a formulé sa définition que postérieurement à ce jugement, et en se basant sur son contenu. L'historien
allemand essaye en outre de montrer la fausseté de
cette décision en s'appuyant sur un autre texte de Cicéron, où nous lisons que l'on ne pouvait déposer au
lieu de la sépulture commune de la *gens* que les corps
de ceux qui participaient à son culte, c'est-à-dire les
gentiles (Cicéron : *De legibus :* 11, 22) ; or, précisément
nous savons qu'un grand nombre d'affranchis furent
inhumés dans le tombeau des Scipiones, c'est donc, en
conclut Niebuhr, que ces personnes faisaient partie de
cette *gens*.

De son côté, Ortolan s'est basé sur les rapports de
clientèle et d'affranchissement pour fonder son système
sur la *gentilitas*. Pour lui, la *gens* ne peut comprendre
que les individus qui sont d'origine perpétuellement
ingénue, dont aucun des aïeux n'a jamais été en servitude ou clientèle quelconque, et qui par conséquent se

forment à eux-mêmes leur propre généalogie. « Quant
aux familles actuellement ingénues, mais dont un des
ancêtres, si reculé qu'il soit, a été soit client soit esclave,
elles n'ont pas de généalogie propre ; elles doivent leur
vie civile à la race de patronage et d'affranchissement
dont elles portent le nom et qui est dans la cité leur
noyau générateur, leur *gens*. Ainsi les membres de la
famille perpétuellement ingénue sont à la fois entre
eux *agnati* et *gentiles*, ils sont de plus les *gentiles* des
membres de toutes les familles de clients rattachés à
leur *gens* par les liens du patronage ou de toutes les familles dérivées que leur *gens* a produites par affranchissement à une époque quelconque, et à qui elle a
donné son nom ainsi que ses *sacra*. Ces derniers ont
des *gentiles*, mais ils ne le sont de personne. Ils portent
le nom, ils participent aux *sacra* de la *gens* à laquelle
ils se rattachent ou dont ils émanent, il peut être permis de les déposer dans la sépulture de cette *gens*, mais
ils n'ont certainement pas la qualité de *gentiles*, ni les
droits d'hérédité ou de tutelle attachés à cette qualité. »
En résumé, pour Ortolan, il faut distinguer deux sortes
de membres de la *gens*, les *gentiles* actifs proprement
dits, et les *gentiles* que l'on pourrait appeler secondaires, et qui ne jouissaient que d'une partie des avantages conférés par la *gentilitas*, et dans lesquelles on ferait rentrer les affranchis et les clients.

Cet auteur, pour appuyer son système se sert principalement du procès des Claudii, dans laquelle la contestation roulait, d'après lui, sur le droit de gentilité
entre une famille patricienne, les Claudii, et une famille
plébéienne, probablement dérivée de la première, les
Claudii Marcelli, ces derniers prétendants succéder *jure*

stirpis au fils d'un de leurs affranchis mort *ab intestat*
sans héritiers siens, tandis que les Claudii réclamaient
pour eux ladite succession en se fondant sur ce fait que
formant eux-mêmes la généalogie des Marcelli dont ils
étaient les anciens patrons ou les *manumissores* originaux, et par conséquent de toutes leurs ramifications,
la succession leur revenait par droit de gentilité. Telle
était la situation, et voici l'argument qu'Ortolan en a
tiré. Nous voyons qu'il s'agit ici d'un fils d'affranchi
mort *ab intestat* sans laisser d'héritiers siens, et qu'il y a
compétition sur le point de savoir qui devra lui succéder. Or à quel titre les personnes intéressées peuvent-
elles réclamer l'hérédité, si ce n'est à titre de *gentiles*,
puisque les droits de patronage n'existent plus à l'égard
d'un fils d'affranchi ? « et l'on ne trouvera pas dans toute
la législation romaine un autre droit que celui de la
gentilité pour faire succéder le patron ou ses enfants,
aux enfants de l'affranchi mort sans postérité et sans
agnats. » Les compétiteurs se présentent en conséquence comme *gentiles*, la loi des Douze-Tables ne permettant aucune autre vocation. Le défunt était donc re-
lié aux survivants par le lien de gentilité, mais lui, fils
d'affranchi, ne pouvait être leur *gentilis*, puisqu'il n'était
pas d'origine perpétuellement ingénue. On voit donc, dit
Ortolan, par tout ce qui précède que le titre de *gentilis*
pouvait ne pas être réciproque et que ce n'était en
somme qu'un titre honorifique, indiquant dans ceux
qui le possédaient intégralement une origine perpétuellement libre.

Telle est l'idée qu'a adoptée Ortolan, idée qui, selon
nous, est loin d'être exacte, tout moyen terme nous sem-
blant impossible dans la question de la composition de

la *gens* ; on est *gentilis* ou on ne l'est pas, et si l'on possède cette qualité, ce titre est réciproque entre tous les membres de la *gens*. C'est la notion même qui ressort de la définition de Cicéron qui, exigeant comme caractère essentiel l'ingénuité perpétuelle du *gentilis* par lui-même et par les ancêtres, débute par les mots caractéristiques « gentiles sunt, *qui inter se...* » Qu'est-ce autre chose, sinon montrer que la *gentilitas* est un lien réciproque s'étendant à tous ceux qui font partie de la *gens* elle-même.

Quant au texte du *De Oratore* sur lequel cet auteur s'appuie avec tant de force, *et que Cicéron cite lui-même comme un exemple pratique offrant les plus grandes difficultés*, nous croyons qu'il n'y a rien à en tirer de bien concluant. Que découvrons-nous d'ailleurs dans ce passage ? Un simple conflit entre le *jus stirpis* [1] et le *jus*

---

[1] On est loin d'être d'accord sur ce qu'il faut entendre par le *jus stirpis*. Pour nous, nous serions assez tentés de voir dans ce privilège particulier l'effet de la réalisation d'une condition résolutoire tacite, qui se serait ainsi formulée : La famille affranchissante donnait la liberté à un esclave pour le faire jouir de sa nouvelle situation, et lui permettre de transmettre à ses enfants légitimes les biens qu'il aurait pu acquérir. Mais si, par hasard, les enfants de l'affranchi n'avaient pas de descendants, que deviendrait leurs biens ? Ils ne pourraient échoir, en suivant la dévolution légale, qu'à des parents fort éloignés et le plus souvent à l'État. Pour prévenir ce résultat, ne peut-on pas penser que le *manumissor*, au moment de l'affranchissement, ait imposé la condition qu'au cas où les enfants de l'affranchi mourraient sans descendant, les biens devraient retourner à la postérité du *manumissor*, qui, en définitive, avait été la cause première de l'existence de cette fortune. Cette condition, d'abord expresse, fut ensuite adoptée par l'usage et désormais sous-entendue dans les affranchissements. Le *manumissor* ou ses héritiers, qui auraient ainsi recueilli ces biens, ne les aurait obtenus que *jure stirpis* et non *jure patroni*.

M. Accarias a proposé une autre explication. Pour lui, le *jus stirpis gentilitatis,* mais précisément dans l'état de nos connaissances, il nous est très difficile de fonder un système sur une difficulté dont nous ne connaissons pas actuellement tous les éléments [1].

Pour nous, nous croyons que seuls les citoyens ingénus pouvaient faire partie d'une *gens* quelconque, mais que dès que cette condition impérativement exigée par la définition des Topiques était réalisée, la personne qui la remplissait était appelée à jouir de toutes les prérogatives attachées à ce titre.

Quant à l'opinion de Niebuhr, que nous indiquions plus haut, elle nous paraît absolument insoutenable devant la définition de Cicéron, qui demeure entière, mal-

n'est autre chose que le *jus gentilitatis* pour l'hypothèse, où la *gens* est plébéienne ou étrangère. On n'aurait pas alors donné le nom de *jus gentilitatis* à ces liens de droit, par respect pour la tradition, quoique les effets de l'institution fussent les mêmes dans les deux cas. Dans l'hypothèse d'un conflit entre le *jus gentilitatis* et le *jus stirpis*, M. Accarias croit que la victoire doit rester au premier. Cujas et Pothier semblent avoir déjà émis une idée analogue. (Sur les lois, 28 et 29 D. L. xvi).

[1] On peut reprocher à M. Ortolan d'avoir transformé en droit de gentilité le prétendu droit du patron et de ses descendants sur la succession des enfants d'un affranchi, lorsqu'il est impossible de trouver dans la loi la moindre trace de cette métamorphose. Les Douze-Tables avaient sans doute admis la successibilité du patron à son affranchi mort *ab intestat* sans héritiers siens, mais quant aux enfants de l'affranchi, leur position, par rapport à la famille du *manumissor,* est complétement modifiée. Ces enfants ne sont plus des affranchis mais des ingénus au contraire, et par conséquent leur succession est réglée non par le droit spécial aux patrons à l'égard des affranchis, mais par le droit commun des hérédités ordinaires. M. Ortolan suppose que les patrons et leurs descendants auraient, à raison de l'affranchissement primitif des droits héréditaires sur les biens des enfants ou descendants d'affranchis et il les qualifie droits de gentilité, mais rien dans la jurisprudence romaine ne vient confirmer ce point, qui serait une grave dérogation au bénéfice de l'ingénuité.

gré les attaques que cet auteur a dirigées contre elles
et malgré l'explication fantaisiste qu'il a donnée de sa
rédaction. Il me reste à réfuter l'argument qu'il a cru
trouver dans le *De legibus*. Cicéron sans doute nous apprend que l'on n'enterrait dans la sépulture commune
que les *gentiles* ; cela est vrai, mais en posant ce principe il n'avait en vue que l'exclusion des étrangers.
Quant aux affranchis ou aux clients, qui n'étaient point
gentiles, ils ne jouissaient pas en droit strict de cette prérogative et si par hasard quelques-uns d'entre eux furent inhumés de la sorte, ce n'est qu'en vertu de cette
considération que les clients et les affranchis n'avaient
pas pour ainsi dire de personnalité distincte de celle de
leurs patrons qui étaient la cause efficiente de leur vie
civile. Aussi souvent ne voyait-on dans l'affranchi que
la personne du *manumissor*, et c'est probablement cette
idée qui fit permettre l'inhumation de telles personnes
dans le tombeau de la *gens*.

La *gens* pouvait d'ailleurs par un décret admettre exceptionnellement au nombre de ses membres des affranchis à qui elle voulait témoigner une grande faveur
(Tite-Live : XXXIX, 19.), or, le passage du *De legibus*
peut parfaitement faire allusion à une de ces deux hypothèses.

Au surplus il ne faudrait pas attacher trop d'importance au mode d'augmentation de Niebuhr, car cette
méthode nous paraîtrait dangereuse. C'est ainsi par
exemple que Démosthènes nous assure que les esclaves
pouvaient également être enterrés dans le tombeau de
la *gens* ; en concluerons-nous que les esclaves étaient
gentiles ? Poser la difficulté de cette façon, c'est à notre
sens la résoudre en montrant les conséquences évidem-

ment fausses auxquelles on arrive logiquement avec le raisonnement de Niebuhr. Notre conviction reste donc entière et pour nous les affranchis ne pouvaient faire partie des *gentes*, au moins d'une façon générale, sans avoir été relevés préalablement de leur incapacité.

Quant aux clients, nous croyons, en admettant les idées de Mommsen à ce sujet, que le défaut en leur personne de l'ingénuité perpétuelle était un obstacle absolu à leur entrée dans une *gens*. Un grand nombre d'auteurs ont néanmoins soutenu le contraire, mais il me semble qu'il y a à ce sujet une confusion à éviter. Chaque *gentilis* véritable pouvait sans doute posséder des clients ; mais ces clients n'étaient attachés qu'à leur patron et non pas à la *gens* au sein de laquelle ils ne figuraient pas à titre de membres actifs. Abandonnant cette idée évidemment fausse, on a voulu les considérer comme des membres secondaires, en se fondant sur ce fait qu'ils portaient en général le *nomen gentilitium* et jouissaient des droits des *gentiles*. Nous estimons que cette doctrine ainsi tempérée n'est pas plus exacte que la première, car nous demanderons aux auteurs qui s'en sont fait les défenseurs dans quels passages de l'histoire romaine on peut retrouver une mention quelconque de ces *gentiles* secondaires ? Cette notion nous paraît absolument moderne. Nous ne nierons pas d'ailleurs que les clients portaient le *nomen gentilitium ;* mais de cette circonstance il n'y a rien à tirer à propos de la question qui nous occupe, car les affranchis eux aussi étaient désignés de la même façon, et ils n'étaient cependant pas membres de la *gens*. Nous reconnaissons également la participation des clients à certains droits du groupe, en faisant remarquer toutefois que cette participation était loin d'être générale, mais qu'elle se restreignait à quelques privilèges particuliers, qui leur étaient attribués en vertu de l'idée qui identifiait la personne des clients avec celle du patron *gentilis*. Ces observations, à notre avis, montrent bien qu'il est impossible, tant que l'on n'aura pas établi la fausseté de la définition de Cicéron, de soutenir, malgré quelques apparences favorables, que les clients faisaient partie des *gentes*.

Section IV.

Des Gentes *patriciennes et plébéiennes.*

Au sujet de la composition des *gentes*, on s'est demandé également si elles pouvaient contenir tout à la fois des patriciens et des plébéiens, et même des plébéiens exclusivement?

Suivant l'opinion la plus ancienne, les *gentes* ne pouvaient jamais être composés que de patriciens. La gentilité, d'après les auteurs qui se sont rangés à ce système, étant un signe de noblesse et d'ingénuité perpétuelle, ne saurait avoir appartenu à des plébéiens, qui n'étaient en définitive que des affranchis ou des transfuges; et c'est en invoquant ce principe que les Claudii intentaient aux Marcelli le procès que nous connaissons (*De oratore* : I, 39.)

Niebuhr, un des partisans de cette doctrine, s'appuie pour la soutenir en premier lieu sur un texte d'Aulu-Gelle qui voulant donner une définition de la plèbe, s'exprime... (Nuits attiques : x, 20) ainsi « Plebs dicitur, in qua gentes patriciæ non insunt », d'où on a conclu à l'opposition intentionnelle mise par l'historien ancien entre ces deux termes : *plebs* d'un côté et *gentes patriciæ* de l'autre. Ces mots *gentes patriciæ* sont mis pour l'expression *patricii*, car au début de l'histoire ces termes étaient entièrement synonymes ; c'est donc dire que les plébéiens ne pouvaient faire partie des *gentes*.

Tite-Live nous rappelant les revendications du peuple soutenues par son tribun Decius Mus, lui fait lancer aux patriciens cette apostrophe restée célèbre : « ...Vos solos gentem habere... ». (Vous seuls avez le privilège de la gentilité !) C'était là, paraît-il, un des grands griefs de la plèbe contre la classe dirigeante, et obtenir cette faveur constituait une de ses aspirations pour lesquelles elle était décidée à combattre énergiquement. S'il en était ainsi, c'est donc que, jusqu'à ce moment, les patriciens seuls pouvaient se donner comme *gentiles* (Tite-Live : x, 8).

Tels sont en un mot les principaux arguments mis en avant pour soutenir que les plébéiens étaient exclus des *gentes*.

Et cependant, pour peu que l'on ouvre l'histoire, l'on sera forcé de reconnaître qu'il y avait à Rome un certain nombre de *gentes* comprenant tout à la fois des patriciens et des plébéiens ; c'est ainsi que Cicéron nous montre que dans la *gens* patricienne des Claudii, il y avait une branche plébéienne, les Marcelli ; de même dans la *gens* Sempronia la famille des Atratini était seule patricienne ; enfin d'autres *gentes* étaient exclusivement composées de familles plébéiennes, telles étaient les *gentes Cæcilia, Calpurnia, Domitia, Fulvia, Licinia, Maria, Pompeia, Opinia...*, etc..

Aussi est-ce en se fondant sur ces notions historiques
que bon nombre d'auteurs prétendent, à l'encontre de
l'opinion précédente, que dès l'origine de Rome il y eut
des *gentes* plébéiennes. M. Laferrière, un des partisans
de cette doctrine, fait d'abord remarquer que l'agnation
existant dans les familles plébéiennes, on ne voit pas pourquoi la *gentilitas* n'aurait pu y être admise. La loi des
Douze-Tables, ajoute-t-il, n'établissant aucune distinction
à ce sujet entre les patriciens et les plébéiens, l'on doit
en conclure que toute famille plébéienne d'une origine
perpétuellement ingénue pouvait jouir du privilège de
la *gentilitas*, qui n'était pas un attribut de la noblesse
patricienne, mais de l'ingénuité perpétuelle. Ce même
auteur, à l'appui de sa thèse, fait observer ensuite que,
dès le début de l'histoire, certaines familles plébéiennes
avaient pris à Rome une importance considérable, et
il en donne pour exemple les personnages choisis par
Tarquin l'Ancien pour former les *minores gentes*, qui
probablement appartenaient tous à la plèbe. Quant aux
textes sur lesquels Niebuhr fonde sa théorie, les partisans de la doctrine que nous exposons en ce moment,
les réfutent de la façon suivante :

D'abord pour le passage d'Aulu-Gelle, on prétend qu'il
ne peut en rien servir au débat, car, dit-on, si cet historien avait voulu prétendre que la gentilité constituait un privilège des patriciens et par conséquent indiquer que le peuple en était privé, il se serait contenté
de mettre le mot *gentes* seul, par opposition au terme
plebs sans ajouter à l'expression *gentes* le qualificatif
patriciæ : dans quel but, en effet, Aulu-Gelle eut-il employé cet adjectif, si jamais il ne pouvait y avoir de
gentes plébéiennes ? Ce texte semble donc se retourner

contre les auteurs qui le citent, et prouver par sa fac-
ture la possibilité pour les plébéiens d'être *gentiles*.

Le texte de Tite-Live n'est pas plus probant d'après
M. Laferrière. Ce n'est pas en effet dans le sens d'une
revendication totale et absolue que Decius Mus aurait
adressé aux patriciens l'invective que nous connaissons ;
mais ce que le tribun reprochait aux patriciens c'était
de ne pas vouloir reconnaître un fait accompli, à savoir
le droit pour les plébéiens d'avoir une *gens* analogue à
celle des patriciens : aussi faudrait-il traduire ce passage par ces mots dictés par l'ironie : « Vous seuls pré-
tendez avoir les privilèges de la *gentilitas !* » C'est donc
simplement la reconnaissance légale d'un état de choses existant depuis longtemps déjà que le peuple voulait imposer à l'aristocratie.

Selon nous, nous croyons l'une et l'autre de ces deux
solutions trop absolues. Au début, nous avons la conviction que les patriciens seuls pouvaient composer les
gentes et cela pour les motifs que nous avons donnés
plus haut. A l'arrivée sur le sol latin des tribus primitives, l'aristocratie consistait alors uniquement dans l'ingénuité perpétuelle ; appartenir à l'une des trois tribus à
titre de membre actif et jouir de la liberté, telles étaient
à notre avis les seules conditions du patriciat, qui se confondait encore avec le titre de *gentilis* et même avec la
qualité de citoyen. (Festus, v° *Patricios*.) L'histoire nous
a conservé certains noms de ces *gentes* primitives dont
l'influence était prépondérante, et qui se considéraient
comme les véritables propriétaires de tout le pays,
c'étaient entre autres les Romilii, les Fabii, les Æmilii,
les Cornelii, les Papirii... etc.

Quant à la plèbe, elle ne se composait à ce moment

6

que des individus vaincus par Rome, et sur le territoire desquels la ville s'était établie, puis des esclaves affranchis : aussi à cette époque, ne pouvait-il
être question pour elle d'avoir cette prérogative,
puis qu'aucun plébéien ne jouissait de l'ingénuité perpétuelle.

Si telle fut la situation primitive, nous croyons cependant qu'elle ne subsista pas très longtemps. Par suite
de circonstances diverses, comme par exemple à la
suite de l'admission dans la cité de familles plébéiennes
étrangères, n'ayant jamais été en servitude, ou d'affranchissements remontant à une époque tellement reculée
que l'on pouvait en fait considérer une famille comme
ayant toujours joui de la liberté, soit par suite de l'adoption de familles de clients, soit enfin et surtout par
suite de spoliations de titres, on vit la *gentilitas* devenir
le partage de certains plébéiens influents. Quelques historiens anciens, et notamment Dion Cassius (fragment
32) rapportent qu'un certain nombre de membres de
familles patriciennes en sortirent pour se rattacher volontairement à la plèbe au moyen de la *transitio ad
plebem ;* aussi pourrait-on voir dans ce fait une nouvelle
cause de l'existence des *gentes* plébéiennes. C'est ainsi
par exemple que la *gens Octavia* devint plébéienne après
avoir été patricienne, et ne revint à son état primitif
qu'à l'époque de Jules César (Suet. *Auguste,* 2). Madvig, à
qui nous empruntons ce renseignement, n'ajoute pas foi
à ces affirmations, qui pour lui ne sont uniquement que
le fruit de la vanité, et estime qu'elles n'ont été imaginées que pour faire croire à l'origine patricienne de
plusieurs familles plébéiennes qui, à force d'intrigues,
étaient parvenues à jouer à Rome un rôle important.

Souvent aussi la *transitio ad plebem* n'avait d'autre but que de permettre à des patriciens d'obtenir les honneurs plébéiens, au moyen desquels ils pouvaient se livrer plus facilement à la poursuite de leurs ennemis personnels, en se servant alors, comme le fit P. Clodius, des actions tribunitiennes (Suétone, *César*, 20).

Il ne faudrait pas d'ailleurs s'en rapporter simplement au nom porté par certains individus, et notoirement connu comme étant celui d'une famille patricienne, pour attribuer la qualité de *gentilis*, car les affranchis qui recevaient tous le nom de leurs *manumissores* ne pouvaient jamais en être investis.

Quant à l'argument proposé par M. Laferrière, et qui consiste à soutenir que puisque les plébéiens jouissaient de l'agnation, il devait en être pour eux de même de la *gentilitas*, il nous parait assez faible, puisque comme nous l'avons vu plus haut, les conditions exigées pour constituer la *gentilitas* à l'époque où il est possible de la comparer à l'agnation, sont bien plus nombreuses que celles requises pour l'agnation, et que précisément au début de Rome, et même à l'époque des Douze-Tables, il était presque impossible en droit aux plébéiens de les réunir en leur personne, alors qu'ils jouissaient pleinement de la qualité d'agnats.

Restent les textes des auteurs latins, sur lesquels nous devons donner notre avis. Nous avouons à ce sujet que les termes employés par Aulu-Gelle nous laissent absolument dans l'incertitude, et comme nous croyons que cet historien n'avait nullement en vue la difficulté qui nous occupe, lorsqu'il écrivait la définition de la plèbe, estimons-nous en conséquence que cet argument est mauvais et doit être laissé de côté

par l'un et par l'autre système. Le discours de Decius
Mus paraît avoir plus d'importance et Tite-Live être mieux
placé pour trancher le débat ; aussi quelle que soit l'interprétation que l'on veuille tirer de ce passage, il nous
semble que, dans tous les cas, elle sera parfaitement
conciliable avec notre opinion. Si l'on adopte le sens
proposé par Niebuhr, Decius Mus avoue sans doute que
les plébéiens n'ont pas de *gentes* d'une façon officielle ;
mais cette affirmation ne saurait en rien renverser cette
idée qu'à ce moment même la plèbe jouissait en fait de
ce privilège. Dans l'interprétation contraire, le texte
vient encore corroborer notre doctrine, car ce que le
consul veut obtenir, c'est la reconnaissance par les
patriciens d'un fait accompli, mais aucun mot dans
cette prétention ne prouve que la plèbe ait pu jouir de
la *gentilitas* dès l'origine de Rome. L'idée opposée apparaît bien plutôt, car Decius Mus laisse sous-entendre
que cette jouissance de fait a été la première conquête
et que la reconnaissance légale sera la seconde.

Niebuhr est du reste forcé d'admettre l'existence de
quelques *gentes* plébéiennes ; mais pour expliquer ce
fait il en donne un motif qui nous semble inexact, en
prétendant que ces exceptions sont dues exclusivement
à des mésalliances et à l'admission, postérieurement à
la loi des Douze-Tables, du *connubium* entre les patriciens et les plébéiens. En effet, de deux choses l'une, ou
bien c'est un patricien qui épouse une plébéienne, et
alors celle-ci sort de sa famille pour prendre la qualité
et la situation de son mari, et par ce fait même devenir
patricienne en entrant dans sa *gens*, ou bien c'est un
plébéien qui épouse une patricienne et, dans ce dernier
cas, le mari reste ce qu'il était, tandis que sa femme sort

tout à la fois de sa famille et de sa *gens* en perdant la qualité de patricienne, qu'elle ne communique nullement à son époux. On voit donc par ces deux exemples que la création d'une *gens* plébéienne ne pouvait résulter du seul fait d'un mariage entre les deux ordres.

En résumé nous croyons à l'existence des *gentes* plébéiennes, mais avec cette restriction importante qu'au début ce privilège appartenait exclusivement aux patriciens, et que ce n'est que plus tard que les plébéiens purent arriver à obtenir cette faveur, soit bénévolement de la part des patriciens, soit principalement par ruse et par surprise.

Section V.

De la Disparition de la Gentilitas.

Les considérations, que nous avons développées dans les chapitres précédents, nous paraissent rendre un compte exact des destinées de l'institution de la *gentilitas* dans sa seconde période.

Les familles, qui pouvaient faire remonter leur généalogie à une époque aussi reculée étaient en effet peu nombreuses d'après l'opinion générale[1], et même

---

[1] D'après M. Bloch, on comptait à Rome vers le ive siècle avant Jésus-Christ, soixante-treize *gentes* dont voici l'énumération : Æbutia ; Æmilia ; Antonia ; Aquilia ; Aternia, Atilia ; Camilia ; Canuleia ; Cassia ; Cispia ; Claudia ; Clœlia ; Cœlia ; Cominia ; Cornelia ; Curiatia ; Curtia ; Diulia ; Fabia ; Foslia ; Fulania ; Furia ; Galeria ; Gegania ; Genucia ; Hermenia ; Horatia ; Hostilia ; Julia ; Junia ; Lartia ; Lemonia ; Lucretia ; Manlia ; Marcia ; Menecia ; Minucia ; Mucia ; Nautia ; Numicia ; Oppia ; Orbinia ; Papiria ; Pinaria ; Pœtelia ; Pollia ; Pompilia ;

ce nombre devint de plus en plus restreint au fur et à
mesure que l'on s'éloignait davantage des Douze-Tables.

Beaucoup de ces familles disparurent complétement
par extinction, d'autres n'eurent qu'une descendance
restreinte, conséquence de l'interdiction pour les *gentiles* de se marier en dehors de leur *gens*, tandis que
l'élément plébéien et étranger augmentait sans cesse.
De cet état de choses, il résulta que les *gentiles* furent
absorbés dans la masse de la population et qu'ils disparurent par la force même des circonstances. Cette 'dernière révolution s'était déjà produite presque entièrement à l'époque de Cicéron et, sous Gaïus, on avait
perdu entièrement la double notion de cette antique institution [1].

On s'est demandé à ce sujet pourquoi les *gentiles* dont
le groupe était menacé d'une disparition complète par
suite de la mort successive de tous ses membres ne prenaient point pour échapper à ce malheur la précaution
d'adopter des étrangers, comme cela leur était possible?
M. Genz a cru pouvoir répondre que si les Romains
n'ont pas usé de ce remède, c'est qu'il leur était inconnu
à l'époque où il leur eût été utile. Nous avons de la peine
à admettre cette solution, car il nous semble que l'adoption remonte à une période plus ancienne ; aussi serions-
nous beaucoup plus disposés à suivre l'opinion de Momm-

Postumia ; Politia; Pupinia ; Quinctia ; Quinctilia ; Raboleia ; Racilia ;
Romilia ; Roscia ; Sempronia ; Sergia ; Servilia ; Sestia ; Siccia ; Sulpicia ; Tarpeia ; Tarquinia ; Tarquitia ; Tullia ; Valeria ; Verania ; Ver-
ginia ; Veturia ; Vitellia ; Voltinia ; Volumnia.

[1] Sur les soixante-treize *gentes* que nous avons citées, quatorze
seulement survivent dans le dernier siècle de la république, et six sous
Cicéron et Auguste ; ce sont les *gentes :* Æmilia, Claudia, Cornelia,
Fabia, Sulpicia et Valeria.

sen, qui attribuait cette conduite des *gentiles* à la ré-
pugnance qu'ils avaient de confier à des plébéiens le
soin de perpétuer leur race et leur culte domestique.
D'un autre côté, la disparation des règles qui en droit
assuraient la dévolution des biens aux *gentiles* était depuis longtemps désirée par le sentiment général, afin de
mettre un terme aux scandales dont Rome avait été le
témoin à maintes reprises. C'est ainsi que l'on voyait à
cette époque de décadence les manœuvres les plus éhon-
tées avoir lieu et des individus, clients ou affranchis, venir réclamer la succession de tel personnage riche,
mort sans héritiers, en se fondant uniquement sur leur
similitude de nom, comme si cette coïncidence à elle
seule pouvait entraîner des conséquences aussi importantes ! La plus criante injustice régnait en cette matière, aussi les plaintes éclataient-elles de toute part,
et nous ne pouvons nous empêcher de rappeler à ce
propos ces vers où Catulle, se faisant l'interprète du
sentiment public, se réjouit de voir que dans un cas
particulier les *gentiles*, ou plutôt ceux qui se donnaient comme tels, verront s'évanouir leurs espéran-
ces coupables :

« Qui cum divitiis vix tandem inventus avitis
« Nomen testatas intulit in tabulas
« Impia derisi gentilis gaudia tollens
« Suscitat a cano vulturum capite. » *(Ad. Manlium*, 121.)

Tout néanmoins devait avoir une fin, et le préteur,
instrument de la volonté populaire, décréta que désormais il ne reconnaîtrait plus dans son Édit la légitimité des droits des *gentiles* sur les successions *ab in-*

testat, et que les biens qui leur étaient antérieurement
accordés seraient attribués, dans la suite, au moyen de
la « Bonorum possessio » aux cognats dont la notion
utile apparaissait ainsi législativement pour la première
fois dans l'histoire successorale du peuple romain.

CHAPITRE CINQUIÈME

DROITS ET OBLIGATIONS DES « GENTILES »

Après avoir recherché le plus scrupuleusement possible quelle était la nature de la *gentilitas* aux différentes
périodes de l'histoire de Rome, nous devons maintenant étudier la vie des individus unis par le lien spécial, voir quels étaient leurs rapports, en un mot nous
occuper de leurs droits et de leurs obligations. Comme
ces deux termes sont toujours corrélatifs l'un de l'autre,
comme l'idée de droit chez l'un implique l'idée d'obligation chez l'autre, nous avons consacré un seul chapitre
à ces deux aspects de la même question et c'est l'ensemble des règles que nous allons parcourir, que, dans la
langue juridique, on était convenu d'appeler : le *jus
gentilitatis*.

Nous porterons notre attention[1] sur les différentes éta-
pes de la vie d'un *gentilis*, nous le prendrons à sa naissance, nous assisterons à son éducation, nous le consi-

---

[1] L'essai de restitution que nous avons entrepris dans ce chapitre
s'appuie, soit sur des textes, soit sur des déductions de principes certains.

dérerons dans l'exercice de tous ses droits sacrés, politiques et civils, nous le verrons aux prises avec les difficultés journalières, nous examinerons les richesses appartenant à sa *gens*, enfin nous le suivrons jusqu'à sa mort, et nous étudierons les conséquences qui en résultaient pour ses *cogentiles*.

Avant d'aborder ce programme nous tenons à faire remarquer que si la lutte est très vive entre les auteurs au sujet de la nature de la *gentilitas*, il n'en est plus de même des droits et obligations des *gentiles*, point sur lequel l'accord est à peu près complet[1].

Lorsque deux personnes de la même *gens* s'étaient unies par les liens du mariage et qu'il en naissait un enfant, cet enfant appartenait naturellement à la *gens* de ses parents, suivant la règle de droit commun en matière de filiation légitime. La naissance de ces enfants était un sujet de joie pour la *gens*, qui voyait en eux le gage de sa prospérité future. D'après tout ce que nous avons vu sur la nature même de la *gentilitas*, il est facile de comprendre que toutes les unions ne pouvaient être admises sur le même rang. La *gentilitas* étant la parenté aristocratique et essentiellement nationale, nous concluerons que les seules *justæ nuptiæ* pouvaient à l'origine du moins conférer aux enfants ce titre de *gentiles*; mais il n'y avait pas à se préoccuper du sexe de l'enfant, le sexe féminin n'étant pas un obstacle à la participation à la *gens*. (Voir l'exemple de *Fecennia Hispala*, Tite-Live: XXXIX, 19.)

Vers le dixième jour après sa naissance, l'enfant re-

---

[1] Nous avons souvent eu recours, pour les détails de ce chapitre, aux études de M. Ihering et particulièrement à « l'Esprit du droit romain. »

cevait ses noms; son prénom d'abord, qui devait servir
à l'identifier au milieu de ses frères et sœurs, son *no-*
men proprement dit, qui le rattachait à la famille de
ses pères et mères, enfin son *nomen gentilitium*, qui
était le signe extérieur de sa participation à une
gens.

Le choix des *prænomina* était libre en principe,
néanmoins il fallait à ce sujet respecter soit les décrets,
soit les coutumes de la *gens* à laquelle appartenait le
nouveau-né; c'est ainsi, comme nous le verrons plus
loin, que les gentils pouvaient d'une part interdire
l'usage de certains prénoms, et d'autre part en introduire de nouveaux. Cette dernière décision s'explique
d'ailleurs très bien, lorsqu'on sait que chaque *gens*
avait admis une série de prénoms qu'elle affectionnait
pour ainsi dire, et qui en fait étaient seuls donnés à
ses membres. Ce n'était pas, il est vrai, une obligation
pour les parents, ce n'était qu'une coutume que l'on res-
pectait comme une loi.

L'histoire nous a conservé des preuves de ce fait :
la *gens Julia* par exemple avait adopté les prénoms de :
Caius, Lucius, Sextus ; la *gens Fabia* ceux de : Caius,
Kœso, Marcus, Numerius et Quintus ; la *gens Porcia*
ceux de : Caius, Lucius, Marcus, Publilius ; la *gens Æmi-*
lia en avait huit, la *gens Furia* et la *gens Cornelia* sept ;
les *gentes Claudia* et *Manlia* six ; enfin la *gens Domitia*
ne se servait que de ceux de: Cneus et Lucius.
(Suétone ; *Néron*, I.)

De l'enfance des *gentiles*, nous n'avons rien de
particulier à mentionner, si ce n'est que la *gens* sub-
venait probablement en cas de pauvreté de la famille
aux frais d'entretien et aux dépenses occasionnée par

leur éducation, en vertu du principe de la solidarité. (*Infra*.)

Si l'enfant devenait *paterfamilias* avant d'avoir atteint l'âge de la puberté, on prenait alors soin de lui
faire nommer un tuteur. La loi elle-même avait prévu
cette situation et désignait comme tuteur de l'impubère « *l'agnatus proximus* », et à son défaut cette mission incombait aux *gentiles*. Nous ne pouvons pas sans
doute apporter un texte précis pour prouver le fait que
nous avançons, mais néanmoins notre affirmation tou-
che au degré de l'entière certitude, grâce aux arguments suivants :

1° Ce qui nous décide d'abord, c'est l'analogie des règles de la délation des successions *ab intestat* et de la
délation des tutelles. (*Collat. leg. mosaïch. et rom :* Ulpien XVI, IV, 1 et 2.). Nous savons d'un côté en effet
que lorsque le *de cujus* mourait sans faire de testament
et sans laisser *d'agnati*, les biens étaient attribués aux
gentiles, cette règle étant formellement exprimée dans
le texte que nous venons de citer ; or, d'une autre côté,
s'il est un principe dominant toute la matière, c'est assurément celui de la réciprocité des gains et des charges « ubi emolumentuum successionis, ibi et onus esse
debet » (1. D. XXVI, 1.). La tutelle constituant au moins
en fait, sinon de droit, un fardeau sérieux, rien n'était
plus juste que de l'imposer à ceux qui bénéficiaient de
la fortune du défunt c'est-à-dire aux *gentiles*. C'était
tout à la fois satisfaire l'équité, et s'assurer de la parfaite conservation des biens du pupille, puisque ceux à
la garde desquels ils étaient confiés, étaient précisément ceux qui étaient appelés éventuellement à les posséder en cas de prédécès de l'impubère.

2° Nous tirerons en second lieu un argument d'analogie, décisif selon nous, de la loi même des Douze-Tables. Parlant du *furiosus*, cette législation lui assigne
comme tuteur d'abord ses agnats, puis à leur défaut
ses *gentiles ;* s'il en est ainsi on ne voit pas pourquoi elle
n'aurait pas appliqué la même règle lorsqu'il s'agissait
des impubères sains d'esprit ? (Cicéron, *De inventu* : II,
50. — Id. Tuscul. III, 5. — Id., *de republica* : III, 23. —
Ulpien, Regulæ : XII, 2.).

3° Gaïus, comme nous l'avons déjà vu, renvoie à son
premier commentaire pour tout ce qui concerne l'étude
de la *gentilitas ;* or, il est probable qu'il devait en parler
dans la partie comprise entre le numéro actuel 164,
où il est question de la tutelle légitime des *agnati*, et le
numéro suivant, où il s'agit de la tutelle des patrons.
On ne voit en effet aucun autre endroit du premier commentaire, où l'auteur eût pu traiter cette question historique, aussi en a-t-on conclu qu'il y avait dans ce fait
une forte présomption en faveur de l'opinion que nous
défendons, à savoir que la tutelle passait aux *gentiles* à
défaut d'*agnati*. (Demengeat, *Cours de droit romain*.)

4° Enfin nous constaterons bientôt que les *gentiles*
étaient tuteurs des femmes pubères, pourquoi donc ne
l'eussent-ils pas été également des impubères ? Pour
nier cette argumentation il faudrait tout d'abord com-
mencer par démontrer que les Romains ont admis des
théories différentes pour chaque tutelle particulière ;
c'est ce que jusqu'à présent personne n'a essayé de
faire. Aussi ces quatre considérations donnent-elles,
selon nous, la preuve certaine de la dévolution de la tutelle des impubères aux *gentiles*, dans les conditions que
nous connaissons.

Supposons donc maintenant la réalisation de cette hypothèse ; il y a un impubère sans *agnati*, la tutelle revient aux *gentiles ;* mais, parmi ces derniers, qui sera investi de ces fonctions ? Ici la difficulté est sérieuse, aucun texte ne faisant allusion à cette situation. Il est d'abord certain que tous les *gentiles* ne pouvaient prétendre avoir cette qualité et ces attributions, c'eût été établir le désordre et la discorde ; il fallait donc une seule personne, une sorte de gérant au nom de toute la *gens*.

On a proposé de décider que dans cette situation on devait raisonner par analogie de ce qui se passait en matière de tutelle et de succession déférées aux *agnati*, où dans les deux cas la charge et le bénéfice étaient attribuées au parent le plus proche en degré. Cette solution ne nous paraît néanmoins pas exacte, car ici l'argument par analogie nous semble dangereux ; nous verrons en effet à la fin de ce chapitre qu'en matière de successions *ab intestat* le principe de la vocation et surtout celui de la dévolution ne sont pas du tout les mêmes en qui ce concerne les *agnati* et les *gentiles ;* or, s'il en est ainsi dans les successions, la même différence essentielle doit se produire au sujet de la tutelle. C'est pourquoi nous préférons en conséquence adopter l'opinion enseignée par Ihéring, et dire que la *gens* devra s'assembler en réunion générale et nommer un de ses membres pour remplir les fonctions de tuteur au nom de tous les *gentiles* et sous leur surveillance.

Ce dernier point a son importance. Lorsque le *gentilis* désigné aura pris possession de sa charge, il devra en exécuter les obligations avec toute la diligence possible ; s'en acquitte-t-il convenablement, la *gens* le laisse en place et l'encourage ; au contraire, son administration laisse-t-elle à désirer ou même est-elle dolosive, la *gens* lui donne alors un avertissement et si, malgré tout, le tuteur ne modifie pas sa manière de gérer, elle le met en demeure soit de résigner ses fonctions, soit de céder la tutelle à un autre membre. Si par hasard le tuteur infidèle résistait, la *gens* pouvait au début en prononcer elle-même la révocation légale, et dans le droit postérieur la provoquer en autorisant un de ses membres à intenter l'action « suspecti tutoris, » rangée dans les actions populaires, et par conséquent susceptible d'être provoquée comme nous venons de le dire. La *gens* était donc en mesure d'exiger du tuteur une administration active et intelligente.

Les *gentiles* pouvaient en outre être tuteurs légitimes des femmes pubères, à défaut d'agnats (*Laudatio Turiæ*); les règles étaient les mêmes que celles que nous venons de tracer pour les impubères ; aussi nous n'insisterons pas sur ce point.

Une autre obligation, qui présentait la plus grande ressemblance avec les deux précédentes, incombait également aux *gentiles*, nous voulons parler de la curatelle du fou et du prodigue.

Pour le fou, la loi des Douze-Tables s'exprime d'une façon formelle en donnant la curatelle aux *gentiles* à défaut d'agnats, curatelle qui s'étendait tout à la fois sur la personne et sur les biens du *furiosus* (Table V.).

La règle était identique pour les prodigues ; mais, dans ce dernier cas, la mise en curatelle n'était prononcée qu'après l'emploi d'une procédure particulière que nous allons expliquer. Lorsqu'un *gentilis* avait dénoncé au Conseil de la *gens* la prodigalité d'un membre, celui-ci était prévenu d'avoir à se souvenir de ses devoirs envers les siens et en conséquence de modérer ses dépenses inutiles. Si l'avis n'était pas suivi, la *gens*, lui enlevait l'administration de ses biens au moyen de la *cura prodigi*. La mission du curateur était alors tout à la fois d'assurer la conservation des biens à la famille, et d'empêcher que le prodigue ne tombât à la charge de la *gens*, par suite de sa misère. Ces détails montrent d'une façon évidente que cette curatelle avait principalement un but pécuniaire, il s'agissait de la protection non de la personne, mais des biens.

Il pouvait encore se présenter une situation qui nécessitât l'intervention de la *gens*, c'est l'hypothèse où un citoyen pubère se trouve dans l'impossibilité physique de veiller à la conservation et à l'administration de sa fortune. Qu'arrivait-il dans cette circonstance ? Le droit civil ne pouvait lui nommer un tuteur, puisqu'il était pubère et, d'un autre côté, il était impossible de le considérer comme fou ou prodigue ; de telle sorte qu'aucune mesure de droit commun ne venait en aide à ce malheureux au moins à l'époque primitive. C'était alors à la *gens* qu'était dévolu ce devoir de protection, qui pour elle ne constituait pas une simple gestion d'affaires, mais une *véritable obligation*. Les *gentiles*, ou plutôt l'un d'entre eux s'occupait de l'administration des biens de l'absent et lui mettait au retour sa fortune, sinon améliorée, du moins conservée et intacte.

Jusqu'à présent nous avons considéré la *gens* comme une assemblée ne se composant que de parents descendant tous d'un même auteur commun, mais nous savons que la *gens*, à la suite de certaines circonstances pouvait admettre des étrangers dans son sein en les adoptant. Le Conseil, pour permettre ces admissions exceptionnelles, devait prendre l'avis des *gentiles*, des prêtres et s'entourer de tous les renseignements nécessaires, de façon à ce que ces adoptions ne fussent prononcées qu'en parfaite connaissance de cause. Cette faveur légale pouvait non seulement s'appliquer à des citoyens ingénus, mais même encore à des affranchis et à des étrangers, quand la *gens* voulait témoigner sa reconnaissance d'une manière toute particulière à des individus de ces deux catégories (Tite-Live : xxxix, 19).

Nous avons désormais une notion de la composition de la *gens*, examinons maintenant cette institution au point de vue politique. Chaque *gens* formait une individualité propre, une sorte de personne morale, non en droit mais en fait, individualité dont l'existence est suffisamment prouvée par l'existence même du *nomen gentilitium*.

Les différentes familles dont se composait une *gens* habitaient très probablement le même quartier (Cicéron : *De Arusp .resp.* 15.), et à la tête de chaque groupe se trouvait placé un chef, le *princeps gentis* : c'était une nécessité imposée pour la bonne gestion des affaires communes.

Ce qui frappe surtout l'esprit dans l'organisation de la *gens*, c'est la solidarité admirable, unissant tous les membres, qui, on peut le dire en toute assurance, était la base et la vie même de l'institution. « Les *gentes* se tiennent toujours unies et rassemblées dans toutes les circonstances de la vie, le bonheur et le malheur, l'hon-

neur et la honte, tout leur est commun. La renommée
de la *gens* profite à tous les *gentiles*, aussi la *gens* prend-
elle le plus vif intérêt au sort et aux actions de l'individu, qui n'est en somme qu'une partie d'elle-même.
Aussi combien grande est la différence existant entre
ces *gentes* et les simples corporations établies dans un
but pécuniaire exclusif. Là, il est vrai, tout est mis en
œuvre pour réaliser le plus de gain possible, mais aussi
tout s'arrête à ce niveau. Ici, au contraire, quelle noblesse dans cette idée de solidarité ; ce à quoi la *gens*
tient avant tout c'est à l'honneur de ses membres, tout
en veillant avec soin à leurs intérêts matériels. Et quoi
de plus juste et de plus honorable, quand on pense que
ce qui unit ces familles est la communauté de sang !
Leur origine est identique et ils veulent que leur destinée le soit également. »

Les applications de cette idée sont très nombreuses et
constituent presque à elles seules la théorie des droits
et des obligations des *gentiles*. A raison même de cette
solidarité la *gens* pouvait avoir une influence très considérable, qui était de nature, à un moment donné, de
faire craindre des soulèvements ou du moins certains
incidents fâcheux. Dans ces cas, le gouvernement romain eut à prendre plusieurs fois des précautions énergiques, et c'est ce qui arriva par exemple au sujet de la
gens Tarquinia, que l'on expulsa en masse. On craignait,
en effet, que l'expulsion isolée de quelques-uns de ses
membres n'amenât une révolte dans toute la *gens* et
n'aboutît au retour des exilés. « Omnes Tarquinios eji-
cerint, nous dit Varron à ce propos, ne quam reditionis
per gentilitatem spem haberent. »

Une seconde règle, que nous pourrions appeler cons-

titutionnelle, était le principe de l'égalité absolue de
tous les membres de la *gens*; mais il importe de bien
s'entendre à ce sujet. Sans doute nous venons de dire,
il n'y a qu'un instant qu'à la tête de la *gens* se trouvait
un *princeps* jouissant d'une autorité incontestable, mais
il faut remarquer que ce fait n'est pas la négation de
ce principe d'égalité, mais, au contraire, une véritable
application ; c'est ce que nous allons essayer de démontrer en étudiant la nature du pouvoir du *princeps
gentis*.

La *gens* réunie en assemblée générale procédait à la
nomination du chef par voie d'élection ; celui qui
avait recueilli le plus de suffrages était proclamé
princeps gentis par le titulaire précédent, qui faisait
connaître le résultat du vote après avoir invoqué les
dieux et pris les augures. Il ne faudrait pas croire que
de ce jour le chef ait joui d'une puissance absolue et arbitraire ; ce n'était pas en effet un monarque ni un des-
pote, ce n'était que le représentant du groupe ou, plus
exactement, c'était l'instrument destiné à mettre en
œuvre les volontés de la *gens* ; aussi malgré son rang
élevé, le *princeps gentis* n'avait-il pas *individuellement*
plus de droits que ces *cogentiles*.

Le rôle du *princeps* se bornait à veiller principalement à la bonne administration et surtout à l'exécution intégrale des décisions de la *gens*, dont il présidait et convoquait les assemblées et dont il devenait
le grand-prêtre et le chef militaire.

Quant à la durée de ses pouvoirs, nous ne savons
rien de précis ; mais s'il est permis de raisonner par
analogie de ce qui se passait d'une manière générale
pour la nomination des pontifes, nous serions tentés de

croire que ses pouvoirs n'étaient pas à vie, mais tem
poraires. Nous sommes d'autant plus volontiers portés
à admettre cette opinion, qu'elle cadre très bien avec
l'idée d'égalité des membres de la *gens*, et que par cette
disposition on empêchait le *princeps* d'acquérir une
influence par trop considérable.

Le corps électoral était composé de tous les membres
de la *gens* à l'exception seulement des *gentiles* exclus ou
de ceux qui avaient été privés de cette prérogative en
vertu d'un décret du tribunal du groupe. Tout *gentilis*
avait d'autre part le droit de briguer les honneurs du
principat.

Lorsqu'une circonstance importante se présentait et
réclamait une solution immédiate, le *princeps* réunissait la *gens*, exposait la situation et demandait l'avis
des membres. Chaque *gentilis* était appelé à donner
son opinion, et la discussion se terminait par un vote
que le *princeps* était chargé de faire exécuter.

Une des prérogatives les plus importantes appartenant aux *gentes* consistait dans le droit pour leurs chefs
de faire partie du Sénat. A côté du roi en effet, et pour lui
donner des conseils, se trouvait une assemblée, qui sans
pouvoir s'opposer aux volontés royales, empêchait souvent par sa seule présence des mesures irréfléchies
ou nuisibles. Chaque chef d'une *gens* était de droit
sénateur et représentait au sein du conseil politique
les intérêts de ceux qui l'avaient nommé. Le nombre des
sénateurs suivit donc au moins au début le nombre des
gentes, mais lorsque la *gentilitas* disparut peu à peu, les
membres de l'assemblée sénatoriale ne se considérèrent
plus comme les représentants de ces anciennes unités
familiales. (Mommsen : Hist. rom., pp. 92 et suivantes.)

Il nous reste encore un mot à dire au sujet de la place qu'occupaient les *gentes* dans l'Etat. Si comme nous le croyons la *gens* dans la première période n'est qu'une transformation de la famille patriarcale, on comprendra immédiatement le rôle important que ces associations ont dû jouer dans l'administration de la Rome primitive. L'Etat en somme n'était que la réunion de toutes les *gentes*, et plus une *gens* avait de puissance, plus son influence devait se faire sentir sur le gouvernement de la nation, aussi la rivalité politique divisat-elle souvent les *gentes*, et fut-elle la cause de bien des luttes dont Rome fut ensanglantée dans ces époques reculées. Lors de leur transformation, les *gentes* conservèrent encore, pendant de longues années, une influence considérable, car, en définitive, ces groupes étaient l'ensemble de tous les personnages les plus illustres et souvent les plus riches de la cité.

Nous mentionnerons enfin que la *gens* possédait le droit de battre monnaie à son effigie, et aujourd'hui nous avons une preuve irrécusable de ce pouvoir par la découverte de plusieurs médailles frappées par la *gens Fabia*. (Duruy : *Histoire des Romains* :, I, page 66).

Tels sont en résumé les grands traits de l'organisation politique de la *gens* ; voyons maintenant comment les *gentiles* se comportaient dans leurs rapports les uns avec les autres : nous allons, en un mot, étudier les droits privés appartenant aux membres du groupe.

La prospérité de la *gens* est assurée avant tout par sa richesse, c'est-à-dire par ses propriétés, et c'est un fait avéré que la *gens* possède des biens à la manière d'un propriétaire ordinaire. Nous sommes donc en présence d'un régime de quasi-copropriété familiale. Si l'on

voulait que la *gens* eût une force propre, il fallait,
comme le fait très-justement remarquer lhéring, lui
en procurer les moyens ; or, de tout temps et en toute
matière c'est toujours la fortune, les biens, l'argent qui
permettent aux hommes d'accomplir de grands desseins.
Les Romains primitifs l'avaient bien compris ; aussi,
comme moyen d'affermir cette institution, avaient-ils
posé la défense pour chaque *gentilis* de faire passer sa
fortune ailleurs que dans sa propre famille. Le *paterfamilias* n'était pas propriétaire de ses biens, il n'en était
que l'administrateur, et il devait les conserver pour les
remettre à ses enfants ou à ses parents.

Au début les propriétés des *gentes* durent être très-
considérables, si l'on réfléchit qu'à cette époque les patriciens seuls pouvaient avoir sur les terres le droit de
propriété quiritaire. (Denys : II, 8.).

Nous avons déjà indiqué que chaque *gens* habitait probablement un quartier spécial ; c'est ce qu'a démontré
M. Sumner-Maine, à qui cette circonstance a paru
tellement importante qu'il assimile complètement la *gens*
au *pagus*, c'est-à-dire à l'agglomération d'habitants appartenant au même groupe. Nous croyons qu'il y a là
une exagération, et que M. Sumner-Maine prend pour
critérium un simple détail, dont l'intérêt est sans doute
manifeste, mais qui ne nous paraît pas suffisant pour
expliquer l'institution que nous étudions.

Chaque *gens* possédait ses propriétés dans la même
région, au moins en règle générale, et c'est ainsi que
l'histoire nous rapporte que la *gens* Fabia avait toutes
ses terres dans la direction de Véii.

Il est impossible d'ailleurs de mettre en doute l'exis-

tence même de ces propriétés des *gentes*, Tite-Live nous
parlant formellement des « prata Quinctia » c'est-à-dire
des prés de la *gens Quinctia* (III, 26.), puis des *prata Mucia* (II, 13.). Le même auteur, rappelant l'expulsion de
la *gens Tarquinia* rappelle que le peuple après cette
vengeance consacra au dieu Mars l' « ager Tarquinio-
rum » (II, 5.).

Quant à la façon dont les *gentiles* jouissaient de leurs
biens nous avons à ce sujet extrêmement peu de renseignements certains ; suivant Gottling, l'usage pouvait
ou bien être commun et gratuit pour tous les *gentiles*,
ou bien être divisé et à titre onéreux et laissé au plus
offrant. C'est là une simple hypothèse, qui trouve un
appui dans le mode de jouissance des terres communes
chez les anciens Germains.

L'état de prospérité des *gentes* ne fut pas de très
longue durée. Nous savons en effet d'un côté que le principe de solidarité assurait des secours aux *gentiles* pauvres, et d'un autre côté que les *gentes* diminuèrent successivement d'importance à mesure que l'on s'éloignait
des Douze-Tables ; ces deux circonstances eurent pour
conséquence d'amener insensiblement la ruine d'un
certain nombre de *gentes* accablées de charges. Les
propriétés de la *gens* pouvaient être vendues soit volontairement après décision du groupe, soit à la suite de
saisies exercées par les créanciers ; mais nous devons
mentionner une règle qui subsista tant que vécut cette
institution, nous voulons parler de l'interdiction absolue d'aliéner pour un motif quelconque les terres consacrées aux sépultures.

C'est sur la richesse de la *gens* d'ailleurs que reposait
toute l'efficacité du grand devoir de la solidarité, aussi

était-il de l'intérêt de tous de faire prospérer les biens communs et de les augmenter.

L'obligation d'aider et de secourir les *cogentiles* était multiple, la règle était une, les applications innombrables ; nous nous contenterons d'en donner quelques exemples.

L'hypothèse la plus fréquente est celle d'un *gentilis* tombé dans la misère ; dans ce cas il s'adressait à la *gens*, faisait connaître sa détresse et sollicitait un secours. Le *princeps* devait sans doute se livrer à une sorte d'enquête et la *gens* accordait ce qu'elle pouvait, tout en menaçant de la « cura prodigi » ceux dont la pauvreté était la conséquence d'une mauvaise administration.

Des vieillards infirmes recevaient de même l'assistance de leurs *cogentiles*.

Une autre forme de secours consistait à venir en aide à un *gentilis* accablé de dettes ; il y avait alors pour le groupe une sorte d'engagement d'honneur, le *gentilis* en contractant ou en se reconnaissant débiteur avait lié par le fait même la *gens* entière au point de vue moral. Celle-ci était donc débitrice et devait s'acquitter complètement de sa dette, mais par le fait même, en soldant cette créance, la *gens* devenait à son tour créancière de son membre ; aussi lorsque ce *gentilis* avait amassé de nouveaux biens, plus qu'il ne lui en fallait pour vivre, les *gentiles* avaient le droit de s'approprier une partie de ces richesses et de s'indemniser des versements qu'ils avaient dû faire antérieurement.

Nous venons de parler de dettes contractuelles, il pouvait de plus s'agir de dettes provenant de condamnations, c'est-à-dire d'amendes prononcées par le magistrat.

La solidarité et le recours de la *gens* dans ce cas étaient analogues (Denys : XIII, 5. — Dion Cassius : 25), et c'est ainsi que les amendes prononcées contre Camille furent payées par les *gentiles*, qui toutefois n'en étaient tenus, paraît-il, qu'à défaut de clients.

Si à la suite de guerres ou d'expéditions lointaines en temps de paix, des membres de la *gens* étaient faits prisonniers par l'ennemi ou par des brigands, c'était encore à la *gens* qu'incombait l'obligation de payer la rançon et de faire toutes les diligences nécessaires pour amener la rélaxation des captifs. Nous savons également qu'en cette hypothèse elle devait prendre des mesures pour faire administrer les biens. (Denys : II, 10. — Appius : *Annibal* : 28.)

Nous rapprocherons de cette obligation un autre devoir, qui se présentait dans des circonstances très voisines. Il s'agit d'un *gentilis* privé de la liberté non à la suite d'une guerre, mais à la suite d'une détention illégale fondée sur sa qualité prétendue d'esclave. C'était là un fait de la plus haute gravité, une perturbation de l'ordre public, ce point touchant à une question de *status libertatis*. Le droit romain, il est vrai, s'était préoccupé de la situation d'une façon générale, en décidant que toute personne pourrait dans ce cas intenter une action en revendication de la liberté contre le détenteur illégitime d'un homme libre, en se portant « vindex libertatis ». Telle était la précaution prise par le législateur, il ne pouvait faire plus et il ne lui était pas possible de forcer un citoyen à intenter cette action. C'est alors qu'apparaissait le devoir de la *gens* et son utilité particulière, car lorsque personne ne se présentait pour délivrer le détenu, les *gentiles* étaient obligés de nommer un d'eux pour remplir la fonction de *vindex* au nom de la *gens* entière.

La *gens* pouvait être frappée individuellement de contributions publiques extraordinaires, dont le montant était fixé par le répartiteur général. (Denys : II, 10.)

Enfin, lorsqu'un *gentilis* devenait magistrat, tous ses *cogentiles* devaient se cotiser pour payer les dépenses qu'entraînait toute magistrature. (Appius : *Annibal*, 28.)

Sur tous ces points, il est très difficile de déterminer avec certitude la nature du lien dont était tenue la *gens*. Était-ce une véritable dette civile entraînant possibilité de saisie au cas de non-payement, ou bien n'était-ce qu'une obligation d'honneur, ne donnant lieu à aucune action judiciaire, en un mot une simple obligation naturelle, ou enfin n'était-ce qu'une obligation en garantie ? Nous ne pouvons encore en aucune manière répondre d'une façon positive, mais selon nous la solution de cette difficulté dut varier suivant les époques, et si l'on admet par exemple qu'au début la *gens* était tenue d'une véritable dette civile, il est à supposer qu'au contraire elle n'en était plus tenue qu'en vertu de la solidarité dans la dernière période de son développement.

Quant aux moyens dont la *gens* se procurait les ressources nécessaires à l'acquittement de ces différentes dettes, nous en trouvons la source, soit dans des dons volontaires, soit dans des impositions dont étaient chargés les *gentiles*, soit enfin dans l'aliénation d'une partie du patrimoine commun.

L'obligation d'assistance réciproque pouvait encore se manifester sous une autre forme, lorsqu'un *gentilis* avait

été la victime d'un crime ou d'un délit. Avant l'institution de la justice publique, la seule théorie en vigueur
était celle de la justice privée, et c'était à la victime, si
elle le pouvait, ou à son défaut à ses proches, qu'incombait la mission de poursuivre le coupable par tous les
moyens possibles et finalement de lui donner la mort,
s'il ne consentait pas à payer la composition exigée. La
victime pouvait ne pas avoir de proches parents, et
comme dans ce cas le crime ne devait pas néanmoins
rester impuni, c'étaient les *gentiles* qui étaient obligés
d'en poursuivre l'expiation. La *gens* voyait dans cette
mission l'exécution d'un ordre de la divinité elle-même
et une satisfaction donnée au défunt et aux dieux mânes.
Lorsqu'un crime avait été ainsi commis, les Romains
avaient l'habitude de faire célébrer des sacrifices expiatoires et des ablutions saintes sur le lieu du meurtre
afin de le purifier. Tous les frais résultant de ces cérémonies restaient à la charge de la *gens*, et y manquer
eût été un véritable sacrilège.

Tels sont les exemples que nous voulions présenter
de l'application de la règle de la solidarité.

Cette même idée devait également présider à tous les
rapports de la vie et, pour les établir d'une façon plus
certaine, quelques *gentes* avaient la coutume de rédiger une sorte de réglement ou statuts intérieurs,
qui étaient approuvés par la *gens* entière et qui acqué-
raient ainsi force obligatoire en devenant la base des
relations des *gentiles* .

La *gens* devait d'ailleurs surveiller elle-même la façon
dont ses membres se conduisaient dans la cité; aussi
existait-il parmi les membres une sorte de police in-
quisitive chargée de réprimer tous les faits délictueux

commis par les *gentiles*, non-seulement dans la ville mais même dans l'intérieur de la famille. lhéring fait remarquer que si cette idée peut paraître étrange à notre point de vue moderne, elle cadrait néanmoins très bien avec les sentiments de cette époque : aussi est-ce dans cette surveillance intime que l'historien allemand a découvert, non sans raison, la première notion de l'institution de la censure romaine. Partant de cette donnée, lhéring croit pouvoir déterminer la fonction de la *gens* au point de vue de la police par l'analogie des pouvoirs accordés plus tard aux censeurs.

C'est ainsi que la *gens* devait veiller à ce que ses membres fissent toujours un usage digne et intelligent de la liberté, qui leur était accordée ; elle devait protéger ses membres contre des traitements cruels et tyranniques, veiller sur le sort des esclaves, vérifier les griefs au cas où le *paterfamilias* prononçait la sentence de mort contre ses fils...., etc.

Enfin l'institution de la police avait pour but la conservation des bonnes mœurs au sein de la *gens.* Cette surveillance incessante était un des meilleurs moyens pour éviter les écarts et il faut croire que les résultats en furent bons, car jamais les plébéiens n'adressèrent de reproches aux patriciens à ce sujet, ce qu'ils n'eussent pas manqué de faire dans le cas contraire. (Cicéron, *De Republica*, II, 34.)

Malgré les précautions prises par la *gens* pour faciliter les rapports de ses membres, des froissements pouvaient néanmoins se produire entre eux : la coutume avait prévu ces complications et, dans le but de les résoudre, chaque *gens* possédait un tribunal, une sorte de juridiction domestique. Quant un *gentilis* avait à se plaindre d'un autre *gentilis*, il devait le citer devant cette juridiction, qui prononçait la sentence après avoir entendu les deux adversaires. Sur la composition de ce tribunal nous ne savons que peu de choses : son existence est certaine, car elle nous est affirmée par plusieurs jugements qui sont parvenus jusqu'à nous, mais pour le reste, nous sommes dépourvus de renseignements sérieux. Toutefois il est un point qui échappe au doute, c'est que la qualité requise des membres de ce tribunal n'était pas l'agnation, mais la simple parenté par le sang.

Les attributions de cette juridiction devaient être multiples, sa compétence s'étendant tout à la fois aux matières criminelles et civiles.

Prévoyant les infractions qui pourraient être commises et désirant en outre prémunir les *gentiles*, la *gens* avait le droit de porter des décrets : pouvoir bien différent du droit de jugement, le premier statuant pour l'avenir, tandis que le second ne régissait jamais que les faits passés.

Plus tard l'importance de la juridiction de la *gens* diminua graduellement, et l'organisation de la justice publique lui porta un coup mortel au point de vue de sa compétence pénale ; il ne lui resta donc plus désormais que des attributions de droit privé, dont le cercle était encore assez vaste. Nous citerons comme exemple du pouvoir de la *gens*, dans l'intérieur de la famille un décret de la *gens Fabia* défendant à ses membres le célibat et l'exposition des enfants (Denys, IX. 22.) ; un décret de la *gens Seranorum* prohibant pour les femmes le port des tuniques de lin (Pline, *Hist. nat.*, XIX. 2) et un décret de la *gens Quinctilia* défendant aux femmes de porter des bijoux d'or (Pline, *Hist. nat.*, XXXIII. 6.) Ailleurs nous voyons également la *gens Manlia* interdire à ses membres de porter le prénom de Marcus, déshonoré par la trahison de Marcus Manlius Capitolinus (Tite-Live, VI. 20. — Cicéron, *Phill*, I, 13. — Plutarque, *Quest. rom.* 91. — Quintilien, III. 17. — Paul, *Diac.* 125 à 151. — Dion Cassius, I. LI, XXXVI.— Suétone, *Tibère*, I.). Suétone, dans ce dernier texte, rapporte une décision semblable de la *gens Claudia* à propos du prénom Lucius qu'avaient porté deux de ses membres convaincus l'un de vol, l'autre d'assassinat.

La *gens*, offensée dans son honneur par un de ses membres, pouvait prendre contre lui des mesures de la dernière rigueur, ainsi l'expulser (*infra*), ou bien lui interdire l'accès des cérémonies religieuses, ou enfin prononcer contre lui des peines plus ou moins graves. Cicéron nous rapporte dans cet ordre d'idée que la *gens* de Manlius décréta contre lui, après sa trahison, la malédiction. (*Phill* : I, 13).

Quant à la force obligatoire de ces décrets et de ces condamnations, elle résultait de la convention tacite ou de la quasi-convention se formant entre les *gentiles* au moment où le débat s'engageait devant la *gens*. Cette stipulation ressortait d'ailleurs de plein droit du fait pour un citoyen de faire partie d'une *gens*, car jouissant des droits attachés à ce titre de *gentilis*, il eût été inadmissible qu'il put échapper aux obligations, qui en étaient le corollaire. Si le condamné ne se soumettait pas et n'exécutait pas le jugement de bon gré, il est probable qu'au début c'était la partie victorieuse qui recevait du tribunal le pouvoir d'exécuter même par la force la sentence rendue. Dans la suite, ici encore l'importance de la *gens* diminuant, son jugement ne fut plus considéré que comme un arbitrage sans sanction positive ; mais même dans cette situation la sentence rendue par les *gentiles* conservait une certaine influence. Si un condamné refusait en effet d'exécuter l'arrêt à l'amiable, c'était désobéir à la *gens*, qui à son tour devant cet acte d'insubordination pouvait ne plus vouloir admettre la présence de cet indigne aux cérémonies du culte et même l'exclure tout à fait du groupe. (Arg. d'analog. Cicéron : *Pro cœco*, chap. 33 et 34.)

L'organisation de la justice, on le voit, était toute patriarcale, aussi en déduisait-on cette conséquence qu'il était contraire à la religion de plaider devant l'autorité civile contre un homme de sa *gens*, ou même simplement de porter témoignage contre lui. (Denys : XI, 14. — Tite-Live : III, 58). D'un autre côté, lorsqu'un *gentilis* était sous le coup d'une accusation publique, tous ses *cogentiles* devaient l'accompagner devant le magistrat pour bien indiquer l'intime solidarité existant entre tous les membres de la *gens*, et pour verser les *satisdations* que le juge pouvait exiger dans le cours du procès. C'est ainsi, qu'au dire de Tite-Live, Appius, personnage considérable et ennemi acharné d'Appius Claudius, le décemvir, se présenta néanmoins pour défendre ce dernier et pour implorer le peuple en sa faveur, lorsqu'il fut cité en justice et menacé de mort ; non toutefois sans avertir que s'il faisait cette demande ce n'était pas par affection, mais *par devoir*. Ce dernier point présente pour nous une importance réelle.

Nous venons ainsi de nous rendre compte de la juridiction de la *gens*, parcourons maintenant quelques autres obligations rentrant dans le droit privé.

Au point de vue du mariage, il était défendu aux
gentiles du sexe féminin de se marier en dehors de leur
gens dans le but de conserver intacte la grande famille
avec ses traditions et son sang pour ainsi dire. A l'appui de cette assertion, nous citerons le témoignage de
Tite-Live qui, parlant de l'affranchie Fecennia Hispala,
nous apprend qu'elle obtint en même temps que l'adoption, le privilège de se marier en dehors de la *gens* à
laquelle elle appartenait, c'était ce que l'on appelait la
gentis enuptio; or s'il en est ainsi, c'est qu'en droit
commun cette prérogative n'existait pas.

A ce propos nous ferons en outre remarquer qu'il
est probable que le mariage des *gentiles* ne pouvait se
célébrer qu'au moyen de la *confarreatio*, et que les témoins nécessaires étaient choisis dans la *gens* qu'ils
avaient mission de représenter à la cérémonie.

Nous avons terminé l'examen des règles en vigueur
relativement aux rapports des *gentiles* entre eux, il
nous faut ensuite aborder un sujet dominant tous les
autres, nous voulons parler du droit religieux des *gentes*. C'est là un point de première importance, grâce
auquel on arrive à la solution de bien des problèmes,
que nous offre le droit romain.

Le culte, à l'origine de Rome, était l'objet d'un profond respect et l'on peut dire sans crainte d'être démenti qu'aucun fait de la vie ne se passait sans que l'on
n'ait offert un sacrifice aux dieux pour s'assurer de
leur protection et de leur bienveillance.

Les divinités, comme les hommes avaient alors une
sorte d'individualité propre, et c'est en raison de cette
notion que nous voyons l'Etat, chaque tribu, chaque
gens, chaque famille avoir des dieux particuliers, qui

lui appartenaient exclusivement, qui n'étaient honorés
que par eux et qui ne pouvaient recevoir sans profa-
nation le culte venant d'étrangers. Une preuve de cette
opinion ressort avec une grande force selon nous de la
circonstance que la *gens* donnait souvent son nom à
ses dieux, ou bien l'ajoutait à la dénomination primitive de la divinité ; telles étaient par exemple les appel-
lations de Silvanus Nœvianus, Diana Planciana, Her-
cules Juliarum....., etc.

La *gens* avait donc ses dieux propres, qui étaient
considérés comme des *sacra privata* (Tit. Liv., v, 52.
— Denys : II, 65), ce qui n'empêchait pas chaque famille
qui la composait d'avoir ses divinités spéciales. (Denys,
II, 21 et 63.). Le culte de ces *sacra* était l'objet de l'atten-
tention de tous les membres de la *gens*, qui devaient y
contribuer par eux-mêmes et solder les frais occasionnés par les cérémonies.

La *gens* avait son grand-prêtre, le *princeps gentis*, qui
cumulait aussi en sa personne les pouvoirs civils et religieux. On ne sait rien de son élection ; mais, comme
nous l'avons déjà indiqué, il est probable qu'il n'était
nommé que pour une seule année. C'était le pontife, qui
la tête recouverte d'un voile, présidait aux solennités et
offrait les sacrifices.

Pour offrir les sacrifices, les *gentiles* avaient fait élever
un temple ou plutôt une chapelle, un *sacellum*, qui
comptait dans le patrimoine de la *gens*, dont il était
même la richesse la plus précieuse. C'est dans ce sanc-
tuaire que les membres de la *gens* se réunissaient pour
invoquer leurs divinités protectrices ; mais il ne faut pas
oublier que les *sacra gentilitia* étaient exclusifs dans
leurs faveurs, et que la prière d'un étranger était regar-

dée comme une impiété, et sa présence aux solennités
comme un sacrilège exigeant une prompte réparation.

M. Fustel de Coulanges a montré comment l'existence
seule des *sacra gentilitia* constituait contre le système
de Niebuhr une objection insurmontable. En effet, les
principes du droit sacré ne toléraient la communauté
du culte que là où il y avait communauté de naissance,
ce qui vient directement à l'encontre de l'opinion allemande, qui en outre aurait le grave inconvenient de
faire croire que les sociétés humaines ont pu commen-
cer d'exister par une simple convention, affirmation
que la science historique ne peut admettre comme vraie.

Quant aux fêtes en l'honneur des dieux, il y en avait
de deux sortes.

D'abord la *gens* célébrait des sacrifices ordinaires, se
renouvelant à époque fixe chaque année : c'était en
réalité le véritable culte. On a douté pendant un certain
temps de ce caractère périodique et obligatoire pour les
solennités religieuses, mais il est aujourd'hui impossible d'en nier l'existence en présence des textes qui sont
formels. (Denys : II, 21, 65. — Festus : v° *Publica sacra.*
— Tite-Live : V., 46, 52 ; I, 26 ; IX, 29. — Denys : XI, 14.
— Valère Maxime : I, 1 et 11. — Servius : *Ad. Ænid.* 166 ;
V, 704.)

Nous en avons plusieurs preuves éclatantes, dont nous
citerons quelques-unes.

Le Capitole était bloqué par les Gaulois, lorsqu'arriva le jour fixé pour les sacrifices de la *gens Fabia.* Un de ses membres enfermé dans la citadelle,
voulant à tout prix se trouver à la cérémonie sacrée, en sort en traversant les lignes ennemies au péril
de sa vie, court sur le Quirinal, vêtu du costume reli-

gieux. De là, après avoir déposé les objts saints sur l'autel et offert le sacrifice que lui prescrivait sa foi, il regagna ses compagnons de guerre. (Tite-Live : V., 46.)

Pendant la seconde guerre punique, un autre Fabius tenait tête à Annibal. « Assurément la République a grand besoin qu'il n'abandonne pas son armée ; il la laisse cependant entre les mains de l'imprudent Minucius : c'est que le jour anniversaire du sacrifice de sa *gens* l'appelle pour accomplir à Rome l'acte sacré ! »

Ces deux exemples montrent jusqu'à quel point était poussé ce sentiment de l'obligation religieuse ; en paix comme en guerre, le devoir restait le même et devait être exécuté rigoureusement.

La présence effective de tous les membres de la *gens* était en outre exigée à chaque cérémonie solennelle ; chacun devait y assister et si une raison empêchait un *gentilis* d'accomplir ce devoir, il devait la soumettre au conseil de la *gens*, pour en faire apprécier la légitimité. A défaut de cette précaution, ce *gentilis* encourait une peine proportionnée à la gravité de sa faute ; mais dans le cas où l'excuse était reconnue valable, les *gentiles* présents devaient sacrifier pour les absents, qui ainsi participaient aux faveurs accordées par les dieux à leurs adorateurs. (Denys, IX, 19 ; XI, 14.)

La seconde classe de cérémonies comprenait celles ayant un caractère temporaire ou exceptionnel, et de ce nombre étaient les sacrifices offerts pour remercier les dieux d'un bienfait accordé, ainsi après une guerre ou une bataille heureuse, ou à la suite de récoltes très abondantes ; ce sont les sacrifices d'actions de grâce. (Valère Maxime : I, 1 et 11.) Dans cette catégorie nous ferons également rentrer les sacrifices expiatoires et de pénitence qui avaient lieu pour réparer un outrage commis envers la divinité (Tite-Live : I, 26. — Festus, v° *Piacularis porta*), enfin ceux intervenant à la suite du meurtre d'un membre de la *gens*, comme celui que la *gens Horatia* célébra en expiation de la mort de la sœur des Horaces.

Un des modes les plus en honneur pour vénérer les dieux était le culte du feu sacré. Chaque *gens* avait coutume d'entretenir sur un autel du *sacellum* quelques charbons allumés, sur lesquels les membres répandaient des parfums ; ce feu continué jour et nuit ne cessait que lorsque la *gens* entière avait disparu. Les Romains primitifs invoquaient cette divinité avant tous les repas, et lui offraient en sacrifice tout ce qui pouvait lui être agréable. Ce Dieu était en quelque sorte l'incarnation de la *gens*, l'image de son existence et sa sauvegarde.

Les *gentiles* poussés par l'idée de la reconnaissance avaient aussi l'habitude d'honorer comme un dieu le fondateur de leur *gens* ; c'est la déification des ancêtres qu'a si complètement fait connaître M. Fustel de Coulanges, et qui d'après lui serait la cause même de l'existence de la *gens*. Nous n'allons point jusque là, tout en reconnaissant que ce culte, que nous serions tentés d'appeler le culte du sang, tenait une place très considérable dans la religion de la Rome primitive.

Nous devons encore mentionner au nombre des *sacra gentilitia* les dieux étrangers que la *gens* recevait en même temps que les successions. Je m'explique. Une *gens* pouvait être instituée héritière universelle par testament ou bien recevoir *ab intestat* l'universalité des biens d'un défunt ; dans ces deux cas, une des charges de la vocation héréditaire était précisément d'entretenir le culte des dieux du défunt, d'où la présence de dieux étrangers au sein même de la *gens* ; mais par le fait seul de la dévolution et de l'acceptation, ces dieux devenaient, pour ainsi dire, la propriété de la *gens* comme tous les autres biens et perdaient en conséquence leur caractère d'extranéité.

Quelques *gentes* jouissaient au point de vue du droit sacré de certains privilèges particuliers ; ainsi la *gens* Quinctia et la *gens* Fabia célébraient un rite très curieux, qui s'appelait la fête du Loup (*Lupercales, lupercalia*), et qui avait lieu au mois de février en l'honneur du dieu Faunus. « C'était, nous dit Mommsen, un véritable carnaval de bergers ; on y voyait les Luperques (qui éloignent le loup) courir et bondir, le corps nu, une peau de bouc entourant leur ceinture et frappant les passants à coups de lanières. »

D'autres *gentes* avaient des divinités qu'elles honoraient d'un culte spécial; la *gens* des Nautii vénérait principalement Minerve, les *gentes* Potitia et Pinaria Hercule, la *gens* Julia Vejovis et plus tard Apollon, la *gens* Horatia Juno Sororia et Janus Curiatius, la *gens* Fabia Quirinus, enfin la *gens* Aurelia, le Soleil.

« Quelques uns de ces cultes avaient été adoptés par l'Etat, ou inversement par une *gens* au nom et sur le vœu de l'Etat, dans un cas comme dans l'autre, l'Etat en garantissait la perpétuité ; même si la *gens*, chargée de ce pieux office venait à s'éteindre. Ce fut là probablement l'origine des sodalités ou confréries officielles que l'Etat substitua aux *gentes* disparues. » (Bouché-Leclerc.)

Lorsque les mœurs se relâchèrent et que la religion

fut battue en brèche, les pontifes voulurent que, malgré tout, le culte des *sacra gentilitia* fût respecté, aussi fut-il décidé en ce sens que les membres, qui, avertis solennellement d'avoir à remplir leurs services sacrés, s'y refuseraient, seraient privés de leur droit de succession.

Comme on le voit, la *gens* prenait tous les moyens possibles pour faire respecter les dieux, aussi n'existait-il pas de crime plus grand que de ne pas remplir les préceptes de la loi religieuse. Les malheurs les plus affreux étaient, dans l'esprit des Romains, la conséquence de ces sacrilèges, et l'on n'expliquait pas autrement la ruine de la *gens* Potitia, qui avait commis la faute d'abandonner le culte de ses *sacra* à l'État. Le châtiment, nous dit Tite-Live, ne se fit pas attendre, car tous les Potitii moururent dans l'année. *(*IX, 29.)

Cette crainte de la vengeance des dieux ne put néanmoins pas empêcher les principes religieux de succomber peu à peu; l'indifférence gagna les *gentes*, et le culte finit par disparaître, suivant d'ailleurs lui-même le sort de l'institution entière. Cicéron se fit l'organe de ceux qui constataient avec effroi l'abandon des vieilles traditions, et il nous rapporte avec indignation l'exemple d'un Seranus, qui laissa son *sacellum* s'écrouler, sans rien faire pour empêcher ce sacrilège !

Il faut d'ailleurs, pour expliquer ces changements, se rendre compte de la situation dans laquelle se trouvaient les *gentes* qui subsistaient encore à cette époque. Le nombre des familles composant chaque *gens* allait toujours en diminuant, tandis que les charges et principalement les obligations religieuses restaient les mêmes; il en résultait donc un surcroît de difficultés pour les membres, circonstance qui explique-

en partie l'abandon des *sacra*. Nous avons vu en
outre, dans un chapitre précédent, qu'à la fin de la *gentilitas*, certaines personnes peu scrupuleuses, portant
le même nom qu'un défunt, se prétendaient par là-même
des *gentiles* et réclamaient sa succession à ce titre. Ce
n'était alors que la pensée du gain, qui les animait ;
aussi peut-on facilement croire que pour eux les *sacra*
n'étaient qu'une charge insupportable, dont ils se dé-
barrassaient aussitôt. Le temps de la *gens* et de ses *sacra* était passé ; l'organisation ancienne faisait place à
l'organisation nouvelle.

Nous avons successivement étudié les diverses circonstances dans lesquelles un *gentilis* pouvait se trouver, nous devons nous demander à présent si la *gens*
formait une caste dont on ne pouvait sortir volontairement ?

Ce serait se faire une idée complètement fausse que
de croire que, parce que l'on était né dans une *gens*, on
y était par le fait même attaché jusqu'à la mort. Sans
doute la règle générale était de rester toujours dans sa
famille et dans sa *gens ;* mais ce principe admettait
certaines exceptions. « Les Romains avaient un principe immuable, nous dit Ihéring. Quand un *gentilis*,
pour des motifs divers, voulait se retirer de l'association,
libre à lui, on ne le retenait pas de force ; mais par une
juste compensation la *gens* n'avait plus désormais à
s'occuper dans ses secours d'un membre qui avait voulu
la quitter définitivement. Ne donnant plus rien, ne
faisant plus de sacrifices pour la *gens*, celle-ci à son
tour ne voulait plus secourir cet étranger qui l'avait re-
niée. »

La prudence exigeait en cette matière des précautions sérieuses ; car, sous l'influence d'idées du dehors, un *gentilis* pouvait se laisser entraîner à demander à sortir de la *gens*, et plus tard s'en repentir sincèrement. D'un autre côté, un *gentilis* pouvait désirer sortir du groupe pour lui faire tort en emportant sa fortune ou afin de se débarrasser des *sacra ;* c'était là un double danger qui ne devait pas échapper à la clairvoyance du Conseil. C'est dans ce but, qu'il avait été décidé que lorsqu'un *gentilis* solliciterait l'autorisation de se retirer de la *gens*, les pontifes se réuniraient pour se livrer à une enquête et pour avertir le réquérant de la gravité de sa résolution et des conséquences qu'elle entraînait. Si, malgré tous ces avis, le *gentilis* s'obstinait dans sa résolution, le grand prêtre lui faisait prononcer une renonciation solennelle aux *sacra* de la *gens* qu'il quittait.

Un résultat fâcheux au point de vue pécuniaire était pour la *gens* la privation de la fortune particulière du *gentilis* à laquelle elle avait toujours une vocation éventuelle, ce qui arrivait notamment à la suite de l'adrogation d'un membre dans une autre *gens* ou à la suite d'un testament fait par un *gentilis*. Dans ces deux circonstances, le droit primitif avait pris certaines mesures préventives, et décidé qu'avant l'accomplissement de ces actes juridiques le peuple, par l'organe des prêtres et des curies, devrait se prononcer sur la ratification des volontés du *gentilis*. Ces entraves, rendant non pas impossible, mais simplement plus difficile la sortie volontaire des membres de la *gens*, finirent elles-mêmes par disparaître, les formes du testament se perfectionnèrent, et finalement il n'y eut plus que des considérations morales pour retenir les membres dans le groupe où ils étaient nés.

De la possibilité de sortir de la *gens,* Giraud a voulu
tirer un argument contre le système de la consanguinéité que nous avons admis, en faisant remarquer que
si la *gens* avait été basée sur les liens du sang, on ne
s'expliquerait pas comment on eût pu passer aussi facilement d'une *gens* dans une autre.

Nous répondrons d'abord à cette objection que la sortie du groupe n'était pas aussi facile que cet auteur
semble le supposer, puisqu'au contraire, elle était entourée de formalités sévères. Ensuite, ce qui, à notre
sens, enlève toute force à ce raisonnement, c'est l'analogie avec ce qui se passe pour la famille agnatique ordinaire. Est-ce que par hasard les partisans de Giraud
ne connaîtraient ni l'adoption ni l'adrogation, ou sou-
tiendraient qu'il y a une différence entre la sortie de la
famille et la sortie de la *gens* ? Pour nous, la situation
est identique dans les deux cas, et par conséquent l'objection pourrait également être adressée à la théorie
de la famille; c'est sa condamnation : Au reste nous
avons un texte formel, embrassant à la fois les deux
hypothèses, qui vient clore le débat; c'est un passage
de Servius, où nous lisons ces mots : « Consuetudo apud
antiquos fuit, ut qui in familiam vel gentem transeunt
prius... » (*Ad Æneid :* II, 156.)

Les *gentiles,* au lieu de sortir volontairement de la
gens comme dans les hypothèses précédentes pouvaient
quelquefois quitter le groupe contraints et forcés ; c'est
ce qui arrivait par exemple lorsqu'un décret d'expulsion avait été prononcé contre un des membres. La
gens, nous l'avons déjà souvent répété, était une société fondée sur les liens du sang, qui, défendant et pro-
tégeant ses sujets, leur facilitait la vie, tout en ne leur

demandant individuellement que de très légers sacrifices, mais encore fallait-il que ces devoirs fussent ponctuellement accomplis ; aussi lorsque un *gentilis* rompait ouvertement avec ses engagements se mettait-il en contradiction avec lui-même et sa participation aux avantages conférés par la *gens* devenait une sorte de vol et d'escroquerie. Un tel procédé ne pouvait être admis, et puisque ce membre ne voulait plus contribuer aux charges, il était juste de le priver également des droits. Dans ces circonstances un jugement d'expulsion intervenait solennellement contre lui et le rayait de la liste des *gentiles*.

Cette peine pouvait encore être la suite de tout acte d'un membre, qui aurait par sa conduite porté atteinte à l'honneur ou à la réputation de la *gens*. Les auteurs anciens renferment des preuves de ce que nous venons d'avancer ; nous nous contenterons de rappeler le fait suivant emprunté à Ihéring. Un *gentilis* était mort depuis quelque temps déjà, lorsque le groupe eut connaissance de certains faits entachant gravement l'honorabilité du défunt. Le tribunal de famille se réunit aussitôt, décidé que le *gentilis* a déshonoré la *gens*, qu'il en a démérité, et qu'en conséquence sa mémoire est à jamais maudite, et qu'il y a défense de porter son nom à l'avenir. On a conclu de cette décision que ce membre, s'il eût encore vécu, eût certainement été puni par l'exclusion de la *gens*.

La mort naturelle d'un *gentilis* était la dernière cause qui pût modifier le nombre des sujets d'une *gens* ; en examinant cette hypothèse, nous arrivons à l'étude du *jus sepulcri* et du culte des morts.

Le culte des morts était une des formes religieuses

que les Romains primitifs affectionnaient le plus, et
devant qui tous s'inclinaient. Aussitôt qu'un *gentilis*
était décédé, les proches parents en informaient immédiatement tous les membres de la *gens*, qui se réunissaient pour offrir un sacrifice aux dieux mânes et pour
délibérer sur les funérailles à faire au mort, lesquelles variaient beaucoup suivant l'importance politique du défunt. C'était là un point de droit privé, rentrant légalement dans les attributions de la *gens*, souveraine
absolue pour tout ce qui n'allait pas contre une prescription générale et d'ordre public. La pompe et les cérémonies funèbres faisaient partie de ses pouvoirs, et
c'est ainsi que nous savons que la *gens* Cornelia n'avait
adopté l'usage de l'incinération des corps qu'à partir
de l'époque de Scylla. (Cicéron, *De legibus* : II, 22.
— Plin : *Hist. nat.* : VII, 54).

Au jour fixé, les membres de la *gens* s'assemblaient
à la maison du défunt et se mêlant à la foule des amis,
formaient le cortège mortuaire. Arrivés au *forum*, les
invités s'arrêtaient ; le fils ou un proche ou un *gentilis*
désigné par le groupe montait sur les *rostres* et prononçait solennellement l'éloge du mort ; c'était la
« Laudatio funebris », dont il nous est resté quelques
modèles (Laudatio Turiæ et Laudatio Murdiæ). Lorsque
le discours était terminé, le cortège se dirigeait vers
l'endroit de la sépulture.

Chaque *gens* avait sa sépulture commune, propriété
collective, sacrée et inaliénable. (Cicéron : *De Leg.* III,
22. — Festus : v° *Cincia, exempli gratia*). — Suétone : Néron, 51. — Denys : IX, 22. — Plin : Hist. nat : XIX, 5. —
Vellius Paterculus : II, 119, 5). La situation de ces cime-
tières de familles varia suivant les époques ; au début

le tombeau se trouvait à proximité de la maison d'habitation et même à l'intérieur de façon à ce que les survivants pussent aller facilement prier sur la sépulture des membres prédécédés. Ce voisinage était regardé comme une sauvegarde, un *palladium* pour les personnes et les demeures, et l'on était persuadé que les morts pouvaient ainsi être en communication continuelle avec les vivants et que leurs esprits continuaient de la sorte à habiter leurs anciennes demeures. Un usage commun était celui de l'incinération des corps, qui se faisaient sur le lieu de la sépulture, mais nous savons qu'à ce sujet la plus grande liberté appartenait à chaque *gens* qui était libre d'avoir des règlements particuliers.

L'histoire nous a conservé sur l'emplacement des sépultures des *gentes* des renseignements précieux ; la *gens* Fabia avait à l'origine ses tombeaux sur le *Forum* ; c'était un privilège important et dont ses membres tiraient vanité ; ceux de la *gens* Claudia étaient situés au Capitole, celui de la *gens* Valeria au pied de la Velia…, etc. (Suétone : *Tibère* 1 : *Néron*, 59. — Plutarque : *Public.* — 23.) Au sujet de cette dernière *gens*, Tite-Live nous rapporte que Valerius Publicola s'étant fait construire, sur le sommet de la Velia, un palais, le peuple y vit une menace pour son indépendance. Pour anéantir ces soupçons, Valerius ordonna de démolir son habitation, et la reconnaissance publique lui accorda un tombeau pour lui et pour sa *gens*. (Tite-Live II, 7 et 16. — Denys : V, 19 et 48. — Plut. : *Public.* 10, 23.).

Les tombeaux d'une *gens*, réunis dans le même emplacement, étaient entourés d'une enceinte suivant la mode antique.

L'habitude d'inhumer les morts auprès des habitations

ne dura pas : l'on s'aperçut vite des inconvénients de cet
usage, et la prohibition contraire fut portée par la loi
des Douze-Tables. Ce fut une loi d'ordre général ; les
exceptions furent extrêmement rares, et l'on ne peut
guère citer que les empereurs et les vestales qui continuèrent à être inhumés dans l'intérieur de Rome. Certaines *gentes* qui, avant la nouvelle loi, avaient obtenu
des privilèges spéciaux pour la sépulture de leurs membres, se rendirent, lors de chaque décès, au lieu qui
leur avait été autrefois concédé ; arrivées là, elles déposaient un instant la dépouille funèbre sur cet emplacement, puis après cette vaine satisfaction accordée à
leur orgueil, le cortège se reformait pour aller porter
définitivement le défunt dans la nouvelle sépulture en
dehors de la ville ; c'est ce que faisait toujours la *gens*
Valeria. (Plut : *Publicol.* 1. — Plut : *Quæst. rom.* 19. —
Cicér : *De legibus* : II, 23.).

Un principe, cadrant bien avec la notion générale de
la *gens*, était la défense d'enterrer dans la sépulture
commune ses étrangers quels qu'ils soient, à peine de
commettre la dernière des impiétés.

Après l'inhumation, la mémoire du mort n'était point
oubliée, et pour les survivants l'ancêtre décédé était, plus
que pendant sa vie, il devenait presque un dieu et il était
honoré comme tel.

Les *gentiles* venaient souvent offrir des sacrifices sur
le lieu de la sépulture pour demander la protection de
leurs anciens compagnons. Il y avait en outre des cérémonies qui revêtaient un caractère général ; la *gens*
entière se rendait au tombeau pour y faire un sacrifice
au moins une fois l'an, c'était la cérémonie que l'on
appelait « anniversaria ». Après le sacrifice, avait lieu

le repas funèbre annuel, consistant en quelques aliments pris en commun, et pendant lequel les assistants récitaient quelques prières.

Nous devons enfin mentionner un dernier détail, c'est l'importance que les *gentiles* attachaient à être inhumés dans le tombeau de famille ; aussi une des peines les plus graves était celle de l'exclusion du coupable de la sépulture commune.

La mort avait pour conséquence l'ouverture de la succession aux biens du défunt ; c'est la dernière question dont il nous reste à parler. De l'époque antérieure à la loi des Douze-Tables nous ne dirons rien, si ce n'est que d'après notre opinion, les *gentiles* succédaient à tous les biens du défunt, et qu'il ne pouvait être question des agnats dont la reconnaissance n'était pas encore intervenue législativement.

Les Douze-Tables traitèrent la matière d'une façon complète et décidèrent qu'à la mort d'un citoyen romain, trois ordres d'héritiers seraient appelés à recueillir sa fortune : les héritiers siens, les agnats et les *gentiles*. (Gaïus : III, 17. — Paul : *Coll. leg. mos. et rom* : XVI, 3. — *Cic. De invent.* II, 50 ; *ad Herenn.* I, 13.).

Nous n'avons pas à expliquer les règles à suivre pour déterminer les deux premiers ordres d'héritiers ; mais il nous est impossible de ne pas signaler en passant les controverses existant au sujet de la vocation des *agnati*, la solution de cette question présentant en effet une importance réelle pour les *gentiles*.

La loi des Douze-Tables appelle à la succession le *proximus agnatus*, puis, sans donner aucune autre explication, elle passe de suite aux *gentiles*, d'où l'on s'est demandé la façon dont il fallait interpréter ces mots : *proximus agnatus*. Doit-on dire en résumé que *l'agnat* le plus proche en degré est *seul* appelé à la sucession, ou bien faut-il au contraire soutenir que ce sont *tous les agnats*, qui le sont conjointement, mais que seul le plus proche en degré *acceptant* jouira des biens ? Y a-t-il évolution dans l'ordre des *agnats*, telle est la difficulté qui se présente à nous ?

Presque tous les auteurs se fondant sur le sens rigoureux des mots pensent que cette dévolution dans l'ordre des *agnati* est impossible et qu'en conséquence, si le *proximus agnatus* est incapable de recueillir, ou s'il refuse la succession, celle-ci passe immédiatement aux *gentiles*. M. Accarias (II, p. 425, 5) estime au contraire que cette dévolution, qui n'existait certainement plus à l'époque classique, devait néanmoins être légale au début. Pour nous, nous croyons préférable de suivre l'opinion ancienne, qui paraît bien mieux fondée. Au point de vue de la sucession déférée aux *gentiles,* la solution de cette question présentait un intérêt sérieux. L'importance de leur vocation héréditaire augmente en effet d'une façon très sensible dans le système ancien, tandis qu'au contraire dans l'opinion adverse leurs prétentions recevront rarement satisfaction, tant leurs droits seront alors aléatoires. Nous posons donc comme principe que *l'agnatus proximus* est seul appelé par la loi des Douze-Tables et qu'à son défaut ce sont les *gentiles*, qui succèdent (Table V°). Bien plus, il nous semble voir dans cette restriction de la vocation des *agnats* un fait absolument intentionnel de la part du législateur des Douze-Tables, qui, poussé par l'attachement à la tradition, ne put pas se résigner à anéantir pour ainsi dire complètement l'utilité de l'ancien lien de la *gentilitas* et qui en conséquence restreignit les droits des *agnats* en donnant une importance réelle à la vocation des *gentiles*.

Nous ne ferons que mentionner une opinion, consistant à prétendre que non seulement il n'y a pas de *successio graduum* entre les *agnati*, mais que même la *successio ordinum* n'était point connue à Rome, ce qui revient à dire que la vocation des *gentiles* n'était utile que lorsqu'il n'y avait jamais eu aucun *agnat* vivant. Cette théorie, qui s'appuyait principalement sur les mots de la loi des Douze-Tables « *si agnatu nec escit* » pris littéralement, a été victorieusement combattue par M. Machelard (*Revue de législation*, 1870) et aujourd'hui l'opinion générale admet l'existence en droit romain de la *successio ordinum*.

Quelle idée devons-nous nous faire de la vocation des *gentiles* : « Gentiles hereditatem habeant » nous prescrit le texte de la loi, qu'en faut-il conclure ? Doit-on reconnaître une vocation individuelle pour le *proximus gentilis* seul par analogie avec ce qui se passait pour les *agnats*, ou bien doit-on considérer l'ordre des *gentiles* tout entier comme appelé à recevoir la succession ? Sur ce point, il y eut autrefois de graves controverses, et l'on enseignait ordinairement que ce n'était que le *proximus gentilis*, qui pouvait avoir une vocation utile. L'erreur remontait jusqu'à Jacques Godefroi, qui au lieu de *gentiles* avait lu *gentilis*. Cette inexactitude a été copiée et répétée de générations en générations jusqu'à nos jours ; mais depuis la trouvaille de Vérone, la lecture du texte ne peut plus être l'objet d'aucun doute, le manuscrit portant très lisiblement ces mots : « gentiles ad hereditatem vocat ». Avant Godefroi, Cujas lui-

même avait pensé que l'on devait lire *gentilis ;* et Godefroi n'a fait que renchérir et c'est à lui que l'on doit la
lecture erronée de *familiam gentiliis mancilo.*

La difficulté n'existe plus actuellement, car de la
comparaison des termes employés par la loi pour la vocation des *agnati* et pour celle des *gentiles*, il nous paraît résulter que si d'une part chez les *agnati* c'est l'individu qui est appelé comme tel, d'autre part ce sont
les *gentiles* que la loi désigne en bloc, et non pas tel
ou tel membre de la *gens.* C'est cette idée que M. Du-
bois, ancien professeur à la faculté de Droit de Nancy
avait nettement exposée dans les termes suivants :
« Tandis que le droit des héritiers siens et des *agnati*
était un droit individuel, je considère celui des *gentiles*
comme ayant été un droit collectif, savoir un droit
de la *gens* en masse et nullement un droit héréditaire
des individus compris dans la *gens*, le droit collectif
ne serait rien autre chose d'après moi qu'un reste du
temps où la propriété individuelle n'existait pas ; il
ne pouvait pas y avoir à proprement parler de succession ou d'hérédité. Je me la représente ainsi comme
un vestige du passé, comme une transition, il forme
à mes yeux une des traces les plus remarquables de
l'ancienne copropriété de famille. Que la propriété
collective de la famille ait été remplacée par la
propriété individuelle, droit d'une civilisation plus
avancée et par suite par une vocation héréditaire individuelle des enfants et des *agnati*, cela se conçoit, mais
est-il vraisemblable, est-il possible que cette vocation
héréditaire individuelle eût été admise brusquement ?
Dans l'évolution juridique, comme dans toute autre
évolution, les transitions ne sont-elles pas nécessaires ?

Il a dû exister pendant un temps plus ou moins long quelque chose du droit antérieur ; ce quelque chose me semble avoir été précisément la succession collective de la gentilité » (Nouvelle revue historique, 1881.)

Quant à la question de la dévolution de la succession *inter gentiles*, M. Accarias en admet la possibilité ; pour nous ce point ne peut même pas se poser, car à notre avis c'est la *gens* qui succède en tant que personne morale, et tant qu'il subsistera un seul de ses membres, n'importe à quel degré, ce membre suffira pour rendre utile la vocation de la *gens*.

Au sujet des modes du partage des biens du défunt entre les différents membres de la *gens*, nous ne savons rien de précis ; et la même difficulté se présente d'ailleurs pour la jouissance de tous les *bona gentilitia ;* aussi renvoyons-nous pour la solution de ce détail à ce que nous avons dit plus haut. Nous mentionnerons toutefois l'opinion de M. Gauckler qui pense que l'attribution de la succession avait lieu au profit de la *gens* entière, tout en estimant que chaque *gentilis* avait le droit de s'emparer individuellement d'un certain lot, qui devenait sa propriété grâce à l'usucapion *pro herede.* Suivant M. Gauckler, cette dernière institution n'aurait pas eu d'autre origine.

M. Fustel de Coulanges, en examinant la notion des droits successoraux de la *gens*, a fait remarquer comment cette théorie serait inexplicable dans l'opinion de ceux qui ne veulent voir dans la gentilité qu'une institution politique ou administrative. Cette observation est très juste et constitue selon nous une obligation capitale au système de Niebuhr.

Nous avons ainsi parcouru l'ensemble des droits et

des obligations des *gentiles* ; nous les avons suivis depuis leur naissance jusqu'à leur mort en étudiant toutes les circonstances importantes de leur vie, qui pouvaient nous intéresser. En terminant et pour nous
résumer sur tout ce chapitre, nous maintiendrons notre
appréciation première, qui consiste à voir dans l'existence des *gentiles* le développement de cette règle unique et fondamentale : la solidarité. C'était là un régime
social bien séduisant, mais qui présentait l'inconvénient de ne pouvoir se concilier avec le développement
prodigieux du peuple romain ; ce fût la cause principale
de sa ruine ; mais il ne faut pas oublier que c'est dans
ce régime antique que se trouve l'origine de cette nation, qui pendant de longs siècles devait couvrir le
monde entier de ses légions et imposer ses volontés à la
presque totalité des êtres humains.

CHAPITRE SIXIÈME

DE LA NOTION DE LA « GENTILITAS » EN DROIT COMPARÉ

Nous avons, dans les chapitres précédents, étudié le développement de la *gentilitas* en droit romain en ayant soin de distinguer dans ce travail deux périodes distinctes dont le point de séparation est un peu antérieure à la loi des Douze-Tables ; nous avons vu combien il était difficile d'apporter une preuve absolue de nos affirmations, qui remontaient à une époque beaucoup trop reculée pour reposer sur des textes ou des citations. Cet inconvénient ne nous a cependant pas arrêtés, car nous avons fait remarquer que pour soutenir notre opinion nous nous appuyons sur l'analogie de ce qui s'était passé dans toutes les autres nations, qui, comme Rome, appartiennent au groupe des peuples indo-européens. Il est temps maintenant de montrer la vérité de ce que nous avons avancé, et c'est ce que nous comptons faire dans ce chapitre, en parcourant les grandes lignes de l'histoire de la famille dans les principaux rameaux de la race aryenne.

S'il est un fait, en effet, qui aujourd'hui semble bien

avoir acquis droit de cité dans le domaine de la réalité, c'est assurément l'idée de l'unité d'origine et de civilisation des peuples indo-européens.

« Ces peuples, nous dit M. de Valroger, eurent leur berceau dans les vastes contrées situées à l'ouest de la Perse, que les anciens connurent sous le nom d'Aria ou Ariana. Des tribus détachées plus tôt ou plus tard du tronc commun partirent dans différentes directions ; les uns portèrent leurs pas vers le midi de l'Asie, voilà les ancêtres des Indous. D'autres se tournèrent vers l'Ouest, sans s'éloigner beaucoup du siége primitif, voilà le peuple qui reçut les enseignements de Zoroastre ; d'autres encore occupèrent l'Asie Mineure et jetèrent de là en Europe des colonies, qui couvrirent les côtes de la Méditerranée, voilà les Grecs et les Latins ; d'autres enfin passèrent aussi en Europe par une autre route, après avoir suivi la mer Noire, elles suivirent les côtes des mers du Nord, voilà les Celtes, les Germains et les Slaves. »

Tous ces hommes qui devaient dans la suite des temps fonder à des distances si éloignées les unes des autres des nations si diverses, ont donc la même origine, aussi sommes-nous en droit de prétendre qu'il est possible de retrouver chez tous ces peuples la trace des institutions qui leur furent communes. Nous croyons qu'il doit en être ainsi de la *gens*, qui, pour nous, est une institution sociale au premier chef. Il ne faut pourtant rien exagérer en cette matière et ce serait folie que d'avoir la prétention de retrouver partout et sous tous les noms possibles l'analogue de la *gens romana*.

Cette institution, qui fut une au début, ne garda pas toujours son caractère original, et reçut différentes altérations dont on peut trouver la cause dans le génie propre et dans les mœurs de chaque branche. C'est ainsi, comme nous le verrons, que la base première de la *gentilitas*, la consanguinéité, a pu presque complétement disparaître pour faire place à un principe qui fut déjà admis à Rome, l'association fictive par adoption ou par tout autre moyen. Nous ne devrons pas en conséquence nous étonner si dans le cours de ce chapitre nous rencontrons des variations de détail.

Une circonstance qui ne manque pas également de frapper l'esprit, c'est de rencontrer le même état social chez des peuples vivant à des époques très différentes les unes des autres ; et tandis qu'il nous faut remonter à plus de 2,500 ans pour retrouver l'existence de la *gens* à Rome et en Grèce, nous sommes encore actuellement les témoins de ce régime dans certaines peuplades slaves ! C'est là une constatation à laquelle la science moderne nous a habitués, aussi est-ce par cela même que nous pouvons, bien mieux que les Romains de l'époque classique, nous rendre un compte exact de cette institution, qui pendant si longtemps est restée un véritable mystère.

1° *Grèce.*

De toutes les législations, que nous allons passer en revue, aucune, semble-t-il à *priori*, ne paraît devoir se rapprocher davantage de celle de Rome, que le droit grec. Nation voisine, et dont les communications avec Rome étaient incessantes, la Grèce peut être comparée à la sœur du peuple Romain. Nous devrions donc y retrouver une organisation presque identique et cependant l'on peut dire qu'aucune institution peut-être n'a plus prêté à la discussion, depuis l'opinion de Niebuhr sur la *gens* romaine. Cet auteur, en effet, pour appuyer son système avait posé en principe que le γενος athénien ne reposait nullement sur les liens du sang, mais que c'était une pure division politique. Voici en quelques mots le résumé de son argumentation.

La Grèce est formée de la réunion de 4 tribus, ou φυλος ; chaque tribu est partagée en 3 phratries ou curies, et chaque phratrie en 30 tricades ou *gentes*. Giraud rapporte à cette occasion le témoignage de plusieurs écrivains grecs, qui se sont expliqués sur cette organisation. Pollux dit : « que les quatre phyles étaient divisées en trois sections que l'on nommait εθνος, ou phratries, et chaque phratrie à son tour en 30 subdivisions que l'on nommait familles, γενος ou tricades, parce qu'elles étaient composées de trente chefs de familles, et les membres de cette famille politique se traitaient comme parents ou frères quoiqu'ils ne fussent point du même sang, mais seulement membres d'une association de famille. » (Onomasticon : VIII, ch. IX.)

Le grammairien Mœris nous apprend la même chose en termes plus précis encore : « Au sujet des γεννηται, dit-il, il faut considérer la chose et le mot. Voici ce qu'étaient les γεννηται. Autrefois à Athènes, les cultivateurs et les artisans formaient deux classes différentes, qui étaient partagées en quatre phyles; chaque phyle était elle-même partagée en trois sections, ou tribus: chacune de celles-ci se composait à son tour de 30 *gentes* ou familles, non pas que les individus qui composaient ces familles fussent unis par les liens du sang, mais

parce qu'ils forment une famille politique d'où le nom
de γεννηται leur avait été donné. »

Un vieil auteur grec, cité par Suidas, Harpocration,
s'explique en termes plus absolus encore : « γεννηται sic
vocantur, non qui cognatione et sanguine juncti sunt,
sed qui sunt membra familiarum civilium, in quas
curiæ distributæ sunt. Hic leg vero societatem quam-
dam inter se habent...... » (Suidas : V° γεννηται, d'après
Giraud.)

Comme conclusion de ces trois textes, Niebuhr et
Giraud ont admis que le γενος grec n'était qu'une institution municipale et politique.

Pour nous, nous sommes peut-être disposés à admettre
que telle était en effet l'organisation du γενος à l'époque
où écrivaient les auteurs dont nous venons de rapporter
les écrits, mais nous ne pouvons aller plus loin dans
nos concessions. L'institution du γενος tout comme celle
de la *gens*, remonte à une haute antiquité, et nous ne man-
querons pas de faire remarquer que nous nous trouvons en face d'auteurs relativement très modernes,
Pollux, vivant au IIe siècle de notre ère, ainsi qu'Harpocration, qui selon certains écrivains serait même du
IIIe siècle. Les grammairiens parlent donc d'une institution fonctionnant sous leurs yeux, nous l'accordons,
mais ce qu'il nous importe c'est de savoir quelle était
au début l'organisation primitive du γενος, et qu'elle
était sa base, points sur lesquels Pollux ne nous fournit
aucun éclaircissement.

Nous croyons donc que malgré ces assertions, la
question reste entière et que le γενος reposait originairement sur les liens du sang, et nous n'en voulons pour
preuve que le terme qu'emploie Aristote pour en dési-

gner les membres « ομογαλαχτες », qui est synonyme de « γεννηται », auteur beaucoup plus ancien que ceux que Giraud a mis en avant. L'opinion que nous soutenons est d'ailleurs également rapportée par Dicéarque, qui pose en fait que tous les membres d'un γενος descendent d'une même souche en suivant en ligne droite les ramifications d'une généalogie.

Une circonstance, qui vient corroborer notre sentiment, est la prétention qu'avaient de nombreuses familles d'Athéniens de se prévaloir d'une origine commune, et de faire remonter cette origine à un archégète primitif. C'était donc la même tendance que celle que nous retrouvons à Rome ; l'idée étant la même, pourquoi le fond de la question serait-il différent ? Aussi restons-nous persuadés que la base essentielle du γενος fut la consanguinité, tant que des causes étrangères ne vinrent pas l'altérer et le transformer peu à peu en institution administrative.

Inde.

Dans ce peuple, dont aujourd'hui nous connaissons si exactement la législation primitive, nous retrouvons facilement une organisation présentant la plus grande ressemblance avec ce que nous avons constaté à Rome.

La famille, au sens restreint et moderne du mot, n'existe pas encore dans l'Inde, et la situation familiale semble correspondre au système des *gentes*. L'état social repose essentiellement sur le régime de communauté : c'est ce que M. Sumner-Maine appelle : la famille associée dans l'indivision.

La communauté y comprend un nombre plus ou moins considérable de personnes ; tant que le père est vivant, tous ses enfants restent sous son autorité, et avec eux sont leurs femmes et leurs enfants, ainsi que tous leurs autres parents, qui trouvent dans cette vie en commun la source de leur bonheur et de leur richesse.

La consanguinéité est reconnue partout et admise comme le fondement essentiel de la communauté de familles ; mais il n'est pas à dire pour cela que ce cercle soit complétement fermé aux étrangers, car ces derniers peuvent être admis à jouir des avantages de l'association par l'adoption, en vertu des lois de Manou.

Lorsque le chef du groupe est mort, la situation peut néanmoins rester la même entre les enfants et les autres membres de la famille associée, s'il en a été décidé ainsi. Le frère aîné des enfants survivants recueille alors l'autorité du défunt. C'est, en effet, un point à remarquer, et qui rattache sous ce rapport ce régime à l'état patriarcal, c'est que l'autorité suprême appartient ici non pas à un chef élu comme le *princeps gentis* de Rome, mais à l'ancêtre le plus éloigné, actuellement vivant. Le principat est donc toujours un bénéfice de l'âge ; aussi est-ce en vertu de cette règle qu'à la mort du *pater* c'est à l'aîné des fils que passe la puissance et la direction de la famille, sans qu'il soit besoin pour cela d'aucune réunion, le chef étant investi d'une façon légale.

Dans l'intérieur du cercle familial règne la plus grande solidarité. Le chef n'a plus les pouvoirs absolus du *pater* de l'époque patriarcale, il n'a plus le *jus vitæ necisque*, sa puissance n'a plus que le caractère de protection que nous lui attribuons aujourd'hui, mais elle subsiste pendant toute la vie des enfants et tant que la communauté n'est pas anéantie.

Les différents groupes composant la communauté prennent leur repas en commun ; ils travaillent ensemble à la culture du sol, qui est leur moyen de subsistance.

La communauté de familles est également unie par le culte, elle a ses dieux et ses cérémonies particulières.

Chacun jouit de tous les droits compatibles avec la situation de la famille, mais il est défendu de se marier en dehors de sa caste.

Le régime de la propriété est encore celui de la propriété collective ; la communauté possède des biens comme une personne morale ; les terres provenant des ancêtres forment une fortune inaliénable. Le chef ne peut disposer des biens, il doit en assurer la culture et l'entretien, mais il lui est permis d'aliéner les récoltes provenant du travail des membres de la famille.

Les membres doivent satisfaire aux obligations imposées à tous, sinon ils peuvent être expulsés de l'association. Personne d'ailleurs n'est contraint de rester dans la communauté, la législation même est très large sur ce point et accorde toutes les facilités pour sortir de l'indivision à tel point qu'aujourd'hui ce régime est très peu stable et que la communauté dure rarement plus de deux générations.

Tant que persiste l'association, il ne peut même pas être question de droits successoraux, car c'est en effet la famille qui est propriétaire et non pas chaque membre individuellement, aussi quand un membre vient à décéder, la situation ne change-t-elle pas, le groupe se trouvant toujours posséder les mêmes biens. En pratique toutefois, c'est à la mort du chef que souvent les survivants demandent la dissolution, et dans ce cas a lieu le partage de tous les biens.

En résumé, dans l'Inde le régime patriarcal n'existe plus, la famille n'y est pas parvenue à notre organisation individuelle moderne, elle y est encore fondée sur la vie en communauté.

Cet état, qui présente de si grandes analogies avec celui des *gentes*, tend aujourd'hui à disparaître, et nous sommes actuellement témoins d'une révolution, qui sera le pendant de celle qui à Rome aboutit à la consécration légale de l'agnation. En effet, au dire de tous les juristes anglais et français, qui se préoccupent de la législation indienne, un courant contraire à l'état de communauté se fait sentir dans tout le pays ; les associations sont moins heureuses, moins nombreuses et surtout elles se dissolvent beaucoup plus facilement qu'autrefois. Il n'y a rien de surprenant à ce bouleversement ; la situation politique et privée de ces régions a fait d'immenses progrès depuis un siècle, le gouvernement britannique y est fortement établi, l'administration régulière. Les anciennes familles indoues ont perdu leur influence jadis prépondérante, en un mot la civilisation européenne a envahi l'Inde et dans ces conditions la famille associée dans l'indivision ne répondant plus aux buts pour lesquels elle était établie, sa durée sera maintenant fort courte, et elle sera remplacée complètement par le régime agnatique.

Peuples Germaniques.

Indépendamment de la famille restreinte, les Germains possédaient une institution plus large et plus compréhensive, nous voulons parler de la marke ou marche, qui était « la réunion d'un certain nombre de familles se croyant issues les unes et les autres d'un même auteur commun. »

Pour jouir pleinement des droits de la liberté, il fallait au dire de Klimrath, faire partie de ces familles, sans cela la sécurité n'était pas entière. Les ingénus seuls y étaient admis en principe, mais on pouvait par exception conférer ce privilège aux affranchis.

La marke était sous la puissance d'un chef élu par les familles réunies; il était principalement chargé de la direction des affaires intéressant la communauté et de faire exécuter ses décisions. « Lorsqu'on part à la guerre, dit un vieil historien, tous obéissent à un chef mais dans la paix, chacun est indépendant et tous sont égaux ». (Adam de Breme.) C'est on le voit le principe de l'égalité romaine des *gentiles.*

La marke germanique est fortement unie par les liens religieux; elle a ses dieux, ses autels et ses sacrifices.

Les familles composant un groupe vivaient rassemblées au même endroit et formaient ainsi des agrégations considérables et de véritables *pagi.*

Lorsqu'un enfant se trouvait privé de ses parents, la tutelle incombait en droit à l'asssociation et en fait à son princeps ; et ce n'était là qu'une application du grand principe de la solidarité, existant entre tous les

membres de la marke. Nous retrouverons ici toutes les
applications que nous avons déjà étudiées pour la *gens*,
aussi ne donnerons-nous que quelques exemples.

Quand un membre avait subi un outrage soit dans
ses biens, soit dans son honneur, on considérait cette
offense comme s'adressant à tout le groupe, qui devait
exiger prompte réparation. Si l'accord ne pouvait se
faire, on en remettait la décision au sort des armes.
Cette sorte de « vendetta » portait le nom de « faida »
et la maxime en vigueur s'exprimait ainsi : « suscipere
inimititias seu patris seu propinqui necesse est. » (Tacite,
21.)

Un membre venait-il à son tour d'injurier ou de porter une atteinte quelconque à un étranger, c'était la
marke qui devait payer la composition demandée. Cette
obligation d'une garantie mutuelle entre tous les parents
associés porte le nom le nom de « friborg. »

S'il survient quelques difficultés entre les membres
de la communauté, c'est cette dernière qui les juge
elle-même. A sa tête et sous la présidence du chef, la
marke possède une sorte de tribunal de famille dont
la compétence s'étend à tous les faits ou crimes commis
sur son territoire. Plus tard sa compétence fut restreinte aux simples délits ruraux.

Chaque membre peut sortir de la communauté à condition d'en prévenir solennellement l'assemblée de la
famille et en rompant en sa présence quatre baguettes
d'aulne au-dessus de sa tête.

Le groupe possède des biens, qui portent le nom de
marki ou marca ; c'est le régime de la copropriété.
César nous apprend à cette occasion, que chaque année
on procédait au partage des terres entre les membres

de la grande famille. Ceux-ci n'en étaient pas propriétaires, et n'avaient que la qualité d'usagers.

États Scandinaves.

Pendant longtemps ces pays, berceau des tribus germaniques, en gardèrent la législation coutumière. A la
base des cercles de familles appelée « Skuldalid » et
« Fraudalid » se trouve toujours l'idée d'une communauté d'origine. Les sagas scandinaves font toutes remonter leur origine à un même dieu : Odin.

Vers le xe siècle, on voulut recueillir les anciennes
coutumes et les codifier ; l'ensemble forma la « Gragas »
pour l'Islande, et le « Gulathing » pour la Norvège.

La famille agrandie se suffit à elle-même, elle est
souveraine et se gouverne à sa volonté.

Actuellement encore en Suède et Norvège, on peut
retrouver ces mœurs dans les campagnes, tandis qu'elles
ont complétement disparu des villes depuis de longues années.

Suisse Allemande.

M. Laveleye en parcourant les archives des cantons
de la Suisse Allemande a découvert dans cette région
et particulièrement dans le canton d'Appenzel une
institution qui présente quelque analogie avec la *gens,*
ce sont les « Rhoden »

Chaque rhode se compose d'un groupe de citoyens
habitant dans les différents villages du canton et qui

se réunissent à certains jours donnés. Cette organisation remonte, paraît-il, à la plus haute antiquité, et probablement à la marke germanique à laquelle elle ressemble beaucoup, quoique sa base ne soit plus actuellement la communauté d'origine.

Le groupe possède encore maintenant des terres communes qu'il loue et dont les membres touchent les bénéfices.

Celtes et Gaulois.

La population celtique, avant les invasions franques, se divisait en trois classes : les druides, les nobles et le peuple.

D'après l'opinion générale, rapportée par Klimrath, le peuple formait en Gaule des associations ayant une grande affinité avec celles de la population gallique de la Haute-Écosse.

Plusieurs familles se réunissaient pour vivre ensemble ; au début on ne recevait jamais que des parents, aussi César employait-il le mot *familia* pour les désigner. (César : I, 4). Ce caractère se modifia dans la suite, et finit par disparaître même complètement, et ses anciens groupes se transformèrent en associations politiques.

Il faut toutefois remarquer que les populations du Sud de la Gaule, composées surtout d'Ibères et de Ligures n'avaient point cette organisation, car elles n'appartenaient pas en effet à la race aryenne.

Lois Barbares.

Sous l'empire des lois barbares, on peut encore retrouver des traces d'une institution analogue à la *gens*,
mais ce régime tend à disparaître et c'est à peine s'il
est possible d'en mentionner des vestiges dans les « généalogiæ » de la loi des Bavarois, et des Alamans, dans
la « fara » des Lombards, et enfin dans les « faremanni »
de la loi des Burgondes.

Irlande.

Nous nous trouvons ici en présence d'un pays ayant
échappé tout à la fois à l'invasion romaine et à l'influence germanique, et qui n'est tombé sous le joug de
la féodalité anglaise qu'au xɪɪᵉ siècle seulement ; aussi
pouvons-nous étudier facilement son organisation familiale.

L'ancien droit irlandais, connu sous le nom de
« Loi des Brehons » est renfermé dans le « Senchus
Mor » et le « Livre d'Aicille » datant tous deux du xᵉ ou
xɪᵉ siècle.

L'organisation sociale repose essentiellement sur
l'existence de groupe des familles composées tous de
parents par le sang ; c'est là l'idée qui sert de base à la
tribu, et au *sept*, équivalent de la *gens*. Tous les membres du sept portent le même nom, qui n'est que le
nom même de leur ancêtre éponyme.

A la tête du groupe est placé un chef, qui sans avoir

la puissance absolue, est simplement revêtu des fonctions de directeur et d'administrateur. Sa nomination
avait quelquefois lieu à l'élection surtout à la fin de ce
régime, mais autrefois cet honneur revenait de droit à
l'aîné de la famille. A côté du princeps, se trouvait un
conseil destiné à l'assister dans toute circonstance.

La réunion de plusieurs *septs* formait la tribu, ou
grande association nationale.

Le sept habitait ordinairement la même région, qui
recevait souvent une dénomination dérivant du nom
du groupe. Les propriétés étaient sous le régime collectif, quoiqu'on ait déjà une notion vraie de la propriété
individuelle. Les droits successoraux existaient, mais
d'une façon restreinte, car en vertu d'une disposition
coutumière appelée « Gavelkind », le successeur ne
pouvait vendre les biens composant son héritage
qu'avec l'autorisation du sept.

Des modifications successives vinrent altérer cette
notion première du sept, qui eurent pour résultat d'y
faire admettre des étrangers au moyen de l'adoption, et
finalement de transformer l'ancien cercle familial en
une simple association de citoyens ayant une communauté d'intérêts privés ou politiques.

Ecosse.

L'organisation écossaise remonte à une haute antiquité et autrefois les montagnards de ce pays étaient
divisés en clans, ou klans, mot qui pour eux était synonyme de familles. Les membres d'un clan se considéraient en effet comme descendant du même ancêtre

que leur chef, qui se trouvait à la fois être leur seigneur et leur aîné, d'où leur dévouement absolu à sa cause et à ses intérêts.

Le chef s'appelait « Laird, » ou « Chieftain, », et les membres du groupe portaient tous le nom du clan précédé du mot Mac, qui veut dire fils de. Les plus célèbres clans furent ceux de Camérons, des Campbell, des Mac-Donald, des Marc-Gregor, des Mac-Intosh..., etc.

Le clan reposait tout à la fois sur la communauté d'origine et plus tard sur la consanguinéité fictive résultant de l'adoption.

La solidarité était le principe essentiel des rapports entre les différents membres.

Cette organisation subsista fort longtemps dans les montagnes de l'Ecosse, et ce n'est qu'après la défaite des Higlanders à Culloden que l'autorité des chefs sur les clans disparut et que tout le régime fut aboli sous l'influence victorieuse de l'Angleterre.

Pays de Galles.

D'après les coutumes galloises, nous savons que les habitants du pays de Galles étaient groupés en communauté d'habitants jouissant d'une certaine autonomie. Ces associations portaient le nom de « Keneld. »

La Keneld est dirigée par un chef appelé « Penkeneld», qui était élu par les membres du groupe.

On a beaucoup discuté sur le point de savoir ce qu'il fallait entendre par ce mot Keneld, mais aujourd'hui ou est tombé d'accord, et l'on admet que ce terme a le sens de famille. La Keneld, en résumé, serait l'analo-

gue du clan, c'est-à-dire une agitation ayant pour lien
supposé la descendance de tous les membres d'un
même auteur commun, leur patriarche éponyme.

Bretagne.

En Bretagne, nous ne trouvons pas à la vérité d'institution bien définie, mais il nous paraît difficile de ne
pas voir dans la « cousinerie bretonne » une dernière
trace de cette quasi-communauté de familles, que nous
étudions. La parenté dans cette région était, on peut le
dire, étendue à l'infini ; on comptait encore dans le cercle familial les cousins au dix-huitième degré, et encore
n'était-ce point là le point extrême ou s'arrêtaient les
effets de la consanguinéité.

Russie.

Le régime patriarcal dans ce pays était encore, il y a
peu d'années, la base de l'organisation de la famille.
Chaque famille, hommes, femmes, enfants, était sous la
puissance du *pater*, chef absolu sous tous les rapports.

La réunion de plusieurs familles forment le « mir »
ou association plus large.

Le mir repose essentiellement sur l'idée de commu-
mauté d'origine : « Les recherches de M. de Haxthausen
et de Tegoborski, nous rapporte M. Sumner-Maine, ont
montré que les villages russes ne sont pas des assembla-
ges fortuits d'êtres humains, ni des réunions fondées sur
un contrat, ce sont des communautés organisées natu-

rellement comme celles de l'Inde. Il est vrai, que ces villages sont en théorie le patrimoine de quelque noble propriétaire, mais le poids de cette propriété supérieure n'a jamais écrasé l'ancienne organisation du village, et il est probable que le décret du Czar de Russie qu'on suppose avoir établi le servage avait pour but réel d'empêcher les paysans d'abandonner cette coopération sans laquelle l'ancien ordre social n'aurait pu longtemps subsister. »

Le mir a son chef, qui s'appelle « Starosta, » il dirige les intérêts du village, et préside les assemblées de familles, qui sont souveraines.

Tous les membres sont unis par les liens de la plus étroite solidarité pour l'honneur et le déshonneur.

Quant aux propriétés, elles appartiennent au mir; chaque membre participe au partage des terres, qui a lieu chaque année. Les partages définitifs y sont encore la grande exception, quoique de ce côté il y ait eu un mouvement d'évolution vers le régime de la propriété individuelle, de même que dans quelques cantons le régime familial a déjà subi différentes modifications, relatives principalement au chef, qui au lieu d'être l'aîné est souvent élu. C'est le commencement d'une période de transformation.

Slaves Méridionaux.

Dans presque toutes les nations que nous venons d'observer, nous avons été obligés de remonter à une époque plus ou moins reculée, pour retrouver des institutions analogues à la *gens*; ici au contraire nous allons pouvoir assister au spectacle d'une organisation qui présente, comme il sera facile de s'en convaincre, les plus grandes analogies avec l'état social, qui à Rome, précéda les Douze-Tables.

La base du droit de famille des Slaves est la communauté, c'est-à-dire la réunion sous un même chef de plusieurs individus. Cette communauté est naturelle, car elle repose uniquement sur la consanguinéité, sauf toutefois en Bosnie, où l'on rencontre quelques rares associations formées entre simples amis.

La fiction y est admise comme à Rome et les étrangers peuvent obtenir le privilège de faire partie de ces communautés par l'adoption.

La situation de ces peuples n'est pas l'état patriarcal, comme l'a très justement fait remarquer M. Utjesenovic, en montrant qu'en Serbie le père n'a plus l'autorité absolue, et que ce n'est plus lui qui fait la loi.

La communauté existe pareillement en Slavonie, en Dalmatie, où l'occupation vénitienne n'a rien modifié ; dans le Monténégro, en Bosnie, en Herzégovine enfin en Bulgarie.

Dans tous ces pays, la maxime qui nous semble le mieux résumer la situation des esprits peut se formuler ainsi. « La famille isolée a beaucoup plus de peines que de joies », et c'est pour cela qu'un individu qui n'appartient à aucun cercle de familles est considéré comme « un homme sans bras. »

Ces communautés ont reçu le nom de « zadruga », ou « zadruga huka ». Quant au nombre des associés, il varie beaucoup suivant les provinces. M. Hutjesenovic fixe la moyenne à dix ou quinze individus dont trois ou quatre sont presque toujours mariés. En Slavonie, les

plus grandes communautés comptent jusqu'à soixante
membres, tandis que les plus petites en ont presque
toujours sept ou huit; dans la Haute-Herzégovine, la
majeure partie des familles se compose de vingt à vingt-
cinq individus. Elles portent généralement le nom de la
famille primitive, auquel on ajoute souvent celui du
chef de la communauté.

Parmi les personnes figurant dans ces associations,
nous devons mentionner tout particulièrement certains
vieillards étrangers, qui, privés de tous moyens d'existence par leurs infirmités et par le prédécès de leurs
enfants, sont venus implorer la charité du groupe, qui
les a recueillis.

La communauté est dirigée par un chef, qui reçoit
le nom de « domaçin » ; il est élu parmi les membres
âgés et mariés. Le frère aîné ou le fils succèdent souvent
au *princeps* défunt, quoique la règle de l'hérédité n'y
soit point admise, aussi dans ce cas faut-il l'assentiment de l'association, qui intervient comme une sorte
d'*exéquatur*. Si le frère ne peut ou ne veut accepter les
fonctions suprêmes, c'est le frère puîné qui en est investi, et qui doit, avant de prendre la direction du groupe,
recevoir la bénédiction de son frère aîné. Il arrive parfois également que les chefs parvenus à un âge avancé
ont le privilège de choisir leur successeur de leur vivant, mais c'est là une prérogative tout à fait exceptionnelle, excepté en Herzégovine, où cette désignation
anticipée est la règle générale.

L'élection du *princeps* a lieu ordinairement à Noël à
la fin d'un repas pris en commun, et après avoir accompli des cérémonies religieuses. Si les associés peuvent
s'entendre sur le choix du domaçin, tout est facile ; si,

au contraire, l'accord ne peut avoir lieu, on procède à
une cérémonie curieuse qui rappelle beaucoup la tradition de nos pères : la fête des Rois. On apporte un
pain appelé « czesnitza » dans lequel on a mis une petite pièce d'argent, un grain de froment, du maïs et
des pois ; un cierge est allumé, tous les convives se lè-
vent, font le signe de la croix et récitent une prière
composée pour la circonstance. Le plus âgé rompt ensuite le pain en autant de morceaux qu'il y a de candi-
dats, et celui qui a le morceau, où se trouve la pièce de
monnaie, est proclamé domaçin (Démélic.)

Quant aux pouvoirs du chef, il préside les assemblées
de famille et représente partout la communauté. Il n'a
pas le droit de commander aux membres de l'association,
ceux-ci sont ses égaux, ils ont tous le droit de voter dans
les conseils ; le domaçin n'est que le *primus inter pares*,
mais il a le pouvoir de surveillance générale. Son devoir
principal est de défendre l'honneur du groupe, ainsi
exige-t-on qu'il soit brave et vaillant ; il doit veiller au
maintien de la paix, à la prospérité commune et s'effor-
cer de mettre fin aux différents entre associés. Il est
entouré de respect, et reçoit souvent le titre honorifique
de « Gospodar » c'est-à-dire « le maître de la maison ».

Le domaçin n'a pas de juridiction criminelle ; c'est
le conseil de famille, qui s'assemble le soir après le repas
devant l'Eglise, qui est seul compétent sous ce rapport.

La communauté possède des biens, qui sont aliéna-
bles, mais le domaçin ne peut les vendre que dans les
limites d'une sage administration, et pour les cas excep-
tionnels qui ne rentrent pas dans cette catégorie il a
besoin de l'autorisation du groupe.

Si le chef devient fou, ou s'il se livre à des malversations coupables, la communauté peut le destituer, il en est de même pour l'hypothèse où il est devenu aveugle, s'il s'adonne à l'ivrognerie, s'il est détesté de tous les membres, ou enfin s'il a été condamné à des peines infamantes. C'est le fils aîné, qui énumère au chef coupable les griefs de la communauté, et qui lui déclare la résolution prise par le conseil à son égard.

Le culte des morts est très populaire en Serbie, où chaque samedi la messe est dite pour les défunts à laquelle assiste toujours le « *domacica* » pour représenter la communauté.

Quant à la vie, elle se passe en commun, chacun travaille et apporte les fruits qu'il a obtenus ou l'argent qu'il a pu gagner; les bénéfices, mis en commun, sont partagés entre tous les membres.

Le cercle de la famille n'est pas indissoluble, et on peut en sortir quand on veut, soit à titre définitif, soit à titre temporaire.

Le conseil de la communauté s'assemble le soir et quelquefois après la messe les jours de fêtes ; en été la réunion a lieu sous un grand arbre. Le chef expose la situation, fait les propositions sur lesquelles chacun peut discuter, et sur lesquelles on vote, vote qui pour être valable, doit en Bulgarie recueillir l'unanimité des voix ; ailleurs c'est la simple majorité qui l'emporte.

Le chef convoque le conseil toutes les fois que l'honneur l'exige, ou que les affaires le commandent. Parmi les attributions les plus importantes du conseil figure la possibilité de voter le partage, c'est-à-dire la dissolution de la communauté.

Nous avons vu que le régime de la propriété était encore celui de la collectivité, mais nous ferons remar-

quer en terminant que les Serbes connaissent néanmoins la propriété individuelle, et c'est ainsi que chaque
membre du groupe peut avoir un petit pécule particulier.

Kabylie.

En Kabylie, l'unité politique est le village ; la réunion
de plusieurs villages forme une tribu « ârch » enfin
la réunion de plusieurs tribus constitue la « thakebilt »
ou confédération.

Le village se subdivise en fractions nommées « thakherroubt. » Chaque thakherroubt ou kharouba se compose d'un certain nombre de familles, généralement de
même origine et unies par les liens de la parenté, mais
il faut noter qu'autour d'elles viennent quelquefois se
grouper des ménages étrangers au pays, ou des habitants du village, qui n'ont plus de parents. Souvent la
kharouba est formée d'une seule famille.

La solidarité est la règle fondamentale de la thakherroubt ; en paix et surtout en guerre ce principe est
suivi scrupuleusement ; et peut se résumer ainsi : « ai-
dez-vous les uns les autres. » Lorsqu'une tribu ou même
simplement une kharouba a accordé sa protection à un
individu, son « ânoia, » tous les membres doivent lui
prêter secours et assistance, à peine d'encourir de graves punitions, l'infamie et même la mort, en cas d'intention criminelle.

RÉSUMÉ DU DROIT COMPARÉ

Nous venons de parcourir très rapidement l'ensemble des peuples de race indo-européenne, et nous avons pu constater dans toutes ces nations, à différents moments de leur histoire, la présence d'une organisation sociale et économique offrant les plus grandes analogies avec la *gens romana* telle que nous l'avons étudiée. Nous n'avons pas voulu, afin d'éviter les répétitions, montrer chaque fois, d'une façon spéciale, les ressemblances entre l'institution romaine et ce que nous étudiions dans les diverses nations de l'Europe, mais il nous semble qu'il n'y a qu'à observer pour constater ce que nous avançons. Le *genos* grec, la famille associée dans l'indivision de l'Inde, la marke germanique, le skuldalid irlandais et norvégien, la marke danoise, les Rhoden d'Appenzel, le clan celte, les généalogiæ bavaroises, la fara lombarde, les faremanni des Burgondes, le sept irlandais, le clan écossais, la keneld du pays de Galles, la cousinerie bretonne, le mir russe, la rodna des Serbes, le bratsvo des Monténégrins, et la karouba des kabyles ne sont-ils pas la preuve vivante de cette unité de civilisation des races aryennes ? N'assistons-nous pas aux diverses transformations sociales, dont nous avons parlé au début et dont nous avons cherché à faire l'application à Rome ?

La *gens* en définitive n'est donc pour nous d'une façon générale qu'une phase du développement de la civilisation des peuples aryens, qui fut en vigueur dans les premiers temps de Rome, et dont la notion s'altéra peu à peu et finit par disparaître complétement.

Que faut-il penser au point de vue social, d'un tel régime, telle est la dernière question que nous devons nous poser ?

Les hommes les plus éminents ont vanté le système économique et familial de la *gens* et des autres formes que nous venons de parcourir. Les avantages sont certains ; les charges sociales et les accidents de la vie sont moins accablants que pour l'individu seul ou même pour un ménage isolé. La protection et la sûreté individuelles y sont plus grandes, il y a un courant de charité et il semble que l'égoïsme y soit chose inconnue, les membres se secourant en cas de malheur. La misère n'y existe presque pas, car chacun est intéressé à la prospérité du voisin ; les habitants sont profondément attachés aux traditions anciennes et la vie de famille y exerce une influence moralisatrice qu'on ne saurait nier.

Par contre, comme l'a montré M. Laveleye » il y a des inconvénients à cet état social, qui ne convient qu'aux peuples stationnaires et primitifs, et qui résiste difficilement aux conditions d'une société où les hommes veulent améliorer à la fois leur sort et l'organisation sociale dans laquelle ils vivent. L'égoïsme remplace alors l'altruisme, et le besoin de liberté individuelle complète et entière se fait sentir, c'est la disparition plus ou moins complète du sentiment de la famille ! »

CONCLUSION

Comme conclusion de cette étude, nous résumerons notre opinion dans les points suivants :

1° Le régime des *gentes* remonte à une époque antérieure ou concomitante à la fondation de Rome ; c'est un état particulier de civilisation des races indo-européennes.

2° La *gentilitas*, dans sa notion primitive, était un état transitoire entre le régime patriarcal et le régime de la famille agnatique.

3° La *gens* repose essentiellement sur les liens du sang soit réels soit fictifs, (adoption.)

4° La *gens* ne comprend que des citoyens perpétuellement ingénus, par eux-mêmes et par leurs ascendants ; en conséquence les affranchis et les clients ne pouvaient avoir le titre de *gentiles*.

5° La *gens*, qui au début ne pouvait être composée que de patriciens, finit par comprendre soit des patriciens et des plébéiens, soit des plébéiens seuls.

6° La *gentilitas* constituait la seule parenté juridiquement reconnue à l'époque de la fondation de Rome.

7° L'agnation est née postérieurement par suite du changement de l'organisation de la famille, et du désir d'indépendance qui animait ses membres. Les plé-

béiens jouissaient de cette parenté à l'égal des patriciens.

8° La *gentilitas,* qui aurait dû logiquement disparaître après la loi des Douze-Tables se maintint grâce à
la tradition et à l'orgueil des vieilles familles, et revêtit
dès lors le caractère d'une parenté aristocratique et exceptionnelle.

9° La *gens* disparut peu à peu par l'extinction des familles qui la composaient, et à la suite des abus qui se
produisirent à son sujet principalement en matière de
successions *ab intestat.*

CONTRIBUTION

A

L'ÉTUDE DU DROIT COUTUMIER LORRAIN

FIEFS. — CENSIVES. — SERVITUDES RÉELLES

BIBLIOGRAPHIE

1° Coutumes et documents législatifs.

1. — Coutumes générales du Duché de Lorraine, pour les baillages de Nancy, Vosges et Allemagne. Nancy, 1744.
2. — Ordonnance de Léopold Ier pour l'administration de la justice, donnée à Lunéville en 1707. Nancy, 1708.
3. — Coutumes du baillage de Saint-Mihiel. Metz, 1694.
4. — Coutumes générales du baillage de Bassigny. La Mothe, 1606.
5. — Coutumes du baillage d'Epinal, sans lieu, ni date d'impression.
6. — Coutumes générales de l'Evêché de Metz.
7. — Coutumes de Clermont en Argonne, dans le Nouveau Coutumier général de France de Bourdot de Richebourg. Paris, 1724, 4 vol.
8. — Coutumes de Gorze. *id.*
9. — Coutumes de Luxembourg. *id.*
10. — Coutumes de Vitry-le-François. *id.*
11. — Coutumes de Sainte-Croix (Verdun). *id.*
12. — Coutumes de la Bresse, dans les Documents vosgiens, 4e vol. p. 233. (*infra*).
13. — Coutumes de Blamont.
14. — Coutumes et usages locaux de Sainte-Marie-aux-Mines et du Val de Liepvre. Nancy, 1751.
15. — Coutumes de Vaudémont, (*infra* : Manuscrits).
16. — Coutumes de Chatel-sur-Moselle (*infra* : Manuscrits).
17. — Loi de Beaumont, publiée par Defourny.
18. — Les plus principales et générales coustumes du duché de Lorraine, par M. Bonvalot, Paris, 1878.
19. — Coutumes de Marsal.
20. — Coutumes et usages de Rambervillers, Baccarat et Moyen. La Haye, 1772.

21. — Recueil des Edits et Ordonnances du règne de Léopold et de ses successeurs. Nancy, 1733-1787. 17 volumes.

22. — Dictionnaire historique des ordonnances des ducs de Lorraine, par G. de Rogéville. 2 vol. Nancy, 1777.

23. — Recueil authentique des anciennes ordonnances de Lorraine, par François de Neufchâteau. Nancy, 1774.

24. — Recueil des Edits du Parlement de Metz. Metz, 1774. 5 vol.

25. — Code de police. Nancy, 1769.

2° Commentaires et autres ouvrages imprimés.

26. — Nouveau Commentaire sur la Coutume de Bar-le-Duc, conférée avec celle de Saint-Mihiel, par Jean le Paige, l'aîné, Ecuyer, conseiller de son Altesse et maître des comptes du Barrois. Bar, sans date.

27. — Jurisprudence des tribunaux de Lorraine, précédée de l'histoire du Parlement de Nancy, par Guillaume de Rogéville, chevalier, conseiller audit Parlement. Nancy, 1785.

28. — Analyse des Coutumes sous le Parlement de Lorraine, par A. Riston, écuyer, substitut en Parlement. Nancy, 1782.

29. — Les Remarques d'Abraham Fabert, chevalier, sieur de Moulins, et maître-échevin de Metz, sur la Coutume de Lorraine. Metz, 1657.

30. — Les Archives de Nancy, ou documents inédits sur l'histoire de cette ville, par Henri Lepage. Nancy, 1866. 4 volumes.

31. — Annales du Barrois, par Servais. 2 vol. Bar-le-Duc, 1765-1867.

32. — Documents rares ou inédits de l'histoire des Vosges, publiés par le Comité d'histoire vosgienne. Paris, 1868-1884. 8 vol.

33. — Inventaire sommaire des Archives départementales de Meurthe-et-Moselle, par Henri Lepage. Nancy, 1870-1880. 5 vol.

34. — Les communes de la Meurthe, par H. Lepage. Nancy, 1854. 2 vol.

35. — Le département de la Meurthe par H. Lepage. Nancy, 1843. 1 vol.

36. — Essai historique et bibliographique sur la rédaction officielle et la publication des principales coutumes de la Lorraine ducale et du Barrois, par Beaupré.

37. — Commentaires sur les coutumes de Lorraine, par Canon. Epinal, 1633.

38. — Commentaire sur la coutume de l'Evêché de Metz, par Dilange, La Haye, 1772.

39. — Traité du retrait féodal, par Breyé, avocat à la Cour souveraine, Nancy, 1736.

40. — Arrests choisis de la Cour souveraine de Lorraine et Barrois. 2 vol. reliés en un seul tome. Nancy, 1777.

41. — Arrêts choisis de la Cour de Lorraine, 2 vol. Nancy, 1717.

42. — Histoire des lois et usages de la Lorraine, en matières bénéficiales, par Thiébault. Nancy. 1763.

43. — De la servitude réelle usagère dans les forêts, par G. Thomas. Nancy, 1870.

44. — Les forêts lorraines, par Ch. Guyot. Nancy, 1886.

45. — Commentaire du Code forestier, par Meaume. (3 vol.). Paris, 1843.

46. — L'ancien régime dans une bourgeoisie lorraine, par Munier-Jolain. Nancy, 1885.

47. — Les Ruines de la Meuse, par Dumont. Nancy et Paris. 5 vol.

48. — Mémoires de la société d'archéologie lorraine.

49. — Mémoires de l'Académie de Stanislas.

50. — Mémoires de la société d'Emulation des Vosges.

51. — Les Assises de l'ancienne chevalerie lorraine, par Meaume.

3° Manuscrits.

52. — « Recueil d'arrêts de la Cour souveraine de Lorraine », sans nom d'auteur, et sans date. Faculté de droit de Nancy. Inventaire : N° 2924.

53. — « Recueil d'arrêts de la Cour souveraine de Lorraine et de Bar, recueillis par Messieurs de Serre et Ferriet, conseillers en la même cour, copiés par Thouvenin le jeune, avocat ». 1756. Faculté de droit de Nancy. Inventaire : N° 2925.

54. — Notes sur les Coutumes générales du duché de Lorraine, et Recueil d'arrêts, sans nom d'auteur et sans date. Faculté de droit de Nancy. Inventaire : N° 2926.

55· — Anciennes ordonnances des ducs de Lorraine, recueillies par Guibal. 1775. Faculté de droit de Nancy : Inventaire : N° 860.

56. — Commentaire des Coutumes générales du duché de Lorraine,

par de Mahuet, transcrit et augmenté par Guibal. 1772. Faculté de
droit de Nancy. Inventaire : N° 859.

57. — La Coutume de Lorraine, commentée par M. de Mahuet, avec
des notes sur les points de coutume, des plus célèbres avocats. Bi-
bliothèque de l'ordre des Avocats près la cour d'appel de Nancy.

58. — « Fragments de commentaires ou de conférences de la Coutume
générale avec les Municipales de Lorraine par M. Le Febvre, premier président de la Chambre des Comptes de Lorraine, copiés par
Thouvenin. 1766. Faculté de droit de Nancy. Inventaire : N° 2927.

59. — « Mélanges de pièces relatives à la jurisprudence de la Lorraine ».

> 2° Annotations du président de Bourcier sur la coutume
> de Lorraine.

> 19° Droits de haute, moyenne et basse justice dans la même
> coutume.

> 20° Extrait des ordonnances des ducs concernant la police
> de l'Eglise dans leurs Etats.

> Manuscrit de la ville de Nancy. N° 154. xviiie siècle.

60. — « Le grand coustumier de Lorraine ». xviiie siècle.

> Ville de Nancy, N° 104.

61. — « Recueil de pièces relatives à la jurisprudence de la Lorraine ».

> Ville de Nancy, N° 153. xviie et xviiie siècle.

62. — « Le grand coutumier général de Lorraine et Barrois », par
Mengeot. Tome I. xviiie siècle.

> Ville de Nancy. N° 118.

63. — « Coutumes de Lorraine ». xviie et xviiie siècle.

> Ville de Nancy. N° 212.

64. — « Recueil des anciennes coutumes et des anciennes ordonnances
de Lorraine et Barrois ». 2 vol. xviiie siècle.

> Ville de Nancy, N° 120.

65. — « Commentaire sur les coutumes anciennes et générales de Lorraine, par M. de Mahuet, premier président de la cour souveraine.
xviiie siècle.

> Ville de Nancy. N° 63.

66. — « Commentaire sur la coutume de Lorraine par Pierre Candot »

> Ville de Nancy. N° 131. xviie siècle.

67. — « Commentaire fait sur la coutume générale de Lorraine, par
M. Vincent, l'un des rédacteurs de cette coutume ». xviie siècle.

> Ville de Nancy. N. 139.

68. — « Coutume du bailliage de Nancy. » xvie et xviie siècle.

> Ville de Nancy. N° 92.

69. — « Coutume de Vaudémont ». xvii⁰ siècle.
   Ville de Nancy. N° 54.

70. — « Coustumes du comté de Vaudémont ». xviii⁰ siècle.
   Ville de Nancy. N° 105.

71 — « Recueil d'anciennes ordonnances de Lorraine ». xviii⁰ siècle.
   Ville de Nancy. N° 144.

72. — « Notes d'anciennes ordonnances de nos ducs de Lorraine. »
   Ville de Nancy. N° 222. xviii⁰ siècle.

73. — « Ordonnances et coutumes de Lorraine ». xvi⁰ et xviii⁰ siècle.
   Ville de Nancy. N° 214.

74. — « Le manuel des ordonnances de Lorraine ». xvii⁰ siècle.
   Ville de Nancy. N° 28.

75. — « Recueil de documents divers »,
   Ville de Nancy. N° 343.

76. — « Table des anciennes ordonnances de Lorraine, contenues au recueil manuscrit de Chrétien Reboursel ». xvi⁰ et xvii⁰ siècle.
   Ville de Nancy. N° 600.

77. — « Ordonnances de Léopold, qui ne figurent pas dans le recueil in-4°, imprimé chez Cusson à Nancy » xviii⁰ siècle.
   Ville de Nancy. N° 392.

78. — « Miscellanea. Jurisprudence de la Lorraine ». xvii⁰ et xviii⁰ siècle.
   Ville de Nancy. N° 126.

INTRODUCTION

Etudier les principaux démembrements ou plutôt les différentes formes de la propriété à l'époque où la Lorraine jouissait encore de son indépendance politique et législative ; tel est, en un mot, l'objet de ce travail.

Cette étude nous a paru présenter un double intérêt. Un intérêt historique d'abord, résultant de ce fait que la connaissance de la législation d'un peuple donne souvent la solution de problèmes, qui sans elle resteraient de véritables énigmes : un intérêt juridique en second lieu, car de l'ensemble des principes que nous parcourrons, l'on pourra tirer les éléments d'une comparaison, soit avec les dispositions des autres coutumes françaises, soit même avec celles de notre Code Civil.

De toutes parts d'ailleurs, nous voyons se produire un courant très intense vers les travaux dont le but est de faire connaître les institutions juridiques de nos anciennes provinces. Autrefois, alors que la réunion de ces différents pays était encore très récente, il y aurait peut-être eu quelque inconvénient à s'occuper d'une façon particulière de questions de ce genre, qui, dans l'idée de certains esprits ombrageux, auraient pu passer pour l'expression de regrets déguisés d'un ancien état de choses. Aujourd'hui, le danger n'existe plus ; toutes les populations jadis nations distinctes n'ont plus qu'un seul désir : celui de voir la Patrie commune grande et prospère. Le présent, toutefois, ne saurait effacer le passé, qui pour chaque province représente pour ainsi dire l'héritage paternel avec ses souvenirs et ses traditions, dont on aime toujours à s'entretenir, et ingrat serait celui qui, d'un coup de plume, voudrait biffer ou renier une époque qui, pour ne pas avoir été sans faiblesses, n'en a cependant pas moins constitué une période de gloire et d'indépendance.

De même que pendant longtemps la centralisation politique fut le but que la France moderne chercha à atteindre par tous les moyens possibles ; de même pendant de longues années, la grande majorité des œuvres juridiques tendait presque exclusivement à l'étude du Code civil, véritable monument de notre unité nationale au point de vue du droit positif, à son développement et à son assimilation à toutes les régions de notre pays.

Cette double tendance qui, sans aucun doute, avait sa raison d'être, et même dont la réalisation constituait pour nous une question vitale, fut néanmoins poussée à l'extrême et produisit, en politique surtout, des effets, qui dépassèrent souvent le but que l'on s'était primitivement proposé. Aussi la réaction ne tarda-t-elle pas à

éclater, et depuis un certain temps, il nous est donné de
constater les luttes énergiques qu'un grand nombre d'esprits éclairés soutiennent pour obtenir une décentralisa-
tion administrative.

Un mouvement analogue s'est manifesté dans les études juridiques, où le droit coutumier, autrefois presque
abandonné, est devenu aujourd'hui l'objet de nombreux
travaux, grâce auxquels nous pouvons pénétrer pour
ainsi dire dans les institutions de chaque province, nous
rendre compte de son génie propre, des influences étrangères qu'elles a subies, enfin de la part que ce droit
particulier a fournie dans la formation de notre législation française actuelle.

C'est en nous inspirant de ces idées, que nous avons
entrepris ce travail, où cependant il ne nous sera possible d'aborder que quelques côtés du droit coutumier
lorrain. Si nous avons choisi l'étude de la propriété considérée dans sa plénitude, c'est-à-dire l'alleu, et dans ses
principaux démembrements : le fief, la censive et les
servitudes réelles, c'est, qu'à notre avis, ces matières
constituaient la base même de l'organisation politique et
sociale de notre province et présentent à ce sujet un intérêt capital.

La législation de l'ancienne Lorraine, loin d'être
elle-même uniforme, comprenait, sans parler des
usages locaux, cinq grandes coutumes générales :

1° La Coutume générale du duché de Lorraine, pour
les baillages de Nancy, Vosges et Allemagne « vérifiée
dans une assemblée générale des trois Etats convoqués à

Nancy, le 14 mars 1594, et homologuée par ordonnance ducale du 31 mars 1599 [1]».

2° Les Coutumes de Saint-Mihiel « rédigées par écrit, par ordonnance de Sérénissime Prince Charles, duc de Lorraine... et homologuées par Son Altesse au mois de novembre 1598 », pour le Barrois non mouvant [2].

3° Les coutumes générales du baillage de Bassigny « rédigées par les trois Etats d'iceluy, convoqués à cet effet, et homologuées au mois de novembre 1580 » pour le Bassigny non mouvant, comprenant les Sénéchaussées de La Mothe et de Bourmont.

4° Les Coutumes d'Epinal, homologuées le 22 septembre 1605, pour l'étendue du baillage de cette ville.

5° Enfin la Coutume du Bar « rédigée en la tenue des Etats dans la même ville, le 13 septembre 1579, par Charles de Lorraine, et enregistrée au Parlement de Paris, le 4 décembre 1581, sur appellation du Procureur général du roi » [3] pour le Barrois mouvant [4].

Indépendamment de ces coutumes générales, nous rencontrerons un certain nombre de coutumes particulières ou même de coutumes générales d'autres provinces faisant autorité dans quelques-unes des localités de

---

[1] Cette rédaction n'était en définitive qu'une édition nouvelle de la Coutume primitive de 1519, intitulée : « Les plus principales et générales coutumes du duché de Lorraine. »

[2] L'ancienne coutume datait de 1506.

[3] La première coutume avait été homologuée en l'année 1507.

[4] Nous n'insisterons pas sur la rédaction de ces coutumes, dont on trouvera une étude raisonnée dans l'« Essai historique et bibliographique sur la rédaction officielle et la publication des principales coutumes de la Lorraine et du Barrois » par Beaupré.

la Lorraine. C'est ainsi que nous aurons à étudier les dispositions des Coutumes de Blamont, homologuées le 19 mars 1596 et confirmées le 22 mars 1743 ; de Marsal (13 mars 1627) ; de Rambervillers, Baccarat et Moyen ; du Val de Liepvre et de Sainte-Marie-aux-Mines, confirmées par édit d'octobre 1776 ; de la Bresse (1575) ; de l'Evêché de Metz, principalement pour le baillage de Nomeny, Delme, Saint-Avold et Hombourg l'Evêque : de Vitry-le-François, pour une partie de la seigneurie de Commercy ; de Luxembourg pour quelques villages de ce duché réunis à la Lorraine en 1773 ; de Verdun ou de Sainte-Croix pour la seigneurie d'Hatton-chatel ; [1] de Gorze ou de Sainte-Gorgonne ; de Clermont en Argonne ; de Beaumont pour plusieurs communes du baillage de Saint-Mihiel ; enfin de Vaudémont et de Chatel-sur-Moselle.

Bien que ces deux dernières Coutumes n'aient jamais fait l'objet d'une rédaction officielle, nous indiquerons néanmoins leurs décisions, car, quoique supprimées par édit du 10 mars 1723, elles continuèrent cependant d'être suivies en pratique, même par la jurisprudence. (Arrêts de la Cour Souveraine du 12 février 1700 et du 13 juin 1733).

Nous rappellerons enfin que le droit écrit s'appliquait dans une partie du territoire de Commercy, à Lixheim, Metzgick et Sargaw ; mais nous n'avons point l'intention de nous en occuper.

---

[1] Il résultait d'un arrêt du 4 février 1768 que l'ancienne coutume de Verdun devait seule être suivie, à l'exclusion de la nouvelle.

Lorsqu'en Lorraine, on se trouvait en présence d'une difficulté juridique, l'on devait, pour la résoudre, recourir d'abord aux usages locaux, puis s'ils étaient muets, consulter la Coutume générale. Si cette dernière ne prévoyait pas la question litigieuse, le juge pouvait s'éclairer, soit par les dispositions des Coutumes voisines, soit par celle de Paris, soit par le droit romain, soit enfin par le droit germanique, selon le sujet qu'il s'agissait de traiter, en suivant dans tous les cas les principes de la justice et de l'équité naturelles. (Gorze : xvi, 71). (Epinal : xi, 17).

Il était pour nous d'une nécessité absolue, avant d'aborder notre sujet, d'indiquer ainsi en deux mots ces quelques règles d'interprétation, notre projet n'étant point d'étudier toutes les questions que pouvaient faire naître les théories que nous parcourrons, mais simplement d'attirer l'attention sur l'ensemble des grands principes admis par notre Coutume. Quant aux points sur lesquels nous ne nous serons pas expliqués, il sera facile d'y suppléer précisément au moyen de la méthode d'interprétation que nous avons rapportée.

PREMIÈRE PARTIE

DE L'ALLEU, DES FIEFS ET DES JUSTICES SEIGNEURIALES.

LIVRE PREMIER

DE L'ALLEU

Lorsqu'un propriétaire possédait un bien à titre héréditaire et à titre de propriétaire absolu, c'est-à-dire
pouvant en disposer à son bon plaisir et n'ayant aucune
redevance ni aucune charge à payer ou à exécuter
comme conséquence de la détention de cette chose, ce
fonds prenait le nom de franc-alleu, ou simplement
alleu.

L'alleu était donc la terre franche par excellence, seule
capable d'être l'objet d'une véritable propriété et de
donner à celui, qui en était titulaire, les attributs, que
les Romains avaient désignés par ces trois mots : *uti*,
frui, abuti. Toutes les autres formes de possession constituaient au contraire des démembrements de la propriété, puisque comme nous le verrons successivement
au cours de cette étude, les détenteurs de ces droits ne
réunissaient en leur personne qu'une partie des prérogatives du véritable propriétaire.

D'après cette notion, l'on serait tenté de croire que
les alleux devaient toujours avoir la même nature, et
qu'ils ne pouvaient être l'objet d'aucune classification.
Sans doute, si l'on s'en tient à ce point de vue, il est vrai

de dire que l'alleu est un et semblable à lui-même dans toutes les hypothèses où il se rencontre, mais si l'on veut considérer les qualités secondaires dont ces biens étaient revêtus, l'on se rendra compte des divisions que l'on admettait à leur sujet en Lorraine.

Les francs-alleux se divisaient d'abord en alleux « de nature ou d'origine » et en alleux « de concession. » Le président de Mahuet[1], qui nous rapporte ce premier groupement, nous apprend que les alleux de nature sont ceux qui ont toujours été possédés comme terre franche, tandis que les alleux de concession sont d'anciennes tenures féodales, fiefs ou censives, sur lesquelles le seigneur dominant a fait remise perpétuelle de ses droits éminents et de ses émoluments.

On distinguait ensuite les alleux-nobles et les alleux roturiers. (Vitry : 19.). (S. Mihiel : V, 20.).

Un franc-alleu est dit noble, lorsque sa détention donne à son propriétaire le privilège d'exiger l'accomplissement des devoirs féodaux ou d'exercer la justice ; en un mot lorsqu'il y a « fief ou justice mouvant de lui. » Au contraire l'alleu est roturier, quand son possesseur ne joint pas à la liberté complète de son domaine les prérogatives dont nous venons de parler.

La situation du propriétaire d'alleu était dans tous les cas très-avantageuse, les coutumes le dispensant des obligations féodales et des prestations censuelles, qui, on peut le dire sans exagération, pesaient sur la presque totalité des habitants dans notre ancien droit. D'un autre côté, il eut été néanmoins inadmissible, que ces personnes fussent absolument déchargées de tous im-

---

[1] De Mahuet : Commentaire sur la Coutume générale de Lorraine (manuscrit).

pôts, alors qu'elles profitaient comme l'ensemble de la population de la protection des ducs et des seigneurs. C'est ce que le législateur avait parfaitement compris, lorsqu'il assujétissait ces propriétaires d'alleux au service de la justice pour juger leurs pairs, au paiement des impôts présentant un caractère d'intérêt général, et enfin au logement temporaire des gens de guerre. (Lorraine ; V, 15,). (Evêché de Metz : VI, 9).

Cette même considération d'ordre public avait également fait sanctionner la règle en vertu de laquelle tous les alleux situés en Lorraine étaient soumis relativement à l'exercice des actions en justice, tant au pétitoire qu'au possessoire, aux dispositions de la coutume générale. (Lorraine : V, 14.) (Evêché de Metz : VI, 8.)

Les alleux, autrefois très nombreux au commencement de la période féodale, finirent par disparaître peu à peu dans le Nord de la France, par suite de leur transformation en fiefs de reprise (*infra*), et ce sont ces circonstances qui avaient donné naissance dans les pays de coutume à la maxime célèbre : « Nulle terre sans seigneur. » Dans les provinces de droit écrit au contraire, là où la féodalité s'était moins implantée, l'adage opposé était partout reconnu, à savoir que nul seigneur ne pouvait se prévaloir de droits féodaux sans montrer le titre qui l'en avait investi.

Devant cet antagonisme législatif, séparant en deux camps bien tranchés l'ancienne France, quelles avaient été les règles admises par les coutumes lorraines, c'est ce qu'il est intéressant de rechercher.

Ici comme sur beaucoup d'autres points, nos coutumes étaient loin de présenter des dispositions analogues. Celle de Bar reconnaissait en principe la présomption de l'allodialité et de la liberté des héritages jusqu'à preuve contraire ; en d'autres termes, elle s'était approprié l'adage : « Nul seigneur sans titre. »

Cette règle générale, contenue implicitement dans l'article 52 et reconnue officiellement par un arrêt de notoriété du baillage de cette ville, en date du 15 novembre 1629, exerça une influence prépondérante sur l'ensemble de cette coutume, et nous fournit dans un grand nombre de cas l'explication de ses dispositions (*infra*).

Les coutumes de Saint-Mihiel, de l'Evêché de Metz et de Vitry (16, 19 et 20.) avaient suivi la même voie, et constituaient, j'ai à peine besoin de le faire observer, une exception très remarquable au milieu des provinces coutumières.

Quant à la coutume générale en Lorraine, elle ne s'était point prononcée catégoriquement sur la question, mais de l'ensemble de ses dispositions, de son esprit et de l'avis de tous les commentateurs du xviiie siècle, c'était la maxime « Nulle terre sans seigneur » qui était adoptée en pratique. Sans vouloir rapporter en ce moment les paroles de Fabert[1], des présidents de Mahuet et de Bourcier[2]; je citerai simplement un passage de Marcol[3], où ce jurisconsulte nous montre comment le mot alleu ne correspondait plus à rien de réel, et n'aurait jamais dû être employé dans la coutume. Rencontrant ce terme d'alleu dans le texte, qu'il étudiait, Marcol prétend : « que les compilateurs de la coutume

[1] Abraham Fabert : Remarques sur la Coutume de Lorraine.

[2] De Mahuet : Commentaire. — De Bourcier : *idem.*

[3] Marcol : La coutume de Lorraine par demandes et réponses (manuscrit).

de Lorraine, pour favoriser les droits de l'ancienne chevalerie, ont dû emprunter cet embarras de nom à des
coutumes étrangères, lesquelles étant examinées à fond,
justifiaient par elles-mêmes que ce qui a passé pour
réel dans l'antiquité sous le nom de franc-alleu, n'est
aujourd'hui qu'une chimère. »

Cette doctrine, qui ne faisait plus de doute à l'époque
où ses lignes étaient écrites, n'avait cependant point
toujours été admise en Lorraine, car si nous en croyons
un ancien auteur, Canon [1], les terres étaient toujours
réputées franches jusqu'à preuve contraire.

Les alleux autrefois très-communs dans notre province, et nous n'en voulons pour preuve que les nombreux titres anciens, où il est fait mention de propriétés
de cette nature [2], disparurent très rapidement depuis le
règne du duc Léopold Ier. Cette révolution, qui inspirait
à Marcol la boutade que nous avons rapportée, avait
surtout été le résultat des ordonnances par lesquelles
ce prince et ses devanciers avaient exigé de tous les
possesseurs de terres la représentation et l'enregistrement de leurs titres de propriété. La conséquence d'une
telle mesure fut en effet de faire passer sous le domaine
éminent de la couronne tous les fonds dont la franchise
ne pouvait point être prouvée par des actes formels;
aussi parmi les alleux, qui se maintinrent jusqu'en 1766,
nous ne mentionnerons guère aux environs de Nancy
que la terre du Montet.

[1] Canon : Commentaire sur les Coutumes de Lorraine. 1633.
[2] Voir, à titre d'exemple, la donation faite en 1188, par Ulfa de
Diesme et Agnès sa femme, à l'abbaye de Beaupré, de l'alleu de Be-
zanges-la-Petite, — et les chartes de 1168 et 1293 confirmatives de la
donation à l'abbaye de Belchamp de l'alleu de Blainville.

On voit par là, que les ducs de Lorraine, en réduisant
volontairement le nombre des alleux au moyen de la
maxime «Nulle terre sans seigneur» établirent en même
temps, à leur profit, la théorie de la directe universelle
comme nous l'indique un auteur, dans son langage
imagé : «C'est du Prince, que procède tout ce qui est
dans l'enclos de sa souveraineté, et revient aussi à lui,
de même que, par les conduits naturels de la terre, les
eaux sortent de la mer et y retournent. Ainsi en Lorraine,
tous les fiefs procèdent primitivement de son Altesse et
en dépendent. »

Plusieurs de nos coutumes étaient complètement
muettes sur ce point ; dans ce cas, d'après l'opinion générale [1], elles devaient être interprêtées dans le sens de
la présomption de non-allodialité, comme cela avait
lieu en Lorraine.

[1] A. Ristón : Analyse des Coutumes sous le Parlement de Lorraine,
page 75.

LIVRE SECOND

DES FIEFS

—

CHAPITRE PREMIER

Nous venons de donner une idée tout à fait générale de l'état de la propriété absolue et de son développement en Lorraine ; nous passons maintenant à l'étude de ses démembrements, en commençant par le plus important de tous et par celui qui, pendant plusieurs siècles, fut le régime dominant : nous voulons parler des fiefs.

Toutes nos coutumes ont consacré à cette matière de nombreuses dispositions, et cela n'a rien qui doive nous surprendre, si nous nous reportons par la pensée aux temps pour les mœurs desquels elles ont été rédigées. A cette époque, c'est-à-dire à la fin du XVIᵉ siècle, le système féodal avait sans doute déjà perdu de son caractère primitif ; les droits et les devoirs des seigneurs et des vassaux avaient subi bien des modifications dont le progrès de la civilisation était la cause, mais il con-

servait encore dans la législation et dans la vie journalière une importance capitale, qui subsista jusqu'à la
veille même de la révolution de 1789, alors que notre
antique duché venait d'être absorbé dans la nation française.

Les différents commentateurs de nos coutumes nous
ont tous laissé une définition du fief ; nous en rappor-
terons deux.

Breyé[1] nous dit que le fief : « est une concession gra-
tuite, libre et perpétuelle d'un immeuble ou d'une chose
équivalente, avec la translation du domaine utile, la
propriété du domaine direct restant à celui qui fait la
concession, à charge de foi, d'hommage et de services
par celui qui les reçoit. » Le Paige, de son côté, dans ses
Annotations sur la coutume de Bar définit le fief : « un
droit donné en fonds et un bienfait accordé par le seigneur, à condition d'être perpétuellement avoué et reconnu pour tel, et de lui rendre par le vassal fidélité et
secours en guerre, ou autres devoirs. »

Les auteurs modernes sont tous d'accord aujourd'hui
pour trouver l'éthymologie du mot fief dans les deux termes germaniques : « fed-od », c'est-à-dire récompense ou
solde en terre ; autrefois au contraire, alors que les connaissances en linguistique étaient beaucoup moins
avancées l'on considérait le mot fief comme un dérivé
du mot latin « fides », croyance dans laquelle on était
pour ainsi dire confirmé par la notion même des devoirs réciproques du seigneur et du vassal : « Le mot
de fief prend son éthymologie de la foy, nous dit Canon,
car jaçois qu'en tous contrats la foy soit requise, elle

---

[1] Breyé : Traité du retrait féodal.

l'est plus spécialement et exubéramment du vassal envers son seigneur direct. »

On peut se rendre compte par les quelques idées qui
précèdent que l'on avait en Lorraine une véritable notion juridique du système féodal. La distinction du domaine direct retenu par le seigneur et du domaine utile
concédé au vassal était une théorie admise par les plus
anciens jurisconsultes dont les écrits nous sont parvenus.

Il en est de même de la question de l'origine de cette
institution, dont personne n'essayait de retrouver la
trace première dans la législation romaine, comme un
certain nombre d'auteurs le prétendaient en France,
mais bien dans la clientèle germanique et dans le système des récompenses foncières attribuées par les chefs
à leurs compagnons d'armes pour les encourager et se
les attacher.

Notre intention d'ailleurs n'étant point d'insister davantage sur ces notions générales, qui n'ont rien de
propre à notre province, nous passons immédiatement
à l'étude des modes d'acquisition des fiefs.

CHAPITRE II

DES MODES D'ACQUISITION DES FIEFS

En principe l'acquisition d'un fief se réalisait par l'accord réciproque de deux parties contractantes, relatant leurs conventions dans un *instrumentum* appelé : acte d'inféodation. C'était là le moyen le plus naturel, et l'on peut dire la source même de toutes les concessions féodales au moins au début de ce régime.

Le contrat d'inféodation était donc l'acte par lequel une personne capable transmettait à un tiers, susceptible d'en être investi, le domaine utile d'un bien dont elle retenait la seigneurie directe, à charge de certaines obligations spécialement déterminées, et librement consenties.

La convention était en un mot le principal mode d'acquérir un fief, mais il n'était point le seul. Un second se trouvait dans la dévolution héréditaire, soit légitime soit testamentaire. Si l'on conçoit, en effet, facilement que dans les premiers temps de l'organisation sociale que nous étudions, tous les fiefs durent leur établissement à l'accord spontané des parties, l'on comprend également que du jour où en droit ces concessions ori-

ginairement viagères, deviennent perpétuelles, une quantité d'hommes libres furent appelés à devenir titulaires
de ces biens à titre d'héritiers.

Enfin on pouvait devenir vassal d'un seigneur par la
prescription ordinaire. Il suffit pour cela de supposer
une personne, qui s'emparant sans aucun droit d'un
bien appartenant à un suzerain se comporte et agisse à
l'égard de ce dernier comme un véritable ténancier féodal,
en en remplissant les obligations et en jouissant des prérogatives attachées à ce titre. J'ajoute, sans m'y arrêter,
que cette prescription pour être utile devait satisfaire à
toutes les exigences imposées par les coutumes en cette
matière, principalement reposer sur la bonne foi (Lorraine : xviii, 1.) (Marsal : 78.) (Gorze : xiv, 4,) s'être prolongée pendant le délai imparti par la loi (30 ans en
Lorraine : xviii, 1 ; 21 ans à Epinal ; 30 ans à Bar sans
titre, et 10 à 20 ans avec titre : 189;) enfin avoir été continue, publique et à titre non précaire. Relativement à
ce dernier point, et de façon à faire cesser tout caractère
équivoque, le prescrivant pouvait adresser au seigneur
du fief une déclaration par laquelle il lui faisait connaître son intention formelle de se conduire désormais
comme son vassal.

Il faut d'ailleurs remarquer que cette prescription opé-
rant acquisition du domaine utile pouvait d'un autre
côté se réaliser quant au domaine éminent, lorsqu'un
seigneur s'était comporté comme tel à l'égard d'un propriétaire dont la terre jusqu'à ce moment était libre. Si,
sur la sommation adressée par le seigneur à ce possesseur
de lui prêter foi et hommage pour le fonds qu'il détenait,
ce dernier n'avait point résisté et s'était soumis à ces
exigences sans protester de ses droits, pendant la durée

de la prescription, son bien perdait alors la qualité d'alleu pour revêtir désormais celle de tenure féodale. La
prescription pouvait donc en notre matière opérer d'une
double façon suivant qu'elle avait pour objet la qualité
de seigneur, ou celle de vassal.

CHAPITRE III

DU CONTRAT D'INFÉODATION

Dans toute convention, l'on trouve d'abord une personne, qui en est à proprement parler l'auteur principal, c'est le concédant ; une autre qui accepte l'offre aux conditions imposées, c'est le concessionnaire ; enfin une chose qui sert d'objet et de base à l'obligation. Ces trois éléments font partie intégrante de l'acte d'inféodation, et formeront dans notre étude trois sections spéciales.

Section I.

De la capacité requise pour concéder un fief.

Dans la rigueur des principes, comme la concession d'un fief n'est en dernière analyse qu'un démembrement de la propriété pleine et entière, il est logique de conclure que le propriétraire seul à ce pouvoir. Aussi pendant de longues années cette maxime toute naturelle fut-elle la seule règle admise et celui qui ne possédait

point une terre en franc-alleu ne pouvait la concéder à
un autre titulaire par un nouvel acte d'inféodation. Lors
de la rédaction des coutumes, alors que le caractère
viager de la concession avait disparu depuis longtemps,
l'interdiction que nous venons de signaler subsista dans
certaines régions. C'est ainsi qu'à Bar (article 6), et à
Saint-Mihiel [1], nous verrons qu'un vassal ne pouvait
aliéner son fief qu'avec le consentement exprès de son
seigneur, seul maître de l'accorder ou de le refuser, ce
qui en fait enlevait au tenancier le libre pouvoir de céder son bien.

Dans plusieurs coutumes néanmoins, on abandonna
en pratique la distinction si juridique du domaine direct et du domaine utile, et l'on en arrive à ne plus
considérer le seigneur comme le propriétaire du bien
donné en fief, mais simplement comme le titulaire
d'un pur droit honorifique sur ce même fonds. Dès lors
peu importait au concédant primitif que la terre dont
il était le seigneur fut possédée par tel ou tel, pourvu
que le lien féodal de vassalité existât toujours à son
profit, ce qui fit admettre que le vassal pourrait sans
l'autorisation de son suzerain aliéner son fief d'une façon définitive. On alla même plus loin et sans s'arrêter
aux difficultés et aux complications que la nouvelle législation produirait, l'on admit que le vassal aurait la
possibilité de céder son fief, en stipulant que l'acquéreur se comporterait à son égard comme un véritable
sous-vassal, lui en rendrait les devoirs et s'acquitterait
des obligations ; c'était la naissance de la théorie des
arrière fiefs.

[1] Saint-Mihiel : III, 15.

La coutume générale de Lorraine sanctionnait cette possibilité en s'exprimant ainsi dans son titre V, article 12 : « Les fiefs se peuvent librement vendre, échanger ou autrement aliéner..... » Cette faculté illimitée était la consécration du pouvoir accordé au vassal de céder en fief en sous-ordre son propre fief, si d'ailleurs il remplissait les autres conditions imposées, et de devenir ainsi seigneur dominant vis-à-vis de son acquéreur, qui se trouvait lui-même être l'arrière-vassal du premier concédant.

Un troisième système, intermédiaire entre ceux de Saint-Mihiel et de Lorraine, avait trouvé placé dans la coutume de Vitry, qui n'admettait la possibilité de céder un fonds en arrière-fief, que pour doter les enfants du titulaire actuel, et à la condition qu'il restât encore assez de biens au vassal pour assurer le service du fief. (Vitry : III, 25). De plus cette donation devait toujours être faite expressément ou tacitement avec clause de retour, en cas de prédécès du fils doté, mort sans enfant. (Vitry : III, 26.)

La concession d'un fief étant une véritable aliénation, j'ai à peine besoin d'ajouter qu'à ce point de vue ; le concédant devait, pour réaliser une opération légale, être maître de ses droits et avoir la capacité générale d'aliéner ; ainsi ce droit ne pouvait-il être reconnu aux gens de mainmorte qu'autant qu'ils en avaient reçu l'autorisation royale[1]. (*Infra.*)

Outre toutes ces conditions, que nous appellerons le droit commun, ne fallait-il point chez le concédant une

---

[1] Voir les ordonnances du 25 septembre 1536 ; 9 janvier 1571 ; 13 avril 1576 ; 18 juillet 1595 ; 12 octobre 1577 ; 28 novembre 1595 ; 15 octobre 1599 ; 23 mai 1664.

autre qualité ; nous voulons parler de la noblesse ? Il est
certain que dans notre très ancien droit, alors que notre province était régie en cette matière par le « Miroir
de Souabe[1] », la qualité de noble était requise d'une
façon rigoureuse, et même si nous en croyons les historiens modernes il n'y avait que les nobles des classes
supérieures qui pussent inféoder leurs biens[2].

Combien dura en Lorraine l'empire de cette loi, nous
ne saurions le dire, mais nous croyons que tout en se
départissant de la rigueur primitive, c'est-à-dire de la
défense faite aux nobles de rang inférieur de donner
leurs domaines en fiefs, on maintint toujours la nécessité de la qualité de noble dans la personne du concédant. Cette exigence sans doute n'est point rapportée
« in terminis » dans nos coutumes, mais cette interprétation ressort tout à la fois et du caractère général du
système féodal et des dispositions particulières du droit
lorrain. Nous verrons en effet dans un instant que la
coutume de Lorraine n'avait jamais admis la validité
d'une concession de fief faite à un roturier ; or si l'on
avait voulu ainsi exiger chez le vassal la qualité de noble, à plus forte raison devait-on la requérir dans la
personne du concédant. Il suffit d'ailleurs de parcourir
nos coutumes pour remarquer que dans tous les cas le
concédant y est désigné par le terme de seigneur, ce
qui fortifie encore l'opinion que nous soutenons, et qui
ne semble pas devoir soulever de difficultés. (Lorraine :
exempli gratia V, 40).

---

[1] Ce point est hors de doute, d'après la récente découverte, faite à
Neufchâtel (Suisse), d'un manuscrit du Miroir de Souabe, traduit en vieux
français et portant la mention : Traduction pour les pays de Lorraine.

[2] Beaune : Droit contumier français.

De la capacité requise chez le concessionnaire d'un fief.

Nous savons déjà que le vassal était obligé envers son
seigneur, par l'acte d'inféodation, à des devoirs personnels et réels très étroits, dont l'exécution pouvait
entraîner pour lui les plus sérieuses conséquences.
L'existence de ces devoirs fournit l'explication des inca-
pacités spéciales empêchant certaines personnes de posséder des fiefs : « Beneficium datur propter officium ».
C'est ainsi qu'en Lorraine, et aussi longtemps que le
Miroir de Souabe et le *Liber feudorum* conservèrent leur
autorité, les femmes furent incapables de devenir titulaires de fiefs, à cause de l'impossibilité dans laquelle
elles se trouvaient d'en accomplir les charges et prin-
palement celle du service militaire.

La coutume de 1594 ne porte plus aucune trace de
cette prohibition, son article 9 titre V supposant expressément que des fiefs peuvent appartenir à des femmes.
Dans ce cas, c'était aux maris qu'incombait l'obligation d'exécuter les prestations féodales, et pour l'hypothèse où elles n'étaient point mariées, elles désignaient
un procureur pour les remplacer. *(Infra)*.

La coutume de Saint-Mihiel (III, 13), impose au vassal l'obligation formelle de servir son seigneur à la
guerre : cet article pourrait peut-être paraître constituer un dernier vestige de l'ancienne prohibition ; mais
en pratique l'on ne s'y arrêtait pas d'autant plus que
cette même coutume admettait les femmes à recueillir
les fiefs à titre de succession.

13

La législation suivit la même marche en ce qui concerne les mineurs. D'abord incapables d'après le vieux droit germanique, ils furent ensuite admis à recevoir le titre de vassal et à en faire remplir les charges par leurs tuteurs. (*Infra.* — Lorraine : V. 9.)

Une autre incapacité, qui persista, au moins au droit, jusqu'à la réunion de la Lorraine à la France, frappait les roturiers à qui la plupart de nos coutumes refusaient le privilège de posséder des fiefs à titre de vassal. La défense est formelle en Lorraine (V, 2[1]) à Bar (I, 6) ; à Chatel sur Moselle (III,1.) ; à Saint-Mihiel) (III, 3) ; à Vaudémont (X, 24), à Clermont en Argonne (III, 30,) enfin sous l'évêché de Metz (VI, 1), et l'on voit par tous ces textes que l'on n'avait jamais admis législativement les principes du droit français, en ce qui concernait la prérogative de franc-fief (article 258 de l'ordonnance de Blois de 1579.)

C'était là une prohibition très sévère, qui n'existait point dans le Livre des fiefs et dont Fabert nous indique le but en nous disant « que c'est l'intérêt du prince, que les fiefs soient en mains nobles, qui lui puissent rendre des services ».

Malgré cette interdiction abolue, comme il était impossible d'empêcher qu'un roturier n'en fût investi par la force même des choses, les coutumes avaient dû prendre des mesures énergiques, afin d'éviter qu'on ne tournât leurs dispositions. Je m'explique. Un roturier en effet pouvait devenir propriétaire d'un fief de deux manières bien différentes. Ou bien il l'avait lui-même acheté, et dans ce cas l'on conçoit que la vente dût être

---

[1] Voir également la déclaration du 18 mai 1731, article 6.

annulée ; c'est ce qu'indiquait expressément la coutume
de Châtel ; ou bien le fief était dévolu au roturier à titre
de succession et de donation. Dans cette circonstance ce
roturier ne pouvait être accusé d'avoir violé la loi inten-
tionnellement, mais comme d'un autre côté, il lui était
impossible de le conserver, la coutume de Lorraine lui
ordonnait de le remettre, dans un délai d'an et jour à
compter de la dévolution héréditaire, entre les mains de
gentilshommes ou d'anoblis, capables de les posséder
(V, 2. — Chatel : III, 2.), le tout à peine de confiscation.

Le texte ne nous donne pas d'autres explications à ce
sujet ; aussi que faut-il entendre par cette obligation particulière ? Comme on ne pouvait reprocher quoi que ce
soit à ce roturier, devenu possesseur d'un fief sans avoir
rien fait dans ce but, il eût été inique de lui confisquer
son bien dès le moment où il en avait été investi ; aussi
afin d'allier la loi et l'équité, la coutume lui laissait elle
un délai d'un an pour aliéner son fief à une personne
capable d'en être titulaire. Cette mutation nouvelle pouvait avoir lieu à titre onéreux de façon à ce que le bénéfice de la succession dévolue au roturier fût diminuée le
moins possible. (Evêché de Metz : VI, 1.)

De l'existence de cette incapacité naissait donc pour
ceux qui étaient en possession de fiefs une très forte
présomption de noblesse, à tel point que la coutume de
l'Evêché de Metz admettait qu'un roturier pouvait être
titulaire d'un fief, s'il acquérait la noblesse par prescription. (VI. 1.)

J'ajoute immédiatement que la prohibition absolue
frappant les roturiers n'était point reconnue par toutes les coutumes de notre province, et que notamment
celles de Verdun (I, 13) et de Vitry (III, 46) avaient suivi

l'exemple de la France et reconnaissaient aux roturiers, qui avaient obtenu « congé », le droit de posséder des fiefs.

Tel était l'ensemble de notre législation; mais si nous passons du domaine du droit strict à celui de la pratique, nous constaterons facilement que, même en Lorraine, on s'était beaucoup départi de la sévérité primitive à l'égard des roturiers, et que la défense que nous connaissons était journellement méconnue. Le premier moyen employé pour tourner la loi était de faire intervenir un acte d'inféodation déguisé sous un autre nom, et dont l'aspect extérieur s'écartait sensiblement des contrats ordinaires de constitution de fiefs, tandis qu'au fond il y avait similitude absolue. On avait recours par exemple à la forme du bail emphytéotique, ou même à un mode spécial d'acte, créé dans ce but, qui avait reçu des praticiens le nom de « contrat d'engagement » et que l'on renouvelait chaque année.

D'un autre côté, l'argent manquant, et les dépenses croissant toujours, les ducs, puis les seigneurs, comprirent bien vite qu'il y avait pour eux dans ces concessions de faveur une source assurée de revenus, qu'ils ne se firent pas faute d'exploiter à l'exemple des rois de France ; et l'on peut dès lors affirmer que le droit de franc-fief, dont le montant était du revenu d'une année chaque vingt ans, entra complètement dans les mœurs.

A Châtel-sur-Moselle, la coutume avait trouvé un moyen légal de tourner l'ancienne prescription en tolérant les fiefs possédés par des roturiers qui avaient obtenu le bénéfice de l'amortissement.

Il nous reste au sujet de cette question à présenter deux observations de détail. D'abord le vassal devait avoir la qualité de noble par lui-même ; c'est ainsi qu'un ecclésiastique n'aurait pu être reconnu légitimement comme possesseur d'un fief, s'il n'avait joint à son titre celui de noble, malgré l'assimilation presque complète, au point de vue des privilèges, du clergé et de la noblesse. En second lieu, les mésalliances, qui en général entraînaient la perte de la noblesse, étaient traitées d'une façon beaucoup moins rigoureuse par la coutume de Saint-Mihiel en matière féodale. Elle admettait en effet que la femme noble mariée à un roturier pouvait continuer à posséder et acquérir des fiefs durant son mariage, pourvu qu'ils lui *advinsent* à titre lucratif. (Saint-Mihiel : I, 6.) Enfin à ce sujet il faut remarquer qu'en Lorraine les bâtards de nobles pouvaient également être vassaux, puisqu'ils suivaient le sort des anoblis, à condition toutefois, nous dit un ancien auteur : « de barrer leurs surnoms en leurs signatures, et de porter les armes de leurs dits pères barrées de barres transversantes entièrement l'écusson de gauche à droite, sans qu'il leur soit permis, ni à leurs descendants, de les ôter. »

Parmi les Coutumes qui permettaient d'une façon absolue aux roturiers de posséder des fiefs, il faut encore mentionner celle de la ville de Metz, qui, il est vrai, n'a jamais reçu d'application en Lorraine, mais dont la disposition présente une anomalie singulière, lorsqu'on se rappelle, comme nous l'avons vu, qu'au contraire la coutume de l'Évêché de Metz avait suivi la décision de celle de Lorraine et en conséquence ne reconnaissait jamais ce privilège aux roturiers. Comment expliquer une telle différence de législation dans une même ville ? Dilange, qui s'était déjà aperçu de cette bizarrerie, en a fourni deux explications, que nous croyons devoir rapporter ici[1].

« La première raison, dit-il, est que la ville de Metz, étant autrefois ville libre et impériale, se gouvernait elle-même par des magistrats élus par le peuple, et qui jugeaient sans appel dans tous les cas indépendamment de la chambre impériale de Spire : au lieu que le temporel de l'Évêché de Metz était un État de l'Empire possédé par les évêques avec les droits régaliens, à la différence qu'il y avait appel de leur baillage de Vic à cette chambre impériale dans les matières civiles. Il était donc naturel que dans la première formation de la coutume de Metz, on conservât les anciens privilèges des citoyens, et que lors de celle de l'Évêché de Metz, on s'attachât aux droits de l'Évêque, dont l'intérêt était de n'avoir que des vassaux nobles, à cause du service qu'il pouvait en tirer dans la guerre qu'il avait pour lors le droit de déclarer et de soutenir. »

La seconde (qui, pour être moins savante, nous paraît cependant plus exacte) est que ce « temporel ayant été possédé par plusieurs évêques de la maison de Lorraine, leurs officiers qui ont concouru à l'établissement de la coutume de l'Évêché de Metz étaient pour la plupart lorrains et imbus des usages de leur province ; aussi l'article 2, titre V de la Coutume de Lorraine, rendant les roturiers incapables de fiefs, il ne faut pas s'étonner que la même exclusion ait été insérée dans celle de l'Evêché, où d'ailleurs nous trouvons tant d'articles qui sont copiés mot pour mot de la coutume de Lorraine. »

[1] Dilange : Commentaire sur la Coutume de l'Evêché de Metz.

Si nous étudions la législation, qui suivit l'annexion définitive de la Lorraine à la France, nous constaterons que l'incapacité des roturiers disparut complètement de notre droit par la disposition des lettres-patentes du 1er juin 1771, en vertu desquelles le droit de franc-fief fut reconnu légalement dans notre province; c'était l'extension de l'ordonnance de Blois. Une réglementation détaillée se trouve dans un arrêt du Conseil des finances du 13 septembre 1772, qui, entre autres choses, ordonne d'adjuger la ferme de ce nouveau revenu, et décide que les réclamations en décharge ou en modération devront être faites dans le mois du jour de la signification de la contrainte.

Une dernière incapacité, qui, elle subsista toujours, a trait aux gens de mainmorte : gens d'Eglise, communautés, prieurés, hopitaux ou autres établissements religieux ou laïques[1]. On peut dire d'une façon générale, et sous les restrictions que nous allons étudier, que les gens de mainmorte ne pouvaient être possesseurs de fiefs. Toutes les coutumes se sont préoccupées de cette question, et nous pouvons, avec les anciens commentateurs, ramener la cause de cette prohibition à trois motifs principaux.

Et d'abord ces personnes étant des abstractions ne pouvaient en conséquence exécuter vis-à-vis de leurs seigneurs les obligations ordinaires incombant à tout vassal ; l'on conçoit dès lors qu'à l'époque où les char-

---

[1] C'est ainsi qu'à côté des lettres d'amortissement accordées à des ordres religieux, nous pouvons constater la même procédure pratiquée à l'égard de personnes morales laïques, ainsi pour des communes. Voir, par exemple, les lettres du 1er octobre 1744, par lesquelles Stanislas accorde le privilège de l'amortissement à la commune de Battigny, pour les biens achetés sur M. de Laneau.

ges des fiefs étaient encore un but de leurs concessions, cette impossibilité physique devait être considérée comme un obstacle capital. Cet état dec hoses dura peu, et comme nous l'avons vu la Coutume admettant la substitution d'un procureur au vassal lui-même, pour l'accomplissement des devoirs féodaux, les gens de mainmorte eussent pu se prévaloir de cette faculté, si d'autres motifs n'avaient empêché leur vocation.

On avait voulu, en effet, en établissant cette défense, éviter un péril dont l'Etat pouvait toujours être menacé ; nous voulons parler de la trop grande concentration des biens dans le patrimoine de ces personnes morales, qui acquérant toujours et n'aliénant jamais auraient pu sans cela devenir maîtres de la presque totalité des fiefs de la province, et obtenir par là une influence qui n'aurait pu que faire échec aux volontés des Ducs[1].

Enfin nous verrons plus loin que, dans certaines coutumes, l'une des prérogatives du seigneur consistait dans un droit fiscal exigible à chaque mutation du fief, et qui était considéré comme l'équivalent de l'autorisation de la vente accordée par le suzerain. D'ailleurs, même dans les coutumes qui n'admettaient pas cet impôt, nous savons que les parties contractantes pouvaient s'entendre pour faire figurer dans l'acte d'in-

---

[1] Les richesses des gens de mainmorte étaient considérables en Lorraine. Dans les remontrances que la Chambre des Comptes de Nancy présenta au roi le 21 janvier 1759, elle évalua les biens des anciennes fondations, abbayes et monastères établis dans les deux duchés avant 1550 à 17,000,000 de livres ; les biens acquis de

1550 à 1700 à 1,293,629 livres.
1700 à 1737 à 6,231,782. —
1737 à 1759 à 3,542,447. —

En tout à 28,068,018 livres.

féodation des conditions particulières, dont la plus ha-
bituelle était précisément l'obligation de payer un droit
de relief. Si donc l'on avait admis « de plano » la capacité complète des gens de mainmorte, c'eût été par là
même anéantir cette source de revenus pour le suzerain.

La réunion de ces considérations qui ne sont pas les
seules empêcha toujours le législateur d'accorder une
capacité entière à ces personnes civiles.

L'incapacité, dont elles étaient frappées, n'était point
d'ailleurs absolue, et pouvait disparaître par l'accomplissement de certaines formalités qu'il nous reste à
examiner, et qui sont toutes renfermées dans cette
maxime : que les gens de mainmorte doivent obtenir l'a-
mortissement pour pouvoir conserver les fiefs qui leur
sont parvenus.

Canon, dans son Commentaire, nous donne l'explication de ce terme et de son origine : « Le mot d'amortissement vient de gens de mainmorte, parce qu'en eux,
on ne trouve aucune défaillance, soit par mort, succession, donation, aliénation ou autres changements,
et qu'ils ne peuvent confisquer. Cela se fait par subrogation successive et sans apparence de diversité de ceux
qui entrent, naissent et succèdent au lieu de ceux qui
décèdent. Plusieurs étant morts en un régiment, et les
autres étant substitués en leur place, et ne laisse d'être
le même régiment, et le même peuple est réputé en une
ville que celui qui était cent ans auparavant, encore
bien qu'il n'y reste aucun de ce temps. »

Dès avant la rédaction des coutumes, le législateur
lorrain s'était préoccupé de cette question et l'ordonnance du 25 septembre 1536, bientôt suivie de celle du

25 septembre 1573, proclamait l'impossibilité générale pour les gens d'Eglise de posséder des biens sans en avoir obtenu l'amortissement préalable.

L'amortissement était donc l'acte par lequel le Duc de Lorraine accordait à des gens de mainmorte la permission de posséder un fief au même titre que tous les autres sujets. Cette autorisation, revêtant un caractère d'ordre public, était considérée comme un attribut du pouvoir royal, et ne pouvait émaner que des ducs de Lorraine (Bar [1] : 13) moyennant la promesse expresse du payement d'un droit spécial dont le taux était ordinairement fixé au tiers de la valeur du bien amorti, quoique la détermination pût en être modifiée par les commissaires royaux dans chaque cas particulier.

L'amortissement n'était pas pour les gens de mainmorte un droit acquis, mais constituait pour eux une véritable faveur, que le prince pouvait refuser d'octroyer à son bon plaisir, sans jamais donner de motifs de sa décision, qui était irrévocable et sans appel. Le président de Bourcier, dans ses notes manuscrites, fait remarquer que si en général le Duc était le maître de sa décision, il y avait toutefois un cas, où l'amortissement ne devait pas être accordé *de plano* ; c'est lorsqu'il s'agissait d'un arrière-fief. Dans cette circonstance ce droit ne pouvait être concédé qu'autant que le seigneur dominant avait été indemnisé pour la transformation que son fonds allait subir.

Nous arrivons ainsi à l'époque de la rédaction des Coutumes, qui maintinrent le principe d'incapacité,

---

[1] Au point de vue historique, l'on a tiré de cet article un argument très puissant pour prouver que les ducs de Bar avaient conservé l'exercice des droits régaliens sur le Barrois mouvant.

mais édictèrent différentes sanctions pour l'inobserva-
tion de leurs dispositions. La coutume générale de Lorraine portait dans son article 3, titre V, que les gens
de mainmorte acquérant des fiefs seraient obligés d'en
demander l'amortissement dans l'an et jour de leur mise
en possession. Ce privilège, une fois accordé et payé,
avait pour conséquence immédiate de décharger à
jamais ceux qui l'avaient obtenu du service du fief, ce
qui faisait de l'amortissement un équivalent des prestations féodales.

Si, pour une raison quelconque, ces personnes n'ont
pas demandé l'amortissement, ou si elles se le sont vu
refuser, elles restent chargées des obligations imposées
par l'acte d'inféodation, et cela à perpétuité. Comme ces
communautés ne pouvaient pas en définitive s'en acquitter physiquement, elles devaient faire la désignation
de ce que les anciens jurisconsultes appelaient « un
homme vivant, mourant et confisquant » ; c'est-à-dire
d'un représentant, qui aux yeux du seigneur, serait le
vassal réel, qui en remplirait les devoirs et subirait les
conséquences de leur inexécution. (Lorraine : V, 3.)
(Arrêt de la Cour souveraine du 17 janvier 1718). J'ajoute
que cet homme, choisi par chaque collectivité, devait
appartenir dans tous les cas au clergé séculier, même
lorsque la personne morale bénéficiaire était uniquement composée de religieux réguliers [1].

Telles étaient les dispositions de la coutume générale

---

[1] L'incapacité dont nous nous occupons en ce moment était générale en ce sens qu'elle s'appliquait à tous les gens de mainmorte sans exception ; néanmoins, je mentionnerai à titre de curiosité un manuscrit
où nous lisons que les religieux des Vosges en étaient exemptés. Malgré toutes nos recherches, il nous a été impossible de vérifier cette al-
légation que nous considérons comme fausse jusqu'à preuve contraire.

de Lorraine, et à ce sujet de Mahuet fait remarquer avec
beaucoup de justesse combien la sanction de la règle
était peu sévère, puisque malgré le refus de l'amortissement, les sollicitants pouvaient rester en possession en
subissant tout simplement les charges du fief. Le législateur, pour obtenir un résultat pratique, aurait dû recourir àune peine véritable, par exemple prononcer la
commise contre les contrevenants.

Malgré toutes les précautions prises, il arrivait fréquemment, paraît-il, que des gens de mainmorte conservaient des fiefs sans en demander l'amortissement;
aussi voyons-nous très souvent le législateur rappeler
ce devoir aux communautés, et afin de mieux s'assurer
de la régularité et de la légitimité des titres des titulaires, ordonner à toutes les personnes morales d'avoir
à faire enregistrer à nouveau leurs lettres d'amortissement (Ordonnances royales de septembre 1759, 26 mai
1774 et 12 juin 1778). Tel fut par exemple le but de
l'édit du 10 janvier 1700, prescrivant en outre que toutes
les autorisations précédemment accordées seraient révo-
quées, lorsque le droit fiscal perçu n'aurait point été
suffisamment élevé. Ce dernier point fut confirmé par
un autre édit du 7 juillet 1711, et il est superflu d'insister sur le caractère tout à fait exceptionnel d'une semblable disposition.

Les permissions de posséder des fiefs devaient être
très facilement octroyées, si nous en croyons l'édit de
septembre 1759, où le législateur se plaint de ce fait et
montre les inconvénients d'une trop grande concentration des biens de mainmorte. C'est pourquoi l'ordonnance
décide qu'à l'avenir l'amortissement ne sera plus accordé
qu'en cas d'utilité publique et avec la permission ex-

presse du roi ; de plus il est désormais défendu aux gens d'Église de recevoir des fiefs à titre de succession testamentaire. La seule voie autorisée est le contrat de donation, qui exceptionnellement en cette matière pouvait eêtr attaqué par tous les intéressés du vivant même du donateur. Quant au passé, l'édit annulait purement et simplement tous les actes d'acquisition postérieurs à 1636, qui n'auraient point été revêtus de la sanction royale. Les fraudes à ces règles étaient punies d'une amende de 3,000 livres, et afin que le contrôle pût s'exercer plus sûrement, une ordonnance du 15 juin 1764 obligeait les notaires à présenter tous les actes intéressant les gens de mainmorte. Ces formalités étaient exigées d'une façon générale pour tous les biens de ces personnes, à l'exception seulement des immeubles servant aux besoins de l'État, comme ceux disposés pour le logement des troupes. (Arrêt du conseil des finances du 24 mars 1776.)

. Une dernière remarque importante au sujet de notre législation lorraine, c'est que la prescription du droit d'amortissement, qui anciennement était possible et se réalisait par un délai de trente ans, devint tout-à-fait illusoire depuis l'ordonnance de 1700 et l'édit de 1759, puisqu'à chaque instant l'autorité royale pouvait réclamer cet impôt aux gens de mainmorte, qui n'osaient jamais invoquer la prescription libératoire, de peur d'être immédiatement frappés de la confiscation du fief lui-même.

Les autres coutumes proclamaient toutes le même principe d'incapacité contre les communautés et autres personnes civiles. (S.-Mihiel : III, 7. — Bar : 10. — Verdun : I, 16. — Vitry : 4. — Clermont : III, article unique, au paragraphe des Baronnies. — Chastel : III, 4. — Vaudémont :X, 21 et 22.).

A Bar, lorsque l'amortissement n'avait point été sollicité ou obtenu, la coutume prononçait pour les gens de mainmorte l'obligation de remettre le fief à des personnes capables de le posséder, le tout à peine de confiscation. Si l'autorisation avait été accordée, mais que l'impôt n'ait point été payé dans l'année, le seigneur pouvait alors s'emparer du fief et faire les fruits siens. (10.).

L'article 11 de la même coutume apportait toutefois un tempérament aux rigueurs de l'article précédent en faveur des communautés n'ayant point obtenu l'amortissement dans l'an et jour, en décidant qu'après la saisie opérée par la justice du seigneur, ce dernier devrait faire commandement aux gens d'Eglise d'avoir à mettre « les dits fiefs hors de leurs mains » dans un nouveau délai de dix-huit mois, sauf confiscation définitive à son profit. Nous voyons par là que la réunion du fief au domaine éminent ne s'opérait point de plein droit, mais qu'il fallait une comparution ou au moins une interpellation en justice, à la suite de laquelle intervenait l'arrêt de commise. Lorsque le seigneur était négligent et n'assignait pas les communautés dans le délai précité, la coutume le punissait de son incurie, en lui enlevant la faculté de réunir le fief à son domaine et en ne lui permettant que de réclamer une juste indemnité fixée au sixième du prix de la vente, et la prestation d'un homme vivant, mourant et confisquant. Cette disposition sévère n'était du reste que l'application à cette hypothèse de la maxime générale renfermée dans l'article 22 de la même coutume : « quand le vassal dort,

le seigneur veille, et quand le seigneur dort, le vassal
veille ». (Bar : 22.)

On s'était demandé en pratique à qui devait rester la
charge de l'amortissement? La difficulté n'existait pas
lorsque le fief avait été acquis directement et à titre
onéreux par des gens de mainmorte ; dans ce cas le
doute n'était point possible, et c'est à eux qu'incombait
l'obligation de supporter définitivement cet impôt. La
question au contraire était beaucoup plus délicate, lorsqu'il s'agissait d'une acquisition faite à titre gratuit. Si
c'était par donation, les parties n'avaient qu'à s'entendre à ce sujet, et en cas de silence de leur part, la charge
devait grever le donataire ; mais s'il s'agissait d'un testament instituant une personne morale, la solution variait suivant plusieurs jurisconsultes lorrains. L'embarras provenait du fait que l'acte en question ne produisant les effets qu'après la mort du disposant, il était impossible de connaître sa volonté à cet égard, s'il n'avait
eu le soin de s'en expliquer. Dans cette circonstance, le
droit fiscal devait-il être soldé par les gens d'Eglise ou
par les héritiers légitimes ?

L'opinion généralement admise consistait à imposer
cette charge aux héritiers naturels et, comme motif de
cette décision, on s'appuyait avec une grande force sur
la volonté présumée du défunt, qui voulant faire passer
un fief entre les mains d'un bénéficiaire, n'eût sans
doute pas consenti à ne le lui donner que grevé de l'amortissement. La difficulté s'était souvent présentée devant
les tribunaux, qui toujours s'étaient ralliés à l'idée que
nous venons d'indiquer. (Voir notamment un arrêt de
la Cour Souveraine de Nancy du 2 juillet 1575.) A ce sujet nous mentionnerons que toutes les affaires concer-

nant le droit d'amortissement étaient de la compétence exclusive du Parlement de Nancy, et se plaidaient en la Grand'Chambre, en première et en dernière instance.

Section III

Des choses qui peuvent faire l'objet d'une inféodation.

Au début de la féodalité, il est certain que la terre seule pouvait être l'objet d'un contrat d'inféodation, et que les fiefs ne consistaient jamais qu'en immeubles.

Les coutumes lorraines sont complètement muettes sur ce point quoique faisant toujours allusion à des immeubles, lorsqu'elles nous donnent les règles concernant cette matière. Il ne faut pas néanmoins s'arrêter à ces apparences, mais au contraire proclamer avec Fabert que toute chose peut constituer l'objet d'une inféodation, meubles et immeubles. Une des applications les plus remarquables de ce principe, et qui ne manqua pas de susciter parfois de graves difficultés se trouve dans la possibilité de constituer des dîmes en fief au profit de simples laïques. Les commentateurs[1] ont fait observer à ce propos, que la disposition du concile de Latran, tenu sous le pape Alexandre III, n'était point reconnue comme loi en Lorraine, et qu'en conséquence il n'y avait aucune restriction à apporter de ce chef au droit commun.

[1] Fabert : Remarques sur la Coutume de Lorraine.
A. Riston : Analyse des Coutumes.
Thibault : Histoire des lois et usages de la Lorraine en matières bénéficiales.

Ces dîmes inféodées furent très nombreuses dans
toute la province, et parmi les plus anciennes concessions féodales, je rappellerai spécialement celles qui
avaient pour objet les dîmes appartenant aux abbayes
de Moyenmoutier et de Senones et au chapitre de Saint-
Dié[1].

[1] Les dîmes dont la création remonte au second concile de Mâcon,
en 585, exigées en France depuis les édits de 780, 794 et 829, ne furent imposées en Lorraine que par ordonnance du 20 juin 1563 à tous
les possesseurs de terres soumises à cet impôt particulier, sous peine
d'amende arbitraire. Cette matière fut ensuite réglementée en détail par
les ordonnances ou déclarations du 27 juin 1567, 14 juillet 1572 ;
24 juillet 1599 ; 7 mai 1602 ; 17 avril 1604 ; 22 avril 1728 ; 26 mars
1732... etc.

CHAPITRE IV

Notre intention n'est point de rapporter ici toutes les divisions reconnues en France ; nous nous contenterons simplement de signaler les essais de classification renfermés implicitement dans nos coutumes, ou dans les écrits des annotateurs.

1° Les fiefs se divisent d'abord en fiefs proprement dits, ou pleins-fiefs, ou fiefs de haut-bart, et en arrière-fiefs. (Bar : 6 et 24.) Nous avons vu plus haut l'intérêt que présentait cette distinction, et la différence qui existait à ce point de vue entre la coutume de Lorraine et celle de Saint-Mihiel : nous n'y reviendrons pas.

2° On distingue ensuite les fiefs en fiefs ordinaires, c'est-à-dire ceux qui ont fait l'objet d'une inféodation ordinaire, et qui n'ont jamais été en possession des vassaux qu'à ce seul titre, et les fiefs de reprise, que les propriétaires primitifs tenaient à titre d'alleux et qu'ils avaient abandonnés à un seigneur puissant pour les reprendre à titre de fiefs. Le but poursuivi par cette conbinaison n'était autre que le désir de s'assurer la protection d'un seigneur puissant dont on devenait vassal,

bienfait très précieux à une époque où la guerre ne
cessait de ravager le pays.

3° Les fiefs sont ou patrimoniaux, ou « individus. »
Un fief est « patrimonial, » nous apprend Dilange, « lorsque le titulaire peut le vendre, l'engager, le donner,
l'hypothéquer, et autrement aliéner, ainsi que ses autres biens ordinaires ; les femelles ainsi que les mâles
en héritent également, et sans qu'il y ait la moindre prérogative pour ceux-ci. »

Les fiefs « individus » ou masculins sont au contraire ceux qui ne peuvent jamais appartenir qu'au fils
aîné de la famille, qui en porte le nom et le titre. Les
autres frères se partagent le surplus des biens avec le
frère aîné, et s'il n'en reste plus, l'aîné leur cède en
arrière-fief et, à charge de retour, une part contingente
de la succession à lui dévolue. (Bar : I, 2.)

L'intérêt de cette division est capital au point de
vue de la dévolution héréditaire des fiefs, puisque le droit
de mascunilité et le droit d'aînesse existent relativement
aux fiefs individus. A titre d'exemples, nous indiquerons
que les fiefs sont en principe patrimoniaux en Lorraine
(V, 1), à Vaudémont (II, 1), à Verdun (I, 9), dans l'Évêché
de Metz pour ceux situés sur la rive gauche de la Sarre
(VI, 6), tandis que ceux de la rive droite sont masculins, ainsi que ceux régis par les coutumes de Vitry (53)
et de Bassigny (35.)

4° Une classification qui se rapproche beaucoup de
la précédente au moins d'un certain côté est celle des
fiefs de dignité et des fiefs ordinaires (*hoc sensu*.)

Un fief est dit de dignité, lorsqu'au fonds, qui en fait
l'objet, est attaché au profit du titulaire un titre de noblesse, comme celui de marquis, comte, baron.... etc.

(Bar : I, 2.) Ces fiefs, qui ne jouissent pas de ces privilèges rentrent dans la seconde catégorie.

L'importance de cette division se manifeste principalement au point de vue successoral, car les fiefs de dignité sont toujours individus, même dans les coutumes, où d'une façon générale les fiefs sont patrimoniaux, ainsi en Lorraine ; telle était du moins l'opinion admise en pratique [1]. On voit par cette notion que si cette classification avait un point commun avec la précédente, puisque les fiefs de dignité sont tous « individus », elle s'en distinguait toutefois parce que le réciproque n'eût point été exacte, les fiefs « individus » ne constituant pas tous des fiefs de dignité.

5° Les fiefs sont laïques ou ecclésiastiques et dans ce cas sujets à l'amortissement (*Supra*).

6° Ils sont corporels ou incorporels. Lorsqu'il fut admis en effet que tout pouvait être l'objet d'un contrat d'inféodation, on en arriva à constituer en fief des choses incorporelles, des droits comme celui de percevoir telles dîmes, celui d'être investi de tel ou tel office. Ces dernières concessions étaient de véritables fiefs incorporels, ou fiefs en l'air [2].

7° On divisait encore les fiefs en fiefs liges, c'est à-dire ceux dont les titulaires étaient obligés à l'hommage-lige, et en fiefs ordinaires, pour lesquels on n'était tenu qu'à l'hommage simple (*Infra*).

8° Les uns sont fiefs de danger, ce sont ceux dont le vassal ne peut prendre possession sans l'autorisation préalable du seigneur, à peine de confiscation ; les autres sont fiefs ordinaires et n'exposent pas leurs tenan-

---

[1] Notes manuscrites du Président-de Bourcier.
[2] *Idem.*

ciers aux mêmes rigueurs. Les premiers, qui à l'époque de la rédaction des coutumes, étaient les moins fré- quents, et qui n'existaient qu'à Bar et à Saint-Mihiel, avaient conservé le caractère rigoureux de la période féodale primitive, tandis que cette notion avait disparu partout ailleurs (Lorraine). (*Infra*).

9° Breyé [1] mentionne une classification en fiefs an- ciens et nouveaux. Les fiefs anciens sont ceux qui sont dans une famille depuis plusieurs générations, et qui ont fait en conséquence l'objet de plusieurs transmis- sions successives. Les fiefs nouveaux sont au contraire ceux qui sont entrés dans le patrimoine d'un vassal durant sa vie à un autre titre qu'à titre héréditaire. L'intérêt de cette distinction peut être considéré comme purement historique, puisqu'au point de vue pratique, il n'apparaissait qu'à une époque très reculée de notre législation, alors qu'il n'était permis à un vassal d'alié- ner un fief ancien qu'avec l'autorisation de ses parents (*Infra*).

10° Les fiefs enfin sont ou fiefs de juridiction, lorsque les titulaires sont en même temps investis des droits de haute, moyenne ou basse justice ; ou fiefs ordi- naires, quand ils ne jouissent pas de ces prérogatives. La haute justice donnant des avantages très-considéra- bles au seigneur qui la possédait, cette dernière divi- sion présentait un intérêt matériel des plus impor- tants.

[1] Breyé : Traité du retrait féodal.

CHAPITRE V

DES OBLIGATIONS DU VASSAL

Section Ire.

Notion et caractère des charges féodales.

Lorsqu'il intervenait entre deux personnes un contrat d'inféodation, le seigneur concédant abandonnait à celui qui allait devenir son vassal le domaine utile d'un fonds, dont il ne se conservait que le domaine éminent. Tous les avantages matériels en un mot passaient dans le patrimoine du concessionnaire, qui y trouvait une source de bénéfices et de revenus. Pour rétablir l'égalité, sinon en fait du moins en droit, le vassal devait par une juste réciprocité contribuer en proportion de ce qu'il avait reçu à la fortune et à la la considération du seigneur ; aussi était-il tenu de certaines obligations, dont l'inexécution entraînait pour lui les conséquences les plus rigoureuses.

Un mot d'abord sur le caractère de ces devoirs. Aujourd'hui lorsqu'un propriétaire consent une location au profit d'un tiers, il ne le fait que moyennant la promesse d'une allocation matérielle, pécuniaire ou en nature, qui d'après lui représente approximativement la valeur

du service rendu. On se tromperait singulièrement,
si l'on voulait transporter cette théorie en notre matière; ici la considération d'une équivalence pécuniaire
n'entrait pour rien dans la formation du contrat, et la
preuve s'en trouve dans l'origine historique des fiefs,
qui au moment de leur création avaient le caractère de
concessions gratuites, de bénéfices. Néanmoins, ce caractère primitif n'entraînait pas l'absence complète de
devoirs à rendre par le vassal à son seigneur; loin de
là, ces obligations existaient même avec une grande
rigueur contre le titulaire du fief. Ces charges consistaient
essentiellement dans des obligations morales ou honorifiques, par l'accomplissement desquelles le vassal reconnaissait publiquement la concession bénévole que le
seigneur lui avait faite et s'engageait à lui prêter secours,
assistance et fidélité dans toutes les circonstances où
il pourrait en avoir besoin.

Les engagements pécuniaires qui, dans quelques
Coutumes, pouvaient se rencontrer à titre secondaire,
n'entraient généralement pas en ligne de compte lorsqu'il s'agissait de la concession d'un fief en Lorraine ;
aussi Fabert a t-il pu dire « que les fiefs de notre province n'étant chargés que de service honnête sont vrai-
ment fiefs et plus purs et simples fiefs, que ne sont ceux
de France, où il y a quint, requint, relief.... etc. » En
résumé donc, le lien qui unissait le titulaire d'un fief et
le concédant était essentiellement moral.

L'inféodation, comme nous l'avons précédemment
constaté, pouvait résulter de plusieurs actes juridiques,
dont le plus fréquent était la convention directe entre
les parties contractantes. Dans ce cas, le seigneur et le
vassal jouissaient de la plus entière liberté, personne ne

les obligeant à s'engager réciproquement, personne ne pouvait les empêcher de régler selon leur bon plaisir les conditions particulières de leur contrat. Aussi lorsqu'il s'élevait quelque difficulté sur la façon dont les devoirs imposés étaient exécutés, l'on n'avait qu'à recourir au titre de concession qui, pour chaque cas particulier, était la loi à appliquer.

Il faut cependant apporter une restriction à cette entière liberté des parties, nous voulons parler de la nécessité absolue de retrouver certains traits essentiels dans chaque acte d'inféodation. En effet, on ne devait pas voir une véritable concession féodale dans tout contrat qui en aurait simplement porté le titre, et par le fait seul de son intitulé. Ce à quoi il était urgent de s'attacher, c'était au sens fondamental de la convention, qui pour être un acte d'inféodation devait renfermer certains caractères juridiques nettement déterminés. J'ajoute d'ailleurs aussitôt que ces caractères étaient en nombre très restreint, et que tous même pouvaient se ramener à un seul élément essentiel : le devoir de fidélité, sur lequel nous insisterons dans un instant.

Il arrivait souvent en pratique, que le titre de concession remontait à une telle ancienneté, qu'il n'était plus connu, et qu'on en ignorait les clauses. Dans ce cas, le remède était assez facile, car en fait les vassaux avaient été néanmoins obligés d'exécuter certaines prestations envers leurs seigneurs, et du renouvellement tacitement accepté de part et d'autre, était résulté un usage, qui fondé sur la jouissance immémoriale était devenu une sorte de titre nouveau et supplétif de l'acte primordial.

Dans d'autres circonstances, et pour des motifs accidentels, le contrat primitif pouvait avoir été perdu, ou

être complétement muet sur les obligations imposées au
vassal ; dans ces hypothèses, on sent combien grand
eût été l'embarras des juges, si le législateur ne s'était
point occupé de cette question d'une façon spéciale.
Telle est l'utilité du titre V de la coutume de Lorraine,
dont le but est de suppléer aux dispositions que ne con-
tiendra pas l'acte d'inféodation. Aussi arrivait-il très
souvent que les parties contractantes ne se donnaient
point la peine de relater les conditions de leurs arran-
gements dans un acte spécial, mais s'en rapportaient
aux prescriptions de la coutume qu'elles adoptaient
acitement et qu'elles s'appropriaient. Quelquefois, cependant, tout en s'en référant à l'usage légal, les parties
pouvaient modifier telle règle particulière, ou ajouter
de nouvelles charges au profit du seigneur concédant, ce qui avait lieu surtout lorsqu'un suzerain exigeait de son vassal des prestations pécuniaires, principalement dans le baillage de Saint-Mihiel ; mais dans
tous les cas, ces charges étaient toujours très minimes.

Une dernière remarque nous reste à présenter avant
de nous occuper de l'étude des Coutumes, c'est la question
de savoir comment en cas de silence de la loi sur une
difficulté, nous devrons interpréter les faits et quelle
sera la législation à appliquer ? Ce point n'était pas sans
présenter un certain embarras. Tous les auteurs s'accordaient pour rejeter ici l'influence du droit romain ;
la féodalité ayant une tout autre origine ne pouvait rien
avoir de commun avec les anciennes lois des Quirites ;
mais la lutte était plus vive sur le fait de savoir, si l'on
devait appliquer les dispositions des coutumes voisines,
par exemple celle de Paris, ou bien au contraire s'attacher exclusivement aux anciennes lois germaniques, et

particulièrement au *Liber feudorum* ? Il nous est assez
difficile de rapporter les détails de cette controverse ;
tout ce que nous pouvons dire, c'est qu'au rapport de
Marçol, l'on préférait emprunter les dispositions des
coutumes voisines. A notre avis, ce système était soutenable, mais il ne fallait pas le pousser à l'extrême, et le
mieux eût été d'allier ensemble les prescriptions du *Liber feudorum* et celles des coutumes voisines, tout en
laissant la première place au droit germanique comme
d'ailleurs la coutume de Bar nous l'indique elle-même
dans son article 1er.

Section II.

Etude des charges féodales.

La coutume de Lorraine énumère les devoirs principaux des vassaux de la façon suivante : « Tous vassaux
sont tenus faire foi et hommage et serment de fidélité
à Monseigneur le Duc, notre Souverain seigneur, ou à
leurs autres seigneurs féodaux, pour raison des fiefs
qu'ils tiennent et leur en faire service selon le nombre,
investiture en qualités d'iceluy ». (V, 4).

La première obligation du vassal consiste donc dans
la foi ; c'est-à-dire dans la promesse solennelle qu'il fait
à son seigneur de lui conserver toujours la fidélité et de
ne jamais commettre aucun acte qui puisse lui nuire
d'une façon quelconque. La violation de ce devoir constituait la félonie dont nous nous occuperons lorsque
nous rechercherons quelle était la sanction de l'inexécution des charges féodales.

La foi se prêtait sur les Saintes-Ecritures ; le vassal

jurait d'être toujours féal et loyal homme vis-à-vis de son seigneur de qui il reconnaissait tenir son fief.

Canon, nous donne de l'hommage, la définition suivante : « L'hommage, nous dit-il, n'est austre chose qu'une profession qu'on est homme et vassal du seigneur auquel l'hommage est fait avec honneur et révérence, qui lui est rendu pour cause du bénéfice qu'on tient de lui selon la coutume du lieu ».

Au premier abord, ces deux obligations de la foi et l'hommage pourraient peut-être être confondues, ou du moins pourrait-on ne pas bien voir la différence existant entre elles. Cette différence est pourtant réelle, et affecte spécialement la nature du lien résultant de l'accomplissement de ces deux procédures. La prestation de la foi créait en effet contre le vassal un véritable lien personnel au profit du seigneur, et la conséquence en était que s'obligeant personnellement, le suzerain en cas d'inexécution des charges avait un recours contre tous les biens du contrevenant ; au contraire l'hommage ne donnait naissance qu'à une reconnaissance *propter rem*. D'un autre côté toutefois, l'hommage avait plus de valeur pour le concédant, en ce sens, que grâce à l'action, qui en résultait, il ne venait jamais en concours avec les autres créanciers du tenancier, en cas d'insolvabilité de ce dernier, relativement au bien concédé en fief. On voit donc, par ces quelques mots, que ces deux obligations n'étaient point identiques, et que leur création répondait à deux utilités différentes.

Les formalités au moyen desquelles le vassal prêtait l'hommage variaient dans la pratique, suivant qu'il était tenu à l'hommage-lige ou à l'hommage ordinaire.

L'hommage-lige était celui, par lequel un vassal devenait l'homme de son seigneur d'une façon absolue [1], et par lequel, pour ainsi dire, sa personne disparaissait pour s'absorber dans celle de son suzerain. Il se rendait sans épée ni baudrier, ni éperons, à genoux les mains jointes dans celles du seigneur et placées sur l'Evangile, et c'est dans cette attitude que le vassal prononçait une formule, où il exprimait son entière dépendance à l'égard de son concédant.

L'hommage simple ou ordinaire imposait au vassal des devoirs moins rigoureux ; il se rendait debout, l'épée au côté, et en Lorraine les mains dans celles du seigneur. C'est celui que les Coutumes appellent « hommage de bouche et de mains seulement », parce que le suzerain, après avoir reçu les serments de son vassal devait lui donner un baiser sur la bouche en signe de la réciprocité des engagements. (Voir, pour cette qualification, un acte de reprises du 11 septembre 1496 par Jean de Choiseuil, dit d'Egremont au duc René II pour son fief de Forcelles.)

L'hommage-lige autrefois d'un usage général en Lorraine [2], n'était presque plus adopté à l'époque de la ré-

[1] Voir un acte de concession de fief et un modèle d'hommage-lige à l'Appendice.

[2] Nous citerons, pour prouver la fréquence de l'hommage-lige dans l'ancien droit lorrain, les chartes suivantes :

Acte du 1er mars 1398 constatant la prestation de l'hommage-lige par Guichard de Battigny au comte de Vaudémont pour le fief de Battigny, Vandelainville, Gelocourt et Thorey.

De 1327 : par Viellard à Edouard, duc de Bar pour le fief de Bey-sur-Seille.

13 janvier 1394, par Jean Wise de Gerbeviller à Henri de Blamont, pour Blemverey.

1290, par Milians au duc Ferry, pour Bouxières-aux-Chênes.

1376, par Henri de Serrières, au comte de Vaudemont pour le fief de Chaligny.

daction des coutumes, qui n'exigeaient en principe que l'hommage ordinaire.

Seule la coutume de Clermont en Argonne consacrait l'hommage-lige et l'imposait à tous les vassaux tenant fiefs du seigneur de Clermont (III. 1). Nous mentionnerons enfin un cas célèbre de vassalité de cette sorte ; nous voulons parler du Barrois mouvant, qui passa en la puissance du roi de France par le traité de Bruges de 1301, et dont les ducs furent maintenus en possession à charge de prêter perpétuellement hommage-lige à leur suzerain. Malgré le texte formel du traité, Candot nous apprend, qu'en pratique les ducs ne rendaient jamais que l'hommage ordinaire.

On peut donc dire qu'en général, et sauf conventions expresses contraires, dont on trouve encore un exemple dans un acte concédant à Jean-Léonce Bourcier la seigneurie d'Autrez le 22 octobre 1711, le vassal ne devait que l'hommage simple (Bar: 3. — Saint-Mihiel : III, 9.) — Gorze : II, 13. — Luxembourg : III, 3).

Le possesseur de fief, qui prêtait cet hommage, se déclarait l'homme de son seigneur, s'engageait à lui donner conseil lors de ses plaids généraux, à accepter sa justice s'il était justicier, à le suivre à la guerre pendant quarante jours et enfin à le secourir en toute circonstance.

L'obligation au service militaire, qui était illimitée en

1396, par le Poullain de la Rappe, au comte de Vaudémont pour Saxon.

1450, par Hanus Thémer de Kéménites, au duc de Lorraine pour son fief de Fossieux.

1248, par Ferry de Salm, au duc Mathieu de Lorraine, pour le domaine d'Azerailles.

durée lorsque le vassal était tenu de l'hommage-lige, semble avoir conservé ce caractère dans la coutume de Bar, même lorsqu'il s'agit de l'hommage simple, car son article 3 ne contient aucune restriction à ce sujet ; aussi avait-on admis que ce service devait durer autant de temps qu'il serait nécessaire au seigneur.

A Vaudémont, le délai pendant lequel le vassal devait son concours armé au suzerain était d'un mois, mais celui-ci pouvait le contraindre à rester plus longtemps à condition de lui accorder un traitement.

Lorsqu'un seigneur voulait convoquer aux armes ses vassaux, il devait les en prévenir par une notification, qui portait le nom de levée du ban ou de l'arrière-ban suivant que l'ordre s'adressait aux vassaux seuls, ou à eux et aux arrière-vassaux. (Clermont : III, 3. — Verdun : I, 2.)

Les vassaux se rendaient auprès de leurs suzerains en armes, et prêts à combattre, mais ils recevaient une indemnité pour ces dépenses. Si la défense du pays l'exigeait, ils devaient mettre leurs châteaux et forteresses à la disposition du seigneur et des ducs qui pouvaient les garnir de troupes, ou s'y installer eux-mêmes. Le seigneur avait également le droit d'employer ses sujets à la protection de ses propres châteaux, sans pouvoir en abuser, et c'est qu'un arrêt de la cour souveraine du 12 juillet 1710 décida que les vassaux n'étaient point tenus de cette obligation pour les simples maisons non organisées pour résister à l'ennemi.

Cette obligation spéciale était appelée « obligation de grande force », tandis que le nom de « petite force » désignait le service militaire ordinaire, (Clermont en

Argonne: III, 4. — Saint-Mihiel : III, 5 et 13. — Bassigny : 25 et 29) ou même le service de justice.

La coutume de Lorraine après avoir parlé de la prestation de la foi et de l'hommage ajouta, en continuant d'énumérer les devoirs des vassaux, le serment de fidélité.

C'était la promesse solennelle faite par le titulaire du fief de ne jamais manquer à ses engagements et de rester toujours fidèle à son seigneur.

Cette formalité nouvelle paraîtrait avec raison faire double emploi d'une part avec le port de foi, et d'autre part avec la prestation de l'hommage, si nous n'ajoutions pas immédiatement qu'elle n'était point générale, et qu'elle n'était requise que précisément dans les cas où le vassal n'accomplissait aucune de ces deux obligations, c'est-à-dire lorsque les tenanciers étaient des gens d'Eglise.

Le serment de féodalité se prêtait debout, la tête découverte, l'étole au cou, et les mains étendues sur les Saints-Evangiles.

Dans le très ancien droit lorrain, il est certain qu'une troisième obligation préalable à la prise de possession du fief incombait au vassal ; nous faisons en ce moment allusion à la demande d'investiture. L'investiture était la cérémonie symbolique en vertu de laquelle le seigneur remettait solennellement à son vassal la détention effective du fief ; c'était en définitive un ensaisissement fait devant témoins. La coutume de Lorraine de 1594 ne mentionne plus cette condition, qui était probablement tombée en désuétude, bien qu'elle existât dans le *Livre des Fiefs*, qui, nous le savons, servait à suppléer la coutume de Bar.

Un quatrième devoir féodal consistait dans l'obligation pour le vassal de donner à son seigneur un dénombrement des fiefs dont il était titulaire ; c'est-à-dire un état complet des fonds qu'il détenait avec la reconnaissance implicite de sa situation de vassal (Lorraine : V, 5 et 6) [1].

Aucune formalité spéciale n'était exigée par la coutume générale de Lorraine ; il fallait seulement que le vassal indiquât formellement dans son aveu de qui il tenait le fief, et fît mention du cas où il était le tenancier de plusieurs seigneurs à la fois. Le dénombrement n'avait pas besoin d'être détaillé, et il suffisait d'une indication sommaire de tous les fiefs. (Lorraine : V, 7. — Evêché de Metz : VI, 3). Si le fief était possédé indivisément par plusieurs vassaux, chacun le devait conjointement. [2]

[1] Voir un modèle de dénombrement à l'Appendice.

[2] Les actes de dénombrement sont innombrables dans les Archives de Lorraine ; nous mentionnerons les suivants, pris un peu au hasard.

1318 et 1333, dénombrements faits par Jean de Morey au Duc pour le fief d'Armancourt.

17 juin 1506, par Philippe d'Arracourt au Duc pour le fief d'Arracourt.

21 juillet 1571, par Louis des Armoises, pour la seigneurie d'Autrey.

20 novembre 1664, par François Fournier de Neydeck, pour le fief d'Azelot.

27 novembre 1629, par Alexandre Clopstaine, pour Bathelemont-les-Marsal.

23 octobre 1666, par Charles de Rheims, pour Bernécourt.

25 février 1665, par Henriette de Harancourt, pour Bioncourt.

1334, par Bertrand de Pont-à-Mousson, pour Blénod.

1625, par Jean Mainbourg, pour la seigneurie de Champigneulles.

1403, par Jeanne d'Assey, femme de Ferri du Chatel, à Alix de Vaudémont, pour le fief de Lebeuville.

Marcol fait remarquer dans ses observations que malgré le texte de la coutume, qui n'exigeait pas un dénombrement détaillé, on s'y astreignait souvent, en raison même des avantages que cette procédure présentait tout à la fois pour le vassal et pour le seigneur. Pour le vassal : « parce qu'ayant acquis quelques héritages roturiers en son fief, il les peut rejoindre et consolider à son fief et seigneurie tant par la déclaration qu'il en fait un titre de son acquisition, que par le dénombrement de son fief, où il les comprend » : pour le seigneur : « parce que réunissant les héritages rotu-« riers en fief, il en augmente le revenu et par consé-« quent la charge du service qu'il doit à l'occasion « d'iceluy. »

La coutume de Luxembourg présentait des dispositions encore plus simples que celle de Lorraine, en se contentant en effet d'une simple déclaration verbale du vassal, sans autre formalité. (III, 11).

Dans le duché de Bar et à Saint-Mihiel, au contraire, la jurisprudence ordonnait un dénombrement détaillé, fait en la forme authentique, par devant deux notaires, sur parchemin, en double, et dont un des originaux était déposé à la Chambre des Comptes (Saint-Mihiel ; III, 11). Chaque dénombrement devait dans cette hypothèse donner l'état :

1° Du manoir principal et de ses dépendances ;

2° Des terres et métairies ;

1444, par Siméon de Jaulny, pour la moitié de Malzéville.
Les archives du département contiennent encore un certain nombre de dénombrements relatifs à cette dernière seigneurie, du 17 mars 1700 ; 22 mars et 5 juillet 1700, 1712, 1772, 1781 ; enfin par Claude Rousseau, avocat en Parlement en 1789.

3º Des terres redevant cens ou rentes au vassal ;

4º Des servitudes dues au fief ;

5º Enfin des arrière-fiefs qui en dépendaient.

La coutume de Vitry exigeait une certaine solennité pour la rédaction de l'aveu, qui devait notamment comprendre la liste des personnes de corps, hommes et femmes, attachées à la terre, et qui n'en pouvaient être détachées. (Vitry : 145.) Le vassal était, en outre, obligé de remettre à son seigneur le double de ses titres d'acquisition, après en avoir assuré la sincérité par serment. (Vitry : 45. — Verdun : I. 15.)

Enfin certaines coutumes, comme celles de Châtel sur Moselle et de Vaudémont avaient adopté purement et simplement la règle admise par celle de Paris, et exigeaient en conséquence que le dénombrement fût fait « par singulières parties. » (Châtel : III, 5.) (Vaudémont : II, 4.)

Il est inutile, je crois, de faire remarquer l'importance que le dénombrement avait aux yeux des seigneurs qui, par ce moyen, n'avaient jamais à craindre que les vassaux prescrivissent contre eux la propriété même du fief, cet acte les constituant en mauvaise foi et entachant publiquement leur possession du vice de précarité. (Lorraine : XVIII. 1.) Néanmoins il ne faudrait pas s'exagérer l'importance de ce document ; car ici, comme dans toute autre matière, s'il faisait foi entre les parties contractantes et leurs ayants cause respectifs, il ne pouvait jamais être invoqué ni pour ni contre les tiers.

Après la prestation de l'aveu, le seigneur devait à son tour donner acte pour ainsi dire au vassal de sa déclaration, ce qu'il faisait par la remise de lettres de reconnaissance, ou de lettres reversales (Lorr : V, 6. — Clermont ; III, 15.)

Les droits à percevoir par le trésor royal au sujet de l'enregistrement des actes de reprises avaient été fixés par l'édit du 10 août 1581, à un droit de sceau de dix livres.

Le vassal n'était pas seulement obligé de prêter foi et hommage et de donner son dénombrement, il devait en outre, pendant toute la durée de sa jouissance, se comporter vis-à-vis de son seigneur d'une façon irréprochable, principalement en exécutant fidèlement les conditions imposées par le contrat d'inféodation.

Parmi les autres charges principales du vassal, nous indiquerons l'obligation de rendre la justice, lorsque le seigneur convoquait la cour des pairs, aux décisions desquels il devait également se soumettre, et prêter main forte à l'exécution de leurs sentences. (Bassigny : 26.)

Nous ne reviendrons pas sur le devoir du service militaire au sujet duquel nous nous sommes déjà expliqués. Quant aux autres charges que l'on pouvait rencontrer dans les contrats, notre intention n'est point de nous en occuper, car elles dépendaient uniquement de la convention des parties et pouvaient varier ainsi à l'infini ; nous rappellerons seulement qu'en Lorraine, le seigneur n'avait droit à des prestations pécuniaires qu'autant que cette clause avait été formellement stipulée. (Lorraine : V, 4.)

A qui les charges féodales devaient-elles être rendues ?

Les devoirs féodaux en principe devaient être rendus
au seigneur éminent et à lui seul. La plupart de nos
coutumes ne s'étaient pas occupées du point de savoir
ce que le vassal devait faire, lorsque désirant prêter la
foi et l'hommage, il ne trouvait pas le suzerain, ou que
ce dernier refusait de le recevoir. La coutume de Vitry,
au contraire, avait prévu le question, en édictant que :
« dans le cas d'absence ou de refus illégal du souverain,
le vassal devait, s'il le voulait, se rendre au château
où habitait son seigneur, ou au siège de la justice dont
relevait le fief, et là appeler ledit seigneur, et prêter à
haute voix foi et hommage, en faisant le tour de sa demeure. » Le vassal devait répéter les mêmes offres aux
officiers féodaux, s'il s'en trouvait en cet endroit. Après
avoir rempli ces formalités, le vassal n'avait plus rien à
craindre et, à partir de ce jour, il gagnait les fruits du
fief, alors même que le seigneur avait pratiqué antérieurement une saisie féodale. (III, 52. — id. Clermont III,
10.)

Il arrivait souvent en fait, que ce n'était pas le seigneur lui-même, qui recevait la foi et l'hommage, car
il pouvait désigner un de ces officiers pour remplir
spécialement cette mission. C'est ce qui se passait
principalement lorsque le seigneur occupait un rang
élevé dans la hiérarchie féodale, comme les ducs de
Lorraine ; car, nous dit Marcol, au sujet de l'hommage
« la bienséance ne permettait pas qu'un prince baisât

son sujet. » Ainsi nous voyons le duc René, roi de Jérusalem, donner à Jean, duc de Calabre son fils, la mission de recevoir en son nom foi et hommage de Henri de Neufchâtel, le 17 juillet 1471. Il en était de même lorsque le seigneur était mineur, hypothèse où les obligations féodales étaient prestées au tuteur [1].

A partir du xvi⁰ siècle les vassaux des ducs de Lorraine et de Bar devaient se rendre soit à Nancy, soit à Bar, pour y prêter hommage entre les mains du président de la Chambre des comptes [2] pour les fiefs qu'ils possédaient dans l'un ou dans l'autre des duchés. (Ordonnances du 25 avril 1504 et 8 avril 1534.)

Lorsque le seigneur féodal était une personne morale comme une communauté, c'était au représentant légal de ces corporations que les obligations féodales devaient être rendues. La pratique avait à ce sujet révélé d'autres difficultés, entre autres celle rapportée par de Mahnet, où le fief dominant était engagé à des créanciers. Dans cette hypothèse, l'on s'était demandé si le seigneur saisi conservait les prérogatives, ce que la jurisprudence avait résolu affirmativement.

Un cas plus embarrassant se présentait lorsque le fief dominant était prétendu par plusieurs seigneurs à la fois : dans cette circonstance à qui le vassal devait-il porter la foi et l'hommage?

A Saint Mihiel, le vassal pouvait faire signifier aux ad-

[1] Le 15 avril 1555, Nicolas, comte de Vaudémont, reçoit à titre de tuteur du duc Charles, l'hommage des fiefs d'Ajoncourt et Brin.

[2] La Chambre des Comptes de Lorraine remonte, on le voit, à une époque ancienne. Au début, elle portait le nom de Chambre des Maîtres rationaux, et ce n'est que l'article 5 du règlement des Etats généraux de 1532, qui le premier la désigna sous le nom qu'elle continua de porter dans la suite.

versaires qu'il était prêt à satisfaire à ses obligations en faveur de celui qui obtiendrait gain de cause. Si un de ces seigneurs saisissait le fief sur les entrefaites pour inexécution des devoirs féodaux, le vassal en obtenait facilement mainlevée en s'adressant à la justice, qui par son jugement lui acordait ce que l'on appelait « une réception par main souveraine. »

La coutume de Lorraine de son côté décidait que le tenancier du fief pouvait prêter foi et hommage à celui des prétendants que bon lui semblerait, sans que jamais cette prestation, qui le mettait à l'abri de toute poursuite, pût préjudicier en rien aux droits des autres seigneurs en procès. (V, 13.)

A Bar, le titulaire du fief en litige n'avait qu'à attendre que le seigneur véritable vînt lui réclamer l'exécution des charges féodales, sans avoir à craindre d'encourir la commise pour retard (26.) A l'égard des Ducs de Bar néanmoins, le vassal devait, aussitôt sa prise de possession, déclarer au prince régnant s'il entendait tenir le fief de lui, ou non, le tout sauf saisie du fonds. Le vassal recevait alors mainlevée, en consignant en justice le montant approximatif de la valeur des devoirs qui lui étaient imposés; ce qui a fait conclure qu'en pratique l'aveu rendu au duc de Bar n'entraînait pas la commise, résultant ordinairement du faux aveu, au profit de celui qui parvenait à prouver dans la suite le bien fondé de ses prétentions.

Lorsque la seigneurie directe d'un fief appartenait par indivis à plusieurs personnes, c'était à celle qui en avait la plus grande partie, que l'hommage devait être prêté. Si elles possédaient toutes une part égale c'était à la plus âgée ; mais dans tous les cas le vassal ne devait qu'une seule prestation, car il eût été impossible d'admettre que sa condition fût aggravée par l'état du fonds dominant.

Section IV.

Par qui les obligations féodales doivent-elles être exécutées ?

Le vassal étant seul bénéficiaire du fief, c'est donc à lui qu'incombe logiquement l'obligation d'en supporter les charges personnellement. (Lorraine : V, 4.) La coutume de Bar est très explicite à ce sujet, en disant qu'en règle générale un seigneur n'est pas obligé à recevoir l'hommage par procureur, et c'est cette même idée qui est reproduite dans la plupart de nos coutumes. (Bar : 14. — Saint-Mihiel : III, 10. — Bassigny ; 32. — Clermont : III, 12. — Chatel : III, 15. — Vaudémont : II, 7 et 10).

Personne en principe ne peut donc suppléer le vassal ; ainsi l'usufruitier ne peut « bailler dénombrement » au lieu et place du véritable concessionnaire (Luxembourg ; III, 13) ; de même le titulaire d'une rente hypothéquée sur un fief ne le doit pas (id. III, 16) ; mais par exception, à Luxembourg, le possesseur d'un fief à titre de sûreté doit foi et hommage, si le vassal n'habite pas la province.

Malgré la rigueur du principe, les coutumes admettaient toutefois des exceptions, et toléraient que les devoirs féodaux fussent dans certaines hypothèses rendus par procureur, en cas d'excuses légitimes : par exemple, si le vassal est malade, absent, ou empêché par un autre motif grave d'accomplir lui-même ses obligations.

(Bar : 14.) C'est ainsi que nous voyons, le 22 février 1664, Charles de Lenoncourt faire les reprises de la seigneurie de Bralleville au duc de Lorraine, comme procureur de Charles du Chastelet, titulaire de ce fief.

En consultant la jurisprudence, nous constatons également que l'hommage par mandataire était admis lorsqu'il s'agissait de biens vacants, lorsque le fief servant était l'objet d'une saisie réelle, lorsqu'enfin le vassal était une personne morale, une communauté religieuse ou laïque. Marcol nous rapporte à ce propos un réquisitoire curieux d'un avocat général de la Cour Souveraine de Lorraine, dans lequel ce magistrat demandait à la Cour d'admettre la validité de la prestation des devoirs féodaux par procureur dans le cas : « où il s'agirait d'un anobli depuis dix ans seulement, qui posséderait un fief, duquel dépendait un autre fief appartenant à un gentilhomme, à un comte ou à un marquis. Il serait ridicule, expliquait-il, dans ce cas de la part de l'anobli de prétendre que cet homme de qualité lui rendrait foi et hommage personnellement, les conditions sociales des deux personnes étant trop opposées pour admettre un tel résultat. » Dans toutes les hypothèses semblables, cet avocat général, imbu des doctrines de son temps, requérait qu'il fût permis aux gentilshommes de s'acquitter de leurs devoirs par procureurs tout en les obligeant à être présents au moment de la prestation de l'hommage. Ajoutons que la Cour trouva avec raison cette argumentation trop subtile et ne fit pas droit aux conclusions qu'on lui avait présentées.

Dans tous les cas, où l'hommage par mandataire était toléré, le vassal devait choisir, pour accomplir cette mission, un procureur noble, d'une condition honorable, en sorte que le seigneur ne pût être offensé par le caractère du remplaçant de son tenancier. (Arrêt de la Cour du 19 juin 1771.)

Les coutumes prévoyaient ensuite l'hypothèse, où le fief était possédé par un mineur, et édictaient qu'en ce cas la charge incombait au tuteur, qui devait prêter foi et hommage en son nom, ou à leur père ou à leur mère, lorsque l'un des parents avait la garde-noble de son enfant. (Bar ; 14. — Bassigny : 32. — Lorraine : V, 9. — Évêché de Metz : VI. 5.) C'est ainsi que nous voyons, le 4 janvier 1721, Marguerite Laurent, veuve de Nicolas Henri de Brichambeau, faire ses reprises à Léopold, au nom de sa fille pour la moitié du fief de Brichambeau [1].

Quant à l'âge fixé pour la majorité, il variait beaucoup suivant les régions. A Nancy, la coutume de 1594 fixait celui de vingt ans pour les hommes et quinze ans révolus pour les femmes ; à Bar, c'était vingt et quinze ans (14) ; à Epinal vingt et un (III, 9) ; à Gorze vingt (XI, 41) ; à Verdun quatorze pour les fils et douze pour les filles, mais tous restaient en curatelle jusqu'à vingt-quatre ans accomplis (II, 10.). Cette dernière disposition résultait également de la coutume de Vitry, qui fixait l'âge de quinze ans pour les fils et douze pour les filles (63 et 65).

Commentant l'article de la coutume de Lorraine dont nous nous occupons, Abraham Fabert nous rapportée qu'à son avis : « c'est trop tost desbrider une farouche jeunesse ; quand elle se voit en sa puissance en un

---

[1] Voir de même un dénombrement fait le 14 mai 1655, par Marguerite de Raigecourt, marquise de Noviant, comme tutrice de Bernard, Antoinette et Jeanne de Beauveau, ses enfants, au duc de Lorraine, pour ce qu'ils possèdent à Domèvre-en-Haye.

âge si jeune, elle produit de jeunes effets, l'âge légitime est vingt-cinq ans. » Ce sont ces observations que le législateur s'est appropriées dans l'ordonnance du 15 mars 1723, où il fixe pour l'avenir l'âge uniforme de vingt-cinq ans pour les fils et filles.

Si le titulaire du fief était une femme majeure non mariée, elle avait recours à un procureur noble et capable pour s'acquitter de ses charges en son nom [1]. (St-Mihiel : III, 10). (Lorraine : V. 9). Lorsque la femme était mariée, c'était son mari qui la remplaçait; ainsi le 12 novembre 1397, Lienard de Tillieux déclare tenir en fief du comte de Vaudémont, pour le compte de sa femme Oudette de Dombasle, la moitié du ban de Saxon [2].

Dans le cas où soit le tuteur soit le mari ne pouvaient pas pour des motifs légitimes se substituer à leurs mineurs ou à leurs femmes, ils devaient avoir soin de nommer eux-mêmes un procureur *ad hoc*.

Il arrivait en outre quelquefois que des majeurs fussent munis de curateurs, comme par exemple les fous et les prodigues; hypothèses où ces incapables étaient dispensés d'agir eux-mêmes et où la foi et l'hommage étaient portés par leurs représentants légaux. (Lorraine : I. 17).

Les coutumes avaient de plus donné un autre moyen

---

[1] *Idem :* Le 4 avril 1735, Paul-Antoine d'Esterhazy et Galantha, prince du Saint-Empire romain, fait ses reprises du marquisat de Frouard, à cause d'Anne de Lunati-Visconti, sa femme.
Le 3 mars 1628, Nicolas Mengin fait ses reprises, à cause d'Elisabeth de Chantenoy, sa femme, pour la moitié de la seigneurie de Malzéville.
[2] La femme majeure pouvait elle-même rendre l'hommage ; mais, dans ce cas, la jurisprudence avait décidé qu'il se faisait seulement de mains et non pas de bouche.

d'échapper à la sanction portée pour inexécution des
charges féodales, lorsque les vassaux étaient mineurs,
nous faisons allusion à la « souffrance. »

« La souffrance était la permission que l'on demandait
« au seigneur dominant de jouir du revenu du fief ap-
« partenant à un mineur, en attendant l'âge compétent
« pour que le titulaire pût lui-même prêter la foi et
« l'hommage. »

On voit par cette définition que la souffrance était
une sorte de délai imparti aux incapables, pendant
lequel ils jouissaient sans craindre de sanction des avantages utiles et du fief, et sans exécuter l'hommage dont
la prestation était reculée jusqu'à leur majorité. (Lorraine : V. 9. — St-Mihiel : III, 10 *in fine*). En un mot,
l'on peut dire, que « la souffrance équipolle à foi tant
qu'elle dure » ; mais cet état passager n'empêchait pas
le souverain de profiter de tous les autres droits utiles
attachés à sa qualité de seigneur dominant.

De ce qui précède, il résulte que lorsqu'un fief était
possédé par un mineur, on pouvait relativement aux
devoirs de foi et hommage choisir entre deux par-
tis : ou bien faire accomplir cette obligation par le
tuteur lui-même au nom du mineur, ou demander la
souffrance au suzerain [1].

En principe la souffrance constituant une faveur,
pouvait être refusée par le seigneur, sauf dans la coutume de Clermont, où le tuteur n'ayant pas le droit de
remplacer le mineur, la souffrance était obligatoire pour
tous (III, 13).

[1] Les actes accordant souffrance étaient frappés d'un droit de sceau
de 35 ou de 70 francs, suivant qu'elle était temporaire ou viagère.
(Tarif du 1er juin 1720).

D'un autre côté, la souffrance était une mesure de droit commun, que tout vassal, même majeur, avait la faculté de solliciter, quand pour une cause légitime, il se trouvait dans l'impossibilité d'exécuter ses obligations dans le délai imparti par les coutumes.

Les ducs de Lorraine accordaient facilement des lettres de souffrance à leurs vassaux ; mais il y avait là une source d'abus, par suite de la difficulté de constater exactement quelle était leur situation, et surtout à cause de la connivence des officiers royaux. Aussi, à plusieurs reprises, voulut-on mettre fin à cet état de choses, et pour cela les Ducs révoquèrent-ils toutes les lettres de souffrance antérieurement accordées, sauf à les concéder à nouveau aux tenanciers, qui l'avaient mérité. (Arrêt du conseil des finances du 14 octobre 1719).

L'article 8, titre V de la coutume de Lorraine, prévoyait le cas où un fief était indivis entre plusieurs frères, et décidait qu'en pareille circonstance, l'aîné pouvait, au nom de tous les autres, prêter foi et hommage, c'était ce que les auteurs appelaient : parage ou frerage. Primitivement alors que les fiefs étaient dévolus uniquement à l'aîné de la famille, à l'exclusion de tous les autres enfants, cette prestation était obligatoire pour l'aîné, qui seul était vassal aux yeux du seigneur, bien qu'en fait, il y ait eu partage d'une partie des immeubles entre tous les enfants, ce qui avait fait donner à l'aîné le nom de « miroir de fief. » La coutume de Lorraine ayant aboli le droit d'aînesse et celui de masculinité, au moins en principe, ne pouvait plus admettre cette ancienne théorie, et si elle autorise encore l'aîné des enfants à faire seul la prestation de la foi et de l'hom-

mage, c'est dans le seul but de simplifier les choses et
d'accorder une facilité de plus aux successeurs. Le frerage est donc une simple faculté puisque chaque enfant
est vassal réel du suzerain, pour la part qui lui est attribuée : (Lorraine : V. 1 — Luxembourg : III. 14 — Chatel : III. 6 — Vaudémont : X. 14 et 15).

Lorsque le partage avait eu lieu, cette tolérance
n'était plus possible et chaque enfant devait l'hommage
pour son fief. (Bar : 21. — Saint-Mihiel : III, 16).

Au principe général, il faut apporter une restriction
en ce qui concerne les fiefs de dignité. Pour cette catégorie de biens, la coutume de Bar édicte formellement
qu'ils sont indivisibles et qu'ils ne peuvent être dévolus
qu'à l'aîné des enfants, qui en portera le nom et les
titres (2). En Lorraine, rien de pareil, il est vrai n'existait dans la coutume ; mais il paraît, au dire du président de Bourcier, que la jurisprudence admettait la
même restriction. Dans ce cas, comme dans les coutu-
tumes, qui avaient conservé l'ancienne règle du droit
d'aînesse absolu, c'était l'aîné seul qui pouvait et devait
prêter l'hommage au seigneur pour la totalité du fief.
Si le frère ainsi avantagé concédait une partie de son
héritage à ses autres frères, ceux-ci devaient lui en faire
les reprises et à Bar cette sous-concession était obligatoire, s'il n'y avait pas dans la succession d'autres
biens pour apportionner les puînés. (Bassigny : 28.)

Lorsque plusieurs personnes se présentaient à un seigneur en qualité de vassaux pour un seul et même fief,
on se trouvait d'une façon certaine en face d'imposteurs ;
quelle devait alors être la conduite du suzerain ? La
coutume de Lorraine ordonnait en pareille hypothèse
que chaque vassal affirmât son bon droit, et en prêtât

un serment solennel ; après quoi un nouveau délai de
trois mois était accordé aux parties en litige pour faire
juger sommairement leurs prétentions réciproques par
leurs pairs, convoqués « en Assises extraordinaires. »
(V. 7.)[1]

La procédure était la même, lorsqu'un seigneur réclamait foi et hommage d'un tenancier, qui prétendait être véritable propriétaire et posséder le bien à titre d'alleu.

A Saint-Mihiel, le suzerain en cas de contestations
entre de prétendus vassaux pouvait prendre possession
du fief litigieux « le tenir par ses mains et l'exploiter »
jusqu'à ce que les parties aient fait juger leurs prétentions contradictoires, ou qu'elles se soient entendues à

---

[1] Les assises de Lorraine étaient un tribunal composé des chevaliers
de l'ancienne noblesse de Lorraine, dont l'origine remontait à l'avènement même de la famille ducale. Les Assises connaissaient de toutes
les affaires où la chevalerie était intéressée, notamment de toutes actions pétitoires relatives aux fiefs, francs-alleux, châteaux, rentes entre
les vassaux et le Duc, etc. Elles jugeaient en premier et dernier ressort, et jamais, avant la rédaction des Coutumes, on ne pouvait appeler de leurs décisions. Après 1594, les Assises du bailliage de Nancy
connaissaient des actions pétitoires en matière de fief et des appels des
jugements rendus en premier ressort par les bailliages des Vosges et
d'Allemagne. On voit par ce dernier point que les Assises de Nancy
avaient conservé leur pouvoir suprême, tandis que celles du bailliage
des Vosges et d'Allemagne ne pouvaient plus juger qu'en première
instance.

Pendant tout le temps nécessaire au voyage pour se rendre à Nancy,
les chevaliers qui composaient les Assises jouissaient d'une immunité
complète, pareille en quelque sorte à celle des ambassadeurs, et leurs
effets ne pouvaient être saisis que pour le seul fait de dettes alimen-
taires. (Lorraine : xvii, 1.)

(Voir pour l'étude de l'origine, du rôle, des attributions et de la procédure de ce tribunal, l'ouvrage de Meaume : « Les Assises de l'ancienne chevalerie lorraine. »)

l'amiable. Lorsque le procès était terminé, le gagnant
ne devait se mettre en possession du fief occupé par le
seigneur féodal qu'autant qu'il avait obtenu de lui
« congé ou licence », à peine de se voir priver du droit,
qui lui avait été reconnu en justice, et de payer l'amende
imposée par la coutume, en cas de trouble dans la jouissance d'autrui. (Saint-Mihiel : III, 2. — Bar : 7.)

Section V.

*A quel moment les devoirs féodaux doivent-ils être
exécutés ?*

En Lorraine, les vassaux pouvaient prêter foi et hommage, après s'être mis en possession effective du fief ;
pourvu toutefois qu'ils exécutassent ces obligations
dans un délai de trois mois à dater de l'interpellation
du seigneur, s'ils demeuraient en Lorraine, et dans l'an
et jour, s'ils habitaient l'étranger. (V, 5 et 12.) A Luxembourg cet avertissement porte spécialement le nom
de semonce. (III, 4.) La sanction de l'inexécution de cet
ordre consistait dans la saisie du fief, que le vassal
pouvait d'ailleurs faire lever, en se soumettant aux in-
jonctions de son suzerain.

Sous la coutume de l'Évêché de Metz, le délai pour
prêter foi et hommage était dans tous les cas d'an et
jour ; et à Châtel de quarante jours seulement. (Evêché
de Metz : VI, 2. — Châtel : III, 5. — Vaudémont : II, 3).

Pour le dénombrement, celle de Lorraine ne fixait
aucun délai spécial ; en pratique on admettait également celui de trois mois à partir de l'interpellation ; à
Chatel il était de quarante jours après les reprises, et

tant qu'il n'était point exécuté, le seigneur faisait les
fruits siens. (Châtel : III, 5.— Luxembourg : III, 8.— Vitry : III, 54).

A Clermont le vassal ne doit la foi et l'hommage, que
lorsqu'il en est requis par son seigneur (III, 5); mais s'il
meurt sans les avoir prêtés, son héritier les doit dans
les quarante jours, sous peine de saisie féodale, sauf
toutefois s'il est héritier en ligne directe, cas où il n'y
est obligé que dans les quarante jours de la sommation
à lui faite par le suzerain. (III, 6.— Gorze : II, 14). Quant
au dénombrement on devait pour le délai s'en rapporter
aux indications que le seigneur avait données. (III, 11
et 15).

La procédure d'avertissement avait été décrite par la
coutume de Luxembourg, décidant entre autres choses,
que les frais en resteraient à la charge du vassal, qui
n'aurait pas accompli les obligations dans le délai imparti par la loi, tandis que le seigneur les supporterait,
lorsque la coutume locale n'avait point indiqué le moment où les devoirs devaient être rendus. (III, .9)

Les coutumes de Bar (1), de Saint-Mihiel. (III, 1), de
Bassigny (25) et de Sainte-Croix (1.) présentaient au sujet de la question qui nous occupe une diversité complète avec les règles que nous venons de parcourir.
Contrairement à ce qui se passait en Lorraine, et dans
presque toute la France du Nord, ces coutumes exigeaient que le vassal prêtât foi et hommage avant
même de se mettre en possession du fief. C'était pour le
concessionnaire une formalité antérieure à toutes les autres, de la réalisation de laquelle dépendait son maintien dans son titre de vassal. Cette obligation rigoureuse
avait fait donner la dénomination de fief de danger, aux

biens inféodés sous l'empire de ces coutumes particulières.

Il n'y avait donc aucun délai accordé au tenancier,
qui se serait vu priver de son fief par le fait seul de sa
mise en possession, sans avoir prêté la foi et l'hommage, ou même qui, sans s'être mis en possession, aurait tardé trop longtemps avant de se présenter au seigneur ; telle était la jurisprudence. Sur l'étendue de ce
laps de temps, on n'était point d'accord ; les uns voulaient appliquer le délai de l'article 8, soit quarante
jours, en argumentant par analogie, et en s'appuyant
sur l'esprit des articles 15 et 22 ; les autres, et ceux-là
l'emportèrent, estimant que le vassal avait pour s'exécuter l'an et jour à partir de l'acquisition, en disant à
l'appui de leur opinion que telle était la disposition du
Liber feudorum (titre 24).

La coutume de Saint-Mihiel s'était départie de sa rigueur générale lorsqu'il s'agissait d'un vassal ayant reçu
son fief à titre de succession, soit directe, soit collaté-
rale. Dans cette hypothèse, les héritiers pouvaient se
mettre en possession en vertu de la saisie avant de
prêter foi et hommage, pourvu qu'ils exécutassent ce
devoir, aussitôt qu'ils en étaient requis. (III, 1, *in fine):*
(Verdun : I, 19.) Dans cette dernière législation, le délai
était d'an et jour.

Quant au dénombrement, la force même des choses
dans ces coutumes, comme partout ailleurs, exigeait
que le seigneur laissât au vassal un délai raisonnable
pour faire état de son nouveau domaine ; aussi l'article
8 de celle de Bar accordait-il dans ce but quarante
jours. Ce délai expiré, le suzerain avait le droit de saisie féodale en cas d'inexécution, à condition de la

faire signifier au vassal en son principal manoir et de la renouveler de trois ans en trois ans (Saint-Mihiel : III, 11. — Bassigny : 31. — Verdun : I. 8). Lorsque le seigneur éminent recourait à cette procédure, il ne gagnait pas les fruits, mais il devait nommer un administrateur, chargé de rendre compte au vassal, lorsque celui-ci aurait satisfait au dénombrement; à Saint-Mihiel au contraire, le saisissant faisant les fruits siens. (III, 12. — Chatel : III, 5).

Nous avons examiné jusqu'ici la question de savoir quel délai était laissé au vassal pour accomplir ses obligations ; il nous faut maintenant savoir quels sont les faits qui pouvaient donner occasion à la prestation des charges féodales, auxquelles le titulaire d'un fief était soumis.

La plus naturelle de ces circonstances était l'acquisition à un titre quelconque d'un fief par une personne qui n'en avait jamais été titulaire. Il en était de même, lorsque le domaine éminent passait entre les mains d'un seigneur, soit par un contrat ordinaire, soit par délation héréditaire.

Dans ces deux hypothèses, le vassal était tenu de faire ses reprises ; mais il existait entre elles une différence importante en pratique. En effet, lorsque l'hommage était dû par suite du changement du seigneur, le vassal n'y était obligé qu'autant qu'il en avait été sommé (acte de février 1289 par lequel Ferry de Lorraine adresse à Ferry de Fontenoy un mandement d'avoir à rendre ses devoirs à Henry de Blamont, donataire du fief de Chatenoy). Dans le cas contraire, c'est-à-dire lorsqu'il y avait mutation de vassal, celui-ci devait exécuter les charges en suivant la teneur des différentes coutumes (Supra.)

Un autre point était de savoir, si un seigneur avait
le droit d'exiger que son vassal lui fît ses reprises plusieurs fois dans sa vie ?

En Lorraine et à Vaudémont (X. 24), le concessionnaire d'un fief ne le devait qu'aux mutations dont nous
avons parlé ; une fois exécutées, il ne pouvait plus être
inquiété par son seigneur, et il en était de même dans
la majorité de nos coutumes. (Bar, 27.)

A Clermont, le vassal ne devait prêter foi et hommage qu'une seule fois en sa vie, même si le seigneur
changeait plusieurs fois pendant sa détention. (III, 5.)

La coutume de Saint-Mihiel semble avoir pris au contraire une décision opposée, en exigeant que le vassal fît
ses reprises, chaque fois qu'il en était interpellé par son
suzerain, le tout à peine de saisie du fond avec attribution des fruits, jusqu'à exécution de la sommation. A
ce propos l'on s'était demandé à la conférence des
avocats[1] près la Cour souveraine, comment cette dispo-

---

[1] Cette conférence avait en Lorraine une grande importance et servait, pour ainsi dire, de conseil interprétatif. Elle était composée de
tous les avocats inscrits à la Cour souveraine, et Léopold, par une déclaration du 15 décembre 1728, avait engagé les membres de suivre ses
travaux avec assiduité : « Léopold... à tous ceux que ces présentes
verront, salut. Les conférences académiques qui se tiennent en notre
bonne ville de Nancy par les avocats exerçant à la suite de notre Cour
Souveraine nous ont toujours paru très utiles et très avantageuses,
d'autant que l'on y traite des matières les plus instructives et les plus
importantes du barreau par l'explication de la coutume et des lois
municipales en développant ce qu'elles ont d'obscur et en rendant
certain ce qui est douteux ; ainsi avons-nous pris toutes les précautions que nous avons estimé justes et convenables pour soutenir cet
établissement en faisant inviter de notre part les avocats d'assister
exactement aux dites conférences avec promesse de récompenser dans
l'occasion leur assiduité..... A ces causes et autres bonnes et justes à
ce non mouvantes de notre certaine science, pleine puissance et au-

sition de la coutume de Saint-Mihiel devait être interprétée. Suivant les uns, les termes « toutes et quan-
tefois » devaient être pris dans leur acception stricte,
et le seigneur avait le droit de se faire rendre hommage
chaque fois qu'il le voulait, et à n'importe quel instant,
sans que jamais les vassaux pussent refuser ou se plaindre de cette mesure. Selon les autres, une pareille interprétation était impossible, car elle eût été « ridicule » et
contraire à la raison. Dans ce second système, on affirmait
que les termes de la coutume signifiaient simplement
que le seigneur avait le droit d'exiger une seule fois la
prestation de la foi et hommage, où une seconde fois,
quand il lui paraissait que le vassal ne tenait plus
compte de ses promesses primitives ; mais dans toutes
les hypothèses c'était au suzerain à choisir le moment
où ses devoirs devaient être remplis.

Marcol, à qui j'emprunte ces détails, nous apprend
que la Conférence décida que la question devait être résolue d'après l'examen des circonstances propres à chaque affaire en particulier.

Nous savons que les ducs de Lorraine possédaient un
grand nombre de fiefs, dont les vassaux devaient foi et
hommage à l'avènement de chaque nouveau prince.
Nous possédons de ce fait beaucoup d'ordonnances prescrivant aux concessionnaires d'accomplir leurs reprises
dans un délai déterminé, entre autres celles du 28 janvier 1699 ; 13 novembre 1700 ; 14 janvier 1715 et 14 oc-

torité souveraine, et de l'avis des gens de notre conseil, nous ayons
déclaré et ordonné qu'à l'avenir aucun des avocats ne puisse être
pourvu d'aucun des offices de judicature, que préalablement il n'ait
produit un certificat portant que l'impétrant aura assiduement assisté
aux dites Conférences... »

tobre 1719. Très souvent les tenanciers domaniaux ne
répondaient pas à ces mandements et le législateur
était obligé de réitérer plusieurs fois ses réclamations
et de prononcer la peine de la confiscation contre les
titulaires, qui ne se seraient pas mis en règle dans le
temps fixé. (Ordonnance du 13 avril 1726 ; 27 février
1772 ; 6 mai et 2 décembre 1772, et arrêt de la Cour du
22 août 1774.).

Section VI.

De l'imprescriptibilité des devoirs féodaux.

La coutume de Bar, dans son article 27, proclamait le
principe que les devoirs imposés aux vassaux étaient
imprescriptibles, et cette règle était également admise
en Lorraine (XVIII, 3), à Gorze (XIV, 5), et dans toutes les autres législations locales.

Ce principe n'était d'ailleurs que le développement
normal des dispositions du titre des Prescriptions, car
si ce mode de libération n'était point possible en notre
matière, c'est qu'il ne réunissait pas les qualités réqui-
ses, puisque les droits seigneuriaux ne constituaient
dans la personne du suzerain que des actes de pure
faculté, qui n'étaient jamais soumis à la prescription.
Le vassal pouvait toutefois acquérir la liberté de son
fonds si après avoir fait une contradiction formelle aux
droits de son seigneur, il avait joui de la liberté du
fonds pendant trente ans, sans protestation de la part
du propriétaire du fief dominant. (Lorraine : XVIII, 3).

CHAPITRE VI

Les coutumes lorraines sont absolument muettes sur ce point ; mais il ne faudrait pas en conclure à la non-existence de ces devoirs. En effet le grand principe sur lequel repose la féodalité est celui de la réciprocité, et il serait inadmissible que le vassal fût tenu d'exécuter seul certaines prestations au profit du seigneur, alors que ce dernier n'aurait été astreint à aucune obligation.

A défaut de texte précis, l'on suivait en pratique l'usage, qui peut se résumer en deux mots, à savoir que le seigneur devait prêter aide et assistance à son vassal dans toutes les circonstances difficiles, où il pouvait se trouver. Cette protection, qui se manifestait par l'emploi de la force, quand cela était nécessaire, résultait d'ailleurs le plus souvent de la simple renommée du suzerain, qui faisait respecter le vassal, comme la personne du seigneur.

On pouvait trouver, en cas de difficulté, une source très précieuse d'interprétation de ces devoirs dans le *Liber Feudorum*, où était entre autres formulée la maxime de la réciprocité : « Le seigneur doit rendre la pa-

reille à son vassal, sinon qu'il soit tenu pour parjure. »
(VI ; 6, 1.).

Lorsque les parties contractantes voulaient déroger à
l'usage établi, elles n'avaient qu'à en insérer les modifications dans leur contrat d'inféodation.

Si un seigneur n'exécutait pas ses engagements, le
vassal devait en saisir la justice coutumière, c'est à
dire les pairs du coupable convoqués en tribunal. Quand
le prévenu était convaincu du crime qui lui était reproché, le vassal était à jamais délié de la foi et fidélité
à son égard ; mais il faut remarquer que la plupart du
temps, il continuait à tenir ce fief à titre de vassal, en
tombant sous la puissance du suzerain médiat, qui
souvent n'était autre que le duc de Lorraine. Le tenancier n'était donc définitivement délié des devoirs
féodaux, qu'autant qu'il ne possédait pas un arrière-
fief.

CHAPITRE VII

DES DROITS DU VASSAL SUR SON FIEF

Le vassal recevant le domaine utile du fief, tandis que le seigneur se conservait le domaine éminent, il en résultait logiquement que, n'étant pas propriétaire absolu, le tenancier ne pouvait en avoir tous les droits. Il lui était permis d'en jouir et d'en user; mais au début du système féodal, il lui était impossible de l'aliéner. (Livre des fiefs : ch. 2).

Peu à peu cette sévérité première disparut, et les coutumes admirent le pouvoir pour un vassal d'aliéner son fief, mais sous la condition expresse d'obtenir l'autorisation du seigneur dominant [1].

Telle est la législation, qui a prévalu dans la coutume de Saint-Mihiel, portant que le vassal ne pourra jamais aliéner son fief qu'à des personnes nobles, et moyennant l'autorisation de son suzerain, à peine de commise (III, 14). L'article 4 du même titre complète cette dispo-

---

[1] Voir un modèle d'aliénation d'un fief avec l'autorisation du seigneur à l'appendice.

sition en formulant que l'acquéreur d'un fief ne peut
en prendre possession effective avant d'avoir obtenu le
consentement du seigneur.

Cette restriction était d'ailleurs générale et s'étendait
à toutes espèces d'aliénations directes ou indirectes,
et c'est par application de ce principe, qu'il était défendu au vassal de bailler son fief à cens, ou à rente
perpétuelle, partiellement ou en totalité, sans la permission du seigneur. (Saint-Mihiel : III 14. — Évêché :
VI. 7. Luxembourg : III. 1).

La coutume de Bar avait admis les mêmes principes
que celles de Saint-Mihiel (4, 5 et 18. — Bassigny : 30. —
Vaudemont : x, 17), mais elle était moins sévère en
décidant que le vassal pourrait, sans avoir besoin
du consentement de son seigneur, hypothéquer ou engager son fief, pourvu que ce soit avec condition de
rachat. (18). Dans ce cas, bien que le fonds fût détenu
par des étrangers, c'était le vassal qui restait responsa-
ble de l'inexécution des obligations féodales, parce
qu'il eût été inadmissible de faire souffrir le seigneur
de l'engagemet du fief.

L'article 23 de la coutume de Bar paraît être en contradiction avec la règle que nous venons d'indiquer,
lorsqu'il permet au vassal « de constituer rente perpétuelle sur son fief, sans le consentement de son seigneur féodal, au préjudice de ses héritiers, ou ayants
cause, et non de son dit seigneur, qui peut inféoder ladite rente ». Le Paige dans son Commentaire, indique
la façon dont on pouvait concilier ces deux dispositions, entre lesquelles il n'y avait aucune contradiction,
l'article 23 n'ayant en vue que la constitution de rentes
« volantes, créées rachetables à perpétuité », c'est-à-dire

une catégorie d'opérations juridiques temporaires per-
mises formellement par l'article 18.

D'un autre côté, la coutume de Saint-Mihiel était
moins rigoureuse que celle de Bar, lorsqu'il s'agissait
de partager un fief entre les héritiers et autres personnes
intéressées, hypothèse, où elle n'exigeait aucune autorisation. (Saint-Mihiel : III, 16), tandis que cette formalité
était requise à Bar, comme pour toutes les autres
aliénations. (Bar : 21.)

A Vitry et à Verdun, le vassal ne pouvait vendre son
fief sans le consentement du seigneur, mais il lui était
possible de l'engager ou de le vendre sous condition
de rachat dans les trois ans, si le seigneur en ait été
averti ; et de l'accenser en partie, pourvu que le « cens
soit suffisant et raisonnable eu égard à l'importance
du bien cédé » (Vitry : III, 22 et 23. — Verdun : I, 6. —
Jeu de fiefs).

Dans toutes les coutumes, où l'autorisation du seigneur était nécessaire pour la validité des ventes consenties par les vassaux, il arrivait presque toujours que le
suzerain y voyait une occasion d'augmenter ses revenus,
en ne donnant son consentement que moyennant le
payement d'un certain droit pécuniaire. Les coutumes
de Bar et de Saint-Mihiel, n'indiquent pas formellement,
il est vrai, si ces droits fiscaux existaient et quel était
leur montant, mais l'article 16 de celle de Bar semble le
sous-entendre en parlant des droits de relief, lods
et ventes... etc,. au sujet de la possibilité de la prescription pour ces obligations, à la différence de ce qui était
admis pour les autres charges féodales.

La coutume de Vitry était très explicite à ce sujet, et
renfermait un certain nombre d'articles, qui y étaient

consacrés. On peut dire en principe que le droit de quint
était dû à chaque mutation du fief, faite à titre onéreux,
et le droit de relief, pour toute mutation à titre gratuit.
Le législateur avait apporté de nombreuses exceptions à
la règle générale ; et c'est ainsi que le droit n'était pas
exigé lorsqu'il s'agissait d'une concession en arrière
fief à titre gratuit (24), de l'attribution et du partage de
la communauté (28), d'une dévolution héréditaire en ligne directe (29), d'une donation ou d'une cession par
testament de rentes féodales ; d'échanges faits sans soulte ;
ou enfin de fiefs échus au seigneur haut-justicier, par
droit de bâtardise (36).

Le droit de quint était fixé au revenu d'une année, à
dire d'experts choisis par le seigneur, lorsque le fief
était l'objet d'une transmission héréditaire en ligne col-
latérale (29 et 37).

Si nous passons maintenant à la coutume générale de
Lorraine, nous constaterons au sujet des pouvoirs du
vassal sur son fief des différences capitales avec ce qui
était admis dans les coutumes de profit, que nous venons de parcourir. Ici la notion juridique du fief semble
avoir disparu de l'idée du législateur de l'article 12 titre V, qui est ainsi conçu : « les fiefs se peuvent librement vendre, échanger, ou autrement aliéner... » Qu'est-
ce à dire, si ce n'est que la coutume considérait, au
moins en fait, le vassal comme véritable propriétaire ?
La liberté la plus complète lui était donc accordée ; il
pouvait à son gré, démembrer son fief, ou l'aliéner complètement sans que le seigneur eût à intervenir, soit
pour confirmer l'acte, soit pour le prohiber. Nous avons
déjà vu ailleurs une conséquence de ce fait dans le pouvoir pour un acquéreur de fief de se mettre en posses-

sion sans avoir besoin de prêter préalablement foi et hommage.

De l'admission de cette faculté de vente, on avait conclu que jamais le seigneur n'avait à réclamer de droits fiscaux lors des mutations du fief, qui du reste ne pouvaient lui nuire au moins en droit, le fonds étant aliéné tel qu'il était avec toutes ses qualités actives ou passives.

Nous venons d'étudier les principes admis en matière de ventes de fiefs par la coutume de 1594, mais il ne faudrait pas croire que telle ait toujours été la législation lorraine sur ce point. Sans doute l'ancienne coutume connue sous le nom de « Les plus principales et générales coutumes du Duchié de Lorraine » admettait déjà la liberté absolue accordée au vassal « pourvu que le vassal ait nommé envers quel seigneur le bien aliéné est tenu et mouvant en fief »; mais ces décisions ne remontent pas au-delà du règne de Charles II et de René d'Anjou. Avant cette époque, un vassal en Lorraine ne pouvait aliéner son fief sans l'exprès consentement de son seigneur; ce point indiscutable résulte notamment d'actes de 1238, 1256, 1330, 1445 et 1362[1]; et même sans le consentement des membres de sa famille lorsqu'il s'agissait d'un fief ancien, (voir un acte

---

[1] Nous croyons devoir rapporter ici le fragment de l'acte de 1362, qui a trait à la prohibition d'aliéner les fiefs sans autorisation : «...Et quia de usu et consuetudine ducatus nostri Lotharingiæ, notaria, laudabili, rationabili et legitime prescripta et a tempore cujus contrarii hominum memoria non extitit, pacifice observata ; quandocumque dominus feodi reperit feodum extra manus et lignam illius vel illorum, qui feodum jure, seu successione hereditaria tenere debeant positum esse et ad alium vel alios devolutum sine ipsius domini consensu, feodus ipse est eo ipso ? domino acquisitus. Nos jura nostra et hereditatem ducatus nostri conservare cupientes... »

de Théodoric de 1114, et un autre de 1249, rapporté à l'appendice.) La faculté laissée aux vassaux d'aliéner leurs fiefs, comme bon leur semblait, date dans notre province des règnes de Charles II et de René d'Anjou, qui accordèrent ce privilège aux nobles, afin de les favoriser et de se les attacher, et surtout les attacher à la nouvelle dynastie des ducs régnants. Cette tolérance ne constituait donc qu'une simple mesure politique, qui peu à peu se transforma en usage, et fut définitivement sanctionnée par la coutume de Lorraine.

A Luxembourg, lorsqu'un vassal voulait vendre son fief, la vente devait avoir lieu en présence des officiers de la justice dont il dépendait, à défaut de quoi l'opération était considérée comme nulle, et ne pouvait produire que les effets d'une simple mise en gage. (VI, et 3, V, 1 et 2.)

Un système intermédiaire entre les coutumes de Bar et de Lorraine, semble avoir trouvé place dans les coutumes de Clermont, de Châtel et de Vaudémont, où le vassal avait le droit d'aliéner son fief sans le consentement des seigneurs, mais où par contre l'acheteur était obligé d'obtenir de lui des lettres d'investiture. (Clermont : III, 16). Les conséquences d'une pareille doctrine sont développées dans les articles suivants, où nous voyons par exemple que le vassal pouvait constituer une rente perpétuelle sur le fief, le laisser à cens ; mais, dans ce dernier cas, le suzerain n'était pas obligé de respecter cette concession, si le fief lui revenait en mains pour un motif quelconque (III, 18), à ses yeux le fief étant toujours en possession du vassal, qui continuait à en devoir la foi et l'hommage. (III, 18). La confirmation du seigneur n'était d'ailleurs jamais exigée pour un partage de fief entre héritiers en ligne directe, ou même pour un échange de fiefs situés tous dans l'étendue du baillage de Clermont (III, 20).

En résumé, la coutume de Clermont n'admettait pas que le vassal pût aliéner définitivement le fief sans l'autorisation du seigneur, mais elle en tolérait les démembrements de la façon la plus large ; même lorsqu'ils s'étendaient à la totalité du fonds (III, 18) ; tandis que celle de Saint-Mihiel les prohibait toujours, et que celle de Bar ne les admettait que pour des conventions temporaires.

Pour terminer ce chapitre, nous rappellerons que sous toutes les coutumes, les vassaux ecclésiastiques ne peuvent jamais, même en Lorraine, aliéner qu'avec l'autorisation du Duc, parce que, nous disent les ordonnances : « souventes fois, prodigalement ou pour enrichir leurs parents, les vendent, engagent, ou aliènent comme il leur semble, à la grande ruine d'eux et de leurs successeurs » (Ordonnances du 9 janvier 1571, 13 avril 1576, et 18 juillet 1595).

CHAPITRE VIII

DU RETRAIT FÉODAL

La plupart des coutumes de notre province admettaient que lorsqu'un vassal aliénait à titre onéreux à un étranger tout ou partie de son fief, soit avec l'autorisation du seigneur, soit sans elle, dans les cas où elle n'était point requise, ce seigneur jouissait d'un privilège important, en vertu duquel il pouvait anéantir ce contrat à l'égard de l'acheteur et prendre pour lui le marché en se mettant en son lieu et place, et en lui remboursant le prix, les impenses et s'il y avait lieu la valeur des améliorations par lui faites. (Saint-Mihiel : III, 4. — Bar : 4. — Bassigny : 30. — Clermont : III, 16. — Luxembourg : III, 3 et VII, 23. — Vitry : 124. — Chatel : III, 9. — Vaudémont : X, 20).

Quant à l'utilité d'une telle faveur, elle apparaît clairement dans les coutumes, admettant que le vassal n'avait pas besoin du consentement du seigneur pour aliéner son fief, car le suzerain trouvait précisément dans cette institution le moyen de conserver une véritable omnipotence, et de se débarraser d'un acquéreur importun ou désagréable.

Dans les coutumes, qui, comme celle de Saint-Mihiel, étaient prohibitives des aliénations émanant du vassal seul, le retrait féodal présentait beaucoup moins d'avantages, puisque le seigneur, qui ne voulait pas reconnaître tel nouveau vassal, n'avait qu'à refuser son autorisation pour faire tomber la vente. On ne voit donc pas au premier abord l'utilité du retrait dans une telle législation ; elle existait cependant, car cette opération permettait au seigneur de pouvoir réaliser pour lui une affaire excellente au point de vue pécuniaire, quand la vente lui apparaissait avoir été conclue à des conditions de bon marché très appréciable. Le seigneur en outre pouvait par ce moyen racheter pour ainsi dire, quand il le voulait, la liberté du fonds servant, et le réunissant au fonds éminent le conserver désormais en nature d'alleu.

Le retrait féodal devait être exercé dans l'an et jour de la passation du contrat d'aliénation, mais pour qu'il fût possible, il fallait que l'acte ait été fait à titre onéreux. L'article 17 de la coutume de Bar exprime formellement cette condition qui est sous-entendue dans les autres par le fait seul de l'obligation imposée au retrayant de rembourser le prix au retrayé. Il ne pouvait plus en outre être prétendu, lorsque l'acquéreur avait prêté foi et hommage, et que le seigneur les avait acceptés, sauf à Vitry où le suzerain jouissait exceptionnellement d'un délai de quarante jours (Vitry : 54).

En général, un seigneur ne pouvait exercer le retrait que contre l'acquéreur de son fief immédiat, tandis que l'ancienne coutume de Saint-Mihiel le permettait au sujet des arrières-fiefs (4).

Il était possible qu'au sujet de l'aliénation d'un fief, il y eût conflit entre le seigneur dominant, voulant reprendre le bien aliéné au moyen du retrait féodal, et les parents du vassal prétendant également prendre l'opération pour eux, par le retrait lignager, en supposant bien entendu que toutes les conditions exigées pour ce dernier acte eussent été remplies.

La coutume de Bar avait prévu cette hypothèse, et décidé dans son article 147 que la vente faite par un vassal à un héritier lignager jusqu'au troisième degré inclusivement ne pourrait jamais être soumise au retrait féodal exercé par le seigneur. (Vitry : III, 38. — Clermont : III, 16. — Vaudemont : X, 20. — Bassigny : 38. — Verdun : I, 4. — Luxembourg : VII, 24.)

On voit donc que, presque dans l'unanimité des coutumes, le retrait lignager l'emportait sur le retrait féodal ; mais la doctrine contraire avait été admise par la coutume de Saint-Mihiel, qui préférait toujours le retrait féodal. (III, 4.)

Quelques rares coutumes excluaient le retrait féodal, et dès qu'une aliénation d'un fief avait été faite légalement, elle était définitive ; je citerai comme exemple, d'après Delange, celle de l'Evêché de Metz.

Enfin, quant à la coutume générale de Lorraine, elle était absolument muette sur ce point capital, et dans cette situation la jurisprudence s'était demandé quelle était la décision à prendre. Les uns soutenaient que le retrait féodal ne devait être toléré que dans les coutumes qui le reconnaissaient formellement ; les autres prétendaient au contraire que le retrait féodal était tellement inhérent au régime des fiefs, qu'il faisait partie de son essence même, et qu'on devait en admettre la validité en Lorraine. Du mutisme absolu de la législation naquirent de très violentes et fameuses controverses, dont on garda longtemps le souvenir à la Cour Souveraine.

Breyé, qui s'est beaucoup occupé de cette question, fait remarquer qu'au début du régime féodal le retrait n'existait pas, alors que la prohibition d'aliéner les fiefs était encore en vigueur. Lorsqu'il en fut autrement l'institution du retrait féodal apparut comme un puissant correctif de la nouvelle législation, et il devint dès ce moment un élément intrinsèque du fief. « C'est comme une portion du domaine direct retenu dans le temps de l'inféodation dans le fief même, cédé sous cette charge ; c'est un empire, une autorité, une puissance que le seigneur du fief a et qu'il exerce sur la chose par la loi de l'inféodation et de l'investiture. C'est un retour favorable de l'être à son principe, il fait rejoindre la branche au tronc, et le membre au corps du fief, dont il a été autrefois séparé, sous cette condition tacite, comme dépendant de la nature et de l'essence du fief. »

Les partisans de ce système ne se contentaient pas de ces considérations générales, ils invoquaient en outre en leur faveur une série d'arguments que nous allons analyser.

Breyé observe qu'il y avait un certain nombre de coutumes, qui à l'exemple de celle de Lorraine, étaient muettes sur ce point, et où néanmoins on n'avait pas fait de difficultés pour admettre cette institution ; ainsi dans le Brabant, à Namur, Liège, Tournai, Dunois, Toulouse, Epinal..., etc. On insistait de plus sur deux principes suivis en matière d'interprétation de textes obscurs. Le premier, c'est que l'exception est de droit étroit

et doit être restreinte au cas spécial pour laquelle elle a
été faite. Or dans notre sujet (et contrairement à nos
idées modernes), la règle générale était l'interdiction
d'aliéner les fiefs; la coutume de Lorraine permettant
cette aliénation constituait donc l'exception, mais
aller jusqu'à interdire le retrait féodal, eût été l'élargir.
Le second principe est que l'on ne peut « conclure de
dispositions d'une coutume odieuse par similitude de
raisons ou d'arguments à des cas qu'elle n'a point prévus, de manière à ce que l'on ne puisse inférer de ce
qu'une coutume permet la libre aliénation des fiefs à ce
qu'elle exclue le retrait féodal. Or, toute coutume qui
permet l'aliénation des fiefs sans le consentement du
seigneur féodal et sans lui réserver la retenue féodale
est odieuse, puisqu'elle est contraire au droit commun
des fiefs et à leur nature même. Elle ne peut donc s'étendre d'un cas exprimé, de l'aliénation, à un cas non exprimé, un retrait féodal, quelque raison d'identité qui
s'y rencontre. »

On faisait de plus observer que lorsque deux prohibitions ou obstacles quelconques existent, si l'un est
supprimé par la loi, l'autre n'en subsiste pas moins. Or,
c'est précisement le cas de la coutume de Lorraine, qui
permettant l'aliénation des fiefs a laissé subsister, par
son silence même, le retrait féodal. Du reste, ajoute
Breyé, nous avons des exemples analogues, et c'est ainsi
que malgré le principe de la liberté laissée au vassal
d'aliéner son fief, il ne le peut néanmoins aux gens de
mainmorte.

Une règle qui d'ailleurs planait sur toute la théorie
féodale consistait à ne jamais présumer que les coutumes eussent été rédigées au préjudice des seigneurs do-

minants. « Les coutumes doivent s'entendre de façon à ce qu'elles ne puissent nuire à un tiers, et que personne n'en souffre aucun dommage sans raison, ce qui arriverait certainement si le retrait féodal n'était point sous-entendu dans la permission que le seigneur peut accorder de vendre librement les fiefs. » On faisait enfin remarquer qu'une coutume générale ne peut avoir pour effet d'abolir une coutume spéciale, à moins de disposition expresse que l'on ne rencontre pas en Lorraine; en conséquence la coutume spéciale et intrinsèque des fiefs, accordant au seigneur la retenue féodale, n'avait pu être supprimée.

Tels étaient les principaux arguments mis en avant pour affirmer que le retrait féodal était possible en Lorraine malgré le silence de la coutume.

Les adversaires de cette opinion, parmi lesquels nous citerons le président de Mahuet, prétendaient que le retrait, possible autrefois, ne l'était plus depuis les modifications introduites par Charles II et René d'Anjou.

Les partisans du premier système répondaient que l'on pouvait citer plusieurs actes admettant le retrait depuis la rédaction de la coutume et notamment une ordonnance de décembre 1664.

La jurisprudence s'était ralliée à cette opinion, et décidait que malgré les termes et l'esprit général de la coutume, le retrait féodal pouvait encore être exercé; c'est ce qui fut décidé particulièrement par un arrêt solennel du 17 juin 1720, l'autorisant pour les terres du marquisat d'Haroué, arrêt qui fut confirmé par une décision du Conseil d'État en 1730.

Quant à l'objection, consistant à dire que les seigneurs avaient perdu ce droit par prescription, elle tombait d'elle-même en faisant simplement remarquer que l'exercice de ce droit constituait pour les suzerains un acte de pure faculté, actes qui ne peuvent être éteints par prescription.

Les personnes, ayant la possibilité d'exercer le retrait féodal, étaient les seigneurs dominants dont les vassaux aliénaient tout ou partie des fiefs mouvant d'eux. Une difficulté spéciale se produisait à ce sujet, en ce qui concernait les ducs de Lorraine : il s'agissait en effet de savoir s'ils avaient ce pouvoir? Un point d'abord était incontestable, c'est qu'ils avaient cette faculté pour les aliénations opérées par leurs vassaux immédiats, car autrement les ducs eussent été traités beaucoup plus sévèrement que leurs sujets. C'est ainsi que Léopold Ier se servit de cette institution pour racheter les domaines de Berrus et de Rumilly en 1698, et celui de Saint-Mange en 1710. La difficulté au contraire était réelle, quand il s'agissait de ventes d'arrière-fiefs, dans ce cas les ducs jouissaient-ils encore du même pouvoir?

Les auteurs qui reconnaissaient aux ducs le domaine éminent sur tous les biens de leurs sujets, dont on ne pouvait justifier la qualité allodiale, devaient également leur reconnaître le droit de retrait féodal sur ces mêmes fonds. En pratique aucune solution extrême n'avait été adoptée, et on décidait que les souverains avaient cette faculté chaque fois que l'intérêt public l'exigeait.

L'examen de la jurisprudence fait découvrir une foule d'autres hypothèses, où il était assez délicat de se prononcer, ainsi devait-on accorder ce droit à l'usufruitier et à la douairière? L'affirmative était admise quoiqu'au premier abord la solution contraire paraisse préférable,

le retrait étant un attribut de la propriété pleine et entière.

Quant aux gens de mainmorte, ils le pouvaient également, mais dans le cas où ils usaient de cette prérogative, ils devaient en demander l'amortissement, ou
« en vider leurs mains » dans l'an et jour de l'opération.
(Saint-Mihiel, III, 7.) En Lorraine, l'ordonnance du 26
mai 1774 permettait à ces personnes de céder leur droit
de retrait à prix d'argent, pourvu que ce ne soit pas à
d'autres gens de mainmorte.

Si plusieurs seigneurs possédaient un fief par indivis,
et que le vassal vînt à l'aliéner, on admettait que
chaque seigneur pouvait exercer le retrait pour sa part ;
mais dans le cas où l'acheteur voulait abandonner le
tout, le retrayant était obligé d'agir pour la totalité.

Au sujet du point de savoir, si le retrait lignager devait
l'emporter sur le retrait féodal, on suivait en Lorraine
les dispositions de la majorité des coutumes, en admettant l'affirmative. La jurisprudence l'avait ainsi décidé,
notamment par un arrêt de la Cour Souveraine du 18
août 1699, entre M. le Febvre et M. de l'Esperon relativement à la seigneurie de Viviers.

En définitive on peut se rendre compte par tout ce
qui précède, comment, malgré l'apparence très libérale
de la coutume de Lorraine, les grands seigneurs pouvaient encore s'opposer d'une façon très-efficace aux
aliénations, qui ne leur plaisaient pas.

CHAPITRE IX

La coutume, qui avait établi les obligations auxquelles étaient soumis les vassaux ne pouvait en rester là, et prévoyant les cas où elles ne seraient pas
exécutées, elle avait dû établir des sanctions dont les
coupables seraient frappés. C'est ce qu'elle avait fait, en
instituant deux peines principales : la saisie féodale, et
la commise ou confiscation.

La saisie féodale était le châtiment en vertu duquel
un seigneur se mettait à titre temporaire en possession
du fief de son vassal, lorsque celui-ci ne s'acquittait pas
dans le délai légal des obligations à lui imposées [1] et
particulièrement lorsqu'il n'avait pas fourni son dénombrement au moment précis, point sur lequel nous ne
voulons pas revenir. (Bar : 8. — Vitry : 41.)

---

[1] C'est ce qui arriva par exemple le 14 juillet 1465, où le Duc fit saisir les fiefs de Bacourt et de Bréhain, dont les seigneurs n'avaient
point fait les reprises.

Idem, le 13 juin 1354, saisie du fief de Ferry de Germiny par le Duc
de Bar.

Cette possession cessait aussitôt que le vassal s'était soumis à ses obligations.

Dans tous les cas où un seigneur recourait à ce mode de contrainte, il devait donner à la chose qu'il avait saisie les soins d'un bon père de famille, et veiller à sa conservation et à son amélioration comme un administrateur zélé.

Suivant les circonstances, et suivant les législations, cette saisie féodale pouvait être ou non accompagnée de l'attribution des fruits perçus pendant sa durée. Elle constituait alors une véritable peine, une sorte d'amende, et perdait le caractère de simple garantie qu'elle revêtait dans l'hypothèse, où le vassal conservait le droit aux fruits sur le fief.

A Bar, pour que le seigneur fît les fruits siens, il était obligé de recourir à une interpellation judiciaire en vertu de cet adage déposé dans la coutume. « Tant que le vassal dort, le seigneur veille, et tant que le seigneur dort, le vassal veille ». D'ailleurs lorsque le seigneur n'avait pas droit aux fruits, il pouvait se faire rembourser par le vassal toutes les dépenses faites par lui à l'occasion de sa chose.

La seconde sanction introduite par la législation féodale était la commise, consistant dans l'attribution définitive du fief au seigneur, qui prenait la place du vassal délinquant par suite d'une espèce de subrogation personnelle et réelle. Une différence profonde la séparait de la saisie simple, dont le caractère était d'être toujours une peine temporaire, tandis que la commise était perpétuelle.

Un des cas les plus remarquables d'application de la commise se rencontre dans les coutumes de danger, dont nous avons déjà parlé à plusieurs reprises, et où le vassal ne pouvait se mettre en possession effective du fief avant d'avoir reçu l'autorisation du seigneur, sauf confiscation. (Bar : 6. — Saint-Mihiel : III, 1.)

Le seigneur avait en second lieu le droit d'exercer la commise contre le vassal, qui s'était rendu coupable d'un crime quelconque ; cette disposition était générale, et l'attribution du fief avait lieu au profit du suzerain, alors même que celui-ci n'était point haut justicier, ce qui constituait une dérogation importante aux règles du droit commun (*infra*) (Verdun : I, 11. — Bar : 9) ; mais la confiscation profitait aux Ducs, chaque fois qu'il s'agissait d'un crime de lèse-majesté (Bar : 9). Aussitôt que le vassal était convaincu du forfait qui lui était reproché, le seigneur avait le droit de se mettre en possession du fief confisqué (Lorraine : VI, 16).

A Saint-Mihiel, le jugement de condamnation formait le titre d'investiture du suzerain, qui dès lors percevait tous les fruits échus depuis le jour du crime. Cette coutume n'admettait pas l'exception relative au crime de lèse-majesté, et même dans ce cas la confiscation profitait encore au seigneur immédiat.

Dans toutes les coutumes, l'acte d'inféodation était considéré comme constituant une véritable donation, aussi en résultait-il logiquement que le donateur pouvait intenter une action en révocation, comme cela était possible en matière ordinaire, lorsqu'il avait à se plaindre de l'ingratitude de son vassal, en cas de félonie par exemple.

La félonie était un acte, ou une série d'actes commis par le vassal, et qui avaient pour résultat de faire manquer à la fidélité, et au respect dus au seigneur.

Les cas de félonie n'étaient pas limitativement déterminés par les coutumes; on peut citer, entre autres, l'hypothèse, où le vassal a attenté matériellement à la vie de
son seigneur, celle où il a comploté contre lui, ou cherché à entacher son honneur et son honorabilité, enfin
celle où il s'est enrôlé dans des armées en guerre contre
lui (Saint-Mihiel : III, 17. — Clermont : III, 2).

La commise était ensuit prononcée dans le cas de désaveu, lorsque le vassal ne voulait plus reconnaître le
lien de dépendance le rattachant à son seigneur, soit en
refusant de lui rendre hommage, soit directement en
proclamant son indépendance absolue, soit enfin en se
reconnaissant le vassal d'un autre seigneur. (Bar : 20.
— Vitry : 40. — Clermont : III, 27. — Verdun : I,
12).

Au sujet des peines féodales, Marcol nous rapporte
une difficulté qui s'était présentée à la Cour Souveraine :
« Un vassal possède un fief, qui est haute justice; un
des habitants soumis à sa juridiction commet un
meurtre, et on lui fait son procès. Pendant ce temps
le vassal ne reprend pas étant interpellé de le faire
par son seigneur dominant. Ce dernier saisit le fief; le
criminel est condamné à mort, et il laisse des biens
immeubles. Après cette condamnation, le vassal vient
faire ses reprises, à qui alors appartiendra le bénéfice
de la confiscation ? » L'avocat-général chargé du réquisitoire demanda à la Cour de faire une distinction,
d'attribuer les meubles et les fruits du seigneur dominant en vertu du retard mis par le vassal à accomplir
ses obligations, tandis que les immeubles qui ne peuvent jamais avoir la qualité de fruits resteront au vassal. »

Un mot seulement des effets produits par la commise.
Lorsqu'un bien était saisi par le seigneur dominant, il y
avait anéantissement du fief par une véritable consolidation de la propriété entre les mains du suzerain, mais
j'ajoute immédiatement que pour que ce résultat se pro-
duisît, il fallait que le fief fût un plein-fief ; au contraire
s'il constituait un arrière-fief, le seigneur immédiat ne
faisait que prendre la place du vassal saisi, et se trouvait ainsi obligé aux charges féodales envers le suzerain
médiat. (Vitry : III, 43).

Si le fief attribué au seigneur en vertu de la commise, était grevé d'hypothèques, l'on s'était demandé si
le saisissant devait les supporter ? En pratique, on ne
donnait pas de solution absolue, mais on distinguait
suivant les cas. Lorsque la commise avait été prononcée
à la suite d'un fait prévu par l'acte d'inféodation, ou
pour une circonstance qui n'avait point nécessité l'intervention active du vassal comme par exemple pour
la non-prestation de la foi, ou pour refus de dénombrement, le fief rentrait dans les mains du seigneur libre
et franc de toutes charges. Dans l'hypothèse contraire,
c'est-à-dire, si la confiscation était le résultat d'un fait
dépendant complètement de la volonté du vassal,
comme un crime ou la félonie, le seigneur était obligé
de supporter les dettes, car il eût été inadmissible qu'un
vassal pût ainsi ruiner des créanciers.

La coutume d'Epinal mérite une mention toute particulière au sujet des peines féodales, son article 6 titre
Ier édictant que jamais la confiscation n'était possible,
sauf dans le cas de crime de lèse-majesté. Il ne pouvait
donc pas y être question de commise, et la seule peine
féodale devait être la saisie. D'ailleurs cette coutume

avait pris elle-même le soin d'apporter un correctif à ce principe en ajoutant que ses dispositions cesseraient de s'appliquer lorsqu'il y aurait un usage local contraire, ou que les parties y auraient dérogé formellement par leurs conventions. (infra.) (I, 7).

Dans toutes les hypothèses, où le vassal encourrait une peine féodale, le seigneur ne pouvait lui-même se rendre justice ; aussi lui était-il défendu de se mettre en possession du fief soit à titre temporaire, soit à titre perpétuel. Pour la saisie, comme pour la commise, le suzerain, qui avait à se plaindre de son vassal, devait s'adresser aux juges compétents, c'est-à-dire à ceux de la justice dans le ressort de laquelle le bien était assis. (Luxembourg : III, 19. — Clermont : III, 23 et 24. — Gorze : III, 15.)

Quant aux personnes qui peuvent intenter ces actions féodales, ce sont les seigneurs suzerains dont les droits sont méconnus ; puis leurs représentants ; ainsi pour les ducs de Lorraine, les fermiers généraux des revenus du domaine.

A Gorze, les affaires relatives aux fiefs étaient de la compétence exclusive du surintendant gouverneur et lieutenant-général de la seigneurie, et la saisie ne pouvait jamais y être exécutée qu'après l'expiration d'un délai de vingt et un jours. (III, 7, et VII, 27.)

A Clermont, lorsque la saisie avait été pratiquée, la coutume décidait que le seigneur devait être préféré à tous les autres créanciers, qui pourraient dans la suite poursuivre le vassal. (III, 29.)

Lorsque des contestations surgissaient entre le tenancier et le seigneur au sujet du bien fondé des motifs, qui

avaient amené la procédure de la saisie, le vassal
qui voulait en obtenir mainlevée devait soit discuter simplement la validité de la sanction prononcée,
en continuant à reconnaître le lien qui le rattachait
au seigneur, soit le dénier complètement et alors engager le procès sur le fonds même du droit en prétendant être possesseur d'un alleu, ou du moins ne pas être
le vassal du poursuivant. En cas de succès pour le suzerain dans ce dernier cas, la peine prononcée contre
son adversaire était la confiscation (*supra*, pour désaveu.)

La coutume de Lorraine ne s'était pas occupée de la
procédure des sanctions féodales, mais Fabert recommandait en termes pressants de se montrer bienveillant
et de ne jamais étendre des dispositions « odieuses »,
c'est-à-dire « trop sévères, parce que toute commise et
statut pénal est à restreindre, que de vérité, c'est trop
cruel d'être privé de son bien pour une si briève demeure ».
C'est pourquoi ce commentateur était d'avis de ne jamais
prononcer la commise, qu'après un délai de faveur accordé au vassal. Nous ajouterons d'ailleurs, qu'à ce point
de vue, les jurisconsultes et les juges purent, après la
promulgation de l'ordonnance sur la procédure civile
de 1707, trouver dans ce texte et principalement dans
le titre XVIII, des règles très précieuses d'interprétation.

Enfin, il nous reste une dernière observation à présenter au sujet des pénalités, c'est qu'outre les peines
établies par les coutumes, il ne fallait pas oublier que
le contrat d'inféodation était toujours la loi des parties,
et que c'était à lui qu'on devait recourir dans les cas em-
barrassants, et particulièrement pour appliquer les

sanctions supplémentaires, qui pouvaient y être enfer-
mées, ce qui arrivait souvent pour des amendes que le
seigneur exigeait dans certains cas particuliers prévus
dans la convention.

LIVRE TROISIEME

—

DES JUSTICES SEIGNEURIALES

—

*Notions générales sur le principe de séparation de la pro-
priété féodale et de la juridiction.*

Étudiant le régime féodal et observant que dans presque tous les cas, les seigneurs jouissaient du privilège
de rendre la justice, un grand nombre d'historiens et
de juristes n'ont vu dans ces justices qu'un attribut et une des prérogatives inhérents au fief lui-
même. Sans doute nous reconnaissons volontiers que
la plupart du temps la justice était jointe à la propriété;
mais nous ne saurions admettre l'opinion, que nous
venons d'indiquer, car, si elle est exacte en fait pour
le début même du système féodal, elle se trouve en contradiction formelle avec l'esprit et avec le texte de nos
coutumes.

Le principe de la division de la propriété féodale et de
la juridiction est nettement affirmé par plusieurs textes,
où nous lisons que le « *fief et la justice n'ont rien de
commun* ». (Clermont : III, 22. — Epinal : I, 29. —
Gorze : II, 16.)

Lorsque les coutumes étaient muettes sur ce point, la jurisprudence admettait la même solution, comme nous pouvons nous en convaincre par la lecture d'un arrêt de la Chambre des comptes du 21 janvier 1751, qui en faisait une application à un cas particulier.

De ce qu'un seigneur possédait un fief, on ne pouvait donc en conclure à son droit de juridiction, et réciproquement de ce qu'un suzerain exerçait la justice, il ne s'en suivait nullement qu'il fût propriétaire des domaines sur lesquels s'étendait son pouvoir ; aussi les anciennes chartes avaient-elles toujours le soin de distinguer le seigneur féodal et le seigneur justicier.

En vertu de ces considérations, nous aurions pu à la rigueur ne pas nous occuper de cette question ; mais, comme nous le disions plus haut, la fréquence de la réunion sur une même tête de ces deux qualités de propriétaire et de justicier était telle, qu'en fait, sinon en droit, l'étude des justices seigneuriales est le complément naturel et presque indispensable de l'étude que nous avons entreprise. Nous ne ferons d'ailleurs que suivre l'exemple de la coutume de Lorraine, qui a placé les dispositions concernant les justices immédiatement après celles relatives aux fiefs : « la coutume fait suyure la justice après le fief, nous apprend Fabert, parce que souvent celui qui a fief a justice, combien que l'un puisse être sans l'autre, et que la justice ne soit pas toujours avec le fief, ni dépendante du fief. »

Notre intention n'est pas cependant de nous étendre sur la question si délicate de l'origine des justices seigneuriales, au sujet de laquelle les auteurs sont loin de s'accorder ; nous nous contenterons simplement d'indiquer qu'à notre avis cette origine remonte aux institutions germaniques et à la juridiction domestique exercée en vertu du *mundium*. Chaque chef avait le droit d'après les lois des Alamans et des Ripuaires, d'établir des intendants pour rendre la justice sur ses terres. Lors de la formation du régime féodal, ce pouvoir passa dans les mains des possesseurs de fiefs, qui l'exercèrent et établirent en fait qu'en dehors de la justice du roi, il y en avait une autre dont le principe se trouvait dans la propriété du sol.

Cette théorie dura peu, et bientôt, par suite de la marche des idées, la situation se modifia, et il arriva que fort souvent la justice se trouvait séparée de la possession, soit en vertu d'une réserve expresse faite par le concédant, hypothèse très fréquente, soit à cause de l'impossibilité matérielle dans laquelle se trouvait le suzerain de composer sa cour féodale. Dans tous les cas les vassaux pour obtenir justice s'adressaient au seigneur dominant médiat, ou à tout autre personnage puissant, et ainsi petit à petit on en arriva à considérer ces deux attributs comme des droits absolument distincts et dont la réunion sur la même tête était purement contingente et jamais présumée. Cette révolution était un fait accompli depuis de longues années lors de la rédaction des coutumes.

Le privilège de rendre la justice appartenait aux seigneurs soit en vertu d'un titre formel de concession émanant des ducs, ou d'autres justiciers, soit en vertu d'une possession immémoriale ; et leurs pouvoirs variaient dans une très forte mesure, suivant qu'ils avaient le titre de haut, moyen ou bas justicier dont nous comptons étudier les attributions dans ce livre troisième.

18

TITRE PREMIER

—

De la Haute-Justice.

—

CHAPITRE PREMIER

NOTION. — COMPÉTENCES CIVILE ET CRIMINELLE. — DEVOIRS
ET CHARGES IMPOSÉES AU SEIGNEUR HAUT-JUSTICIER.

Le seigneur haut-justicier occupait le premier rang
dans la hiérarchie judiciaire féodale ; son influence était
prépondérante et l'on peut dire, pour définir ses pouvoirs en un mot, qu'il avait toutes les prérogatives à
l'exception de celles qui lui avaient été formellement
retirées.

Au point de vue juridique, sa compétence était générale, embrassant tout à la fois les matières criminelles et civiles, et parmi ces dernières les actions personnelles, mixtes et réelles.

Au civil, le haut-justicier avait les pouvoirs les plus
absolus. *Ratione materiæ,* ce seigneur était compétent
pour connaître de toutes les difficultés s'élevant dans
son ressort, et pour prononcer toute sorte d'amendes,
sans être limité pour un taux maximum, c'est-à-dire

qu'il pouvait condamner les parties à des amendes ar-
bitraires ; tandis que, comme nous le constaterons plus
loin, les moyens et bas-justiciers n'avaient pas le droit
de prononcer des amendes supérieures à une somme
déterminée.

Ratione personæ, la compétence du haut-justicier
s'étendait à toutes les personnes domiciliées ou résidant
dans l'étendue de la haute-justice.

Au criminel, il en était de même ; il pouvait condamner les coupables à toutes les peines corporelles que
l'esprit inventif des législateurs d'alors avait imaginées,
et dont la coutume nous donne une idée en disant « que
la haute-justice est celle qui accorde au seigneur la
puissance de la correction ou de la réprimande des
délinquants par mort, mutilation de membres, fouet,
bannissement, marques, pilori, échelles et autres peines
semblables... » (Lorraine : VI, 1. — Evêché de Metz :
V, 1. — Bassigny : 1. — Bar, 28).

Relativement à la compétence *ratione personæ*, l'article 10, titre VI de la coutume générale de Lorraine,
prévoit un cas particulier : celui où une personne commet un crime en dehors de la justice, où elle est domiciliée, et qui est surprise en flagrant délit. Dans cette
hypothèse, quel était le seigneur compétent pour connaître des poursuites? La loi distinguait : si la peine
encourue n'était ni une peine corporelle, ni le bannissement, le coupable était jugé par le justicier local ; au
contraire, si l'une de ces sanctions devait être prononcée
contre le délinquant, et si celui-ci était reconnu d'une
façon certaine comme étant le sujet d'une autre juridiction territoriale, le seigneur de cette dernière justice
pouvait le revendiquer comme sien. Dans ce cas, l'ac-

cusé lui était rendu, à charge d'en poursuivre la condamnation et de rembourser les frais occasionnés par l'arrestation et la détention préventive (Lorraine : VI, 10).

Fabert, au sujet de cet article, rapporte une espèce plus compliquée qui pouvait se présenter assez souvent en pratique. Il suppose qu'un coupable est né et domicilié dans une haute-justice, celle de Pagny-sur-Moselle, par exemple ; qu'il a en même temps un domicile d'an et jour dans celle de Vendières, enfin qu'il a commis le crime dans une troisième, à Norroy. Le conflit d'attributions s'élevait entre les seigneurs de Pagny et de Vendières, qui réclamaient tous deux l'accusé en vertu de son domicile dans leur justice : lequel des deux devait avoir gain de cause ? La jurisprudence avait continuellement décidé, à ce sujet, que le tribunal compétent était celui du domicile originaire, c'est-à-dire de la naissance, et dans l'espèce prévue celui de Pagny-sur-Moselle.

Malgré toute la plénitude des pouvoirs conférés par la coutume au seigneur haut-justicier, il y avait cependant des cas auxquels sa compétence ne s'étendait pas.

Parmi les affaires, qui lui étaient enlevées au civil, nous mentionnerons principalement les procès concernant la voirie, les actions en complainte en cas de saisine et de nouvelleté, les entérinements des lettres émanant du souverain, ou de la chancellerie, les matières féodales, et dans quelques coutumes, comme par exemple en Bassigny, l'exécution de ses propres sentences.

Au criminel, le haut-justicier ne pouvait connaître des crimes de lèse-majesté, des sortilèges, sacrilèges, hérésies, faux-monnayage, levées des gens de guerre illégalement faites, sédition et « émotions populaires ; » en un mot de tous les cas royaux et prévôtaux [1]. (Ordonnance criminelle de 1707.)

Enfin il y avait toute une classe de causes, qui lui échappaient dans tous les cas, c'étaient les matières bénéficiales. (Bar : 41, 42 et 43.)

Pour reconnaître si un seigneur jouissait du droit de haute-justice, le premier moyen était de consulter le titre qui l'en avait investi. Souvent le justicier ne pouvait plus représenter l'acte de concession originaire ; mais il n'était point pour cela dépouillé de ses privilèges, si son droit était appuyé par une possesion immémoriale. D'ailleurs il existait un signe extérieur par lequel on pouvait être immédiatement renseigné, nous faisons allusion à l'existence dans les villages du ressort des instruments d'exécution des coupables, appelés « signes patibulaires. »

La coutume de Lorraine en effet permettait aux seuls seigneurs hauts-justiciers d'avoir des « gibets et arbres pendrets » ; aussi la présence de ces marques était-elle en leur faveur une présomption irréfutable. (Lorraine : VI, 1. — Evêché de Metz : V, 2. — Saint-Mihiel : II, 11. — Bar : 33.) J'ajoute aussitôt que ces signes n'étaient pas les seuls et que par exemple la possession de colombiers sur piliers, ou la jouissance des privilèges très nombreux concédés uniquement aux hauts-justiciers constituaient pour eux de graves présomptions de la légitimité de leur pouvoir de juridiction. (*Infra.*)

[1] On entendait par cas prévôtaux toutes les actions intentées contre les vagabonds ou gens sans aveu, non domiciliés régulièrement dans les Etats des Ducs de Lorraine (Ordonnance de 1707).

Il faut remarquer à ce sujet que le haut-justicier en Lorraine ne pouvait ériger de signes patibulaires pour la première fois sans la permission du prince. (Lorraine : VI, 2. — Saint-Mihiel : II, 11.) L'histoire nous fournit un grand nombre d'exemples d'actes de concession de pareille autorisation ; ainsi, le 7 février 1526, Marguerite de Neufchâtel obtint ce privilège pour la seigneurie d'Aboncourt en Vosges ; le 24 février 1534, Mengin de Saulxures, grand fauconnier de Lorraine le reçoit pour son fief de Dommartin-sous-Amance ; le 3 juin 1573, Charles Berman, valet de chambre du duc Charles III, l'obtint pour son domaine d'Uzemain..., etc.

Lorsque, par suite de vétusté ou de tout autre motif, les gibets avaient été renversés, le seigneur haut-justiciers pouvait de sa pleine autorité les faire rétablir ; mais afin de supprimer toute difficulté au sujet de son droit, il devait le faire dans l'an et jour de leur chute. Ce délai expiré, le haut-justicier ne pouvait plus les relever qu'avec la permission préalable du Duc, accordée en son conseil, après enquête sur la validité de la requête, faite par les officiers royaux des lieux, où la seigneurie était située[1]. (Lorraine : VI, 2. — Bassigny : 6. — Saint-Mihiel : II, 11. — Bar : 35.) A Châtel-sur-Moselle le délai n'était que de quarante jours. (Voir un acte de 1641, par lequel, Albert Louis de Crehanges, seigneur de Bacourt, demande au duc de Lorraine la permission de rétablir le signe patibulaire en ce lieu.)

Par contre, l'existence chez un seigneur du droit d'appréhender des criminels, de les retenir prisonniers temporairement, ou même l'exercice du droit de

---

[1] Voir un modèle de ces actes à l'Appendice.

mainmorte ne saurait constituer à elle seule un *critérium* pour reconnaître un haut-justicier, s'il n'a en outre le pouvoir d'instruire les procès et de juger les criminels que ses agents ont arrêtés. (Lorraine : vi, 3).

Il y a ensuite de véritables hauts-justiciers, qui tout en ayant le droit de condamnation ne peuvent exécuter leurs sentences. Dans ce cas ce sont les Ducs de Lorraine, ou les « seigneurs voués » qui jouissent de cette prérogative, quoique les émoluments et autres profits de justice appartiennent aux justiciers titulaires, à l'exception des hypothèses où le prince et d'autres seigneurs féodaux ont droit d'intervenir pour les partager ou même pour se les attribuer intégralement (*supra*). Les voueries, se rencontraient principalement lorsque la haute-justice appartenait à des gens d'Église, qui jamais ne pouvaient eux-même exécuter leurs sentences et dont le soin était laissé à des seigneurs sous la protection desquels ils s'étaient placés. Ainsi les seigneurs de Letancourt et Jolivat étaient voués d'Art-sur-Meurthe, fief dépendant de l'abbaye de Senones (actes de 1283 ; 3 juillet et 10 octobre 1376) ; de même Jean, comte de Salm, était voué de l'abbaye de Saint-Arnould de Metz pour les terres de Morville, Baudrecourt et Lenoncourt.

Tout seigneur haut-justicier avait pour premier devoir l'obligation de donner tous ses soins à une bonne administration de la justice et à la poursuite des coupables pour les crimes commis par ses justiciables, lorsque personne ne se présentait pour intenter une action contre eux. Ces poursuites, dont les frais restaient entièrement à sa charge, devaient être faites, en vertu de l'ordonnance criminelle de 1707, dans un délai de trois jours, sinon les baillis royaux devenaient compétents (Ord. de 1707 : ɪ, 3.)

Chaque seigneur était également obligé d'avoir des prisons suffisantes pour détenir les prévenus et les condamnés, et un acte de la Cour Souveraine du 7 avril 1716 exigeait que ces locaux fussent situés au rez-de-chaussée.

On conçoit facilement que le justicier ne pouvait lui-même rendre la justice dans tous les procès qu'on lui soumettait, ni en même temps veiller à l'arrestation des coupables, aussi avait-il reçu le pouvoir de nommer un corps de magistrats pour le suppléer et des officiers inférieurs, pour seconder ces derniers.

Les personnes, qui composaient ordinairement la Cour de justice seigneuriale étaient : un maire, un lieutenant, un échevin, un procureur, un greffier, un sergent, puis enfin des agents forestiers, gruyers et bangards. (Évêché de Metz : v. 2.) De plus l'ordonnance civile de 1707 prescrivait que tout haut-justicier nommât un juge gradué résidant en sa seigneurie; mais cette exigence n'atteignait pas les seigneurs de la campagne, à cause des difficultés pratiques et qui pouvaient à leur place désigner de simples praticiens.

La création des officiers de justice avait lieu dans les plaids annaux, qui se tenaient « dans la quinzaine suivant la Saint-Remy», où tous les justiciables étaient convoqués et devaient assister sous peine de 3 francs d'amende, sauf le cas d'excuse légitime. Le but de la réunion était en outre de donner un compte-rendu sommaire des affaires qui s'étaient passées dans l'année, et de discuter les points intéressant les communes, et sur lesquels le seigneur était obligé de prendre leur avis.

Une seconde obligation imposée au seigneur haut-justicier était celle de recueillir, d'entretenir et d'élever entièrement à ses frais les enfants abandonnés par leurs parents et qui étaient trouvés dans l'étendue de sa justice. Ce devoir, non mentionné dans la coutume, résultait d'une ordonnance du 30 juin 1664, confirmée par un arrêt de la Cour souveraine du 29 novembre 1707, édictant que cette charge devait subsister jusqu'à ce que l'enfant soit en état de gagner sa vie. Un établissement appelé : « Hôpital des enfants exposés » existait à Nancy, où les seigneurs pouvaient mettre ces enfants en pension, moyennant une redevance de 60 livres par an. (Lettres-patentes de juillet 1774.)

Il devait également veiller à ce que tout impubère orphelin fût pourvu d'un tuteur, et à ce qu'un curateur fût désigné dans tous les cas, où la loi l'exigeait. (Lorraine, VI, 5. — Évêché de Metz, V, 14. — Bassigny, 6. — Bar, 45.) Cette obligation n'existait que relativement aux roturiers, car les mineurs anoblis recevaient un tuteur du procureur général, et ceux des mineurs gentilshommes étaient nommés par une assemblée de famille, pendant la session des Assises. (Lorraine, IV, 4, 5 et 6. — Évêché de Metz, IV, 6, 7, 9 et 11.)

C'était le seigneur qui, lorsqu'un crime avait été commis, devait faire rédiger par ses officiers, le procès-verbal de la découverte du cadavre, en y consignant tous les détails, propres à éclairer les juges et à faciliter les recherches ; enfin procéder à l'inhumation de la victime. (Lorraine, VI, 5.)

CHAPIRE II

Les droits attribués par les coutumes aux seigneurs hauts-justiciers étaient fort nombreux et constituaient pour eux dans la pratique une source de revenus abondants et de distinctions honorifiques. L'on peut en effet diviser en deux grandes catégories les droits appartenant à ces seigneurs ; les uns sont des droits utiles, procurant à leurs titulaires des avantages pécuniaires ; les autres des droits purement honorifiques.

Les premiers se subdivisent ensuite en droits utiles ordinaires, c'est-à-dire ceux qui leur appartiennent le plus souvent par le fait seul de leur qualité; et en droits utiles contingents.

1er Groupe. — Des droits utiles ordinaires.

En parcourant l'ensemble des coutumes et des ordonnances, il est possible de ramener les principaux droits pécuniaires ordinaires à quinze prérogatives, qui sont :

1° Finance des offices des justices seigneuriales.

2° Franchises et exemptions des admodiateurs, fermiers, etc... des hauts-justiciers. 3° Droit de banalités.
4° Droit de colombiers sur piliers. 5° Droit de triage
et de tiers-deniers. 6° Droit de troupeau à part. 7° Droit
de chasse. 8° Droit de pêche. 9° Droit de déshérence.
10° Droit de bâtardise. 11° Droit sur les épaves. 12° Droit
sur les trésors. 13° Confiscation en matière criminelle.
14° Confiscation en matière civile. 15° Amendes de
toutes espèces.

Section Ire.

Finance des Offices seigneuriaux.

Chaque seigneur haut-justicier, comme nous le
savons, avait le droit de créer des officiers de justice
pour le seconder et le suppléer, ainsi que des officiers
de police ou tous autres fonctionnaires. Dans cette situation, le seigneur pouvait procéder à des nominations
temporaires et simplement rémunérées, en se laissant le
pouvoir de les révoquer à son bon plaisir ; mais, d'un
autre côté, rien ne l'empêchait de constituer ces charges en offices vénaux, qu'il mettait en adjudication, ce
qui lui procurait des ressources certaines, tout en
assurant la parfaite organisation de la justice. C'est ce
qui se passait en Lorraine, où la coutume n'avait
pas eu à s'en occuper, mais où l'usage était admis sans
discussion.

Exemptions et franchises accordées aux admodiateurs
et fermiers des Hauts-Justiciers.

Lorsqu'un seigneur haut-justicier possédait plus de
terres qu'il n'en pouvait exploiter par lui-même, il les
laissait le plus souvent à loyer à un de ses sujets, et dans
cette hypothèse, les fermiers ou admodiateurs des fonds
appartenant aux seigneurs étaient dispensés de tous
les impôts, tailles, subsides et subventions quelconques
auxquels étaient astreints les habitants du domaine.
On comprend immédiatement que ces privilèges constituaient, pour les hauts-justiciers, des avantages précieux, grâce auxquels leurs terres étaient très recher-
chées par les fermiers, et se louaient beaucoup plus
cher. De plus les seigneurs pouvaient, par suite de ces
circontances, choisir des cultivateurs présentant toutes
les garanties nécessaires, et par là obtenir l'amélioration et le parfait entretien de leurs domaines.

Le soin de veiller à l'exécution de ces franchises incombait à la chambre des comptes, qui dans ce but envoyait chaque année aux communes les listes d'exemptions en même temps que les feuilles de répartition.
Mangeot, *Commentaire manuscrit.*)

Des droits de banalité.

« La banalité consiste dans la servitude obligeant
ceux qui y sont sujets à venir faire certains actes spé-

cialement déterminés dans des endroits, et de la façon indiqués par la loi. »

Le droit de banalité constituait une véritable servitude personnelle, quoiqu'il ait été jugé au baillage de Nancy le 24 mars 1601, et à la Cour souveraine le 17 mars 1681, que le droit de pressurage était un droit réel. (Pour le seigneur de Rizancourt, seigneur de Guerpont, contre Charles Oriot de Jubainville, écuyer). Cette dénomination sans doute était fausse au point de vue juridique, mais ses conséquences étaient exactes, le but de cette décision étant de soumettre à cette servitude les forains et les habitants d'autres villages ayant vignes au lieu dudit pressoir.

Le droit de banalité obligeait en effet non seulement les personnes domiciliées régulièrement dans le ressort de la haute justice, mais encore celles qui n'y avaient qu'une simple résidence. (Voir un arrêt du 13 août 1707 contre Olivier Brossin, au profit du Sieur de Marcossey et du Sieur de la Routte, tous deux seigneurs d'Esry). C'est en vertu de ce principe, qu'il était défendu aux meuniers des seigneuries voisines de venir recueillir des grains dans d'autres justices pour les moudre, sauf le cas où les moulins n'y étaient pas banaux, et celui où il n'en existait pas du tout. De même on alla jusqu'à interdire aux forains de vendre de la pâtisserie en dehors des foires, au préjudice des droits de banalité. (Arrêt du 12 avril 1712, au profit de l'abbaye de Remiremont).

La banalité pouvait s'étendre à une quantité d'actes se rapportant tous plus ou moins immédiatement aux nécessités de la vie journalière. Les principales défenses admises en Lorraine étaient de moudre, de pressurer et de cuire du pain chez soi ; on était obligé d'aller

au four, au moulin, au pressoir banaux pour accomplir
ces opérations, le tout moyennant une prestation pécuniaire ou en nature au profit du seigneur[1]. (Déclarations des 2 septembre 1724 et 13 août 1725).

Par suite de cette législation, il était interdit en règle générale d'avoir chez soi four, moulin, ou pressoir,
alors même qu'on ne les eût fait servir que pour son
usage particulier.

Les chroniques anciennes nous font savoir à ce propos que les seigneurs accordaient souvent tacitement
l'autorisation à leurs sujets d'établir chez eux des fours
à cause de l'impossibilité dans laquelle ils se trouvaient
de fournir le bois de chauffage nécessaire.

Le droit de banalité pouvait, en fait, s'étendre à beaucoup d'autres opérations que celles que nous avons si-
gnalées ; ainsi d'après un arrêt du 14 juillet 1704 le seigneur avait seul la possibilité de posséder des tuileries,
et personne pouvait en établir sans son autorisation
dans toute l'étendue de sa haute-justice. (Pour Louis
François d'Alençon, chevalier et baron de Beaufre-

---

[1] De toutes les servitudes de banalité, celle qui, au dire des contemporains, produisait les effets les plus désastreux, était celle de pressoir.
Par suite de l'obligation imposée aux vignerons de faire pressurer
leurs raisins chez le haut-justicier, il arrivait que la presque totalité
de la récolte ne pouvait être pressurée au moment convenable à cause
de l'encombrement. On devait alors retarder ou avancer la fermenta-
tion, selon le jour qui était assigné à chaque propriétaire, d'où il résultait une très mauvaise qualité de vin, même pour les meilleurs
plants lorrains. Aussi les ducs permettèrent-ils, dans les ressorts de
leurs hautes-justices, la conversion de ces droits de banalité en un
cens modique annuel.
(Voir : A Riston : *Analyse des Coutumes*).

mont, contre les abbé, prieur et religieux de l'Etange [1]).

La sanction portée contre les contrevenants aux règles de la banalité était rigoureuse, car outre la confiscation du blé, du pain, ou des raisins, l'ordonnance du 23 mars 1616 prononçait une amende de cinq francs pour chaque fait délictueux.

A plusieurs reprises, les ducs de Lorraine s'étaient occupés des banalités pour réprimer les nombreux abus dont elles étaient le prétexte et avaient édicté dans ce sens des règlements obligatoires pour tous les hauts-justiciers de leurs Etats. C'est ainsi qu'il résultait pour les meuniers l'obligation de moudre les grains qu'on leur apportait dans un délai très court, le plus souvent ne dépassant pas vingt-quatre heures, afin de les empêcher de spéculer d'une façon odieuse sur les besoins des habitants. Le délai expiré, les intéressés pouvaient faire enlever leurs grains non convertis en farine pour les moudre ou les faire conduire dans un autre moulin. Les grains devaient en outre être moulus en suivant l'ordre dans lequel ils avaient été apportés, sans que le meunier pût favoriser un habitant au détriment de l'autre. Quant à l'émolument accordé, les règlements le fixaient généralement « au vingt-quatrième réseau de farine et trois pots de sons, par resal de grains moulus ». (Ordonnances du 17 octobre 1577, 14 février 1609 et règlements pour moulin banal appartenant à l'abbaye de Barinville-aux-Miroirs). La même réglementation pouvait s'appliquer à toutes les autres banalités, ainsi nous citerons l'ordonnance du 24 mai 1628 pour les fours banaux de Nancy.

---

[1] La jurisprudence était constante en ce sens, malgré un arrêt contraire du 17 fév. 1705, qui était resté isolé.

Les droits de banalité s'établissaient en Lorraine de plusieurs façons; et d'abord en vertu des dispositions des coutumes locales. (Lorraine : VI, 5). Quelques anciens auteurs, en autres Fabert, ont soutenu que le haut-justicier seul pouvait jouir de ces avantages. Cette appréciation nous paraît inexacte, car s'il est vrai que la prérogative de banalité appartient « ipso facto » au justicier sans qu'il ait besoin d'en montrer un titre, ou ne lui est pas exclusive, si l'usage local est contraire, ce qui arrivait très souvent dans notre province. On doit en conséquence décider que le droit de banalité existe au profit des seigneurs hauts-justiciers et des autres seigneurs, puisant ce privilège dans la coutume locale.

Les banalités s'établissaient en second lieu par suite de conventions et concessions expresses, contenant les clauses soit d'une donation, soit d'un achat, soit d'une reconnaissance émanant des deux tiers au moins des habitants de la seigneurie, soit enfin d'un contrat nouveau destiné à suppléer l'acte primordial disparu. (Voir les lettres-patentes du 23 septembre 1617 accordant aux chanoines de la collégiale de Saint-Georges de Nancy la permission de faire élever des pressoirs banaux à Vandœuvre et à Houdemont).

A Épinal, à Bar et à Saint-Mihiel, il fallait pour acquérir ces droits un titre formel, ou au moins une possession immémoriale, (Arrêts du 22 décembre 1703 et 4 avril 1704, au profit de l'abbé de Saint-Mihiel contre les habitants de la même ville). Toutefois comme l'action d'accomplir ces obligations ne constituait pour les habitants que des actes de pure faculté, le seigneur, pour donner une base solide à sa possession, avait dû adresser une contradiction aux droits des habitants en leur faisant défense d'aller moudre, pressurer ou cuire ailleurs que chez lui. (Gorze : XIV, 21).

Quant aux personnes, soumises aux banalités, l'ordonnance du 3 novembre 1571 et celle du 23 mars 1616 ont posé ce principe que ces charges sont dues par toutes celles qui n'en ont pas été dispensées; c'est ainsi que dans ce dernier cas, les possesseurs de fiefs non-hauts-justiciers les doivent comme les simples roturiers, (Lorraine : VI, 5). La coutume était générale et ne faisait aucune exception.

Les habitants, qui étaient exemptés de ces servitudes l'étaient soit en vertu de conventions, soit en raison de leur qualité personnelle. Nous n'avons rien de particulier à dire au sujet des contrats; contentons-nous de faire remarquer que le haut-justicier étant seul titulaire de ces émoluments, avait également seul le droit d'en dispenser, soit en totalité, soit en partie. Les exemptions d'un autre côté pouvaient être générales et s'adresser à tous les habitants d'une commune, ou particulières à quelques-uns d'entre eux seulement. Comme exemples, nous citerons les exemptions accordées par la coutume elle-même aux bourgeois et habitants de la ville et faubourgs d'Epinal (I, 9) pour des banalités de four et de moulin, et à tous les sujets du baillage pour celle de four « *au bon plaisir du roi* »; puis celles données aux habitants de la ville de Nancy pour leur belle conduite et leur patriotisme [1], en vertu de lettres-patentes

[1] Parlant des habitants de Nancy, les lettres-patentes du 13 juin 1497 disaient qu'ils « aimèrent mieux mourir que de se rendre à lui (Charles-le-Téméraire), et force leur estant de manger chairs de chevalz, de chatz, ratz, chiens et aultres telles choses pour le soutènement de leurs vies, dont longuement ils se soutiendrent... »

du 13 juin 1497, confirmées par ordonnances du 20 mars 1508, 19 novembre 1550, 8 juin 1574, 15 décembre 1598 et 3 mai 1615.

Les exemptions des droits de banalité résultaient souvent du rachat de ces servitudes opéré par ceux qui en étaient chargés, et qui presque toujours consistaient dans la promesse de payer un cens annuel fixé par la convention. Les contrats de ce genre sont très nombreux dans nos archives, car on peut en trouver se rapportant à toutes les communes de la Lorraine. Nous voyons ainsi qu'en 1618 les habitants d'Arnaville versèrent à Louis de Guise une somme de deux cents francs pour s'exempter de la banalité de four ; à Arracourt chaque particulier avait le droit d'avoir chez lui un « petit four » à condition de payer au seigneur une redevance annuelle de 3 gros à la Saint-Martin, et il en était de même à Badonviller, à Barbonville. Dans cette dernière commune, la redevance par habitant était d'un demi-resal de blé ; à Bouxières-aux-Chênes, le cens annuel était de deux francs par ménage et de 9 gros par jour de vignes, enfin à Malzéville, il était de quatre francs, et de deux francs pour les veuves. (Déclaration de 1738).

Toutes ces exemptions se restreignaient rigoureusement aux personnes à qui elles avaient été concédées, aussi le législateur avait-il eu soin, pour éviter toute fraude, d'ordonner que les fours autorisés ne pourraient jamais servir qu'à leurs seuls propriétaires, et que dans aucun cas, ils ne devraient avoir « plus d'une aûne de tour », sauf condamnation à la démolition. (Arrêt du 23 avril 1673, en faveur des religieux de la commanderie de Pont-à-Mousson, contre les habitants de Dieulouard).

Quelquefois la dispense pouvait n'être que temporaire, comme nous le lisons dans une chartre de 1584
accordant aux habitants de Favières la franchise de
la banalité de pressoir pour une période de douze
ans.

Quant aux concessions faites par suite de la qualité
personnelle de ceux qui les obtenaient, nous signalerons principalement celles accordées aux curés et aux
vicaires, qui avaient droit d'avoir chez eux et pour leur
usage exclusif, des moulins, fours et pressoirs. (Ordonnances du 5 mai 1629 et du 13 avril 1713). Le même
privilège appartenait en Lorraine aux moyens et bas
justiciers. (Lorraine : VIII, 5. — Saint-Mihiel : II,
29).

Les gentilshommes ne jouissaient pas en droit de ces
privilèges en vertu de leur qualité, mais en fait la jurisprudence leur reconnaissait la liberté d'avoir chez
eux un moulin et d'échapper ainsi aux banalités.
(Arrêts du 3 novembre 1571, 26 mars 1616, et du 3 juillet
1717).

Nous signalerons enfin à ce sujet un arrêt de la Cour
du 24 janvier 1707 permettant à des habitants, dont la
demeure était très-éloignée des bâtiments banaux, de
s'en dispenser, à la condition de payer au seigneur une
redevance équivalente, fixée à dire d'expert. (Entre le
fermier du four banal de Briey et un habitant de ladite
ville).

Lorsque les moulins banaux étaient en mauvais état
ou que leur fonctionnement régulier n'était plus possible, les habitants avaient le droit d'envoyer moudre
leurs grains dans une autre seigneurie à leur bon plaisir.

Les droits de banalités constituaient des droits « univoques » et inprescriptibles en principe en Lorraine, comme il ressort des arrêts de la Cour Souveraine du 9 décembre 1720, 15 septembre 1722 et 1er juin 1723; néanmoins la prescription ordinaire était possible dans le cas, où la commune, agissant comme personne morale après avoir fait au seigneur contradiction formelle de ses droits, avait pendant trente ans consécutifs joui librement et sans être troublée de l'exemption de la banalité. De plus pour que les droits de banalité fussent ainsi éteints, il fallait toujours rapporter la preuve de cette contradiction, à défaut de laquelle la possession immémoriale était requise. (Saint-Mihiel : X, 3).

Au sujet de l'exercice des droits de banalité, je signalerai un dernier point qui fut l'objet de vives discussions, je veux parler de la question de savoir si la construction d'un moulin à vent pouvait être considérée comme portant atteinte aux droits du seigneur haut-justicier? En général la jurisprudence admettait que chaque habitant avait la faculté d'en posséder un, excepté toutefois dans les localités, où l'usage était de les considérer comme banaux, et dans celles où il n'y avait pas de cours d'eau.

Section IV.

Du Droit de colombiers sur piliers.

De tout temps, les coutumes reconnurent que le droit d'avoir des colombiers bâtis sur piliers était un signe de noblesse, n'appartenant qu'aux seigneurs hauts-justiciers. (Saint-Mihiel : II, 21).

Il est essentiel dès l'abord de ne point commettre de confusion, et dans ce but de distinguer les colombiers sur piliers des colombiers ordinaires, ou simples volières.

« On entend par colombiers sur piliers, nous dit un ancien auteur, ceux qui se manifestent par une marque particulière de distinction, soit par leur manière d'élévation, ou par l'infinie quantité de boulins qu'ils renferment depuis le fond jusqu'aux combles. »

Quant aux simples volières, « c'étaient de petits colombiers sous le toit, non séparés des corps ou des ailes des bâtiments, et dont les étages inférieurs sont destinés et occupés à d'autres usages. »

Tous les nobles et les roturiers, qui cultivaient trente jours de terres à chaque saison (environ six hectares), pouvaient posséder des volières ; c'était en quelque sorte le simple exercice des droits de propriété, et cette tolérance n'impliquait pour ceux qui en étaient l'objet aucune distinction quelconque. Le même droit appartenait également à toute personne, qui n'étant pas dans les conditions que nous venons d'indiquer possédait une volière depuis au moins trente ans. L'ordonnance du 7 avril 1612 qui avait réglé toute cette matière restreignait néanmoins le nombre des pigeons, pour les colombiers autorisés, à cent vingt paires, et exigeait que le colombier fut situé dans le gagnage propre de chaque propriétaire. (Arrêt du 27 août 1708).

Les colombiers sur piliers au contraire constituaient une marque de noblesse pour ceux qui les possédaient et cette faveur n'était accordée qu'aux seigneurs hauts-justiciers, qui y avaient droit « ipso facto » et aux personnes autres, qui en avaient été investies par titre formel.

Les prescriptions de l'ordonnance de 1612 ne furent pas très-longtemps suivies, et bientôt l'on vit une foule de personnes posséder des colombiers sans aucun droit; aussi l'ordonnance du 24 avril 1711 vint-elle mettre en vigueur de nouvelles règles, en réservant le droit de colombiers sur piliers ou ordinaires aux seigneurs hauts-justiciers et aux personnes jouissant de ce privilège depuis au moins cent ans; mais j'ajoute immédiatement qu'une ordonnance du 30 juin 1711 apporta une dérogation à ces principes, en permettant aux curés de campagne de posséder des volières ne dépassant pas le nombre de cent vingt paires, et dont les produits ne pouvaient servir qu'à leur entretien et à celui des voyageurs qu'ils logeaient.

L'ordonnance de 1711, après avoir posé le nouveau principe restrictif que nous avons indiqué, ordonnait la démolition immédiate de tous les colombiers n'appartenant pas à des personnes qui en avaient le droit, et c'est en vertu de cette disposition que Jacques Pillement de Souilly fut condamné par sentence du baillage de Bar, rendue au profit des habitants du même lieu à démolir un colombier sur piliers qu'il avait fait bâtir à côté de sa maison.

Le droit d'accorder des permissions d'élever des colombiers de cette sorte appartenait autrefois aux seigneurs hauts-justiciers (Clermont : XIX, 20. — Bar : 47); mais depuis l'ordonnance de 1711 ce pouvoir fut réservé exclusivement aux ducs de Lorraine. (Voir, « exempli gratia », les lettres-patentes du 2 septembre 1721, accordant à Charles Hannus, avocat à la Cour et grand propriétaire à Amance, le droit d'y élever un colombier de trois cents paires. — Lettres du 12 mars 1720 éta-

blissant le même privilège en faveur de François de
Saint-Vincent de Nancy en son domaine de Blamont).

En terminant sur ce point, nous ferons remarquer
que, dès qu'un seigneur avait le droit de posséder un
colombier sur piliers, il pouvait l'établir sur ses terres,
où bon lui semblait sans avoir à observer de distance
entre l'emplacement de son colombier et les propriétés
voisines. Cette interprétation résultait d'une façon précise d'un arrêt de la cour souveraine de juillet 1706, où
il était dit que les dégats, qui pouvaient être commis
par les pigeons sur les terrains voisins, étaient large-
ment compensés par les avantages qu'ils y produisaient
« comendo vermes et stercorisando. »

Section V.

Des Droits de Triage et de Tiers denier.

Le triage était le droit attribué aux seigneurs hauts-
justiciers de prendre le tiers des produits de tous les
usages et revenus communaux. Cette prérogative, passée
sous silence par la coutume de Lorraine, a été consacrée expressément par deux arrêts de la Cour du 13
décembre 1708 et du 3 septembre 1712. (Pour le sieur
Hugue de Roville contre les habitants de cette commune ; et pour les fermiers-généraux des domaines contre les habitants de Laneuville devant Nancy).

A côté du droit de triage, très-fréquent dans toute la
France coutumière, les seigneurs et les ducs jouissaient
d'un droit absolument spécial à la Lorraine et au Barrois, celui de tiers denier.

Nous ne voulons pas entrer dans les discussions interminables dont ce sujet a été l'occasion et dont on peut trouver un résumé dans le Commentaire du Code forestier de Meaume; contentons-nous simplement de dire que, d'après l'opinion qui paraît la plus exacte au point de vue historique, le tiers denier était le droit en vertu duquel un seigneur s'appropriait le tiers du produit des ventes de bois, provenant des forêts appartenant aux communes *en pleine propriété*. Ce dernier caractère est capital, car c'est lui qui fait saisir la différence entre le tiers denier et le triage, ce dernier ne s'exerçant que sur les produits de bois dont les communes *n'étaient qu'usagères*, et qu'elles avaient reçus par suite de concessions anciennes émanant des seigneurs. (Ordonnance du 13 mai 1664).

Le droit de tiers denier s'appliquait en général à toutes les propriétés communales, mais l'usage y avait apporté certains correctifs; c'est ainsi qu'il fut jugé contre le marquis de Gerbéviller et au profit des habitants du lieu que le seigneur n'avait pas ce privilège sur les ventes de fruits sauvages, lorsque l'argent en provenant était consacré aux réparations de l'Église. (Arrêt du 8 septembre 1719).

Section VI.

Du droit de troupeau à part.

En Lorraine, la coutume permettait aux seigneurs hauts-justiciers d'avoir troupeau à part (XV, 30 et 31.) Ce privilège leur appartenait « ipso jure » et sans qu'ils aient besoin de justifier de titre ou même de possession quelconque. (Arrêt de la Cour souveraine du 31 janvier 1703.)

Ce droit existait ensuite au profit des personnes, qui en avaient été investies en vertu d'une concession expresse, mais ici il faut avoir grand soin de faire observer que ces décisions ne pouvaient provenir que du duc de Lorraine[1], les seigneurs qui en jouissaient ne pouvant en disposer ni à titre gratuit, ni à titre onéreux, (Lorraine : XV, 30 et 31,) ni même le louer, si ce n'est avec le fonds lui-même.

Les moyens et les bas-justiciers ne peuvent avoir troupeau à part, que s'ils ont titre ou possession immémoriale. (Arrêt de la Cour du 12 juin 1711.)

Quant aux habitants éloignés du village, qui par conséquent ne peuvent pas facilement conduire leur bétail au troupeau communal, il avait été jugé qu'ils n'avaient néanmoins pas le privilège de troupeau à part, et qu'en conséquence le pâtre de la commune devait venir chercher les bestiaux dans les écarts, le tout sans indemnité. (Arrêt de la Cour souveraine du 14 mars 1703 ; 9 juillet 1703 et 12 décembre 1708.)

Sous la coutume de Saint-Mihiel, au contraire, les habitants des centres éloignés pouvaient avoir un troupeau spécial, étant considérés pour ainsi dire comme formant un village séparé (XIII, 2.)

Lorsqu'un seigneur haut-justicier possédait plusieurs villages sous sa juridiction, la jurisprudence admettait pour lui le droit d'avoir un troupeau à part dans chacune de ces localités, même s'il n'y avait pas d'habita-

---

[1] Voir par exemple les lettres-patentes du 13 novembre 1586 accordant le droit de troupeau à part à Madame l'Abbesse d'Epinal, sur le territoire de Golbey.

tion. (Arrêt du 31 janvier 1703, et arrêt solennel de la Cour souveraine du 15 juin 1715.)

Section VII.

Du droit de chasse.

Le droit de chasse dans l'ancienne législation a toujours été considéré comme un droit régalien, et comme un des attributs les plus précieux du pouvoir souverain. Du roi, qui au début jouissait seul de cette prérogative, le droit de chasse fut regardé comme une émanation de son pouvoir, et passa tout naturellement ainsi aux mains des seigneurs hauts-justiciers en même temps que le droit de juridiction lui-même.

Notre intention n'est pas de donner un code complet de la chasse tel qu'il est sorti de l'ensemble des décisions des ducs de Lorraine, mais simplement d'indiquer les grandes lignes de cette importante matière. Le nombre très-considérable des ordonnances, édits, règlements et arrêts rendus sur ce sujet, montre immédiatement le soin jaloux avec lequel les ducs voulaient par tous les moyens possibles s'assurer à eux et aux seigneurs la conservation d'un droit tant ambitionné des roturiers, qui malgré toutes les prohibitions « s'oubliaient de tant que personnellement et journellement s'amuser à chasser et porter arquebuse à rouet, avec perte de leur temps et négligence du bien et avancement de leur famille. » (Ordonnance du 8 août 1621.) De plus, en dehors des actes législatifs proprement dits, nous trouvons une quantité d'ordonnances particulières rendus par les baillis pour le seul ressort de leur juridiction; nous citerons à titre d'exemple le mandement des marquis de Rémoville, bailli des Vosges, séant à Mirecourt, du 16 septembre 1628, rappelant aux officiers placés sous ses ordres les prescriptions des règlements généraux.

La liste complète des ordonnances relatives « au fait des chasses est presque impossible à établir : parmi les importantes, nous signalerons les suivantes 7 juin 1528 — 27 septembre 1540 — 1er mars 1560 — 10 mai 1566 — 3 janvier 1572 — 29 octobre 1572 — 3 janvier 1573 — 3 février 1573 — 10 mai 1586 — 7 juin 1591 — 26 mai 1593 — 27 novembre 1593 — 6 août 1594 — 9 novembre 1597 — 12 juillet 1603 — 4 août 1603 — 5 octobre 1605 — 1er octobre 1606 — 13 octobre 1607 — 11 octobre 1609 — 26 octobre 1610 — 25 mai 1612 — 8 août 1621 — 10 février 1623 — 30 mai 1623 — 31 mai 1623 — 13 décembre 1663 — 7 décembre 1664 — 28 février 1698 — 17 avril 1698 — 29 juin 1698 — 16 octobre 1698 — 10 mars 1702 — 19 mars 1703 — 15 janvier 1704 — 12 avril 1704 — 15 mars 1708 — 5 septembre 1709 — 30 novembre 1716 — 20 avril 1717 — janvier 1729 — 23 avril 1731 — 14 février 1731 et enfin celle de mai 1766.

On peut voir par cette énumération avec quel soin cette question fut traitée, et nous croyons qu'il serait difficile de trouver une autre matière qui ait fait l'objet d'un aussi grand nombre de décisions dans le droit coutumier lorrain.

Pour étudier le point de savoir à qui appartenait le droit de chasse, il faut distinguer deux grandes époques, présentant chacune un caractère tout différent.

Avant le XVIe siècle, la chasse était sans doute consi-

dérée comme un droit régalien, et exercée comme tel,
mais si nous en croyons les anciennes chartes, les ducs
ou les grands seigneurs concédaient très facilement ces
privilèges à leurs sujets, soit bénévolement et à titre
gratuit, soit à titre onéreux, moyennant la prestation
d'une certaine redevance annuelle. Certaines communautés jouissaient également du droit de chasse sur
leurs territoires en vertu simplement de la possession
immémoriale, et par suite d'une sorte d'usage.

Les documents historiques, constatant l'existence de
ces droits, sont très nombreux, et il est inutile d'en donner l'analyse, mais de leur examen, il résulte que
chaque charte renfermait ordinairement un règlement
destiné à prévenir les abus et à réprimer les contraventions [1].

Les seigneurs en général ne se conservaient le droit
exclusif de chasse que dans leurs garennes, mais il leur
était encore loisible de se livrer, dans les fonds concédés aux communes, aux plaisirs « de la haute chasse »
c'est-à-dire à la chasse à courre, contre les cerfs et
chevreuils.

Nous ne nous étendrons pas davantage sur cette première période, qui a été étudiée ailleurs en détail [2], et nous
passons immédiatement à la seconde, à celle qui commence avec le XVIe siècle.

Cette seconde époque est une époque de violente réaction, pendant laquelle les ducs et les seigneurs revendi-
quèrent pour eux seuls le droit exclusif de chasse qu'ils

---

[1] Voir, par exemple, les chartes de Parroy (1199) ; Senones (1328) ;
Liverdun (1337) ; Bruyères (1338) ; Bures (1347) ; Arches (1366) ; Fontenoy (1395) ; Derbamont (1481) ; Gondrecourt (1497).

[2] Guyot : *Les Forêts lorraines.*

ne reconnurent à d'autrès, que lorsque ceux-ci pouvaient montrer une preuve écrite de leurs prérogatives. Ainsi à partir de ce moment n'est-il plus question des usages des communes, qui n'ont plus de valeur qu'autant qu'ils ont été été confirmés à nouveau par les ducs.

Le droit de chasse appartenait en principe aux ducs et aux seigneurs hauts-justiciers, car d'après les termes mêmes des ordonnances : « le chasse est un divertissement des plus innocents, qui cependant ne convient qu'aux princes et aux seigneurs. » Le duc a ce droit dans toute l'étendue de ses domaines, même de ceux qui avaient été aliénés, et le haut-justicier dans le ressort de sa juridiction, aussi bien sur les terres de ses sujets que sur les siennes propres. Quant aux moyens et bas-justiciers, leur seul titre ne leur conférait pas le droit de chasse, si d'ailleurs ils n'y joignaient celui de propriétaire foncier, car l'ordonnance du 15 janvier 1704 avait accordé ce privilège aux possesseurs de fiefs sur leurs terres, à condition toutefois que celles-ci fussent d'un seul tenant.

Telles étaient les personnes, qui régulièrement jouissaient du droit de chasse ; mais il faut ajouter à cette énumération d'abord celles qui avaient reçu des ducs ou des hauts-justiciers cette autorisation, soit à titre perpétuel, soit le plus souvent à titre temporaire. Les permissions accordées par le grand veneur étaient toujours révocables, et nous voyons que les ducs usèrent quelquefois de ce pouvoir de vocation générale ; c'est ce qui fit l'objet notamment d'une ordonnance du 4 juillet 1664. Les concessionnaires n'avaient du reste le droit que de chasser dans les forêts royales et domania-

les ; et ils étaient soumis à des obligations toutes particulières. Les articles 22 et 23 de l'ordonnance du 15
janvier 1704 les obligeaient à faire vérifier leurs titres
par le duc et à en obtenir confirmation, laquelle devait être enregistrée et présentée à toute réquisition des
capitaines ou gardes-chasse. Quant aux seigneurs hauts-
justiciers, ils ne pouvaient pas louer leur droit séparé-
ment de leurs terres ; et si le domaine était possédé par
indivis par plusieurs seigneurs, il fallait le consentement de tous pour céder ce droit. (Arrêt du 23 janvier
1727.) A ce propos, nous mentionnerons que les censitaires ne devaient pas prétendre au droit de chasse, à l'exception néanmoins des censitaires des fonds domaniaux
qui jouissaient de ce privilège, concurremment avec
les ducs. (Ordonnance du 20 avril 1717).

Enfin il était possible d'acquérir le droit de chasse
par la prescription, si l'on en avait usé paisiblement pendant trente ans avec toutes les autres conditions exigées
par la loi ; ce point avait été admis par la jurisprudence,
dans un arrêt du 31 avril 1752.

L'on voit par cette notion combien fût limitée la faculté de chasser depuis le xvi° siècle ; aussi cette situation amena-t-elle une lutte énergique de nos anciens
auteurs contre une pareille restriction. Mangeot, entre
autres, proclamait que le droit de chasse devait appartenir à chacun, selon la parole de la Genèse, qui disait :
« L'homme sera maître des poissons de la mer, des oiseaux du ciel et de tous les animaux qui marchent sur
la terre. » (C. 10. vers. 26).

Les ordonnances accordant le droit de chasse aux
personnes que nous avons énumérées ne le leur avait
pas accordé d'une façon absolument générale, mais, au

contraire avaient apporté un certain nombre de restriction dont nous signalerons les plus importantes.

La première était relative aux forêts dites « *de plaisir du Roi.* » Il arrivait souvent que des hauts-justiciers fussent voisins des domaines ducaux ; dans ce cas, les seigneurs avaient le droit, non pas de pénétrer dans ces terres, mais au moins de les côtoyer en chassant et fréquemment ils profitaient ainsi des lancés faits par les meutes royales, alors que le gibier poursuivi venait se remiser sur leurs domaines. (Il était défendu de suivre le gibier lancé qui se réfugiait sur les propriétés d'un autre ayant-droit. — Ordonnance du 17 avril 1698.)

En outre, lorsque les ducs ue chassaient pas eux-mêmes, il était très difficile de garder d'une façon suffisante les chasses domaniales, et journellement les seigueurs ou leur gens de service profitaient sans scrupule de cette proximité avantageuse pour assurer à leurs chasses des résultats magnifiques. Les ducs frappés de ces inconvénients résolurent de les faire cesser et par ordonnances du 16 octobre 1698 et du 15 janvier 1704, ils firent défense à toute personne ayant le droit de chasse, d'en user dans un rayon de deux heures de marche autour des résidences royales de Nancy, Lunéville, Mirecourt, Sarguemines, Pont-à-Mousson, Saint-Mihiel et Bar. (article 2.) Ces propriétés et leurs périmètres de défense portèrent désormais le nom de « Plaisirs du roi », et les contrevenants à ces prescriptions encoururent les amendes ordinaires, portées au double (16 octobre 1698.)

On peut rapprocher des forêts de plaisirs les forêts de garennes, où la chasse était toujours défendue. (Vitry : 121.)

Les Plaisirs constituaient à l'encontre des seigneurs une restriction très préjudiciable [1], et étaient une véritable expropriation, aussi les ducs ordonnèrent-ils, pour les indemniser, qu'ils recevraient un certain nombre de pièces de gibier chaque année. (Ordonnance du 16 octobre 1698). Plus tard, cette sorte d'indemnité pécuniaire, qui froissait les hauts-justiciers dans leur orgueil, fut transformée, et ils obtinrent en retour la permission de chasser dans un canton des bois ducaux. (article 12 de l'ordonnance du 15 janvier 1704 [2].)

Je dois ajouter d'ailleurs que cette interdiction relative aux Plaisirs ne subsista pas toujours, et qu'elle fut abolie par ordonnance de mai 1766. Les plaisirs furent alors restreints aux bois domaniaux, où la chasse était réservée pour le gouverneur général, qui seul pouvait en donner des concessions.

Une seconde restriction portait sur le temps, où il était défendu de chasser. Par édit du 15 janvier 1704, la chasse de nuit était prohibée pendant toute l'année, sous peine de 500 francs d'amende, et de 1,000 francs

[1] Pour montrer combien la défense était dommageable, nous citerons les communes dont les bans composaient les plaines de Nancy. C'étaient ceux de : Nancy, Maxéville, Laxou, Clairlieu, Le Montet, Brabois, Villers, Vandœuvre, Gerardcourt, Saint-Nicolas, Varangeville, Saint-Flin, Lenoncourt, Art-sur-Meurthe, Bosserville, Saulxures, Tomblaine, Remicourt, Houdemont, Maron, Chavigny, Chaligny, Flavigny, Bédon, Azelot, Heillecourt, Jarville, Burthecourt, Manoncourt, Ville-en-Vermois, Pulnoy, Sichamp, Dommartemont, Saint-Max, Essey, Apremont, Eulmont, Bouxières-aux-Dames, Pixérécourt, Malzeville, Lay-Saint-Christophe et Clévent.

[2] Ordonnance du 17 juin 1738, par laquelle Stanislas ajoute, à ses Plaisirs, la chasse sur le territoire de Barbonville appartenant aux Jésuites hauts-justiciers du lieu, qui reçurent comme indemnité le droit de chasse sur le finage de Neuves-Maisons, Chaligny et Chavigny, dans les bois du domaine et des communautés.

en cas de récidive (article 8) ; et de jour depuis le 15
mars au 15 août sous peine de 100 francs d'amende,
200 francs en cas de récidive, et 500 francs pour un
troisième délit commis par la même personne. L'ouverture de la chasse fut reportée au 1ᵉʳ septembre au lieu
du 15 août, par un arrêt de la Cour Souveraine du 6
avril 1770.

Les ordonnances s'étaient ensuite occupées des armes
avec lesquelles les seigneurs pouvaient chasser, et afin
d'éviter le plus possible les fraudes, elles avaient interdit l'usage des armes dites « brisées » et « démonta-
bles. » La sanction contre les délinquants était l'application des peines corporelles ; et contre les armuriers,
qui avaient vendu de tels engins, le fouet et le bannissement pendant cinq ans. (Ord. du 8 août 1621, et art. 5
de l'ordonnance du 15 janvier 1704.)

Quant aux restrictions relativement aux terres sur
lesquelles la chasse pouvait avoir lieu, nous signalerons
la défense faite aux seigneurs de chasser sur les propriétés de leurs justiciables, lorsque celles-ci étaient en
nature de vignes, depuis le 1ᵉʳ mai jusqu'après les vendanges, et lorsqu'elles étaient ensemencées, depuis que
les grains « sont en tuyaux, » jusqu'aux moissons, le
tout à peine de dix francs d'amende, et de dommages-
intérêts. Ces peines résultaient de l'article 33 de l'ordonnance du 15 janvier 1704, qui avait remplacé l'ordonnance du 6 août 1594, portaient des amendes beaucoup plus considérables : 100, 200 et 300 francs.

Enfin nous mentionnerons une série de défenses faites
aux seigneurs au sujet du gibier dont la chasse était
prohibée. Les interdictions pouvaient être temporaires
ou perpétuelles, c'est ainsi que la chasse aux cerfs et

aux sangliers, fut défendue sous peine de 100 francs d'amende par ordonnance du 13 octobre 1607, confirmée par celle du 15 janvier 1704, jusqu'à ce que les forêts « en seront assez peuplées » ! Le taux des amendes fut porté à 500 francs, et à 1000 francs en cas de récidive.

Il était également interdit de tuer les biches, levreaux, faisans, grives, cailles vertes, ainsi que de détruire les nids de ces oiseaux, (Ordonnances des 30 et 31 mai 1623 et janvier 1729), sous peine de 500 frs et 1000 frs. d'amende, plus le carcan et le bannissement pendant cinq ans en cas de récidive. Si le délinquant récidiviste était un noble, il ne subissait pas les peines corporelles, mais devait payer une amende de 7.000 francs ! L'ordonnance du 23 avril 1731 renchérit encore sur les sanctions portées contre ceux qui auraient tué des faisans, oiseaux que les ducs venaient d'introduire dans leurs Etats et dont ils voulaient assurer la conservation, en édictant des amendes de 1000 frs. pour la première contravention, de 2000 frs. pour la seconde, enfin de de 3000 frs. avec bannissement perpétuel pour la troisième.

On comprend facilement qu'il ne suffisait pas de porter toutes ces interdictions; il fallait pour qu'elles fussent efficaces organiser un corps d'officiers destinés à les faire respecter. Les ducs de Lorraine s'étaient toujours occupés de cette institution, et de plus anciennes ordonnances avaient nommé dans ce but des agents spéciaux appelés « gruyers », dont la mission était tout à la fois de veiller au bon aménagement et à l'entretien des forêts, et à l'exécution des réglements relatifs aux chasses.

L'édit du 29 juin 1698 vint modifier l'organisation primitive et remplacer les anciens gruyers. Il y avait à la tête de la nouvelle institution un « directeur général et surintendant des chasses », dont le premier titulaire fut M. de Vianges ; puis, un capitaine des chasses dans chaque baillage, enfin des gardes-chasse partout où le besoin s'en faisait sentir. Ces gardes ne devaient point porter d'armes à feu, mais simplement une forte canne, que les ordonnances appelaient « *brin d'estock.* »

Les affaires étaient instruites le plus sommairement possible à la requête du substitut du roi, et le jugement rendu au baillage était exécutoire par provision, nonobstant appel ou opposition.

Les seigneurs hauts-justiciers pouvaient avoir des gardes-chasse, et même l'ordonnance du 17 avril 1698 leur en faisait une obligation ; pour les distinguer des officiers-ducaux, les gardes particuliers devaient porter une bandouillère avec le nom et les armes de leurs seigneurs. Quant aux moyens et bas-justiciers, ils étaient obligés de s'adresser aux hauts justiciers pour obtenir la nomination de leurs gardes.

L'ordonnance de janvier 1729 changea de nouveau l'organisation des officiers ducaux. Désormais ce fut le grand veneur qui occupa la première place dans cette hiérarchie, ayant sous ses ordres, pour le seconder, des capitaines, lieutenants, brigadiers et enfin des gardes-chasse ordinaires, dont le traitement était fixé à la somme de 50 francs. Ces gardes qui avaient alors le droit de porter une paire de pistolets, étaient nommés soit par le duc, soit par le haut-justicier, après enquête faite sur leur conduite. Ils étaient exempts des droits et charges personnelles et publiques, ainsi que du logement des gens de guerre, sous la condition expresse d'habiter dans le ressort, où ils exerçaient leurs fonctions. (Arrêt du 10 mai 1783). Les attentats contre leur personne étaient sévèrement réprimés, et c'est ainsiqu'un arrêt du 30 avril 1784 condamna à trois ans de galères un délinquant, qui s'était livré à des voies de fait sur la personne d'un garde.

Lorsque ces officiers avaient été témoins d'une contravention ils devaient en faire rapport dans un délai de huit jours, en vertu de l'ordonnance du 15 janvier 1704. Ils étaient crus de leurs affirmations, même contre les nobles, sans témoin, jusqu'à une somme de 100 francs, et jusqu'à 200 francs, s'ils prouvaient que le délinquant était coutumier du fait, qui lui était reproché. (Ordonnance de janvier 1729 et arrêt de la Cour du 23 novembre 1769.)

Pour faciliter la répression, le législateur avait été plus loin et avait donné à toute personne, munie de deux témoins, le pouvoir de dresser un rapport de toutes les contraventions constatées par elle. (Ordonnance du 15 janvier 1704, article 15 : et ordonnance de janvier 1729.)

Les rapports des agents forestiers devaient être adressés aux grueries ou aux baillages, s'il s'agissait de forêts domaniales, suivant que le délit avait été commis dans les bois ordinaires, ou dans les plaisirs du roi ; et l'appel en était porté soit aux baillages, soit à la Cour des comptes. Si les contraventions avaient eu lieu dans les champs des seigneurs, le rapport était envoyé aux officiers de la gruerie seigneuriale, qui prononçaient le jugement.

Dans toutes les hypothèses, le jugement devait intervenir au plus tard quinze jours après le dépôt du rapport, et il était défendu aux magistrats de juger « *avec commisération.* » (Article 21 de l'ordonnance du 15 janvier 1704.)

Les gardes, au moment ou ils surprenaient les coupables, devaient exiger la reddition de leurs armes, mais ils n'avaient pas le droit de les désarmer par violence. Si les délinquants refusaient, la peine portée était doublée, sans préjudice de la confiscation des engins, qui avait lieu de plein droit.

Quant aux peines prononcées contre ces accusés, elles consistaient également en amendes, augmentées dans une forte proportion pour les récidivistes et accompagnées de châtiments corporels dans cette dernière hypothèse.

Le taux des amendes varia beaucoup selon les époques ; en 1566, elles se montaient à dix ou vingt francs ; en 1621 elles sont portées à 200 et à 400 francs en cas de récidive, et l'amende est arbitraire en cas de nouvelle infraction, plus le bannissement prononcé à perpétuité contre ces délinquants dont le tiers des biens était confisqué. Si l'on se trouve en présence d'insolvables, ils sont jetés en prison, et battus de verges « sous la custode, » et s'ils sont récidivistes, ils subissent la peine du fouet « en lieux publics. »

Les poursuites contre les délinquants cessèrent d'avoir lieu régulièrement, par la force même des choses, durant toutes les guerres qui ensanglantèrent la Lorraine pendant toute la seconde moitié du xviiᵉ siècle, aussi lorsque la paix fut rétablie, l'ordonnance du 17 avril 1698 s'occupa-t-elle de remettre de l'ordre en cette matière,

en édictant de nouvelles amendes dont le taux fut de
50 francs et de 100 francs en cas de récidive. Si les
infractions avaient été commises par les gardes eux-
mêmes, la peine était élevée au double ; et dans tous
les cas, les amendes étaient exécutoires solidairement
contre tous les complices ou co-auteurs des délits, (Ordonnance du 5 septembre 1709,) et appartenaient de
droit au duc, ou aux seigneurs hauts-justiciers, suivant
que la contravention avait eu lieu dans les domaines de
l'un ou des autres.

Très souvent et afin d'arriver plus sûrement à la répression des délits, les ordonnances attribuaient une
certaine part des amendes, soit aux gardes, soit aux
dénonciateurs : ainsi celle du 10 mai 1566 donnait au
dénonciateur le tiers de l'amende ; celle du 29 juin 1698
laisse aux gardes la moitié et l'autre moitié aux capitaines des chasses ; enfin celle du 17 avril 1698 augmente
la part accordée au dénonciateur et la porte à moitié.

Les ducs de Lorraine dans le même but avaient
rendu les communes responsables de tous les délits de
chasse commis sur leurs territoires et dont les auteurs
n'avaient pu être découverts. (Ordonnance du 23 avril
1731.) C'était là une décision de la plus haute gravité,
et dont l'application fut une source de difficultés et
amena promptement le désarroi dans les finances communales, sans que pour cela les chasses fussent mieux
gardées ; aussi les réclamations furent-elles générales
et le législateur, suffisamment édifié sur la valeur de la
mesure antérieurement prise, la révoqua par ordonnance du 22 janvier 1735.

La justice paraissait toujours trop clémente pour les

prévenus aux yeux des ducs, et c'est ce motif qui leur inspira dès 1572 l'idée de mettre en adjudication la ferme des amendes pour délits de chasse. Le moyen était sûr, car les concessionnaires n'avaient garde d'abandonner les poursuites, source de leurs revenus, comme cela arrivait souvent de la part des officiers royaux. (Ordonnances du 3 janvier 1572 et 8 août 1621).

Le législateur s'était ensuite activement occupé des braconniers, et presque toutes les ordonnances portaient contre eux des peines sévères ; celles du 17 avril 1698 prononçait contre toute personne ayant tendu : filets, bricolles, lacs, colliers et attrayères, les mêmes sanctions que celles édictées contre les chasseurs pris avec armes à feu. La déclaration du 23 avril 1731, afin d'encourager les délations, accordait une somme de 200 francs à toute personne ayant dénoncé un tendeur de collets, et portait contre ces derniers une amende de 100 francs, de 200 en cas de récidive, et 500 en cas de seconde récidive.

D'un autre côté, les chiens isolés pouvaient chasser dans les bois des seigneurs, même sans la participation active de leurs propriétaires, et ainsi faire diminuer le nombre des pièces de gibier ; aussi les ordonnances vinrent-elles prendre des mesures pour y remédier, en prescrivant que les chiens ne devraient sortir sans avoir « un bracot de bois au col, de la longueur de deux pieds, sous peine d'une amende de 5 francs. » (Ordonnance du 10 mai 1566). Cette disposition fut confirmée par l'ordonnance du 17 avril 1698, accordant la moitié de l'amende au rapporteur, et par celle du 15 janvier 1704 ordonnant que les chiens eussent un bilon ou une chaîne au cou, ou bien le jarret coupé, dans le délai d'un mois. En 1708 on jugea que le bilon ne suffisait plus, et on décida que tous les chiens des laboureurs, vignerons et autres habitants des villes et villages devraient avoir le jarret coupé, sous peine de vingt francs d'amende par chien, le tout sous la responsabilité des maires. (15 mars 1708). De plus les gardes-chasses avaient le droit de tuer tous ceux qu'ils rencontraient en pleine campagne.

Enfin, comme dernier moyen d'empêcher les infractions aux règlements sur la chasse, il était fait défense à tout individu de porter des armes à feu sur lui, sauf celles qui étaient nécessaires à sa défense et à condition qu'il ne s'éloignât pas des grandes routes; en conséquence toute personne trouvée avec un fusil dans un sentier était passible d'une amende de 100 francs et de 200 francs, lorsqu'il était accompagné d'un chien. (Ordonnance du 17 avril 1698). Quant aux seigneurs, qui jouissaient du droit de chasse, ils ne pouvaient porter d'armes que dans les domaines dépendant de leurs justices, ou pour se rendre dans leurs chasses. (15 janvier 1704).

Avant de terminer cette section, nous signalerons la permission accordée aux habitants des communes de se livrer à la chasse des bêtes fauves, paraissant dangereuses pour la sécurité publique. Les animaux sauvages compris dans ce terme étaient principalement les loups, les chats sauvages et les renards, l'on voit que les sangliers n'y figuraient pas, car nous savons qu'ils avaient au contraire été l'objet d'une ordonnance protectrice.

A une certaine époque, par suite de la longue période

de guerres que traversa la Lorraine, et pendant laquelle les seigneurs ne purent se livrer aux plaisirs de la chasse, les loups devinrent si nombreux, que le droit de les détruire se changea en une véritable obligation imposée aux communes, qui durent établir une « louvière » à chaque extrémité du village et les amorcer tous les soirs, sous peine de 50 francs d'amende. (Ordonnance du 8 juillet 1698). On entendait par « louvière » une fosse de vingt pieds de profondeur, sur dix-huit de large en bas et douze en haut, dans lesquels les loups se prenaient, paraît-il, assez facilement. L'entretien de ces engins constituait une véritable charge pour les communes, car nous voyons dans un acte de 1768 que la commune de Sorcy, par exemple, payait annuellement une somme de 46 livres à Henri de Lacroix, qui s'était chargé de les amorcer tous les jours.

Les ducs de Lorraine accordèrent le droit de porter des armes à toute personne se rendant à des battues aux loups faites par les communes et annoncées à son de trompe. Afin de diminuer cette « *grande multitude de loups* », l'ordonnance du 7 décembre 1664 exigea que chaque communauté apportât à la Cour au moins une tête de loup par an, sous peine de 50 francs d'amende ; aussi les communes avaient-elles grand intérêt à ce que les habitants ne manquassent pas de se rendre aux battues, et dans ce but elles obtinrent un règlement en vertu duquel les réfractaires furent frappés d'une amende de deux francs pour chaque absence. (Règlement du 19 novembre 1703).

Lorsqu'un loup avait été tué, le chasseur qui l'avait abattu n'avait pas le droit d'en conserver la peau, mais il devait l'apporter aux officiers royaux dans la quinzaine, moyennant une légère rétribution en argent, sous peine de 5 francs d'amende (Règlement du 19 novembre 1703).

Enfin on créa un véritable service de louveterie, et par édit du 10 mars 1702, on institua un grand maître de louveterie pour les duchés de Lorraine et de Bar. C'était à ce fonctionnaire qu'incombait l'obligation d'organiser les battues nécessaires, de les surveiller et de distribuer aux traqueurs les armes et munitions nécessaires.

Cette organisation, nouvelle pour la Lorraine, avait été introduite dans le duché de Bar, depuis une ordonnance du 7 mars 1614.

Section VIII.

Du droit de pêche.

Comme le droit de chasse, le droit de pêche était déjà considéré comme un véritable privilège régalien par une loi d'empire de 1152, mais en fait ce droit était rarement exercé pour les seigneurs eux-mêmes, qui d'habitude le concédaient à prix d'argent.

Sous l'empire des coutumes, le droit de pêche appartient essentiellement aux seigneurs hauts-justiciers pour tous les cours d'eau se trouvant dans le ressort de leurs juridictions. (Lorraine : XV, 33.) Dans notre province nous ne trouvons à cette époque aucune trace de la distinction des rivières navigables ou flottables et des autres cours d'eau, aussi pouvons nous poser en principe que nul en Lorraine n'avait le droit de pêcher, même à la ligne, s'il n'était haut-justicier, ou s'il n'avait reçu une concession formelle à ce sujet. (Lorraine : XV, 33.)

Les ducs jouissaient de ce droit dans tous leurs domaines et plus tard sur tous les cours d'eau navigables situés en Lorraine : mais ce dernier point présentait peu d'importance pratique à cause de la rareté des rivières de cette nature.

Les concessions du privilège de pêcher n'étaient pas rares ; elles émanaient soit des ducs, soit des hauts-justiciers et pouvaient être individuelles ou collectives ; parmi ces dernières, nous signalerons l'autorisation donnée aux bourgeois de Nancy, pour leur « défruit seulement » et sans avoir la possibilité d'en faire le commerce. (Lorraine : XV, 34. — Gorze : XVI, 68. — Châtel-sur-Moselle : IX, 26.) Cette dernière clause était générale et s'étendait à toutes les concessions.

Le droit de pêche était souvent l'occasion de nombreuses fraudes, aussi plusieurs ordonnances exigèrent-elles la représentation des titres de concession pour toutes les personnes exerçant ce droit sans être hauts-justiciers, (5 mai 1783) sous peine de la révocation définitive du privilège.

Quant aux moyens et aux bas-justiciers, ils ne jouissaient de ce droit que sur les rivières leur appartenant en pleine propriété, et d'ailleurs cette jouissance n'était point exclusive, mais commune avec le haut-justicier dans le ressort duquel se trouvaient lesdites rivières.

On voit qu'en Lorraine, la coutume n'avait pas fait du droit de pêche un attribut de la haute-justice seule, mais qu'il semble plutôt qu'il ait été considéré comme un des avantages de la propriété seigneuriale ordinaire ; aussi cette législation nous prévient-elle que l'exercice de cette prérogative n'emporte pas « ipso facto » le droit de juridiction, si ce privilège ne résulte pas en outre de l'usage, ou d'un titre formel (Lorraine : XV, 35.) A Gorze, au contraire, l'exercice de la pêche constituait une véritable présomption de légitimité du titre de haut-justicier.

Nous mentionnerons enfin comme pouvant user de ce droit, les personnes qui l'auraient acquis par la prescription ordinaire de trente ans contre les seigneurs laïques, et de quarante ans contre les gens d'Eglise.

Tous les habitants, jouissant du droit de pêche, ne devaient l'exercer que de jour ; la pêche de nuit étant expressément interdite depuis le coucher jusqu'au lever du soleil, parce que, dit Marcol : « elle est préjudiciable et ruine les rivières. » La pêche était également prohibée les jours de dimanches et de fêtes, et pendant toute « la durée de la fraie », sous peine de 50 francs d'amende. Ce temps de réserve commençait le 1er novembre et se prolongeait jusqu'au mois d'avril ou de mai, et exceptionnellement jusqu'au 15 janvier seulement pour les rivières, où la truite était abondante. Pendant toute cette saison, il était aussi défendu de vendre du poisson pris en fraude. (Réglement général des eaux et forêts de 1707 : VI, 1, 2 et 3.) Les contrats de concession pouvaient du reste modifier ces prohibitions, sauf celles relatives au temps réservé, en les restreignant, ou ce qui était plus fréquent, en les augmentant [1].

La coutume avait ensuite indiqué la façon dont le droit de pêche devait être exercé, en édictant que les

[1] Ainsi l'acte de concession du 9 janvier 1619 aux habitants d'Azerailles ne leur permettait la pêche que les mercredi, vendredi, samedi de chaque semaine, et pendant tout le carême.

personnes qui en avaient obtenu la concession ne pourraient se servir « que de la ligne sans plomb, de la
charpagne, de la petite trouble et enfin du supplot. »
(Lorraine : XV, 33.) Les ordonnances, en outre, avaient
eu soin d'indiquer la dimension et la nature de tous les
engins autorisés. Dans ce but, les ducs avaient fait déposer dans chaque gruerie un type des instruments permis, et chaque ayant-droit devait se conformer à ces
modèles et faire vérifier ces engins, sur lesquels les officiers royaux mettaient une marque au poinçon, destinée à faire preuve de leur vérification, (Ordonnances du
12 mai 1597 ; 14 novembre 1617 et 5 février 1753.) Le
tout à peine de dix francs d'amende, sans préjudice de
la confiscation des objets prohibés, qui étaient livrés au
feu. L'ordonnance de 1617 spécifiait en particulier qu'il
était expressément interdit de se servir « d'harnois dormants, filets dormants, harnois liants avec chamois,
éprivières, vendiserots, et de tendre des nasses. »
   Afin d'arrêter le dépeuplement des rivières le législateur avait dû prendre d'autres précautions ; aussi
les ordonnances du 4 février 1703, 27 avril 1722 et du
5 février 1753 défendaient-elles sous peine d'amende arbitraire et de dommages-intérêts aux seigneurs de faire
« rouïr » le chanvre[1], dans les rivières, de peur que
la décomposition de ces végétaux n'amenât un empoi-
sonnement du poisson. Il était également interdit, dans
cette vue, de conserver toutes les truites et les ombres,
mêmes capturées avec des engins vérifiés, ayant « moins
de huit pouces entre tête et queue ». (Ordonnance du

---

[1] Cette opération consiste à faire tremper le chanvre dans l'eau, afin
d'en amollir les tissus et de le rendre plus façonnable

14 novembre 1617, confirmée par celle du 23 juin 1708).
Il était également interdit aux titulaires du droit de
pêche d'intercepter le cours naturel des rivières, en
les barrant, ou en y pratiquant des digues ou réservoirs
pour y attirer le poisson et pour s'en emparer plus
facilement, sous peine de 50 francs d'amende, et de
100 francs en cas de récidive. C'était là une prescription d'ordre public qui ne pouvait être levée, par
les hauts justiciers. (Ordonnance du 23 juin 1708 et du
14 août 1721).

Toute personne qui avait pêché au moyen d'appâts,
ou de poison jeté dans les rivières était passible d'une
amende de 100 francs, et de peines corporelles pour
la seconde fois. (Règlement de 1707 : VII, 5). A Luxembourg, la coutume portait que ceux qui avaient lancé
des amorces dans l'eau « pour endormir le poisson »
subiraient une amende de trois florins d'or. (XVIII, 30).

L'institution des gardes-pêche existait comme celle
des gardes-chasse. Ils étaient nommés par le duc ou
par les seigneurs, et résidaient dans chaque gruerie,
mais nous devons faire remarquer que si ces concessionnaires ne jouissaient pas de la haute-justice, ils
ne pouvaient eux-mêmes nommer leurs gardes, mais
devaient en solliciter la nomination du haut-justicier.

A ce propos, nous mentionnerons à titre de curiosité
l'existence d'un corps d'officiers de pêche, sur les rivières de la Vologne et du Neuné, et dont la mission
spéciale consistait à empêcher ou à surveiller les pê-
ches de perles alors assez communes dans ces deux
cours d'eau. Leur traitement était de 50 francs.

Les gardes domaniaux avaient un droit de surveillance

sur toutes les rivières de la province, même sur celles dépendant des hauts-justiciers, ainsi que sur les marchés et débitants de poissons, qui devaient observer les règlements homologués par les ducs.

Les affaires litigieuses suivaient une procédure sommaire analogue à celle usitée en matière de chasse ; quant au montant des amendes le règlement de 1707 l'avait fixé à 25 francs pour les contraventions commises de jour et à 50 francs pour celles de nuit. (VII, 5). A Vitry, l'amende n'était que de 60 sols seulement. (Vitry : 121).

Le bénéfice des amendes appartient en principe à celui qui a le droit de pêche et à qui le délit a porté préjudice ; mais cette disposition change, lorsque le titulaire n'a pas la haute-justice ; hypothèse, où l'amende est attribuée au justicier et où le propriétaire n'a droit qu'aux dommages et intérêts. (Lorraine : xv), 33. — Gorze : xvi, 66).

En terminant, nous ferons remarquer qu'il ne faut pas confondre le droit de pêche avec le droit d'étang ; car en effet si le premier constitue un véritable privilège, le second au contraire est de droit commun et n'est simplement que l'exercice du droit de propriété.

Chaque propriétaire avait la faculté d'établir chez lui, comme bon lui semblait, un étang, s'il avait suffisamment d'eau pour l'alimenter. Dans ce cas cet étang et les poissons qu'il renferme lui appartiennent au même titre que tous ses autres biens ; aussi personne ne peut-il y avoir le droit de pêche et celui qui s'emparerait du poisson commettrait un véritable vol. (Vitry : 121. — Évêché de Metz : xiv, 20. — Gorze : xvi, 64) [1].

[1] Les ducs de Lorraine possédaient un grand nombre d'étangs, dont

Section IX.

Du droit de deshérence.

Le seigneur haut-justicier, en vertu de sa qualité, a droit à toutes les successions en déshérence, c'est-à-dire qui ne sont pas réclamées par les héritiers, ou qui ne peuvent être recueillies par personne, le défunt n'ayant laissé aucun héritier, pour les biens situés dans son ressort. Le justicier avait également ce droit, lorsqu'il n'existait des héritiers que dans une seule ligne, la loi le substituant dans les droits de la ligne non représentée. (Lorraine VI, 9. — Lorraine : VI, 5. — Bar : 37).

Lorsqu'un seigneur s'emparait ainsi de biens de cette nature, il devait par contre en subir les charges, et entre autres payer les dettes du défunt, et délivrer les legs, jusqu'à concurrence seulement de la valeur des fonds recueillis, la jurisprudence coutumière n'ayant jamais admis que le justicier représentait le *de cujus*.

En pratique, le seigneur ne se mettait point directement en possession des biens aussitôt qu'il en connaissait l'existence, mais il suivait une procédure spéciale destinée à le mettre à l'abri de tout recours de la part des héritiers. Ces formalités préliminaires peuvent s'exprimer dans les quelques points suivants. Le sei-

les produits se vendaient très cher. Des gardes spéciaux y étaient attachés avec mission d'empêcher les dévastations et de tuer les animaux nuisibles aux poissons.

gneur devait : 1°) Procéder par voie de saisie sur les biens vacants, à la requête de son procureur fiscal ; 2°) Faire mettre les scellés sur les meubles ; 3°) faire nommer un curateur aux biens ; 4°) faire inventaire ; 5°) publier sa prise de possession en suivant les usages locaux ; 6°) inviter les héritiers à se présenter ; 7°) enfin faire procéder à l'adjudication de ces biens à son profit.

Après l'accomplissement de ces diverses formalités, les seigneurs ne pouvaient plus être tourmentés, et si un héritier se présentait dans les trente ans, il n'avait droit qu'à la restitution du prix de la vente ; s'il ne se présentait qu'après l'expiration de ce délai, ses prétentions ne pouvaient plus être écoutées. A Vitry, le délai n'était que de cinq ans, passés lesquels le haut justicier était propriétaire incommutable, sauf toutefois le cas où l'héritier était mineur, hypothèse dans laquelle la prescription ne courait pas.

Section X.

Du droit de bâtardise[1].

La coutume de Lorraine était muette sur ce point, mais l'usage, au dire de tous les commentateurs, était constant d'attribuer aux seigneurs hauts-justiciers les successions laissées par les bâtards, décédés sans descendance légitime. Sous ce terme de bâtard il fallait comprendre tout à la fois les enfants naturels simples, les

[1] Nous ne faisons pas mention du droit d'aubaine, qui était un droit régalien, et qui d'ailleurs n'existait presque pas en Lorraine, où il avait été aboli par des traités.

enfants adultérins et les enfants incestueux. (Epinal :
VI, 10.)

A Bar, cet avantage existait aussi au profit du justicier, mais la loi exigeait, pour cette attribution, que le
bâtard fût né dans le ressort de la haute-justice, qu'il y
eût son domicile et qu'enfin il y fût mort. Ces conditions n'étant point imposées dans le baillage de Nancy ;
on ne les suivait pas, et dans tous les cas, ces successions appartenaient aux justiciers, tandis qu'à Bar et à
Saint-Mihiel (II, 15,) elles étaient attribuées au duc,
quand l'une de ces exigences venait à faire défaut.

Les ducs de Lorraine pouvaient donner des lettres-
abolitives de cette déchéance ; ainsi en 1556 une pareille faveur fut accordée à Nicolas Chauseti, moyennant une redevance annuelle de douze gros.

Section XI.

Du droit d'épave.

On entendait par le droit d'épave, la prérogative
qu'avait le haut-justicier de s'approprier les objets abandonnés et sans maître. Le droit d'épave pouvait, d'après
les coutumes, s'appliquer soit à des immeubles, soit à
des meubles trouvés épars sur le sol ; ce dernier caractère distinguant l'épave du trésor. (*Infra.*) (Lorraine :
VI, 5. — Bar : 32 et 37. — Bassigny : 44. — Gorze : III,
31 et 32.)

Parmi les objets, qui étaient ainsi attribués aux seigneurs, nous signalerons d'abord les « attrayères. » Les
auteurs lorrains étaient loin d'être d'accord sur le sens
à donner à cette expression : selon les uns, ce terme

était générique et embrassait tous les biens dévolus en vertu du droit d'épave aux hauts-justiciers ; tandis que selon les autres, il fallait entendre par ce mot toutes les choses, dont le seigneur devenait propriétaire et qui étaient situées dans le ressort d'une autre justice.

La coutume, dans son énumération des épaves, parle ensuite des: « accrües et acquets d'eau, » qu'il ne faut pas confondre avec les produits de l'alluvion, appartenant aux riverains. Ici le texte vise le cas où des îles viennent à se former accidentellement dans les rivières situées dans le ressort de la haute-justice. Si le seigneur a droit de juridiction sur les deux rives, l'île lui est attribuée en totalité, si au contraire, l'île est située au milieu de la rivière, et que chaque rive dépende d'une justice différente, l'île sera partagée entre les deux riverains par moitié. (Lorraine : VI, 5.) Nous avons supposé, qu'il s'agissait d'une rivière non navigable, car lorsque l'île avait surgi dans un fleuve ou une rivière navigable (en Lorraine, la Moselle, seule était dans ce cas,) elle appartenait aux ducs.

On peut encore faire rentrer dans cette section les terres vaines et vagues, c'est-à-dire les fonds abandonnés sans aucune culture depuis plus de trente ans, et les arbres sauvages portant fruits épars dans la campagne, dont la propriété était reconnue aux seigneurs hauts-justiciers [1]. (Arrêt du 11 février 1710. — Saint-Mihiel : II, 15 et XIII, 15. — Lorraine : XV, 32.)

---

[1] Cette attribution explique la nécessité de l'autorisation à demander au seigneur, pour pouvoir couper un arbre fruitier sauvage. Les fruits étaient communs à tous les habitants de la commune ; quant aux propriétaires, dans les champs desquels ils étaient situés, ils n'avaient pas plus de droits que tous les autres habitants relativement

La coutume accordait donc aux seigneurs hauts-justiciers le droit de s'emparer des épaves de toute espèce, mais en même temps, elle avait pris certaines précautions destinées à empêcher une attribution trop prompte de la chose trouvée au profit des seigneurs.

Lorsqu'un habitant avait trouvé une épave mobilière, il devait en prévenir dans les vingt-quatre heures les officiers de la haute justice du lieu de la trouvaille, sous peine d'encourir une amende, qui à Saint-Mihiel, était fixée à 60 sols (II, 17. — Clermont (I. 28.) Si l'inventeur avait disposé de la chose, il était condamné à une amende arbitraire, avec obligation de rendre la valeur de l'objet. (I, 29.) La déclaration faite, la personne qui avait trouvé l'épave devait la conserver chez elle, à titre de dépôt, pendant six semaines en Lorraine et à Chatel (III, 8) et pendant quinze jours seulement à Clermont (I, 17,) puis faire annoncer la découverte au prône de l'Eglise paroissiale et à celui des annexes, s'il y en avait, afin que chacun fût informé et averti. A Clermont, l'annonce devait également être faite aux vêpres, et dans les localités avoisinantes, où se tenaient des marchés (I, 27.); à Bar, il fallait trois annonces pendant trois dimanches consécutifs, ainsi qu'en Bassigny. Si pendant ces délais, un réclamant se présentait et s'il pouvait prouver d'une façon suffisante son droit de propriété sur l'objet trouvé, il lui était restitué. Quant au mode de preuve exigé dans cette procédure, il n'était pas déterminé par la coutume, mais laissé à l'appréciation des juges.

aux fruits, mais ils pouvaient ébrancher ces arbres jusqu'à trois mètres de hauteur lorsque les branches gênaient la culture, et empêcher la cueillette de ces fruits tant que les récoltes n'étaient point enlevées. (Clermont : xix, 15, 14 et 16).

Si le délai était expiré, sans que personne ne se fût présenté, l'épave appartenait alors au seigneur haut justicier. On peut voir par ces détails, que la coutume de Lorraine avait pris de sages précautions pour éviter de véritables spoliations, que l'on aurait pu, sans cela, déguiser sous le nom de « droits de justice. »

Toutefois, quand l'objet trouvé était sujet à dépérissement, il pouvait être immédiatement vendu par adjudication publique et « solennelle », sauf à verser les deniers en provenant entre les mains du propriétaire, lorsqu'il se serait fait connaître. Dans tous les cas, ce dernier devait toujours payer les frais occasionnés pour la vente, ou par l'entretien de la chose, ce qui arrivait principalement chaque fois que l'épave consistait en un animal égaré, auquel nos coutumes avaient donné le nom « d'épaves pâturantes. (Lorraine : VI, 7. — Bassigny : 8. — Clermont : I, 27 — Evêché de de Metz : V, 11 — Saint-Mihiel : II, 17.)

Au sujet des épaves, une question intéressante s'était présentée en pratique ; il s'agissait de savoir si les seigneurs riverains d'un cours d'eau avaient le droit de s'approprier les bûches de bois amenées par les eaux sur leurs terrains, alors qu'elles avaient été lancées au flottage où à « bûches perdues ». Les hauts-justiciers prétendaient avoir cette prérogative, mais la jurisprudence et les ordonnances vinrent établir et sanctionner la règle contraire et décider que les bois de cette nature devraient, dans toutes les hypothèses, être restituées à leurs propriétaires. (Ordonnances du 16 décembre 1729 et 26 juillet 1734.)

Une coutume, dont l'influence, il est vrai, était peu considérable en Lorraine, faisait seule exception aux

principes généraux que nous avons posés, c'était celle
de Luxembourg, où l'épave appartenait pour moitié au
seigneur haut-justicier, et pour l'autre moitié à l'inventeur, s'il avait eu soin d'en prévenir le seigneur dans
les trois jours, et si le propriétaire de l'objet perdu ne
s'était point présenté dans les six semaines de la découverte. (Luxembourg : IV, 19, 20 et 21.)

Section XII.

Du Trésor.

La coutume de Lorraine, avant d'indiquer la façon
dont le trésor était partagé, en présentait, pour ainsi
dire une théorie juridique. Elle exigeait, en effet, pour
qu'il y eût trésor, que l'objet qui le constituait fût enfoui
soit en terre, soit dans un autre immeuble, que cet en-
fouissement fût très ancien, qu'on ne pût en découvrir
le propriétaire, et qu'enfin la trouvaille eût été faite for-
tuitement. (Lorraine : VI, 8.)

Quant à son attribution, elle se réglait d'après les distinctions suivantes. Et d'abord le trésor avait pu être
trouvé par des individus travaillant dans un lieu public, dépendant d'une haute-justice ; l'objet était alors
dévolu pour moitié au justicier, et pour l'autre aux in-
venteurs : mais s'il s'agissait d'une grande route, la part
attribuée au justicier revenait de plein droit au duc.
Lorraine : VI, 8. — Gorze : III, 29. — Evêché de Metz
V, 12. — Bar : 44. — Saint-Mihiel : II, 18.)

Si la découverte est faite dans une propriété privée, et
par le propriétaire lui-même, les deux tiers du trésor
lui appartiennent, tandis que le haut-justicier a droit

au troisième tiers. Si l'inventeur n'est pas le propriétaire, il en aura un tiers, le justicier un autre, et enfin
le propriétaire le dernier. (Lorraine : VI, 6. — Bassigny :
11. — Gorze : III, 29. — Evêché de Metz : V, 12. — Bar :
44. — Saint-Mihiel : II, 18.)

Dans toutes ces hypothèses l'inventeur n'avait droit
à une part quelconque du trésor, qu'autant qu'il en
avait fait notification dans les vingt-quatre heures au
haut-justicier, et à Bar immédiatement (44). La sanction de cette obligation consistait dans la confiscation
de toute la part revenant à l'inventeur au profit du seigneur, mais jamais celle revenant au propriétaire ne
pouvait être enlevée à ce dernier, car on lui eût fait
ainsi supporter la faute d'autrui. Le coupable était en
outre frappé d'une amende arbitraire, proportionnée à
la gravité du délit. (Lorraine : VI, 8. — Evêché de Metz :
V, 13. — Bar : 44. — Saint-Mihiel : II, 18).

Nous remarquerons, toutefois, que la personne, qui
avait fouillé le terrain d'autrui, sans son consentement,
et qui y avait trouvé un trésor, n'y avait aucun droit,
le partage se faisant dans ce cas par moitié entre le justicier et le propriétaire du fonds.

Section XIII.

Du droit de confiscation en matière criminelle.

Lorsqu'un coupable était frappé d'une condamnation
soit à la mort naturelle, soit à la mort civile, le jugement, qui prononçait contre lui cette sentence, emportait de plein droit la confiscation de tous ses biens et
leur dévolution au seigneur haut-justicier. C'est ce ré-

sultat que les coutumes lorraines indiquaient par cette maxime bien connue : « Qui confisque le corps, confisque les biens ». (Lorraine : VI, 11. — Bar : 29. — Bressigny : 2).

La confiscation en principe avait lieu contre tout condamné quelle que soit sa qualité, mais la coutume de Lorraine en exceptait les gentilshommes, mais pas les anoblis.

Cette sanction avait pour effet de priver le coupable de la totalité de ses biens, de telle sorte que le résultat était inique, puisque, comme l'avaient déjà remarqué les commentateurs de l'époque, les enfants et descendants de l'inculpé étaient frappés pour un crime qu'ils n'avaient point commis.

Lorsque la confiscation était prononcée contre un homme marié, elle s'étendait à tous les meubles, et à la moitié des acquêts de la communauté, et à tous ses biens propres, sur lesquels la femme conservait néanmoins son droit au domaine et à ses reprises. (Evêché de Metz : V, 7. — Lorraine : VI, 13). Sous la coutume de l'Evêché de Metz, la confiscation dans ce cas ne pouvait atteindre les « habits, bagues, joyaux et chevesse de la femme », et en Bassigny, cette peine ne s'étendait que sur la moitié seulement des meubles et des acquêts. (Bassigny : 2. — Saint-Mihiel : II, 19).

Au contraire, si c'est la femme qui a été condamnée, le jugement ne peut être exécuté que sur ses propres, ou « anciens » (Lorraine : VI, 14. — Bassigny : 4. — Bar : 31), et sur sa part des acquêts dans l'Evêché de Metz. (V, 8).

La confiscation en Lorraine et dans la presque totalité des autres coutumes, sous la réserve des deux hypothèses que nous venons d'indiquer, portait sur l'ensemble des biens des coupables, tant meubles qu'immeubles, situés dans le ressort de la haute-justice, où le crime a été commis. (Lorraine : VI, 11). A Epinal, par exception, la confiscation ne peut jamais atteindre que les meubles, mais partout le crime de lèse-majesté emporte confiscation contre toute personne, même contre les gentilshommes, et sur tous les biens, sans aucune réserve.

Cette peine était ordinairement prononcée au profit du seigneur haut-justicier local, pour qui elle était une compensation des frais occasionnés par la poursuite des criminels, quoiqu'il pût y avoir des exceptions à cette règle. La confiscation en effet avait lieu au profit du duc, lorsqu'il s'agissait d'un crime de lèse-majesté, puis en faveur du seigneur féodal, quand le crime avait été commis contre un suzerain qui ne jouissait pas des prérogatives de la haute-justice. Nous savons, d'un autre côté, qu'il pouvait arriver qu'un seigneur eût les émoluments de la haute-justice sans en avoir l'exercice, c'est-à-dire le pouvoir de prononcer les condamnations, aussi dans cette hypothèse la confiscation avait toujours lieu à son profit.

Les biens confisqués passaient dans les mains du haut-justicier, tels qu'ils se trouvaient au jour de la condamnation, et avec toutes leurs charges ; aussi ce seigneur était-il obligé de payer les dettes du coupable mais jusqu'à concurrence seulement de ce qu'il avait reçu.

L'effet de la confiscation pouvait cesser de deux façons, soit par la grâce accordée au coupable, soit par la prescription libératoire lorsque le justicier avait oublié de se mettre en possession pendant trente ans, soit enfin par la mort du condamné, après le prononcé du jugement, mais pendant les délais d'appel, ou même après la confirmation de la condamnation, mais avant son exécution.

Section XIV.

Du droit de confiscation en matière civile.

Les hypothèses où la confiscation était prononcée en matière civile au bénéfice des hauts-justiciers sont très nombreuses et éparses dans nos coutumes. Nous nous contenterons de donner la liste des principales, d'après Mengeot, sans nous arrêter aux détails pour chaque cas particulier, dont nous connaissons déjà quelques-uns, et dont nous retrouverons la plupart des autres au cours de cette étude.

On peut ramener à quatorze, les faits qui donnent lieu à cette sanction, qui sont :

1° Commise d'un fief pour inexécution de la prestation de la foi et de l'hommage dans les conditions requises. (Supra.)

2° Reprises de « bêtes à laine » en pâture dans les forêts. (Infra.)

3° Bestiaux repris en vaine-pâture dans les « bois non défensables. » (Infra.)

4° Engins et harnais des contrevenants aux lois de la pêche. (Supra.)

5° Bétail pris « à garde faite » de nuit dans les prés. (Infra.)

6° Porcs repris dans les prés, ou autres lieux en défense. (Infra.)

7° Bétail pris en transfinage. (Infra.)

8° Porcs repris dans les forêts en temps de glandée. (Infra.)

9° Chevaux, harnais et voitures de ceux « repris en mésus aux bois de nuit. » (Infra.)

10° Biens communaux vendus sans l'autorisation du seigneur. (Infra.)

11° Bestiaux des forains repris dans les pâturages, mis en embanies. (Infra.)

12° Troupeau à part mis en pâturage par une autre personne que le titulaire de ce privilège. (Infra.)

15° Arbres, ou haies plantés illégalement sur les chemins publics.

14° Marchandises de contrebande.

Dans toutes ces hypothèses, la confiscation était prononcée au profit du justicier à la suite du jugement rendu par les tribunaux, le bénéficiaire ne pouvant jamais de lui-même s'emparer des biens soumis à la confiscation. Cette peine d'ailleurs n'avait pas ici la même étendue qu'en matière criminelle, car au lieu de porter sur l'université du patrimoine du coupable, elle se limitait à certains objets spécialement déterminés, qui formaient pour ainsi dire le corps du délit, et sans que jamais ce seigneur eut à supporter aucune dette du contrevenant. Il ne faut pas oublier non plus de faire remarquer à ce sujet, que le premier cas d'application cité par nous ne se réalisera que lorsque le haut-justicier sera en même temps seigneur féodal.

Du droit aux amendes civiles et criminelles.

Comme pour la section précédente, nous ne ferons qu'énumérer les principaux cas, où des amendes sont prononcées au profit des seigneurs hauts-justiciers :

1° Mésus champêtres par échappée. (Infra.)

2° Mésus par abandon. (Infra.)

3° Mésus de garde-faite de jour. (Infra.)

4° Non-clôture, (infra), dans le cas où la clôture est obligatoire.

5° Transfinage simple. (Infra.)

6° Recousse, ou attaques contre les gardes-chasse. (Supra.)

7° Entreprises illicites sur les chemins.

8° Arbres coupés en campagne.

9° Violations des bans. (Infra.)

10° Pâturages dans les terrains voisins des embanies. (Infra.)

11° Reprises de porcs dans les vignes. (Infra.)

12° Amendes de gruerie. (Supra et infra.)

13° Amendes de glandée et paisson. (Infra.)

14° Amendes de chasse. (Supra.)

15° Amendes de pêche. (Supra.)

16° Entreprises de proxenètes en matière de mariage. (Lorraine : I, 18.)

17° Epaves recélées. (Supra.)

18° Trésor non notifié. (Supra.)

19° Cens non payé. (Infra.)

20° Ventes recélées. (Bar : 53.)

21° Faux poids et mesures. (Saint-Mihiel: II, 22).

22° Bornes enlevées. (Infra.)

23° Troubles de toute nature..., etc.

2° Groupe. — Des droits utiles contingents.

En dehors des prérogatives que nous avons déjà rapportées, les seigneurs pouvaient en outre jouir d'autres droits en vertu de clauses expresses insérées dans leurs titres, et qui avaient reçu le nom de droits utiles contingents.

Parmi eux, nous étudierons : 1°) Le cens (qui fera l'objet de notre seconde partie); 2°) Le champart; 3°) Les lods et ventes; 4°) Les corvées ; 5°) Droits de mainmorte ; 6°) Droits de foires et marchés; 7°) Obligation de grand poids; 8°) le rouage, forage, fouage, péage, travers, bac et pontenage ; mais nous faisons remarquer dès maintenant que ces droits n'étaient pas les seuls, et que la convention pouvait en créer une foule d'autres en les combinant à l'infini.

Section I.

Du champart et des dîmes.

On entendait par champart, le droit appartenant à un seigneur de prendre sur l'héritage qui y était soumis une certaine quantité des fruits de la récolte.

Cette clause spéciale, qui portait également les noms de *gerbage*, comme nous le voyons dans une charte de juillet 1229, dans laquelle Mathieu duc de Lorraine donne à l'abbaye de Remiremont les gerbages du ban de Roville, *d'accise*, de *terrage* ou *d'arrage*, était très fréquente principalement dans le baillage de Saint-Mihiel *(II, 26)*, et n'était jamais due qu'en vertu d'un titre formel. (Arrêts de la Cour souveraine 17 février 1714, 21 janvier 1715 et 25 mars 1547.) (Acte de 1445 contenant transaction entre l'abbaye de Clairlieu et la commune de Laneuveville au sujet d'un droit de terrage.)

Quant aux règles, qui régissaient le champart, ce sont les mêmes que celles des censives que nous étudierons bientôt.

Du champart, il faut rapprocher les dîmes, ou prestations en nature dues aux seigneurs ecclésiastiques, et aux laïcs, qui y avaient droit en vertu de leur inféodation *(supra.)*

La dîme se prélevait d'une façon générale sur toutes les récoltes, et le seigneur la faisait percevoir par un agent spécial appelé à Clermont « pied toyeur » qui avant d'entrer en charge devait prêter serment et être agréé par la communauté. (XXI. 2.) Il se rendait dans les champs au moment où la récolte venait d'être terminée pour prendre possession de la part revenant à son seigneur, soit en la présence du propriétaire, soit en son absence. (Clermont: XXI, 3). Si l'employé féodal ne se présentait pas pour opérer le partage, le propriétaire soumis à cette charge pouvait rentrer chez lui sa récolte, en laissant sur place la dîme, mais pour ne pas être inquiété par son suzerain, il devait prendre la précaution « d'appeler trois fois à haute et intelligible voix » le dîmier en présence de ses voisins (Clermont: XXI, 4.) et ce n'est que lorsque cet appel était resté sans résultat qu'il avait droit de déplacer sa récolte.

Section II.

Du droits de lods et ventes.

On entendait par droits de lods et ventes, ou par droit de quint, le droit accordé au seigneur de percevoir une certaine somme d'argent, lorsqu'il y avait une mutation de fief, à titre onéreux ou à titre gratuit ; mais dans ce dernier cas cet impôt portait plus spécialement le nom de droit de relief.

Nous avons vu qu'en Lorraine, le payement de semblables taxes était absolument exceptionnel, aussi ne devait-on interpréter les conventions en ce sens, qu'autant qu'elles étaient formelles. (Arrêt du conseil des finances du 26 mai 1771.) Nous trouvons un exemple de ces redevances dans un acte conférant à l'abbaye de Bainville-aux-Miroirs le droit de lods et ventes, fixé au sixième denier pour toutes les aliénations faites sur le finage de la dite communauté.

Les coutumes de Bassigny (103-106) et de Bar (53 55) font mention de ces prestations et exigent que le seigneur qui s'en prétend titulaire, soit pourvu d'un titre, par application de la maxime « nul seigneur sans titre. »

Le montant des droits de lods et ventes était en général laissé à la libre détermination des contractants, mais à Bar il ne pouvait jamais dépasser un gros par franc (52). Si cette contribution n'était point soldée régulièrement, le débiteur en retard était condamné à une amende de cinq sols. (Bar. 53.)

Le droit, qui en principe, devait être payé par l'acheteur comme faisant partie intégrante du prix, était dû pour toutes les mutations ; toutefois le seigneur n'y pouvait prétendre lorsqu'il s'agissait d'un échange fait sans soulte (Bar : 55.) — Bassigny : 103), de partage entre cohéritiers, de la résolution volontaire d'un contrat de vente (Bassigny : 106), d'une vente nulle, d'une vente à reméré, d'un bail emphytéotique, de constitution de rente irrachetable. (Bassigny : 105,) d'une vente faite en vue de l'intérêt public... etc :

Section III.

Des Corvées.

Les anciens juristes, et notamment Mengeot, donnaient des corvées la définition suivante. « Ce sont des servitudes personnelles, qui consistent dans des journées que les sujets sont tenus d'employer personnellement ou par leurs bêtes au service du seigneur, tant aux semailles, fenaisons que moissons, ou en cultivant et façonnant ses héritages, sans en tirer aucun salaire. »

La coutume de Saint-Mihiel fait une mention péciale de ces droits seigneuriaux, qui ne pouvaient jamais être réclamés qu'en vertu d'un titre, ou d'un « aveu ancien » c'est-à-dire résultant d'une possession immémoriale. (Saint-Miheil : x, 7.)

Une fois que l'obligation aux corvées est établie, elle ne peut plus s'éteindre que par convention, ou par possession immémoriale. Quant à la prescription ordinaire, elle n'est point possible en règle générale, le droit d'exiger l'accomplissement des corvées ne constituant pour le seigneur que des actes de pure faculté ; mais il en serait autrement si les corvéables s'étaient refusés à exécuter leurs obligations pendant trente ans après avoir fait contradiction formelle au seigneur.

Nous possédons un grand nombre d'actes portant exemption des droits de corvées, imposés antérieurement ; ainsi les habitants de Châtel-sur-Moselle en furent déchargés par une ordonnance d'Henri de Vaudémont du 5 décembre 1317 ; ceux de Lixheim par une charte de 1608, confirmée en 1623 : ceux d'Isches en vertu de lettres de Jean de Choiseuil d'Aigremont, leur seigneur, en date du 27 janvier 1453.... etc.

Il est essentiel de remarquer au sujet de ces prestations, qu'en Lorraine, les gentilshommes et les gens d'Église, possesseurs de biens de roture soumis aux corvées, n'en étaient point exemptés à raison de leur qualité, mais ils pouvaient simplement ne pas les accomplir eux-mêmes et se faire remplacer par leurs serviteurs.

Lorsque les corvéables exécutaient les charges, qui leur étaient imposées, ils devaient en principe subvenir eux-mêmes à leur nourriture et à leur entretien, mais en pratique les titres stipulaient presque toujours le contraire, et même quelquefois leur accordaient une faible rémunération. C'est ce que l'on peut voir par exemple dans les comptes du domaine de Nomeny, pour les années 1635, 1636 et 1638, où nous lisons que « les manouvriers du village d'Abaucourt sont attenus de faucher le breuil de Moince au commandement qui leur est fait, et ont chacun d'iceulx pour leur salaire un gros de Lorraine. Ils sont également tenus de reprendre et faner à la fourche le dit breuil et y retourner tant de fois qu'il soit fané, et ont pour salaire un gros. Les laboureurs du dit bien doivent conduire le

22

foin à Nomeny, et ont par chaque chariot un gros... »
A Bénesstroff, le procès-verbal du 21 septembre 1789
nous apprend également que les laboureurs y devaient
quatre jours de labourage par an à titre de corvées et
qu'ils recevaient quatre michettes de pain le matin et
autant le soir, chacune du poids d'une livre et demie.
(Voir un arrêt de la Cour souveraine du 12 août 1710,
contre le marquis de Beauveau au profit des habitants de
Fléville.)

Le seigneur qui jouissait de ces prérogatives, ne pouvait malmener les corvéables, ni les faire travailler de
nuit. Ce droit constituait pour lui un véritable bien,
une valeur qu'il cédait, soit à titre onéreux, soit à
titre gratuit, mais le concessionnaire ne pouvait obliger les corvéables malgré eux à aller travailler en dehors du ressort de la haute justice.

Section IV.

Du Droit de mainmorte personnelle.

Nous ne voulons point parler ici du droit de mainmorte relatif aux gens d'Église, au sujet duquel nous
nous sommes déjà expliqués, mais il pouvait arriver
qu'un seigneur eût des droits particuliers sur certaines
personnes: nous faisons allusion aux gens de condition
servile.

Ces droits de main morte personnelle, qui ne pouvaient être acquis qu'en vertu de titres exprès ou de
possession immémoriale, très communs au début de la
période féodale furent l'objet de restrictions successives
surtout depuis l'adoption de la loi de Beaumont, qui

les abolissait et les remplaçait par de simples redevances
annuelles, qui n'avaient rien de vexatoire. La coutume
d'Epinal les avait complétement supprimés ; à Vitry on
pouvait s'en exonérer par la prescription (146,) et les
ducs de Lorraine avaient porté un très grand nombre
d'ordonnances ou de chartes qui en prononçaient l'abo-
lition complète. C'est ainsi que par acte du 21 janvier
1491, René supprima ces redevances personnelles au
profit des habitants d'Houdreville, Hamméville, Battigny et d'autres villages du comté de Vaudémont.

Les gens de mainmorte (hoc sensu) étaient d'abord
soumis à la taille seigneuriale, ou redevance en argent,
dont le taux variait suivant les contrats, mais qui était
presque toujours très élevé. A Saint-Mihiel les sujets
étaient taillables à volonté (I, 11), ainsi que dans un
grand nombre de localités lorraines, par exemple à
Armaucourt (Déclaration de 1701), tandis que dans
l'Evêché de Metz cette règle constituait l'exception.

Peu à peu on s'aperçut du caractère rigoureux de
cette redevance qui se transforma très souvent en une
sorte d'abonnement, ayant les caractères d'un cens seigneurial ordinaire, grâce surtout à la jurisprudence
qui voyait avec faveur cette heureuse modification
(Lorraine : XVI, 10. — Saint-Mihiel : I, 11. — Bassigny : 40).

Le second droit prétendu par les seigneurs était celui
de formariage consistant dans l'obligation imposée aux
mainmortables d'obtenir l'autorisation de leur seigneur
pour contracter mariage, soit avec une personne d'autre condition que la leur même résidant dans la même
haute-justice, soit avec une personne de même qualité
mais domiciliée dans un autre ressort. (Saint-Mihiel :

I, 21. — Luxembourg : I, 9. — Vitry : 144. — Bassigny : 39 et 40). (Voir un acte de 1397, accordant cette
permission, au nom de Lubert de Cousance, évêque de
Verdun, à une femme nommée Jacquenette de Dommar-
tin-la-Chaussée).

Enfin on pouvait encore exercer contre les mainmortables le droit de forfuyance, qui était le pouvoir pour
un seigneur de poursuivre partout ceux de ses sujets
qui s'étaient enfuis hors de sa justice, le tout sans préjudice de la confiscation de leurs biens, (Bassigny : 44. —
Saint-Mihiel : 1, 12 et 14. — Bar : 37).

Tous les droits de servitude personnelle dont nous
venons de dire un mot furent complètement abolis dans
les domaines dépendant des ducs de Lorraine par un
édit d'août 1779, et ne furent plus désormais possibles
que dans les seigneuries particulières.

Droit de foires et marchés.

Lorsque l'acte de seigneurie réservait ce droit au Justicier, nul ne pouvait vendre sur les routes et places publiques, soit isolément soit en groupe et à des jours
convenus sans l'autorisation expresse du seigneur.
C'était pour lui une source de revenus, à une époque où
les foires répondaient à des nécessités de premier ordre
tant au point de vue économique qu'au point de vue
commercial. (Voir par exemple un acte du 23 janvier
1605 par lequel le duc de Lorraine adjuge ce droit pour
la ville de Baccarat, pour une somme de 56 francs, et celui du 17 décembre 1623 par lequel le duc Henri II, haut

justicier de Bauzemont accorde l'établissement d'un marché aux habitants de cette commune).

Section VI.

Droit de grand poids.

C'était la faculté au moyen de laquelle les seigneurs pouvaient forcer les marchands à venir peser à la bascule seigneuriale, sous la condition du paiement d'une redevance pécuniaire, tous les objets dépassant un certain poids ; ainsi à Darney, le droit était de huit deniers par cent, payable par les vendeurs ou acheteurs par moitié.

En conséquence, il était défendu à toute personne de posséder de telles bascules dans leurs demeures ; à Darney les balances, que chaque particulier pouvait établir chez lui, ne devaient pas peser des poids supérieurs à 25 livres. (Déclaration de 1633).

Cette obligation en fait se rapprochait beaucoup de la banalité, mais elle était moins étendue, puisque l'interdiction de posséder des balances n'était pas générale et exclusive.

Section VII.

Des droits de rouage, forage, fouage, péage, travers, bacs et pontenage.

Toutes ces prérogatives pouvaient, selon les circonstances, se rencontrer dans les contrats d'inféodation.

Le rouage était le droit pour le seigneur de prélever une certaine somme sur tous char ou charrette vides ou chargés, traversant la seigneurie ; ainsi nous lisons dans le pied-terrier général des domaines de Lorraine de 1703, qu'à Amance, le rouage était de huit deniers ; à Einville il était d'un gros huit deniers pour une voiture chargée, et de douze deniers pour une charrette.

Le forage consistait dans le pouvoir de percevoir une certaine quantité de vin, bière, cidre ou autres liquides, moyennant la concession d'une permission de vendre ces produits en détail.

On levait le fouage sur chaque feu de la seigneurie, c'est-à-dire sur chaque ménage. En 1487, les habitants de Belleau adressèrent une supplique au duc René pour obtenir la suppression du droit de fouage, qui chez eux se montait à 21 francs 4 gros, ce qu'ils obtinrent.

Le droit de péage était celui auquel on était astreint, lorsqu'on emportait en dehors du ressort de la justice des produits quelconques, et ce même impôt prenait le nom de droit de travers, lorsqu'on passait sur les routes, sans franchir les frontières de la seigneurie.

Celui de bac consistait dans le monopole d'établir des bacs et de percevoir une taxe pour toute personne qui en faisait usage. A Gondreville, le droit était de six blancs pour une voiture, et de trois deniers par personne. (Déclaration de 1738).

Enfin le pontenage était le droit que l'on était obligé de payer pour pouvoir traverser un pont ; à Arracourt il se montait à un denier par an à payer par chaque habitant ; à Einville il était de 8 deniers par voiture et, de 4 par charrette et de deux deniers par personne (comptes du receveur des domaines), enfin à Malzéville de un gros par char et 8 deniers par charrette, sauf pour les voitures chargées de matériaux de construction, qui en étaient exemptes.

3e *Groupe.* — *Des droits honorifiques attribués aux seigneurs hauts-justiciers.*

Jusqu'ici nous avons étudié les principaux avantages matériels auxquels les seigneurs avaient ou pouvaient avoir droit en vertu de leur qualité de hauts-justiciers ; il nous reste maintenant à dire un mot en terminant des droits purement honorifiques, auxquels ils pouvaient prétendre selon les circonstances.

Et d'abord quant au titre même que le justicier portait, tout dépendait de la terre dont il était en possession. Elle avait toujours sans doute la qualité de seigneurie, mais le domaine pouvait constituer soit un comité, soit un duché, soit un marquisat, soit une baronnie, et dans tous ces cas, le seigneur prenait la qualification de comte, duc, marquis ou baron [1].

Dans l'étendue de son domaine, le haut-justicier occupait toujours hiérarchiquement la première place et jouissait de certains avantages, comme par exemple de celui de vendanger un jour avant tous ses sujets, lorsque le ban avait été mis sur les vignes.

Dans les cérémonies, il avait toujours le pas sur tous ses vassaux. (Arrêt du 8 juin 1747 en faveur du seigneur de Pulligny contre les habitants).

[1] Erection en baronnie du domaine de Frivelle, le 2 juillet 1615 ; de Seraucourt le 22 octobre 1630 ; en marquisat des terres de Ville-sur-Illon le 15 mars 1703 ; et en comté du fief de Bulgneville le 16 février 1708.

A l'Eglise, le haut-justicier a le droit d'avoir un banc spécial placé en haut de la nef et devant le chœur, mais les premières places sont réservées au clergé, au patron et à l'ancienne noblesse. Le pain béni lui est offert avant de l'être aux assistants ; il passe le premier à l'offrande et aux processions et a le droit d'être recommandé nominalement, lui et sa famille, au prône de chaque messe paroissiale.

A leur mort, les seigneurs de cette qualité ont droit de sépulture au chœur ; c'était un privilège qu'ils ne partageaient qu'avec les patrons de l'Eglise. Pour leurs funérailles, l'intérieur et l'extérieur de l'Eglise devaient être tendus de draperies noires aux armes du défunt, en suivant d'ailleurs pour toute cette disposition les usages locaux ; ainsi à Châtel-sur-Moselle, au décès du haut-justicier, on devait sonner les cloches pendant trois jours et trois nuits. (III, 2).

Enfin le seigneur haut-justicier jouissait encore de quelques autres prérogatives purement honorifiques, comme celle de créer les fêtes paroissiales, et de permettre à cette occasion les danses et les jeux ; mais dans cette dernière hypothèse, les seigneurs devaient se conformer à l'édit du 15 août 1720, qui interdisait les jeux et les danses le jour de la fête et les autres dimanches et ne les tolérait que pour les jours ouvrables par exemple le lendemain de la fête, à condition qu'ils ne se continuassent pas pendant la nuit.

Le seigneur haut-justicier pouvait encore autoriser les habitants d'une commune à se réunir en assemblées générales, (qui à défaut de cette permission pouvaient, d'après de Mahuet, être considérés comme coupables du crime de lèse-majesté.) (Lorraine : VI, 5. — Bassigny : 16 et 20. — Saint-Mihiel : II, 13. — Bar : 36 ; à couper des arbres fruitiers sauvages situés sur le ban, et à changer ou à vendre leurs biens communaux... etc.

Il pouvait de même ordonner à ses sujets « de ne pas offenser les personnes, qui se craindront ou douteront » : ainsi lorsqu'un habitant avait été menacé par un autre et qu'il ne se sentait pas assez fort pour le braver, il demandait contre lui un « asseurement ». A cet effet il le faisait citer devant le juge, exposait sa crainte et priait le magistrat de faire défense à son adversaire d'user de violence vis-à-vis de lui. Le requérant devait exposer au tribunal toutes les circonstances de la cause et les motifs qui la légitimaient. La protection accordée était réciproque et emportait une peine identique contre celui qui l'enfreignait. (Lorraine : VI, 17. — Evêché de Metz : V, 15. — Luxembourg : IV, 2. — Bassigny : 7).

Le seigneur ne pouvait néanmoins jamais accorder le privilège de la sauvegarde exclusivement réservée au duc, qui en décrétait l'octroi avec ses baillis sur la demande des intéressés. (Lorraine : VI, 17). Nous possédons une quantité de ces actes de sauvegarde accordés par les ducs, et notamment ceux du 26 mars 1473 pour les habitants d'Art-sur-Meurthe ; de 1334 pour Bathelemont ; du 25 février 1367 pour Blénod ; du 1er mai 1339 pour Lay Saint-Christophe et Eulmont... etc. [1].

---

[1] Voir un modèle de concession de sauvegarde à l'appendice.

TITRE SECOND

De la moyenne-justice.

Le seigneur moyen-justicier était celui qui « avait autorité de puissance et de coercition, n'emportant mutilation de membres, fouet, bannissement, ou peine pécuniaire excédant amende de 60 sols, de pouvoir créer maires et officiers de justice pour connaître des actions personnelles d'injure et de simples délits, qui s'intentent entre les sujets et ne sont de qualité telle qu'ils doivent excéder la dite amende. » (Lorraine : vII, 1) En Bassigny, le taux maximum était de dix francs au civil (22), et sous l'Evêché de Metz de 5 francs.

On voit par cette notion que les seigneurs moyens justiciers, qui étaient très peu nombreux en Lorraine avaient tout à la fois une compétence criminelle et civile comme les hauts-justiciers, mais avec une importance moindre.

Quant à leur compétence criminelle, la coutume indique nettement quelles sont ses limites, et l'article 2 vient compléter ces dispositions en donnant au seigneur le droit d'arrêter tous les coupables, même ceux qu'il ne pourrait juger légalement et de les retenir

prisonniers pendant vingt-quatre heures, passées lesquelles, il devait les remettre au haut-justicier. Si
les inculpés résistent, il peut s'en assurer en les condam-
nant aux « seps ». On entendait par là, au rapport
de Candot « plusieurs pièces de bois, qui sont entre
deux poteaux entaillés au milieu, et où il y a quatre
trous, deux en haut et deux en bas pour mettre les bras
et les jambes. » (Évêché de Metz : v, 18).

La coutume ne parle pas spécialement de leur compétence au point de vue civil, aussi pourrait-on peut-
être croire qu'ils n'ont aucune autorité, mais cette interprétation serait complétement fausse, car ils ont au
moins les attributions des bas-justiciers, qui leur sont
inférieurs dans la hiérarchie féodale. On doit donc reconnaître aux moyens-justiciers tous les pouvoirs attribués aux bas-justiciers, que nous allons parcourir un
peu plus bas, sans préjudice des droits particuliers,
qui pouvaient être renfermés dans l'acte d'investiture.
La brièveté de la coutume s'explique du reste par le très
petit nombre de seigneurs de cette qualité ; tandis
qu'au contraire la haute et la basse justice étaient très
fréquentes.

TITRE TROISIÈME

De la basse-justice.

La basse-justice constituait le dernier degré de la juridiction, et les attributions de ces seigneurs sans avoir beaucoup d'importance au point de vue de la quotité des peines qu'ils pouvaient prononcer, n'en présentaient pas moins une importance considérable au point de vue de la multiplicité des affaires qui leur étaient soumises.

En consultant la coutume et les ordonnances, nous pouvons rapporter les différentes attributions des bas-justiciers aux principaux chefs suivants :

1°) Actions personnelles, pétitoires et mixtes entre les sujets de la seigneurie. (Lorraine VIII, 1).

2°) Police champêtre. (Lorraine : VIII, 1).

3°) Etablissement et fixation des bans. (Lorraine VIII, 4. — Bar. 50).

4°) Création des messiers et bangards (Lorraine VIII, (3 Bar : 50).

5°) Toutes actions inférieures à dix sols, en Lorraine.

6°) Saisie des héritages pour cens non payé. (Lorraine : VIII, 4).

7°) Jugements et contraintes relativement aux lods et ventes, et autres droits seigneuriaux. (Bar : 52).

8°) Vérification des poids et mesures.

9°) Établissement et nomination des pauliers.

10°) Difficultés résultant du paiement des droits de fouage, rouage... etc.

11°) Difficultés relativement aux abornements. (Lorraine : VIII, 1. — Bar : 49)

APPENDICE

A LA PREMIÈRE PARTIE

I. — Copie d'un acte d'inféodation inédit.

Henry, par la grâce de Dieu, duc de Lorraine, Marchis, duc de Calabre, Bar, Gueldre, marquis de Pont-à-Mousson, comte de Provence, Vaudémont, Blamont, Zutphen... etc. A tous ceux qui verront ces présentes, salut.

Notre très cher et féal conseiller d'Etat et secrétaire de nos finances, auditeur des Comptes de Lorraine et contrôleur ordinaire en notre hôtel, Didier Courcol, nous a fait dire et remontrer par requête qu'à lui appartient tant de succession qu'à cause d'acquêt un gagnage sis au ban et finage et confinage de Pagny-sous-Preny, consistant en une maison communément appelée la Grande Maison, sise audit Preny entre Collignon et la rue d'autre, avec les usuaires, vignes, terres, prés, jardins et chenevières en dépendant, ensemble un pressoir et un four au dedans d'icelle maison pour l'usage des y demeurants. Et comme ce bien consiste en plusieurs belles pièces de notable valeur, il nous a très humblement supplié notre bon plaisir être lui ériger le tout en plein fief mouvant de notre château et donjon dudit Preny avec pouvoir d'y tenir lesdits pressoir et four pour le défruit tant de lui que d'un moitrier et un vigneron, résidant dans ladite maison, et le décorer, anoblir et privilégier de toutes telles prérogatives, autorité, franchises, prééminence et liberté qu'autres fiefs de pareille mouvance sont décorés, anoblis et privilégiés, déchargeant à cette fin des cens, rentes et redevances dont ils nous sont et se trouveront attenus à notre recette dudit Preny, à charge de nous en faire et rendre en réciproque par lui, ses hoirs et ayants-cause le serment de fidélité, foy, hommage et droits requis et d'abondant qu'il nous plut en augmentation dudit fief, lui permettre pour lui et ses hoirs d'ériger et dresser en ladite maison un colombier au tel lieu et à telle forme qu'à lui et à eux viendra mieux à commodité. Sur laquelle requête ayant ordonné à nos officiers dudit Preny, majeurs et gens de justice de nous envoyer déclaration particulière et spécifique desdits cens et rentes, dûs sur ladite maison et héritages, ils y auraient satisfait et par icelle nous rapporté qu'ils étaient chargés envers nous, à notre dite recette de Pagny, ainsi que s'ensuit :

Et premièrement sur un petit gagnage sis audit Pagny, à cause de feu Mengin de Moulon, au jour de la Saint-Martin d'hiver, un bichet demi-quart de bichet de blé et un quart de bichet d'avoine ; à la recette de Noël : dix-sept septiers deux quarts de vin, les deux tiers de deux fourches audit temps. Plus sur ladite Grande Maison deux poules et deux gros en argent.

Item trois quarts de vin sur trois homées de vignes à la Toche entre la veuve feu Jean Maillette d'une part et les abouchants d'autre. . .

Scavoir faisons que vu lesdites déclarations et évaluations, et favorablement ladite supplication, pour le désir que nous avons de reconnaître et anciennement récompenser ledit Courcol des services qu'en diverses sortes depuis tantôt quarante ans il nous a fait et rendu .... nous lui avons de notre pleine grâce, puissance et autorité souveraine, érigé et érigeons en plein fief ladite maison et bâtiments en dépendant.......; voulons et nous plaît que par la présente érection le tout soit et demeure dès à présent et pour toujours de telle autorité, franchises, libertés et immunités qu'autres fiefs mouvants de nos dits châteaux et donjons dudit Preny, et qu'ainsi les siens, maîtres et seigneurs présents et à venir desdits fiefs..... ; à la charge de nous en faire aux occurrences par ledit Courcol, ses dits hoirs et ayants-cause, les reprises, foi et hommage et devoirs requis, et de nous payer et délivrer dès maintenant pour cette fois aux mains de notre très cher et féal Conseiller d'Etat, auditeur des Comptes de Lorraine, et trésorier de nos finances, Nicolas de Pullenoy la somme de 872 francs, 7 gros, 4 deniers, monnaye de nos pays,..... pour le rachat et l'extinction desdits cens et rentes montants à la somme de 28 francs, un gros, un denier angevin, qui est à raison de un et demi pour cent, moyennant quoi nous en avons pour toujours déchargé lesdites maisons. Et ai de grâce abondante par augmentation de fief, lui avons permis et permettons d'ériger un colombier de quatre à cinq cents boures, comme aussi de tenir à toujours lesdits four et pressoir à ladite maison pour le défruit et usage tant seulement dudit Courcol, ses dits hoirs et ayants-cause, et desdits moitriers et vigneron.

De toutes lesquelles choses sus déclarées, ledit Courcol a repris de nous, et nous fait la foi et l'hommage et serment de fidélité, dont il nous est atteint pour raison de cette maison, présente érection de fief à quoi nous l'avons fait recevoir par notre très cher et féal le Sieur de Gournay, chef de notre Conseil, bailli de Nancy, et lui fait enjoindre d'en bailler ses aveu et démembrements en notre Chambre des Comptes de Lorraine dans quarante jours après la date de ces présentes.

Si mandons et ordonnons à tous nos maréchaux, sénéchaux, baillis, capitaines...... ils souffrent et laissent ledit Courcol et ses hoirs jouir et user sans leur y mettre ni donner, ou permettre être mis ou donné aucun trouble ni empeschement au contraire, car ainsi il nous plaît. En témoing de quoi, nous avons à ces présentes signé de notre main, fait mettre et appendre notre grand scel.

Donné en notre ville de Nancy, le 3e jour de mai 1610, signé

HENRY.

(Manuscrit de la Ville de Nancy : Nº 120).

IIᵉ — Acte relatant la prestation d'un hommage-lige.

« Jean Perrin de Louvenci, éscuiers, fais savoir à tous que je suis devenu hom lige devant tous hommes à mon chier seignour Ferri, duc de Lorraigne et Marchis, et teing et doi tenir en fié et en hommaige de lui et de ses hoirs cinquante resauz de bléf, moitié wain et moitié avoine, que il m'ait assignei chascun an éz araiges de Donjelien et de Gelloville: et quatre cherres de foin que il m'ait assignéi chascun an, en son préé desous Montfort entour l'estanc et pour lou fié desus dit, je et mi hoir, qui celui fié teurons devront warder ou chastel de Montfort an et jour chascun an, à touz jours mais, et y devons demoreir, je et mi hoir que lou devant dit fié teuront, tant comme messire li dus devant dis ou sui hoir de cui ou tauroit celui fié vouraient sans partir de leii. En tésmoignaige de cette chose, pour ceux que je n'ai point de saiel, dont ces lettres saieles à ma proière et à ma requeste dou saiel honorable peire en Dieu Signour Conrat, par la graice de Deu, eveske de Toul, et dou saiel de la court l'officiant de Toul. Ce fut fait lan de graice 1280, lou lundi après feste saint Grégoire, au mois de mars. »

(Archives des Vosges : Trésor des Chartes de Lorraine, layette 1, Nº 4).

III° — Acte de dénombrement.

« C'est le dénombrement du fief de Dompremy, que Jehan de Bou-
laincourt tient de Monseigneur le duc de Bar :

Je Jehan de Bouleumont, escuier, seigneur de Dompremy fais savoir
à tous celz que ces présentes verront et orront, que je tieng en fiefsz
et hommaige de hault et puissant prince, mon très-redoubtey Seigneur
monseigneur le duc de Bar, marquis du Pont, toutes les choses qui
s'ensuivent, séant en la ville, ban et finaige de Dompremy, mouvant
de lui à cause de sa chatellerie de Gondrecourt et en ressort d'icelle.

Et premiers la maison et forteresse appelé l'Ile, ensemble le breuil
devant et les fossés entourant le grant jardin, et la moitié du meys, et
toutes les appartenances séant audit Dompremy, laquelle est rendable
à mondit seigneur.

Item audit Dompremy environ vingt et cinq conduits de personnes
lesquels doient chascun au terme de fête saint Remy, ou chief d'oc-
tembre, chascun pour chascun cheval traînant qu'il est, ung vaissel de
froment, ung vaissel d'avoinne et douze toullois ; pour toute vache
laitière et pour toutes bestes ou brebis et autres fourannées pour chascun ung toullois audit terme de Saint-Remy.

.... *Item* un four banal en ladite ville de Dompremy, lequel peut
valoir chascun an environ quatre livres tournois montant et avalant,
sur lequel li priour de Saint-Jacques-au-Mont prend chascun an à
cause de sondit priorez au terme de la Saint-Remy une quarte de cire
et une livre de poivre.

Item au ban et finaige de la dite ville environ trente et cinq faul-
chées de prey.

Item environ quarante jours de terre arable. *Item* un desert de vigne. *Item* environ six centz arpens de bois......

Item doivent lesdits habitants le gart en ma dite forteresse et en tout
temps. *Item* tous ceux des conduits dessus dits doivent porter lettres
pour mon fait toutes fois et quantes fois que besoing est.

Item li maire et sergent de ladite Dompremy doient au terme de
Noël pour les escours d'ung porc deulz souldz et demey petits fors ou
les escours d'ung bon suffisant porc. *Item* la rivière estant dès le pont
de ladite maison par devers Courcey, appelée à Fortey.

Item aie et doit avoir la morte-main en la ville de Dompremy, ban
et finaige d'icelle en tout ce que je tiens de fiedz de mondit signour.

Item aig et doit avoir la justice haulte, moyenne et baisse sur toutes
les choses dessus dites et chascunes d'icelles.

23

Et ai promis et promet lealement et en bonne foid de servir mondit signour le duc et ses successeurs...... en protestant que ce aul-
chune chose y avoie laissé à mettre en cest présent dénombrement, ou
fait besoing des choses dessus dites plus declairrer, que je y puisse
mettre, car si aulcune chose y laissoie y mettre par obli, je le connais
aussi bien à tenir à la cause que dessus, comme ce qui est mis, spéci-
fié et dénombrey ci-dessus......

Ce fut faict l'an de grâce Notre Seigneur mil trois cent quatre vingt
dix sept, le douzième jour du mois de février. »

(Archives des Vosges. Trésor des chartes de Lorraine. Gondrecourt,
I, N° 111).

**IV° — Acte de donation d'un fief, avec l'acte portant confirmation
et autorisation de cette aliénation, par le souverain féodal.**

« Ego Gofridus, Dominus de Borlemont notum facio universis præ-
sens scriptum inspecturis, quod ego laude et accensu Sibillæ uxoris
meæ et heredem meorum, contuli et concessi, in puram et perpetuam
eleemoysam pro remedio animæ meæ et antecessorum meorum, ecclesiæ Mirævellis Præmonstratensis ordinis, universa aragia de Domno-
Remigio (Domremy) Supra Mosam, de Greux et de Nova Villa de
Greux. In cujus rei testimonium præsentes litteras eidem ecclesiæ
contuli sigillo meo communitas. Actum anno Domini millesimo du-
centesimo quadragesimo octavo, die Ascensionis Domini. »

« Ego Thibaldus, comes Barii, universis præsentibus et futuris
præsentes litteras inspecturis notum facio quod dilectus fidelis meus
Jofridus, Dominus de Borleinmont, contulit et concessit in puram
eleemoysam ecclesiæ Beatæ Mariæ Mirævellis, araria villæ suæ de
Domno Remigio supra Mosam, laude et accensu Sibillæ uxoris suæ et
heredem suorum, et nostro de cujus feodo dicta movere noscuntur
aragia, in perpetuum integraliter, pacifice et quiete possidenda. Quod
ut ratum et stabile in perpetuum hebeatur, ad petitionem dicti Jofridi
et uxoris suæ presentem feci paginam sigilli mei minuimine robo-
rari..... »

(Archives des Vosges. Cartulaire de Mureau : p. 226).

**V° — Acte constatant la permission de rétablir un signe
patibulaire.**

« Vue par nous, René Thiriet, escuyer, conseiller de Son Altesse

Royale, lieutenant général au baillage des Vosges, et Joseph-Michel
Baudinet, procureur de sa dite Altesse Royale audit baillage, la requête présentée à sa dite Altesse Royale par messire François Duhoux,
baron de Bérupt, seigneur de Vioménil et Fauconcourt, expositive
qu'il s'est rendu adjudicataire de la terre de Bérupt, qu'il y avait autrefois un signe patibulaire au lieu dit au Haut de Sofiet, qui se trouve
entièrement tombé et ruiné, qu'il lui importe de le faire rétablir de la
manière qu'il était, le décret au bas, qui nous l'a renvoyée pour examiner les lettres de permission accordée d'avoir dans la terre dont
s'agit un signe patibulaire et de l'endroit où il était ci-devant posé en
vertu desdites lettres, pour ensuite être ledit signe patibulaire restabli
comme il était autrefois, la donation de la terre de Bérupt, et érection
en baronnie du 14 décembre 1562, ensemble la permission de son Altesse Charles IV, du 6 juin 1633, accordée au sieur Eric de Bérupt, le
procès-verbal du 28 mars 1634, portant l'érection dudit signe patibulaire, à deux pilliers au ban et finage dudit Bérupt par devant le sieur
Dumesnil, procureur-général au baillage des Vosges, au lieu dit Sofiet,
proche le chemin de Bouvillé, tirant en la forest ; et après nous être
transporté sur ledit finage de Bérupt, à la requête dudit sieur de Bérupt, au lieu dit Sofiet, les habitants dudit Bérupt, comparant par Gabriel Duneux, Fr. Jacquot et Dominique Febvre, et ceux de Bonvillé
par Dominique Thomas et Pierre Mousin, et après avoir pris leur serment au cas requis, ils nous ont fait reconnaître l'endroit où ledit signe patibulaire était ci-devant et déclaré être le même que celui dé-
nommé par ladite concession. Nous avons permis et permettons audit
sieur baron de Bérupt de faire rétablir ledit signe patibulaire à deux
pilliers, conformément aux dits concession et décret dont procès-verbal
sera dressé par Me Lesguille, tabellion à Darney, que nous avons commis à cet effet.

Fait à Mirecourt le 27 febvrier 1714. »

VI° — Acte de sauvegarde

« René..... à tous..... salut. Scavoir faisons que nous à la requeste et
humble supplication des manans et habitants des villes de Moriviller,
Rebaincourt, Heilleville, Hadigny et Monsey, avons pour nous et nos
successeurs Ducs de Lorraine, iceulx habitans ensemble tous leurs
biens à la ville et aux champs, pris, mis et reçu, et par ces présentes
prenons, mettons et recevons en notre spéciale protection et sauvegarde hérédilable, pour doresnavant et à toujours, toutes et quantes

fois mestier leur sera, les poursuyvre, réclamer et défendre à notre
leal pouvoir et envers tous et au moyen de cette dite garde lesdits habitants nous ont accordé et promis donner par chascun an..... un resal d'avoine et une gelline..... Si donnons et mandons par ces dites
présentes à tous nos sénéchal, mareschal, baillis, capitaines, prévôts,
justiciers et officiers, leurs lieutenants et à chacun d'eux, si comme à
lui appartiendra, tous aultres nos amys, allyés et bien veullants,
prions et requérons que lesdits habitants facent, soufrent et laissent
jouyr et user à tous journaix de nostre présente saulvegarde, les
poursuivent, réclament et défendent aussi contre et envers tous, réservés leurs seigneurs, tout ainsi et pareillement comme aultres nos bourgeois et de nos gardes..... » (12 mai 1475).

DEUXIÈME PARTIE

DES CENSIVES

DES CENSIVES

—

CHAPITRE I

NOTION ET ÉLÉMENTS DE LA CENSIVE

Le seigneur féodal pouvait concéder ses biens soit par inféodation, à charge de foi et hommage, c'était la tenure noble, ou fief, soit par accensement, et à charge de payer une redevance annuelle appelée cens, c'était la tenure roturière.

On appelait contrat d'accensement l'acte par lequel un seigneur abandonnait à un tiers une terre ou un bien quelconque, pour en jouir perpétuellement, à condition de se réserver sur la chose concédée un droit de propriété directe, se manifestant par l'obligation imposée au concessionnaire de payer une redevance annuelle au concédant.

La censive, classée par les coutumes dans la catégorie des immeubles (Lorraine : XVI, 11), constituait un véritable démembrement de la propriété, dont les avantages utiles passaient entre les mains du censitaire, tandis que le seigneur censier ne conservait qu'un domaine éminent.

L'origine de cette institution se rapproche beaucoup de celle des fiefs, et on peut la découvrir avec apparence de vérité dans la « confusion dans laquelle s'étaient fondus du v° au x° siècle la plupart des baux à long terme et du bénéfice, non pas du bénéfice militaire, origine des fiefs, mais du bénéfice soumis à une redevance, qui, payée au début, était transmissible héréditairement. »

La censive comme le fief était donc une possession récognitive d'un domaine supérieur, mais il faut avoir soin de ne point confondre entre elles ces deux institutions. Nous savons, en effet, qu'un seigneur donnant un de ses alleux en fief, ne recevait, au moins en Lorraine, pour prix de sa concession que des prestations honorifiques, dont le but n'était, pour ainsi dire, que d'établir à perpétuité le lien de dépendance dans lequel se trouvait le vassal vis-à-vis de son seigneur. Ici, au contraire, le censitaire était obligé à de véritables prestations pécuniaires, qui sans doute n'étaient point considérées comme la représentation exacte du service rendu puisqu'en principe leur montant était peu considérable, mais qui, néanmoins, procuraient en fait au seigneur censier un certain profit.

A cette première différence avec les fiefs, vient s'en joindre une autre, qui est capitale, à savoir que le fief constitue essentiellement une terre noble, n'admettant que des nobles pour possesseurs, tandis que la censive est une tenure roturière, pouvant être concédée à tout individu quel qu'il soit.

Aussi voit-on par ces quelques mots, que ces deux institutions dont l'origine était presque identique, et qui au premier abord pouvaient paraître faire double emploi, avaient au contraire, du jour même de leur création, une utilité et un but différents.

Le cens constitue d'ailleurs une charge imposée non pas à la personne, mais sur un bien, en sorte que tous les propriétaires successifs de ce fonds sont tenus des redevances, tant qu'ils sont en possession ; le cens en résumé est une charge réelle, et nous constaterons plus loin les conséquences très importantes que les coutumes et la jurisprudence en avaient tirées.

Par suite même du caractère de réalité que revêtait la censive, on la considérait en pratique comme une sorte de droit hypothécaire au profit du seigneur censier, et l'on en tirait cette conclusion qu'à l'égard de ce seigneur, le cens était indivisible, de telle sorte qu'il pouvait en réclamer la prestation à celui des censitaires qu'il lui plaisait de choisir, lorsque la censive était possédée par plusieurs tenanciers à la fois. Le possesseur sommé d'acquitter la redevance ne pouvait dans ce cas arguer de l'état d'indivision dans lequel il se trouvait pour prétendre ne payer simplement qu'une part proportionnelle ; il devait la totalité, sauf à lui à exercer ensuite un recours contre ses copropriétaires. (Lorraine XVI, 2. — Gorze : XII, 9. — Chatel : X, 7. — Bar : 57. — Epinal : VII, 1. — Clermont IV, 19. — Saint-Mihiel : XI, 1. — Evêché de Metz : XIII, 5.) Cette hypothèse se réalisait principalement, lorsque le censitaire mourait en laissant plusieurs enfants, et la coutume de Luxembourg, qui avait prévu ce cas *in terminis*, ordonnait aux frères non-interpellés par le seigneur de rembourser à celui qui avait payé le cens, leurs parts contributoires, dans un certain délai, à peine de dommages et intérêts.

De la nature même de la censive, la coutume d'Epinal tirait cette autre conséquence qu'il n'était pas permis à un censitaire, sans la permission de son seigneur, de changer l'assiette du cens, c'est-à-dire de libérer de cette charge l'immeuble qui en était grevé, pour la reporter sur un autre fonds par une sorte de subrogation réelle. La sanction d'un tel fait était la réunion définitive de la censive aux mains du seigneur.

Il résultait enfin de ce caractère de réalité, que tout détenteur de la censive était obligé d'en supporter les redevances quelque soit sa qualité : ainsi un acheteur d'un bien vendu par décret (Clermont : XV, 5.), une femme dont le douaire s'étend à une censive (Marsal : 45.), en sont tenus ; les nobles eux-mêmes, lorsqu'ils possédaient des biens de cette nature, étaient, à ce point de vue particulier, complètement assimilés aux simples roturiers et en conséquence astreints aux mêmes charges. (Clermont : XX, 24.)

En parcourant l'ensemble des coutumes lorraines, et même certaines ordonnances (notamment celle du 12 septembre 1586) on est immédiatement frappé de l'emploi abusif qu'elles ont fait de ce mot cens. Tous les anciens auteurs, et entre autres, de Bourcier, de Mahuet, Canon, Dilange, Lefebre, Marcol et Mengeot avaient déjà constaté cette imperfection, puisque sous ce même terme, le législateur avait voulu désigner plusieurs institutions qui, pour avoir quelques traits de ressemblance, n'en étaient pourtant pas moins très différentes au fond.

Le mot de cens doit être réservé à la convention que nous allons étudier, et à laquelle on a ajouté le qualificatif de seigneurial pour éviter toute confusion. Le cens seigneurial est donc la concession faite par un seigneur moyennant certaines prestations, d'une terre sur laquelle il se réserve un droit de seigneurie et de juridiction, ce qui fait que le cens seigneurial constitue une véritable convention féodale de la nature du fief, et c'est ce que les coutumes reconnaissent implicitement par leur rédaction même, où le concédant est toujours désigné par les mots : seigneur censier.

A cette première institution, on opposait le simple cens, ou cens bâtard, contrat émanant de n'importe quelle personne, n'ayant aucun caractère féodal, également désigné sous le nom de cens ordinaire, ou non-seigneurial, et que l'on doit soigneusement distinguer du cens seigneurial :

1° Le contrat d'accensement réserve au seigneur concédant un véritable domaine éminent, tandis que le cens ordinaire constitue une aliénation complète au profit du preneur.

2° Le cens seigneurial est un démembrement de la propriété ; le bail à cens au contraire était plutôt un démembrement de la chose elle-même.

3° Le cens seigneurial, constituant une reconnaissance perpétuelle des droits du suzerain, est un droit imprescriptible, seuls les arrérages ou leur quantum peuvent-être prescrits. Il en est tout autrement du cens simple qui n'établissant aucun lien féodal entre les parties, et n'étant en définitive qu'une dette ordinaire, est par le fait même susceptible d'être éteint par ce mode de libération.

4° Il n'était pas possible, comme nous le verrons, qu'un censitaire concédât sa propre censive en un nouveau cens, s'il n'avait pas la qualité de seigneur, tandis qu'en toute hypothèse il pouvait la laisser à bail à cens.

5° Enfin au point de vue de la procédure, Dilange nous fait savoir que le cens seigneurial n'était point purgé par suite du décret forcé, et qu'en conséquence l'acquéreur était obligé d'en supporter les charges, tandis qu'au contraire le cens ordinaire disparaissait par cette voie d'exécution.

On peut voir par l'ensemble de ces différences que ce que nos coutumes désignaient sous le nom de bail à cens simple présentait les plus grandes analogies avec le bail à rente foncière avec lequel il se confondait en réalité sous une autre dénomination ; aussi n'insisterons-nous pas sur les dissemblances qui séparent la rente foncière proprement dite du cens seigneurial. Notons toutefois que sous l'empire de la coutume de l'Evêché de Metz, le cens non seigneurial présentait avec la rente foncière une différence capitale, à savoir que le cens était toujours rachetable au denier vingt, sauf convention expresse contraire. Ce dernier trait rapprochait donc à Metz le cens simple plutôt de la rente constituée que de la rente foncière. (Dilange [1].)

Le contrat d'accensement pouvait en outre présenter quelques analogies avec le bail emphytéotique à longue durée, mais ici encore les différences étaient telles, qu'il était impossible de les confondre :

1° Le contrat d'accensement en premier lieu était per-

---

[1] En dehors de la rente foncière, la Coutume de Lorraine reconnaissait également la rente constituée, consistant dans l'aliénation d'un capital mobilier, à charge par le concessionnaire de fournir en concédant une redevance annuelle.

pétuel, celui d'emphytéose n'était que temporaire, bien
que pouvant être fait pour une période très longue.

2° La censive établissait un lien seigneurial entre les
parties, tandis que le bail emphytéotique n'avait pour
conséquence qu'un lien purement civil ; aussi n'était-il
employé en pratique que pour le fermage des alleux,
tandis que les fiefs étaient presque toujours laissés à
cens, d'où la fréquence de l'emphytéose dans le Midi
de la France et sa rareté au Nord d'une façon générale.

3° Le censitaire jouissait d'un privilège précieux : celui de pouvoir abandonner sa tenure en déguerpissant
(Infra), le preneur emphytéotique au contraire était lié
par une obligation personnelle en vertu même de son contrat et par conséquent ne pouvait pas bénéficier de cette
faculté sans s'exposer à payer des dommages-intérêts.

5° Enfin lorsque la récolte des terres laissées à cens seigneurial avait été très mauvaise, le censitaire n'avait pas
le droit de demander la décharge, ou la diminution de ses
obligations pour l'année, puisque le cens n'était point
considéré comme l'équivalent du service rendu. Le preneur emphytéotique, n'étant pas dans la même situation,
jouissait de toutes les prérogatives du fermier dans
le droit actuel et notamment du droit d'exiger du propriétaire la réduction proportionnelle de son fermage.

CHAPITRE II

DU CONTRAT D'ACCENSEMENT. CAPACITÉ DES PARTIES ET OBJET DE LA CONCESSION

Lorsqu'un seigneur prétendait exiger la prestation d'un cens sur un fonds déterminé, il ne le pouvait qu'autant qu'il avait fait preuve de son droit, soit par la représentation du titre même de la concession, soit par l'effet de la prescription ordinaire dans quelques coutumes, soit enfin par suite de la possession immémoriale. Ici donc comme pour les fiefs, la convention était la source principale et originaire des accensements et ce sont ses éléments que nous allons étudier. (Saint-Mihiel : X, 7. — Gorze : XIV, 27.)

Et d'abord qui pouvait concéder un bien en censive ? En principe, toute personne, ayant la capacité générale de contracter, peut laisser ses immeubles à cens, si elle a la qualité de seigneur : telle était la seule condition exigée. Quant aux gens d'Eglise, ils avaient également le droit d'accenser leurs terres, mais ils ne jouissaient pas d'une capacité aussi complète que les seigneurs ordinaires, car, en cas de cens non-payé, ils ne pouvaient rentrer en possession de leurs censives qu'à charge « d'en vider leurs mains » dans l'an et jour, ou d'en obtenir l'amortissement. (Ordonnances de 1759 et 26 mai 1774.)

Aucune condition spéciale n'était requise relativement au concessionnaire, qui pouvait être noble ou roturier; mais il ne faut pas oublier que par le fait même de son acceptation de la convention, le noble se soumettait à l'obligation d'en accomplir toutes les charges, ce qui pour lui pouvait parfois être une cause d'humiliation. Plusieurs coutumes avaient dans ce but sollicité les nobles à s'abstenir de ces engagements, et même celle de Clermont avait été jusqu'à les leur interdire formellement, sauf déchéance. (Clermont: XX, 24.) Les gens de mainmorte, qui avaient obtenu l'amortissement, étaient capables de posséder des censives.

Tous les biens pouvaient d'une façon générale être l'objet d'un contrat d'accensement. La concession était faite soit à un seul individu, soit à une collectivité, par exemple à une commune; dans ce dernier cas les fonds accensés appartenaient à l'ensemble des habitants et prenaient le nom de « communaux, » et par suite même de leur nature, ils ne pouvaient être aliénés sans le consentement du seigneur concédant [1] (Lorraine: XV, 28.) Le cens était ordinairement concédé à perpétuité, mais ce caractère n'était point essentiel et il arrivait quelque-

---

[1] Les biens communaux avaient fait l'objet d'un grand nombre d'ordonnances; une des plus anciennes et des plus intéressantes était celle du 12 août 1577, ordonnant que chaque quinze ans, on devra faire « un remembrement des terres » afin d'éviter tout abus et tous empiètements de la part des voisins.

Voir également les ordonnances des 28 décembre 1595 et 15 octobre 1599.

fois qu'il ne le fut que temporairement par suite d'une clause formelle du contrat. (Lorraine : XVI, 11.)

A titre de curiosité, nous citerons comme ayant fait l'objet d'un accensement les eaux minérales de Bussang concédées le 16 décembre 1782 à François Théveney, et l'arche du pont de Malzéville la plus rapprochée du village, cédée par arrêt de la chambre des comptes du 30 décembre 1735, à François Graincourt, maître tonnelier audit lieu, moyennant une redevance annuelle de trois francs. On pouvait également accenser les droits de justice et c'est ainsi que par un arrêt du 14 janvier 1716, François Claude de Saint Félix obtint l'accensement de la haute justice de Bassing, moyennant un cens de 150 francs par an.

La terre n'était abandonnée par le seigneur qu'à charge de payer un cens ou prestation annuelle. La nature de cette obligation n'était point fixée par la coutume et pouvait consister, soit en argent, soit en denrées, comme du blé, de l'avoine, du vin, de l'huile, ou toute autre matière, dont la quotité était déterminée par le titre, ou à son défaut par la possession immémoriale. (Evêché de Metz: XIII, 2.) La diversité de ces redevances était extrême ; parfois le cens avait pour objet des charges ridicules, ou bizarres, et pour en trouver des exemples il suffit de consulter l'histoire de la plupart de nos villages lorrains[1], qui par suite de la concession très fréquente des communaux étaient obligés de payer un cens à leurs seigneurs. (Gorze : XII, 2. — Evêché de Metz : XIII, 1.)

[1] Voir : Lepage : Communes de la Meurthe ; et Statistique du département de la Meurthe.

Parmi les cens les plus singuliers, je mentionnerai l'obligation imposée à ce titre à Claude Malbrun et à ses enfants détenteurs de terres domaniales à Girancourt de fournir la poudre nécessaire à l'exécution des sorciers et sorcières qui étaient éxécutés au dit village. C'est ainsi également que les héritiers de Florentin Marcat de Girancourt devaient, chaque fois que l'abbesse de Remiremont couchait dans ce lieu : « aller trois fois battre l'eau avec un bâton pendant que les reines brachent, et dire en ceste sorte : Paix de par Dieu et de part Madame de Remiremont, qui dort. [1]»

De même les habitants de Barbonville, en vertu d'un titre de 1342 devaient au prince de Flavigny le lendemain de la Saint-Martin, 130 chapons, et le double en cas de retard dans la livraison.

Enfin nous dirons que ceux de Sorcy devaient à leur seigneur, chaque fois qu'il venait à son château : 2 lits de maître, 3 lits de valets, 3 douzaines de serviettes, 4 nappes, 6 douzaines d'assiettes, 12 plats et tous les ustensiles que le cuisinier pouvait demander.

Lorsque des prestations en nature donnaient lieu à des difficultés, par exemple pour cens non payé, la coutume de Lorraine, pour déterminer exactement la valeur de chaque redevance annuelle, prescrivait de

[1] La même obligation pesait sur les habitants de Laxou qui devaient venir battre l'eau de la Carrière pendant la nuit des noces des Ducs de Lorraine ; mais en 1516, Renée de Bourbon, épouse du duc Antoine les en affranchit, pour les récompenser de l'accueil empressé qu'ils lui avaient fait lors de son arrivée en Lorraine. La princesse, avant d'entrer à Nancy, s'était arrêtée à Laxou, où on lui servit une collation avec « force tartes et gâteaux, pommes, poires et autres choses à la villageoise. Elle prit plaisir de leur bonne volonté et en reconnaissance leur accorda l'exemption » de la charge dont nous venons de parler.

s'en tenir à l'estimation moyenne pour les années échues
avant le procès et au cours le plus élevé pour les arrérages dus depuis le jour de la condamnation jusqu'à celui
du paiement (Lorraine : xv, 16.) A Châtel, l'estimation
devait se faire année par année ; à Mirecourt le cens
était fixé quant à sa valeur par les mercuriales municipales, tandis qu'à Gorze au contraire les prestations
même en cas de retard devaient toujours être faites en
nature (xii, 5,) sauf s'il y avait accord entre les parties'
hypothèse où le montant de la dette était désigné par
justice et à prix moyen. (xii, 6 et 7.)

Dans quelques coutumes, on avait l'habitude d'imposer, outre le cens, un supplément de charge dans le but
de représenter plus exactement la valeur des produits
de la censive. Cette obligation supplémentaire, qui portait le nom de surcens, n'avait plus rien du caractère
féodal ; n'était en réalité qu'un loyer ordinaire soumis dès lors à l'extinction par la prescription, et à la
diminution, ou même à l'exemption complète en cas de
mauvaises récoltes. (Clermont : xiv, 7.)

CHAPITRE III

DES OBLIGATIONS DU CENSITAIRE

La principale obligation imposée au censitaire, et on peut dire la seule essentielle, consistait dans le paiement du cens convenu entre les parties, sous peine de se voir poursuivre à ses frais et de voir prononcer contre lui la saisie de la censive.

Pour tout ce qui concerne la quotité, le mode de paiement et le lieu où il doit être effectué, on doit se reporter aux différentes clauses de l'acte de concession (Gorze : XII,3). En cas de silence, le censitaire était obligé de suivre les usages locaux (Evêché de Metz: XIII, 2. Gorze XII, 3); c'est ainsi qu'à Gorze le tenancier devait en personne s'acquitter des charges, qui lui avaient été imposées, et ne pouvait se servir d'un mandataire qu'autant qu'il avait une excuse légitime, agréé par son seigneur. (XII, 23.)

La coutume d'Epinal exigeait que le cens fût porté chez le seigneur sous peine de quatre gros d'amende, ce qui fit donner au cens dans cette hypothèse la qualification de « portable » par opposition au cens « quérable » qui était celui que le seigneur était obligé d'aller lui-même recevoir dans la demeure du censitaire. La même coutume admettait à l'encontre de celle de Gorze la possibilité pour le tenancier de se faire remplacer dans toute circonstance par un mandataire légal. (Epinal : vii, 3).

Outre cette obligation, le censitaire pouvait être astreint à un certain nombre d'autres prestations, qui n'étant pas essentielles avaient été expressément stipulées et sur lesquelles nous ne nous étendrons pas. Nous citerons simplement les coutumes de Gorze et de l'Evêché de Metz, où le censitaire était tenu de fournir à son seigneur un rôle ou reconnaissance dans laquelle on retrouve l'analogie la plus frappante avec le dénombrement exigé du vassal. (Gorze : xii, 14. — Évêché de Metz : xiii, 2.)

Ailleurs le tenancier pouvait être redevable de corvées, de banalités, et de droits fiscaux. Ces derniers, dus à chaque mutation de propriété, portaient le nom de droit de lods et ventes (Supra) ou bien celui de « relèvement » (Infra.) — Lorraine : xvi, 19.) La coutume de Bar imposait égalememeut au censitaire cette obligation pécuniaire, fixée à un taux maximum de un gros par franc, chaque fois qu'il n'y avait titre ou prescription contraires (Bar : 52 et 54,) et en cas d'inexécution de cette prestation, elle prononçait une amende de cinq sols au profit du seigneur, et de 60 sols, lorsqu'outre le non-paiement, le tenancier n'avait pas eu le soin de notifier la vente à qui de droit. (Bar : 53.)

CHAPITRE IV

DES DROITS DU CENSITAIRE

Nous savons que le censitaire n'était point propriétaire absolu de sa terre, aussi la conséquence naturelle devait-elle être pour lui l'impossibilité de l'aliéner sans le consentement du seigneur censier ; telle était la règle originaire, restée en vigueur dans plusieurs de nos coutumes. A Epinal notamment, le censitaire ne pouvait vendre sa censive, ni en changer l'assiette sans l'autorisation expresse du seigneur éminent (VII,2,) ni présenter comme libre de toute charge un fonds qu'il ne tenait qu'à titre de censive (VII, 2.). En cas de contravention, le censitaire dans le premier cas était puni par la confiscation de la terre accensée, et dans le second par une amende de 60 sols. La même amende était encore prononcée lorsqu'un tenancier, qui, après avoir vendu son fonds comme libre et afin d'éviter toute réclamation ultérieure en garantie de la part de l'acheteur, avait continué à payer lui-même la redevance annuelle ; de plus jamais dans ces circonstances l'acquéreur ne pouvait prescrire la liberté du fonds, malgré sa bonne foi. (Epinal : VII, 5.)

La coutume de Luxembourg exigeait de même que le censitaire, quand il voulait aliéner son bien, en prévînt son seigneur qui devait tenir un registre spécial de ces déclarations et des autorisations accordées.

En Lorraine, la coutume était muette sur ce point, mais nous devons décider sans hésiter que le censitaire avait le droit d'aliéner sa censive, comme bon lui semblait et sans avoir besoin de requérir en aucune façon le consentement de son seigneur censier, c'était là un usage constant, qui découlait par a *fortiori* de ce qui se passait en matière de fiefs où, comme nous l'avons vu, le vassal pouvait vendre son fief sans l'autorisation de son souverain.(Lorraine : v, 12.) D'ailleurs en droit, sinon en fait, le seigneur ne pouvait souffrir un préjudice de ces aliénations, car le censitaire vendait la censive dans l'état juridique où elle se trouvait avec toutes ses qualités actives et passives. (Bassigny : 64.)

On conçoit que si telle était la législation sous la coutume de Lorraine, le censitaire à plus forte raison devait pouvoir faire subir à la censive toutes les modifications qu'il lui plaisait, possibilité, qui au contraire n'existait pas pour lui sous celle de Luxembourg où il devait, pour exécuter un changement quelconque obtenir l'autorisation seigneuriale, à peine d'être obligé de remettre les choses en leur état primitif, le tout sans préjudice des dommages et intérêts. (II, 22.)

Une autre restriction avait été apportée par la jurisprudence dans le baillage de Bar, qui, paraît-il, ne reconnaissait pas aux censitaires le droit d'élever des forteresses sans le consentement du seigneur, ce que pouvaient faire les vassaux « irrequisito domino. » (Le Paige.)

Nous devons rappeler ici l'obligation imposée à l'acheteur ou à l'acquéreur à un titre quelconque d'un bien accensé de payer les droits de lods et ventes, et ceux de relèvement et de revêtement lorsqu'ils existaient dans les usages locaux. Le droit de relèvement était un droit dû pour chaque mutation de la censive à titre héréditaire, et celui de revêtement était celui qui était exigible à chaque aliénation entre vifs.

Un procès-verbal du 6 août 1789, au sujet du village de Manonviller nous donne une notion exacte de ces redevances particulières, où nous lisons ce qui suit : « Le droit de relèvement qui appartient aux seigneurs d'Ogeviller seuls est tel qu'une personne mourant et délaissant maison ou héritage censable auxdits seigneurs, les hoirs ou héritiers sont obligés de relever dans la quarantaine à peine de la réunion desdits héritages au domaine de la seigneurie, c'est-à-dire de payer quatre pots de vin d'Allemagne et quatre pots de vin du pays au prix qu'il se vend lors du relèvement. Il faut noter que si le défunt a des héritiers mariés et d'autres qui ne le soient pas, ils doivent tous relever indistinctement, mais dans le cas où ils n'auraient point d'héritiers, les héritages retournaient auxdits seigneurs. Est à noter aussi qu'en toute vente, échange, l'acquéreur ou le changeur doit pareillement relever sous la même peine. » (Titres des biens de Salm-Salm.)

A Azerailles le droit de relèvement était de deux sols de Lorraine, et celui de revêtement de dix blancs (déclaration de 1588) : à Clemery de 60 pots de vin ; à Froville de trois quartes de vin. (Acte du 26 septembre 1689). (Lorraine : XVI, 9. — Bar : 52-54. — Bassigny : 103-106. — Epinal : VI, 26).

En consultant la jurisprudence, nous voyons que l'on s'était demandé dans la pratique, si les gens de main-morte, acquéreurs d'un bien censuel soumis à relève-ment, et qui en avaient obtenu et soldé l'amortissement devaient encore payer au seigneur le droit de mutation. Cette difficulté se présenta entre le seigneur de Fiquel-mont et les Minimes du couvent de Luneville, à qui on réclamait le droit de revêtement, et qui par arrêt de la Cour Souveraine du 12 janvier 1718 furent condamnés à payer ces redevances, en outre du prix et de l'amortisse-ment.

Si le censitaire est soumis à des prestations, nous sa-vons qu'il n'en est tenu que *propter rem*, c'est-à-dire qu'il n'en est pas tenu personnellement et à titre parti-culier, mais uniquement à cause de sa qualité de déten-teur de la censive ; aussi les coutumes avaient-elles admis en vertu de ce principe que le tenancier pourrait se soustraire à ses obligations en déguerpissant et en abandonnant le bien qu'il détenait, à condition toutefois d'avoir préalablement payé tous les arrérages échus et de le laisser en bon état. (Lorraine : XVI, 14. — Châ-tel : X, 6. — Gorze : XII, 27 et 28. — Epinal : VII, 8).

Le censitaire ne pouvait plus cependant jouir de cette faculté, s'il s'était engagé personnellement à conserver et à cultiver la censive et s'il avait promis d'en acquitter intégralement les charges. Dans ce dernier cas, le con-trat changeait alors de nature, et devenant une simple location, le censitaire était tenu de ses obligations sur tous ses biens. Il est néanmoins une hypothèse où quoi-que s'étant engagé personnellement, le tenancier est complètement libéré de ses obligations sans l'aveu de

son seigneur, c'est lorsque la censive a péri complètement, ou lorsqu'au moins elle a subi des avaries et des
dégâts tellement considérables, qu'elle a perdu son
identité juridique. (Gorze : XII, 29).

La coutume de Clermont présentait une législation
spéciale au sujet de déguerpissement ; car tout en reconnaissant ce droit au censitaire, elle lui prescrivait, outre
l'obligation de payer tous les arrérages échus, celle de
payer un terme complet non échu, à titre d'indemnité.
(I, 31.)

Le censitaire pouvait en outre avoir d'autres moyens
de se décharger de ses obligations, par exemple par le
rachat du cens, chaque fois qu'il y était autorisé soit par
son titre, soit par les usages locaux ; ainsi à Gorze, en
cas de silence de la convention, le rachat au denier
vingt était toujours sous-entendu. Lorsque l'intéressé
voulait user de cette prérogative, il devait s'adresser au
seigneur ; si celui-ci consentait, tout se passait facilement ; si au contraire il refusait, le tenancier devait recourir à la consignation judiciaire du principal de l'amortissement, opération qui arrêtait le cours des arrérages
du cens du jour même de la signification faite au seigneur récalcitrant. (XII, 24.)

Nous arrivons ainsi à une question du plus vif intérêt
et qui semble avoir été très mal comprise par la plupart
de nos coutumes : nous voulons parler de la prescription
en matière de censives. En d'autres termes, et pour poser le problème d'une façon exacte et sous son double
aspect, un censitaire pouvait-il prétendre avoir prescrit
la liberté de son fonds lorsqu'il était resté pendant trente
ans sans payer les redevances seigneuriales, et que d'autre part, le seigneur n'avait rien fait pour interrompre

cette prescription ? D'un autre côté, un tenancier qui, pendant un certain temps, n'avait pas soldé son cens, pouvait-il prétendre, tout en restant obligé pour l'avenir, être libéré des arrérages échus ?

A ne consulter que la science et les principes juridiques, la réponse ne peut faire l'objet d'un doute. La censive, n'étant en effet qu'un démembrement de la propriété, revêtant entre les mains du censitaire tous les caractères d'une possession précaire au premier chef, ne devait donc jamais pouvoir être l'objet d'une prescription, quant au fond du droit lui-même. Telle était la décision admise par le plus grand nombre des coutumes françaises et dans notre province par celle de Bar et de Marsal (83).

La coutume de Lorraine, au contraire, posait la règle opposée, en admettant que lorsque le censitaire était resté pendant trente ans sans payer les redevances, et que pendant ce délai, le seigneur n'avait point réclamé, celui-ci était déchu définitivement de son droit au profit du tenancier, qui dès lors possédait le fief à titre de franc alleu. (Lorraine : XVI, 13.)

Cette solution, fausse au point de vue juridique, était particulièrement incompréhensible en Lorraine, en présence de l'article 3 du titre XVIII, où nous lisons formellement que les droits seigneuriaux sont imprescriptibles ! Il y avait là une anomalie certaine devant laquelle nous devons nous demander, si la contradiction est réelle, et dans l'affirmative quelle disposition doit l'emporter sur l'autre.

Tous nos anciens auteurs, Fabert, Marcol, de Mahuet s'étaient déjà aperçu de cette singularité, mais pour l'expliquer, ils avaient recours à des moyens différents.

Pour Fabert et Marcol, on devait admettre la possibilité pour le censitaire de prescrire la liberté de son fonds,
puisque l'article 13 était formel ; quant à l'article 3 du
titre XVIII, ces auteurs prétendaient qu'il devait également
été suivi en affirmant simplement que sa disposition
était trop générale, et ne s'étendait pas notamment au
cens, dont il ne parlait pas *in terminis*, et qui constituait une véritable exception.

De Mahuet, ne pouvant se contraindre à restreindre
ainsi un article aussi général que l'était l'article 3, essaye de nous donner une autre explication : « L'article
13 titre XVI, nous dit-il, ne s'entend pas des ventes ou
cens qui sont dus aux seigneurs hauts et moyens-justiciers du ban et finage, car pour ceux-là ils sont présu-
més leur être dus comme seigneurs directs de l'héritage,
et par conséquent imprescriptibles. Mais s'il s'agit au
contraire d'un cens ordinaire, c'est-à-dire d'une concession utile émanant d'un propriétaire foncier, n'ayant
aucun droit de justice, alors le cens est prescriptible, et
c'est alors qu'il faut suivre l'article 13 titre XVI. »

Cette distinction est très exacte au point de vue juridique et rien ne nous empêche de l'adopter, quoique
nous ne soyons pas certains d'interpréter exactement
la pensée du législateur, l'article 13 nous paraissant
absolument général. Du reste en admettant que la
contradiction existe réellement, on pourrait sinon la
justifier, du moins l'expliquer par ce fait que notre
coutume ne voulait pas qu'un seigneur censier, après
de nombreuses années écoulées sans réclamations, pût
venir encore se prévaloir de ses droits, alors que par
suite d'une sorte de possession, le censitaire se croyait
à l'abri de toute poursuite. Placé entre les intérêts

opposés de ces deux personnes, le législateur coutumier n'aurait pas hésité à donner la préférence au censitaire. (Epinal : VII, 5).

La conséquence pratique d'une telle détermination était d'obliger le seigneur censier à exiger au moins chaque 29 ans une reconnaissance nouvelle de la part de son tenancier, qui lui servait alors de titre recognitif, dont l'utilité était évidente, car sans cela le censitaire au bout de 30 ans eût pu prétendre n'avoir jamais payé les prestations et par conséquent avoir ainsi acquis la liberté de son fonds.

A Vitry, le cens était véritablement prescriptible comme toute autre redevance, par dix ans entre présents et vingt ans entre absents, entre âgés et non privilégiés, avec juste titre et bonne foi (16).

La coutume de Saint-Mihiel au contraire édicte que le cens en principe est imprescriptible, sauf toutefois par la possession immémoriale, car ici la présomption d'allodialité est la règle ; il en était de même dans l'Evêché de Metz. (Saint-Mihiel : x, 8. — Evêché de Metz : XIII). Le débiteur toutefois pouvait se prévaloir de la prescription extinctive s'il avait fait cesser le vice dont la possession était entachée par une contradiction formelle au censier, en vertu de laquelle il prétendait posséder son fonds à titre de terre franche, et si dans ces conditions le seigneur avait laissé s'écouler un délai de 30 ans à Saint-Mihiel, et de 20 ans 20 jours à Gorze, sans réclamation de sa part. (Saint-Mihiel : x, 8). — Gorze : XIV, 28).

Enfin la coutume de Clermont avait admis un système mixte en reconnaissant qu'en général l'extinction du cens pouvait résulter de la prescription de quarante ans,

tout en ne l'admettant pas au profit du premier concessionnaire. (xiv, 4).

Passons maintenant à la seconde question, et deman-
dons-nous s'il est possible au censitaire de se libérer
par prescription des arrérages échus ?

Ici la difficulté semble ne pas devoir exister, car au
point de vue des principes rien ne s'oppose à l'admission de l'affirmative en pareille hypothèse ; c'est
d'ailleurs ce que la plupart de nos coutumes ont reconnu. A Saint Mihiel par exemple le législateur avait
décidé qu'un seigneur censier n'a plus droit aux arrérages échus, lorsque pendant cinq ans il avait négligé
de les réclamer (x, 11). La solution était presque partout la même, le délai seul variant ; à Bar il était de
de trois ans (231), ainsi qu'à Marsal (83), en Bassigny
de dix ans. (172).

Le censitaire pouvait ensuite prescrire de même la
quotité et le mode des prestations auxquelles il était as-
servi. Supposons une convention stipulant une redevance
annuelle de 50 sols, qu'en fait le débiteur n'ait jamais
versé que 25 sols par an, et que cette tolérance ait duré
pendant le temps nécessaire à la prescription ordinaire, il en résultera qu'à l'avenir le cens ne sera plus
que de 25 sols. Cette prescription peut se produire de
la même façon pour le mode c'est-à-dire pour la façon
dont la redevance doit être payée, de telle manière par
exemple qu'un cens primitivement portable devienne
simplement quérable.

La coutume primitive de Lorraine admettait, elle
aussi, la prescriptibilité des arrérages des cens, et en
fixait le délai à trois ans. Au contraire la coutume générale de 1594 prohibe ce mode d'extinction et autorise

dans tous les cas le seigneur censier à réclamer les arrérages de toutes les années échues, pourvu toutefois
qu'elles ne dépassent pas 29 ans. (Lorraine : XVI, 7 et
13.)

On voit donc par ce qui précède que la coutume de
Nancy s'était doublement écartée des principes admis
par la majorité des autres coutumes lorraines en reconnaissant d'une part la possibilité de la prescription du
cens lui-même, et d'autre part en interdisant celle des
arrérages, de telle sorte qu'en Lorraine le censitaire se
trouvait dans une position plus mauvaise ou plus avantageuse qu'ailleurs suivant le point de vue auquel on se
plaçait.

Dans les coutumes où les arrérages pouvaient être
prescrits, il fallait pour arriver à ce résultat que la prescription n'eût point été interrompue soit par une demande judiciaire, soit par une interpellation du censier,
soit enfin par une reconnaissance implicite ou explicite
de la dette émanant du censitaire, (Saint-Mihiel : X,
14).

Le Paige, à ce propos, nous rapporte que dans le
baillage de Bar on avait voulu soutenir qu'un commandement suffirait pour interrompre la prescription
dans le passé pour une période de trois années et pour
l'empêcher de se produire pendant trois ans également
dans l'avenir. Cette opinion ne fut pas admise et elle ne
pouvait l'être, car en fait un seigneur censier eût ainsi
trouvé un moyen de tourner la loi en exigeant six années d'arrérages : l'interruption en un mot ne pouvait
avoir d'effets que pour le passé.

CHAPITRE V

En recherchant précédemment les obligations du censitaire, nous avons par le fait même indiqué d'avance quels étaient les droits du seigneur censier, qui du reste peuvent tous se résumer en un mot : faire exécuter strictement les prestations auxquelles le tenancier s'est engagé. Nous n'avons donc en ce moment qu'à mentionner quelques points spéciaux sur lesquels nous ne nous sommes pas encore expliqués.

Nous savons qu'en Lorraine, le tenancier pouvait aliéner sa censive, soit à titre onéreux, soit à titre gratuit, sans avoir besoin de l'autorisation de son seigneur. C'est d'ailleurs le principe que nous avons constaté en matière de fiefs, mais d'un autre côté nous savons également que le suzerain d'un vassal, malgré son rôle passif dans la vente, pouvait au moins dans l'opinion qui semble avoir prévalu, en empêcher la perfection en prenant pour lui l'opération au moyen du retrait féodal ; aussi devons-nous maintenant nous demander si le seigneur censier jouissait du même privilège dans l'hypothèse de l'aliénation de la censive ?

Le texte de la coutume de Lorraine ne pouvait laisser place à aucune hésitation, car l'article 15 titre xvi est formel et rejette absolument la possibilité pour le seigneur d'exercer le retrait censuel. La règle était claire, mais elle n'était point d'ordre public, aussi admettait-on que les parties contractantes avaient la faculté d'insérer dans leurs conventions une clause permettant au censier de se prévaloir de ce privilège (Lorraine : xvi, 15), et c'est sans doute dans une semblable hypothèse qu'était intervenu l'arrêt du 5 juillet 1703 autorisant cette mesure, citée par plusieurs anciens commentateurs et dont nous n'avons jamais pu trouver le texte.

A Luxembourg et à Vitry au contraire on admettait l'exercice du retrait censuel, mais dans cette dernière coutume, il n'était possible que dans les cas où le seigneur censier pouvait percevoir le droit de lods et vente. (Luxembourg : VII, 23. — Vitry : 18).

Nous ajoutons du reste que toutes les coutumes reconnaissaient la faculté pour les ayants-droit d'exercer, en cas d'aliénation d'une censive, le retrait lignager, si les diverses conditions exigées par la loi étaient remplies (Lorraine : XIII, 4. — Bar : 146. — Luxembourg : VII, 23), et en cas de concours des retraits lignager et censuel, c'était le premier qui était préféré au second. (Luxembourg : VII, 24).

Le seigneur censier en vertu de son domaine éminent a droit d'exiger que la censive soit toujours occupée, car dans l'hypothèse contraire ses émoluments pourraient être illusoires ; aussi la coutume lui donne-t-elle le pouvoir de se mettre en possession du bien accensé, lorsque le censitaire, usant de ses prérogatives, aura abandonné le fonds en déguerpissant. Dans ce but, le seigneur de-

vait s'adresser à la justice pour se faire investir de la
censive, (Lorraine : xvi, 1) qu'il avait le droit de détenir
en gagnant les fruits à titre de compensation du cens,
qui ne lui était point payé. (Gorze : xii, 16.) Lorsque le
censitaire, où à son défaut ses héritiers ou ayants cause
se représentaient, le seigneur devait leur rendre leurs
biens dans l'état où ils se trouvaient. (Lorraine : xvi, 1,
— Gorze : xii, 15. — Luxembourg : ii, 16. Bar : 63.)

A Châtel, le censier ne pouvait se faire mettre en possession de la censive, qu'autant que trois termes
n'avaient point été payés. (x, 5.) La coutume de Luxembourg exigeait que le censitaire, ou ses ayants-
droit se représentassent dans l'an et jour du déguerpissement ; ce délai y était de rigueur et son expiration
avait pour effet d'investir *ipso jure* et d'une façon définitive le seigneur qui s'était fait mettre en possession.
(ii, 18.) Si plusieurs personnes se présentaient pour
remplacer à un titre quelconque le censitaire absent, le
censier n'était obligé que d'en accepter une seule.

Lorsque ce seigneur n'était pas en même temps haut-
justicier un conflit était possible entre ce dernier et le
propriétaire au sujet des censives abandonnées. Le haut-
justicier en effet pouvait avoir la prétention de se faire
attribuer ces biens, en argumentant de leur qualité de
biens vacants, mais la jurisprudence ne s'arrêta jamais
à ces réclamations, et chaque fois que la difficulté se
présenta, elle la résolut en faveur du seigneur censier.
(Arrêt en faveur du comte du Han contre l'abbé de
Villers-Betnach.)

25

CHAPITRE VI

DE LA SANCTION DE L'INEXÉCUTION DES OBLIGATIONS DU CENSITAIRE

Le principal devoir du censitaire était de payer le cens, aussi lorsqu'il ne s'en acquittait pas régulièrement le seigneur avait le droit d'en exiger la prestation judiciairement. Il pouvait d'abord user de mesures conservatoires et pratiquer sur les fruits de la censive une saisie-arrêt, ou une saisie-brandon, dont mainlevée n'était accordée au débiteur qu'après paiement intégral de tous les arrérages dus. (Clermont : XVIII, 1. — Lorraine : VIII, 4. — Bar : 51.) A Luxembourg, le censier avait également la faculté de prendre un gage véritable, et il en était de même à Verdun. (Luxembourg : IV, 37. — Verdun : XIV, 3.)

Si, malgré les demandes réitérées du seigneur, le tenancier ne consentait pas à satisfaire à ses obligations, il y avait lieu de procéder à une véritable saisie de la censive, mais en cette matière comme en ce qui concerne la saisie féodale, le seigneur ne pouvait se rendre justice à lui-même, et il était obligé de s'adresser dans ce but à la juridiction compétente.

La connaissance de ces procès était attribuée aux bas-justiciers, d'après la coutume de Lorraine, qui leur donnait pouvoir d'instruire toutes les difficultés pour cens non payé, et de prononcer, s'il y avait lieu, la commise du bien accensé, (Lorraine ; VIII, 4.), ou au contraire la main-levée des saisies-arrêts pratiquées par le créancier, lorsque le débiteur s'était acquitté de ses obligations.

Quand un seigneur avait déposé sa demande en saisie de la censive , le juge adressait au censitaire une interpellation à fin de paiement, signifiée par un sergent accompagné de témoins. Au reçu de cette sommation, le tenancier en retard devait promettre de s'acquitter de son obligation dans la quinzaine, sinon le juge mettait immédiatement le seigneur en possession. Après l'expiration du délai de quinzaine, et si la dette n'était point soldée, le censitaire était exproprié de son bien, qui passait définitivement aux mains du seigneur, où il se réunissait au domaine direct par une véritable consolidation. (Lorraine : XVI, 3.)

La coutume de Bassigny recommandait aux juges de ne jamais accorder de « répit » aux censitaires, et on entendait par ce mot la faveur laissée au débiteur en vertu de laquelle il lui était donné un délai pour payer. Dans tous les cas lorsqu'un répit était accordé il ne pouvait dépasser cinq ans *pendant lesquels les intérêts ne couraient pas contre lui.* On voit par là que la défense de la coutume de Bassigny était très sévère, mais il ne faudrait pas se l'exagérer, les juges ayant toujours le droit de prononcer « une surséance à l'exécution » inférieure à 90 jours.

Nous rappellerons encore, à ce sujet, que le censitaire ne pouvait, pour faire diminuer son cens, arguer

de mauvaises récoltes ou autres accidents fortuits. (supra.) (Voir en ce sens une requête des habitants de Fon-
tenoy-le-Château au lieutenant général du baillage des
Vosges, le 15 février 1637.)

La procédure pour arriver à la saisie variait suivant
les coutumes ; sous celle de Bassigny, un tenancier ne pouvait être condamné qu'autant que l'on avait
vérifié sa personnalité, ou qu'il avait reconnu volontairement sa qualité de censitaire. A Gorze, le seigneur devait « trois dimanches de suite, de huit jours en huit
jours, au prône ou à l'issue de la messe paroissiale,
donner l'ordre au tenancier de payer les arrérages en
retard et la saisie avait lieu si le censitaire n'avait pas
exécuté ses obligations dans la huitaine de la dernière
annonce. (XII, 10 et 11. — Luxembourg: II, 16. — Evêché de Metz : XIII, 3 et 4.) La marche était à peu près
identique à Saint-Mihiel, où le seigneur devait également procéder à trois criées, et de plus faire notifier au
tenancier l'accomplissement de cette formalité. L'adjudication avait ensuite lieu au profit du seigneur, mais
le censitaire conservait la possibilité de rentrer dans la
censive en remboursant aux créanciers les termes ar-
riérés et les frais de la poursuite. (XI, 2.) Les praticiens
du baillage de Saint-Mihiel avaient trouvé trop compli-
quées ces formalités, aussi la jurisprudence admettait-
elle que la confiscation pouvait être prononcée directement sur simple citation, non-suivie de l'exécution volontaire par le tenancier des obligations auxquelles il
était astreint.

Quant à l'époque où ces poursuites pouvaient avoir
lieu, elle variait suivant les régions, mais l'idée générale était de ne permettre cette procédure d'exécution,

qu'après le non-paiement de plusieurs termes d'arrérages. En Lorraine le seigneur n'avait ce droit qu'après
trois ans de cens non-payé. (XVI, 4,) il en était de même
à Epinal (VII, 3,) à Verdun (X, 5,) et dans l'Évêché de
Metz. (VII, 17.)

Outre la condamnation à payer les arrérages échus,
le censitaire pouvait de plus encourir une amende, à
raison de son retard, lorsque la coutume admettait cette
peine, ou lorsqu'elle avait été formellement prévue par
la convention (Lorraine : XVI, 5. — Bar : 58,); ainsi à
Epinal l'amende, qui était de droit commun, était fixée
à quatre gros par an (VII, 3.)

En Lorraine, lorsque cette amende extraordinaire
était encourue par le censitaire, celui-ci ne la devait jamais qu'une seule fois, alors même qu'il y aurait eu
plusieurs termes non payés (Lorraine : XVI, 6,), sauf
dans le cas où le tenancier poursuivi en justice
avait nié sa dette, et avait été condamné, hypothèse où l'amende était due autant de fois qu'il y avait
d'années écoulées depuis le dernier paiement. (Lorraine,
XVI, 6.)

La saisie de la censive, j'ai à peine besoin de l'ajouter, pouvait de plus être prononcée pour l'inexécution
de toutes les autres conditions accessoires insérées dans
le contrat d'accensement.

A Châtel, celui qui avait saisi une censive n'acquérait aucun privilège par là sur les autres créanciers
(X, 10.), mais l'opinion contraire prévalait dans la grande
majorité de nos coutumes, où ce privilège portait seulement sur les fruits de l'année courante et de celle qui
l'avait précédée. (Arrêt de la Cour souveraine du 12 mai
1755.)

En terminant, nous constaterons que l'acte par lequel un censitaire dénie le lien qui le rattache à son seigneur censier n'emporte pas contre lui la commise de la censive, comme cela arriive en matière de fiefs. (Verdun : 1, 12. — Vitry : 40.)

CHAPITRE VII

Les ducs de Lorraine concédaient souvent une partie de leurs domaines en censives soit à des particuliers, soit à des communautés, et comme dans ces hypothèses les ordonnances avaient apporté de notables dérogations au droit commun, nous avons jugé utile d'en faire mention à part.

Les contrats d'accensement étaient passés par devant la Chambre des comptes, et les concessionnaires ne pouvaient jamais entrer en jouissance des biens concédés sans en avoir obtenu au préalable l'acte d'investiture. (Arrêt de la Cour souveraine du 4 septembre 1767.)

C'était aux officiers royaux, ou aux fermiers qu'incombait la charge de veiller à l'exécution des obligations imposées aux censitaires; aussi dans ce but et pour faciliter les recherches les communes étaient obligées de dresser chaque année l'état des censives dépendant du duc et situées sur leur finage.

Les ducs avaient les mêmes droits que les seigneurs censiers ordinaires; ils conservaient en leurs mains la propriété des biens par eux concédés en censives, mais

ce qui leur donnait une supériorité considérable sur les
seigneurs, c'était le principe même de l'inaliénabilité
des biens domaniaux en Lorraine. (Ordonnances des 25
septembre 1373 ; 21 décembre 1446 ; 27 juin 1561 et 2
septembre 1661.)

Malgré cette législation, il arrivait souvent en fait que
les censitaires s'attribuaient la propriété pleine et entière des biens, qui leur avaient été abandonnés et prétendaient dès lors ne rien devoir aux ducs à ce sujet.
Cet état de choses se produisit principalement à la suite
des troubles et des désordres qu'amenèrent les longues
années de guerre du xviie siècle. Dès que la paix et
l'ordre furent rétablis, les princes s'occupèrent de la
situation anormale d'un grand nombre d'anciens censitaires royaux, qui avaient réussi à se faire passer pour
propriétaires véritables ; aussi l'ordonnance du 28 décembre 1714 exigea-t-elle que tous les tenanciers domaniaux fissent enregistrer leurs titres de possession dans
les six mois pour les actes antérieurs à 1661 et dans
les trois mois pour ceux qui y étaient postérieurs. Ces
prescriptions furent réitérées par déclaration du 31 décembre 1719 portant confiscation au profit de la couronne de tous les biens dépendant autrefois du domaine
et possédés actuellement d'une façon irrégulière par
des sujets des ducs.

Les princes voulant toujours maintenir dans son in-
tégralité le principe de l'inaliénabilité des domaines de
la couronne rappelèrent cette règle dans la déclaration
du 18 mars 1722, confirmée par un arrêt du Conseil
d'Etat du 5 novembre 1722, où ils affirmèrent leur droit
absolu de reprendre les biens domaniaux concédés à
cens ou à tout autre titre. Néanmoins, cette ordonnance

maintenait en possession les titulaires actuels sous la
charge de payer au trésor la moitié de la valeur des
biens pour les aliénations faites de 1600 à 1697, et le
tiers pour celles réalisées depuis cette dernière date.
Quant aux censitaires, et c'est ce qui nous intéresse particulièrement, l'impôt se montait à la valeur d'une
année de cens. L'inexécution de ces charges nouvelles
entraînait dans tous les cas la confiscation et la réunion des fonds au domaine ducal.

Comme ces prescriptions étaient restées sans résultat
dans un très grand nombre de cas, un édit du 14 juillet
1729 vint révoquer à nouveau tous les accensements faits
depuis 1797, à l'exception toutefois des censives en nature de «friches» qui étaient maintenues. Les biens
concédés avant 1697 sont également laissés à leurs possesseurs, à condition de solder la taxe imposée par la
déclaration de 1722. Des arrêts du 6 août, 16 septembre,
30 décembre 1729 et 23 janvier 1730 complétèrent les
dispositions précédentes, notamment en nommant des
commissaires chargés de recevoir les observations des
tenanciers ainsi menacés, et en donnant les règles de procédure à suivre en cas de réclamation.

La vérification des titres des censitaires fut renou-
velée souvent, et particulièrement par les ordonnances
ou arrêts du Conseil des finances des 15 avril 1750, 29
mars 1765, 21 mai 1765, 26 juillet 1765 et enfin 14 mars
1767.

De l'ensemble de toutes les dispositions que nous venons de parcourir, il ressort que le censitaire des domaines royaux était dans une situation désavantageuse,
et hors du droit commun sous plusieurs rapports.

En effet, par suite de l'inaliénabilité du domaine, il

était sans cesse exposé à l'obligation de payer des sur-
taxes très lourdes sous peine de se voir privé de la censive qu'il possédait peut-être depuis longtemps et à laquelle il était attaché. Il ne pouvait, en outre, exercer
son droit d'aliénation, comme l'usage le permettait aux
tenanciers ordinaires, l'arrêt du Conseil des finances
du 26 mai 1753 défendant à la Chambre des Comptes de
subroger de nouveaux titulaires de cens au lieu et place
de leurs prédécesseurs, car dit ce document : « c'est
au roi seul qu'appartient le droit de choisir ses tenanciers. » Il fallait donc l'autorisation du duc pour aliéner
sa censive, et l'arrêt du 9 août 1755 accordant exceptionnellement la faculté de vendre pour les censitaires
des domaines de la ville de Nancy montre bien la portée absolue de la règle que nous venons d'indiquer.

D'un autre côté, la situation des tenanciers royaux
était encore inférieure à celle des tenanciers ordinaires,
parce que le domaine était non-seulement inaliénable,
mais encore imprescriptible, cette seconde règle n'étant
que le développement logique et normal de la première.
Dans ces circonstances, le censitaire ne pouvait donc
jamais user à l'égard des seigneurs-ducs du privilège
accordé par la Coutume de Lorraine, à savoir de la possibilité d'acquérir la liberté du fonds par prescription.

Enfin les tenanciers royaux ne pouvaient même pas
changer la disposition de la censive, c'est ce qui nous
semble résulter implicitement d'un arrêt du 1er décembre 1551, où nous voyons qu'un censitaire domanial
Nicolas Crouvizier de Docelles est obligé de demander
une autorisation pour établir une papeterie dans un
bien qu'il détenait en vertu d'un contrat de cens remontant à de très longues années.

TROISIÈME PARTIE

—

DES SERVITUDES RÉELLES

DES SERVITUDES

Notions générales et division des servitudes.

On entend d'une façon générale par servitude l'attribution soit à une personne, soit à un fonds des avantages ou d'une partie des avantages d'un autre fonds.

Le Code civil ne connaît que deux sortes de servitudes : les servitudes personnelles et les servitudes réelles,
suivant que le profit du démembrement de la propriété
se réalise directement à l'égard d'une personne ou pour
un fonds.

Les coutumes lorraines au contraire avaient admis
trois catégories de servitudes : les servitudes personnelles, mixtes, réelles.

On entendait à proprement parler par servitude personnelle, celle qui imposait la prestation de services à
rendre *par une personne à une autre personne*, et sous
ce terme on désignait principalement, le servage, et
toutes ses formes dérivées : banalités, corvées, droits de
mainmorte.... etc.

La servitude mixte consistait dans *la dépendance d'une
chose à l'égard d'une personne*, qui en retirait certains

avantages déterminés par la loi ; on y comprenait l'usufruit, l'usage (hoc sensu) et l'habitation.

Enfin la servitude réelle assujettissait simplement
un fonds à un autre fonds ; ce n'était, d'après de Bourcier « rien autre chose qu'un droit réel, qu'un héritage
doit à un autre héritage pour sa commodité. » C'est de
cette dernière catégorie seule que nous comptons nous
occuper dans cette partie de notre travail.

DES SERVITUDES RÉELLES

Les servitudes réelles, dont le nombre était pour
ainsi dire illimité, se subdivisaient à leur tour en servitudes réelles légales, et en servitudes conventionnelles,
suivant que leur existence était due soit à l'autorité
toute puissante de la coutume, soit au mutuel consentement des parties contractantes. Nous nous occuperons successivement des principales servitudes légales,
puis nous donnerons quelques notions au sujet des servitudes conventionnelles, et enfin nous terminerons par
une étude spéciale de la servitude réelle usagère appliquée soit aux champs, soit aux forêts.

TITRE PREMIER

Des servitudes légales.

Les servitudes légales étaient celles qui étaient imposées aux particuliers en vertu des Coutumes et des
Ordonnances, et auxquelles personne ne pouvait se
soustraire. Inspirées par l'utilité publique ou par les exigences d'une bonne administration, ces prescriptions
ne pouvaient en effet répondre au but de leur établissement qu'à la condition d'être observées par tous. Ainsi
pour les exiger ne faisait-on point attention à la qualité
des propriétaires, nobles ou roturiers; on ne considérait
que les fonds, et comme tous en droit avaient la même
nature, la règle devait être générale.

Les principales servitudes légales dont nous traite-
rons dans les chapitres suivants sont les servitudes de
vue et de jour, de mitoyenneté des mûrs et des autres
constructions analogues, d'abornement et de clôture
forcée, celle concernant les distances à observer et les
précautions à prendre pour certaines constructions, de
passage pour les terres enclavées, d'alignement, d'écoulement des eaux, enfin celles imposées aux propriétaires des maisons situées dans les villes.

CHAPITRE PREMIER

DE LA SERVITUDE DE VUE ET DE JOUR.

Les coutumes en général avaient une notion vraie de la différence existant entre la vue et le jour. La vue en effet consiste dans la possibilité de voir ce qui se passe dans l'héritage voisin, tandis que le jour n'a qu'un seul but : permettre à la lumière du ciel de pénétrer dans un appartement et de l'éclairer. Ces quelques mots suffisent pour montrer immédiatement combien la vue imposée comme servitude peut causer un véritable préjudice et une dépréciation considérable à l'héritage sur lequel elle donne ; les inconvénients de la servitude de jour au contraire sont presque insignifiants, surtout si on les compare aux avantages inappréciables qu'en retire le fonds dominant.

La coutume générale de Lorraine pose en principe que chacun peut ouvrir des vues dans sa maison librement, pourvu que l'ouverture donne sur le fonds même du propriétaire. On voit par cette règle que cette législation ne connaissait pas les distances imposées par le Code civil ; peu importe en effet l'éloignement de l'héritage voisin, pourvu qu'entre les fenêtres et la propriété

voisine il y eût le moindre espace de terrain appartenant au propriétaire de la maison. L'observation de
cette disposition suffisait pour ne pas tomber sous le
coup de la loi, et c'est ce que les coutumes veulent dire
par ces termes : « n'y eût-il héritage plus que pour le
tour du ventillon entier ou brisé. » (Lorraine : XIV, 1.
— Epinal : X, 1. — Châtel : VIII, 12. — Gorze : XIII, 1.
— Marsal : 66. — Evêché de Metz : XII, 2).

Le droit du propriétaire était donc très large, mais
par contre il était réciproque et les vues ainsi établies
ne constituaient pas à la vérité une servitude opposable
au fonds voisin, mais simplement l'exercice d'une pure
faculté. C'est pourquoi le propriétaire de ce dernier héritage pouvait toujours bâtir sur son propre terrain
aux mêmes conditions, sans avoir à s'occuper des vues
ouvertes par son voisin, sauf si ce dernier avait un titre
formel pour s'y opposer. (Lorraine : XIV, 1. — Mêmes
articles des autres coutumes précitées).

Au contraire lorsqu'un propriétaire ouvrait une vue
donnant immédiatement sur le terrain contigu, il ou-
trepassait ses droits, et dès lors il en acquérait sur son
voisin, si ce dernier n'en exigeait pas la fermeture. La
jouissance non-interrompue et paisible de ces ouvertures illégalement pratiquées continuée pendant trente
ans créait au profit du fonds dominant une véritable
servitude. (Lorraine : XIV, 12. — Châtel : VIII, 12). A
Epinal le délai n'était que de vingt-et-un ans. Pour que
cette prescription fût possible, la coutume exigeait une
dernière condition, à savoir que les vues fussent ouvertes au dessous du toit de la maison voisine, car alors
nous dit Fabert « le propriétaire voisin peut s'aperce-
voir facilement de cet empiètement sur ses droits et

prendre les mesures nécessaires ». Dans l'hypothèse
opposée, le propriétaire contigu conservait toujours le
droit de surélever sa maison, s'il n'y avait d'ailleurs
contre lui un titre formel de servitude « altius non tol-
lendi ». La coutume avait considéré que la possession
dans de telles conditions ne pouvait être publique ni
remplir la condition d'apparence que toute servitude
devait revêtir pour être acquise par prescription.

Au sujet de la possibilité pour un propriétaire d'élever son bâtiment aussi haut que bon lui semblait et du
droit d'enlever ainsi l'utilité des vues de la maison voisine, les commentateurs, entre autres Canon, Marcol et
Fabert, faisaient une réserve en nous prévenant qu'en
pratique un voisin n'avait ce pouvoir qu'autant qu'il
trouvait en bâtissant un avantage sérieux. De ce principe, on déduisait pour un propriétaire l'interdiction
d'élever sa maison, lorsque son intention était uniquement de nuire à son voisin, ce qui avait lieu par exemple, nous dit Canon, quand il bâtissait « par envie, injure ou émulation », et par ce dernier terme on désignait
l'hypothèse où il voulait simplement se ménager la possibilité de voir ce qui se passait dans l'héritage contigu.

Jusqu'ici nous avons supposé qu'il s'agissait de vues
ouvertes dans un mur appartenant en pleine propriété
à celui qui en profitait, mais il pouvait arriver que le
mur fût mitoyen. Dans ce cas, le principe restait le
même, et aucun des communistes n'avait le pouvoir d'y
établir des vues sans le consentement de l'autre, faculté
qui leur était néanmoins possible d'acquérir par prescription, si après avoir pratiqué des ouvertures illégalement, ils en avaient joui paisiblement pendant 30, 21
ou 20 ans 20 jours suivant les différentes coutumes.

(Lorraine : XIV, 3. — Epinal : X, 5. — Gorze : XIII, 29). Le voisin ainsi lésé ne pouvait contraindre le propriétaire à boucher ses fenêtres, mais il avait le droit de le forcer à mettre des barraux de fer scellés au mur devant chaque ouverture et de l'empêcher d'en ouvrir de nouvelles, ou simplement d'agrandir les anciennes, en vertu de l'adage « tantum prescriptum, quantum possessum ». (Bassigny : 176. — Lorraine : XIV, 3. — Epinal : X, 5. — Gorze : XIII, 30).

La coutume de Lorraine était muette en ce qui concernait les jours, aussi la jurisprudence avait-elle recours en cas de procès aux dispositions des coutumes voisines [1], et notamment à celles de la coutume de Bassigny.

En règle générale, les jours pouvaient être pris directement sur l'héritage voisin, en observant les conditions suivantes. Si les jours étaient destinés à éclairer un rez-de-chaussée, les ouvertures devaient se trouver au moins à huit pieds du plancher ou de l'aire, si au contraire ils étaient pratiqués au premier étage ou dans un étage plus élevé, la distance pouvait n'être que de sept pieds. De plus dans tous les cas, le propriétaire qui usait de ces prérogatives devait garnir les baies de barreaux de fer et de fenêtres fixés à verre dormant (Bassigny : 183. — Bar : 177. — Clermont : XIX, 79. — Gorze : XIII, 14. — Évêché de Metz : XII, 1 et 2.)

Nous signalerons en terminant le droit pour tout propriétaire d'un mur d'y pratiquer, à n'importe quelle hauteur, des trous perçant la maçonnerie de part en part

---

[1] C'est ce que nous dit le président de Bourcier, dans ses notes manuscrites.

et donnant sur le terrain du voisin ; mais il faut se garder de confondre avec les vues et les jours, ces trous qui
constituent simplement des marques de non-mitoyen-
neté, appelées en pratique « témoins ». Ces ouvertures
devaient toujours être closes avec de petits volets de
bois, dont les dimensions étaient le plus souvent déterminées par les coutumes elles-mêmes.

CHAPITRE II

Les coutumes lorraines avaient toutes consacré un nombre considérable d'articles à la mitoyenneté dont l'application journalière donnait lieu à une foule de difficultés. Le droit romain, comme on le sait, ne pouvait fournir ici aucun renseignement, puisque cette matière lui était complètement inconnue, les maisons étant toujours bâties isolément en « insulæ ». Dans notre province au contraire le système des constructions était celui de l'agglomération, d'où la grande importance pratique de ces dispositions.

Le principe admis par la coutume de Lorraine est celui de la présomption de mitoyenneté pour tous les murs servant de séparation entre deux héritages appartenant à des propriétaires différents. La règle est donc absolument générale, une seule condition est exigée : la contiguïté, mais peu importe que le mur soit entre deux maisons, entre une maison et une cour ou un jardin, qu'il soit à la ville ou à la campagne..., etc. ; dans tous les cas le mur est mitoyen, s'il n'y a toutefois titres ou signes indiquant le contraire. (Lorraine : XIV, 4.)

Certaines coutumes exigeaient quelquefois d'autres conditions : en Bassigny, la présomption de mitoyenneté ne s'appliquait qu'aux villes fermées (189), et sous celle de l'Evêché de Metz, elle ne portait que sur les murs séparant cours et jardins (XII, 14.)

Nous venons de voir quelle était l'étendue de la présomption de mitoyenneté, mais cette présomption n'était point tellement inébranlable, qu'on ne pût la renverser par la preuve contraire ; aussi il faut nous demander de quels faits résultait la preuve de la propriété exclusive de l'un des voisins? (Bar : 175. — Epinal : X, 17. — Gorze : XIII, 15.)

Le premier moyen et le plus simple consistait dans la représentation d'un titre formel de propriété, mais les coutumes ne s'étaient point contentés de ce mode de preuve et avaient admis une série de signes dont l'effet était de détruire la présomption légale posée dans l'article 14, et qui étaient désignés par ces mots : « s'il n'y a bornes, marques ou enseignements contraires, par art de maçonnerie ou usage ». (Lorraine : XIV, 14.) La coutume de Lorraine laissait donc entendre par cette énumération, qui n'avait rien de limitatif, que ces contre-présomptions constituaient essentiellement une question de fait, laissée à l'appréciation souveraine des juges. (Bassigny : 182. — Lorraine : XIV, 21.)

D'autres coutumes, admettant une méthode toute différente, semblaient avoir restreint les signes de mitoyenneté à certaines marques spécialement déterminées ; ainsi celle de Gorze s'exprime de la façon suivante : « Un mur sera commun, quand sur lui reposeront les bois, poutres, tendons, consoles et sommiers de la maison, ou qu'il y ait fenêtre coye et à demi-mur au dedans de la dite muraille », sauf si ces droits ont été concédés au voisin par titre, hypothèse où le mur reste sa propriété exclusive. (Gorze : XIII, 5 et 6. — Saint-Mihiel : XII, 4.) Ici donc la présomption de mitoyenneté était loin d'avoir la généralité que nous avons constatée en Lorraine, puisqu'elle n'existait que dans les cas précis où se rencontraient les signes exigés par cette coutume.

La mitoyenneté pouvait s'acquérir de plusieurs façons suivant les circonstances. Si un propriétaire veut se clore, et si l'obligation à la clôture existe (*infra*), il peut forcer son voisin à participer pour moitié à la dépense du mur, qui devient alors mitoyen et qui est construit sur la limite même des deux héritages. Si au contraire la muraille avait été élevée uniquement sur le terrain du propriétaire qui avait bâti et à ses frais exclusifs, elle restait sa propriété privée ; mais la coutume, dans un but d'utilité générale et afin de laisser le plus de superficie possible à la culture, permettait en principe l'achat de la mitoyenneté, auquel on ne pouvait se refuser. Lorsqu'un voisin voulait ainsi bénéficier de ce privilège, il devait payer au propriétaire du mur la moitié du terrain occupée par la construction et la moitié des dépenses faites à cet effet. (Lorraine : XIV, 19. — Bassigny : 177. — Clermont : XIX, 1. — Evêché de Metz : XII, 3. — Bar : 176. — Châtel : VIII, 5. — Epinal : x, 21. Gorze : XIII, 8. — Marsal : 67.) Cette règle souffrait néanmoins exception dans le cas où l'acheteur avait refusé de céder une partie de son terrain à l'époque de la construction de ce mur, hypothèse où le propriétaire pouvait alors ne pas vouloir de vendre la mitoyenneté. (Lorraine : XIV, 19.) Dans tous les cas d'ailleurs, le vendeur a toujours le droit de conserver les cheminées construites par lui dans l'épaisseur du mur. (Bassigny : 174.)

Les coutumes s'occupant ensuite de déterminer quels étaient les droits des copropriétaires ont posé en principe que chacun d'eux pouvait se servir du mur mitoyen, pourvu que, par son fait, il ne lésât pas les droits réciproques de l'autre. C'est ainsi qu'on peut user du mur mitoyen soit pour bâtir une maison en l'appuyant sur lui, soit pour exhausser simplement une habitation, si le mur est assez solide, sinon on est obligé préablement de le consolider. (Lorraine : xiv, 5). De même chaque communiste peut percer la muraille pour y placer des poutres ou autres pièces de bois destinées aux constructions qu'il veut élever, en ayant soin toutefois de ne les placer que dans la moitié de l'épaisseur du mur et jamais à l'endroit des fours et cheminées (Lorraine : xiv, 7 et 8. — Epinal : x, 9. — Bassigny : 178. — Evêché de Metz : xii, 4. — Bar : 173. — Clermont : xix, 2. — Gorze : xiii, 7 « *contrario* » 9.) Marsal : 67.) A Bar, il était permis de percer le mur de part en part, afin que les constructions fussent plus solides. (Saint-Mihiel : xii, 12.)

Chaque propriétaire avait également le droit d'établir des cheminées dans le mur mitoyen et de le creuser au tiers de son épaisseur pour y construire le contre-feu, et même percer le mur complètement pour y appuyer les assises. (Lorraine : xiv, 8. — Epinal : x, 10, Saint-Mihiel : xii, 3). A Gorze cette faculté existe aussi, mais le communiste n'en peut user qu'autant que le voisin n'a pas antérieurement pratiqué des ouvertures au même endroit (xiii, 12. — Laval : 70. — Evêché de Metz : xii, 7. — Bar : 174.)

En résumé, un copropriétaire de mur mitoyen peut

en user de toute façon, à condition de ne point faire subir à son voisin un préjudice illégal, (Gorze : xiii, 26. — Epinal : x, 11.)

Quant aux obligations qui leur sont imposées, elles sont toutes contenues dans cette règle : que chacun est forcé de contribuer par moitié aux réparations provenues sans leur faute, soit par vétusté, soit autrement, tandis que les dégradations commises par le fait d'un seul d'entre eux restent complètement à la charge de l'auteur de cette destruction. En cas de contestation sur la nécessité de faire certaines réparations communes aux co-propriétaires, on devait procéder à la nomination d'experts jurés, qui étaient chargé de dresser un rapport, (Lorraine : xiv, 16. — Bassigny, 188 et 192. — Clermont : xix, 5 et 6. — Bar : 184. — Epinal : x, 18. — Gorze ; xiii ; 19, 20 et 23. — Evêché de Metz ; xii, 8. Marsal : 70.)

Les coutumes, après avoir posé cette maxime, en ont donné des applications ; ainsi lorsqu'un parçonnier veut bâtir sur le mur commun, l'autre doit participer à la réparation jusqu'à la hauteur primitive, s'il est en mauvais état ; s'il refuse, il peut y être contraint par la justice, qui devra en même temps nommer des experts pour vérifier l'état de la construction, mais dans tous les cas jamais le communiste n'entrait dans les frais de la nouvelle construction faite par le voisin, auquel elle restait en pleine propriété depuis la hauteur du mur mitoyen. Afin d'éviter toute difficulté dans l'avenir au sujet de la propriété de cette nouvelle construction, la coutume permettait au communiste qui l'avait bâtie, d'établir des « témoins » de 5/4 de pieds de hauteur sur 1/3 de pieds de largeur, qu'il était obligé de reboucher si plus tard le voisin venait à acheter la mitoyenneté de la partie nouvelle du mur. (Lorraine: xiv, 5. — Épinal: x, 7. Gorze : xiii, 13. — Marsal : 17. — Vesdun : xv, 1 et 2. — Châtel : viii, 3. — Saint-Mihiel ; xii, 2.)

Si le voisin se refusait de participer aux dépenses occasionnées par les réparations, après en avoir été sommé par justice, la coutume y voyait une renonciation implicite au bénéfice de la mitoyenneté et décidait en conséquence que le mur réparé appartiendrait désormais en pleine propriété à celui des deux, qui en aurait soldé les frais, (Châtel : viii, 2. — Bar : 184. — Lorraine : xiv, 6. (Epinal : x, 8) de telle sorte que l'autre ne pourrait plus s'en servir, ni rien appuyer jusqu'à ce qu'il ait remboursé sa quote-part de dépenses, « ce que l'on appelle payer la mise. » Néanmoins quand les réparations n'avaient été faites que pour donner plus de solidité au mur, afin de pouvoir servir pour bâtir, alors que sa solidité était suffisante pour sa destination primitive, le voisin n'était pas obligé d'y participer (Marsal : 71. — Évêché de Metz : xii, 9 et 10. — Saint-Mihiel : xii, 1).

Lorsqu'un des co-propriétaires bâtit sur le mur mitoyen, le voisin doit supporter les travaux sans se plaindre malgré les inconvénients qui peuvent en résulter pour lui, car c'est là un droit, dont lui-même sera peut-être bientôt amené à user ; la réciprocité est donc de toute équité. (Lorraine : xiv, 7. — Epinal : x, 9. — Marsal : 68. — Bassigny : 191). Mais si les constructions avaient été la cause de dommages sérieux, comme la démolition partielle d'un bâtiment, le voisin lésé avait droit d'obtenir réparation du préjudice subi. D'ailleurs le propriétaire, qui entreprend des réparations, doit toujours en avertir préalablement son co-propriétaire, afin que celui-ci puisse prendre les précautions nécessaires pour éviter tout dégât. L'inexécution de cette notification emportait contre celui qui s'en était rendu coupable une amende de 60 sols, sans préjudice des dommages et intérêts accordés au voisin non prévenu. (Lorraine : xiv, 7. — Clermont : xix, 8. — Gorze : xiii, 10 et 11).

L'article 18 titre xiv prévoyait un cas tout particulier, celui où les réparations avaient été jugées d'utilité publique, et comme telles ordonnées par justice. Dans ces circonstances, si l'un des co-propriétaires refusait d'y satisfaire, la coutume l'y contraignait en décidant que saisie-arrêt serait faite sur les revenus de la maison, et que ces sommes seraient consacrées au payement des dépenses (Epinal : x, 19 et 20. — Lorraine : xiv, 18).

La coutume prescrivait enfin une série de précautions ou de mesures à prendre, lorsqu'un communiste voulait bâtir sur le mur mitoyen ; ainsi le propriétaire qui avait établi « des chanlattes et eschenêts » pour l'écoulement des eaux de pluie sur le mur commun devait les enlever en cas de construction nouvelle faite par son voisin, quitte à les replacer plus tard si lui-même se décidait à surélever sa maison en achetant dans ce but la mitoyenneté du mur nouveau. (Lorraine : xiv, 20. — Epinal : x, 22. — Gorze : xiii, 27 et 28. — Évêché de Metz : xii, 6. — Bar : 172. — Châtel : viii, 20).

De même lorsqu'un des voisins voulait établir sur son propre terrain une fosse, ou un four contre le mur mitoyen, il était obligé d'élever entre le fossé et le dit mur un autre petit mur destiné à empêcher toute détérioration qui pourrait en provenir. (Lorraine : xiv,

10. — Bassigny : 134. — Marsal : 72. — Bar : 183. — Epinal : x, 12. — Gorze : xiii, 31 et 32.) A Clermont et à Saint Mihiel, il n'y avait pas besoin de construire un nouveau mur, pourvu qu'en fait aucun inconvénient ne pût en résulter. Les mêmes précautions devaient être prises, lorsqu'il s'agissait de l'établissement d'une forge. (Arrêt du baillage de Bar, août 1687, au profit de Nicolas Leblanc, notaire contre Eustache, maréchal, à Ligny).

Si un co-propriétaire voulait élever une terrasse contre la muraille mitoyenne, il était également tenu de la soutenir par un mur destiné à empêcher toute humidité contre la maison contiguë. (Lorraine : xiv, 11. — Epinal : x, 13). S'il s'agit d'un puits à creuser, on doit laisser le mur mitoyen absolument intact, et même, lorsque le voisin en avait déjà creusé un au même endroit, on était obligé de le forer à une distance d'au moins huit pieds du précédent. (Lorraine : xiv, 10. — Epinal : x, 12).

CHAPITRE III

DE LA MITOYENNETÉ APPLIQUÉE A D'AUTRES CONSTRUCTIONS
QUE LES MURS

La présomption générale de mitoyenneté ne s'étendait pas seulement aux murs, en Lorraine, mais encore à tous les objets se trouvant situés à la limite de deux héritages et dont chaque voisin aurait pu se prétendre propriétaire exclusif avec apparence de vérité; ainsi par exemple une haie..., etc.

Le principe étant le même que celui que nous avons examiné dans le chapitre précédent, nous en tirerons cette conséquence que les droits et les obligations des copropriétaires sont aussi identiques; c'est pourquoi nous nous contenterons simplement d'en indiquer quelques applications.

La coutume de Vaudémont prévoyait le cas où la clôture consistait en une palissade et décidait en cette circonstance qu'elle devait appartenir à celui du côté duquel les poteaux étaient plantés; elle était mitoyenne lorsqu'ils se trouvaient en partie sur l'un et en partie sur l'autre terrain (XVI, 9.)

Celles de Bassigny et de Gorze supposaient l'hypothèse, où une maison appartient par étage à plusieurs personnes différentes. Tous les propriétaires devaient alors participer aux dépenses occasionnées par les réparations des parties communes, comme les escaliers, les couloirs..... etc., tandis que chaque communiste supportait seul les dégâts produits dans l'étage qui lui appartenait (Bassigny : 186. — Gorze, XIII, 37 et 38. — Vaudémont : XV, 28 à 32).

Lorsqu'un arbre fruitier était planté sur la limite de deux terrains, il était mitoyen et chacun des voisins avait droit à la moitié des fruits (Gorze, XIII, 49) ; s'il était poussé sur un des deux fonds, et que les fruits tombent sur l'autre, le propriétaire de ce dernier héritage jouissait encore de la moitié des fruits tombés chez lui (Gorze, XIII, 47. — Bassigny : 193).

La coutume de Lorraine s'était occupée en détail du cas où deux terrains étaient limités par un fossé et édictait qu'à défaut de titre exprès en attribuant la propriété à l'un des voisins, il fallait suivre les règles suivantes. Si la terre provenant du creusage ou du curage du fossé, était rejetée d'un seul côté, il y avait une présomption de propriété en faveur du voisin sur le terrain duquel le talus avait été construit ; si, au contraire, la terre était répandue également sur les deux bords du fossé, ou s'il était impossible de découvrir l'endroit où les déblais avaient été lancés, le fossé était réputé mitoyen (Lorraine, XIV, 13). Dans l'hypothèse où une haie avait été plantée sur le bord du fossé, elle devait être considérée comme l'accessoire du fossé et la propriété en être attribuée au voisin à qui on reconnaissait des droits de cette nature sur le fossé lui-même ; sauf s'il y avait borne ou preuve contraire (Epinal, X, 15. — Lorraine : XIV, 13.

CHAPITRE IV

L'article 14, titre XIV de la coutume de Lorraine imposait à chaque propriétaire l'obligation de se clôre sans indiquer toutefois ni la nature ni la hauteur de la clôture à établir, se contentant de dire que cette clôture devait être convenable et semblable à l'ancienne, si les parties n'aimaient mieux, d'un commun accord, en changer les dimensions primitives. D'après l'usage adopté dans les villes, les murs avaient neuf pieds de haut ; dans les villages, au contraire, on n'employait en général que des palissades et des haies vives (Lorraine, XIV. — Bar : 180. — Bassigny : 189. — Epinal, X, 16.)

L'obligation de se clore paraissait être absolument générale en Lorraine et s'appliquer tout aussi bien dans les villages que dans les villes. Néanmoins une jurisprudence constante admettait que cette charge n'existait pas pour les villages, mais seulement pour les villes, où du reste elle était absolue et s'appliquait même aux simples jardins situés sur leurs territoires. (Voir notamment les arrêts de la Cour Souveraine du 19 avril et 27 août 1683 ; 12 juin et 8 août 1703 ; 25 juin 1706 ; 13 mars 1717 ; 14 mars et 26 mai 1735, où cette distinction est exprimée d'une façon formelle.

Lorsque l'obligation de se clore existait, et que l'un des voisins construisait la clôture, il avait action contre l'autre en remboursement de la moitié des frais. (Clermont : XIX, 3).

A l'encontre des autres coutumes, celle de Gorze n'imposait pas la servitude de clôture dans les villes ni dans les campagnes pour les terrains non-clos au moment de sa promulgation ; aussi un propriétaire ne pouvait-il être contraint de participer aux dépenses de cette nature, quoique chacun conservât la liberté de se clôre sur lui-même et à ses frais exclusivement. (XIII,21.)

Outre la clôture forcée, dont nous venons de parler, et qui une fois posée, était permanente, plusieurs coutumes prescrivaient pour certains terrains spécialement déterminés des clôtures temporaires, dont le but, au lieu d'être la sécurité publique comme dans les hypothèses précédentes, n'était plus que le désir de protéger les récoltes. Nous citerons principalement la coutume de Gorze, ordonnant à tous les propriétaires de fonds situés « sur un chemin herdal, paquis ou autres aisances de villes » de les tenir clos de barrières depuis la Saint-Georges (23 avril) jusqu'aux récoltes, le tout à peine d'amende. (XIII, 45 et 46). De même les « héritages empouillés » étaient soumis aux mêmes prescriptions depuis la Saint-Marc (25 avril) s'ils étaient situés « sur des routes et à la sortie des villages » (XVI, 20) ; pour les vignes, la charge était la même, commençait au 15 août (XVI, 20) et s'étendait à toutes les terres de cette nature quelle que soit leur position. (Saint-Mihiel : XII, 6.)

Une ordonnance du 13 mars 1716, complétée par un arrêté du 14 janvier 1769, édictait la même obligation pour la ville de Nancy, et pour les villages de Malzéville et Jarville, relativement aux terrains situés sur les routes, sous peine de 2 francs d'amende. (*Id.* Châtel : VIII, 21.)

La garde de ces clôtures était confiée aux bangards, qui devaient veiller à leur conservation et dresser rapport de toutes les contraventions qu'ils pourraient constater. (Edit de mars 1767, et arrêt de la Cour souveraine du 3 février 1774.)

CHAPITRE V

Lorsqu'un habitant voulait construire « un égoût ou autres fosses malsaines » destinés à recueillir les eaux ménagères, il devait, afin de préserver les eaux potables d'une infection, qui aurait pu causer de graves maladies, les éloigner d'au moins huit pieds de tout puits. Ces fosses doivent de plus être revêtues d'un contre-mur en « pleine maçonnerie », avec « conroy » (revêtement d'argile) aussi bas que les fondements des fosses et égoûts. » Lorraine : XIV, 12. — Bassigny : 187. — Epinal : X, 14. — Gorze : XIII, 35. — Evêché de Metz : XII, 12, — Châtel : VIII, 10. — Vaudémont : XV, 20, 24. — Bar : 185.)

On devait également prendre certaines précautions lorsqu'il s'agissait de creuser une cave dans une maison ; dans cette hypothèse, le propriétaire devant faire tout le nécessaire pour éviter de causer du dommage au voisin, et en particulier élever un contre-mur, afin de outenir la maison contiguë, ou du moins d'en consolider les anciens fondements, si cela pouvait suffire. (Lor-

raine : XVI, 22. — Epinal : X, 24. — Gorze : XIII, 32 et
33.) Dans tous les cas, il y avait toujours défense expresse
de « caver » c'est-à-dire d'ouvrir une cave sous l'héritage voisin, ni de creuser trop près, à peine de domma-
ges-interêts. (Bar : 186. — Châtel : VIII, 45.)

Quand un propriétaire était obligé, pour faire des réparations à sa maison, d'occuper momentanément l'héritage voisin, le possesseur de ce dernier fonds ne pouvait s'y refuser, s'il en avait été prévenu ; mais il avait
droit à être indemnisé de tous les dommages qui pouvaient en résulter pour lui. (Gorze : XIII, 40 et 41.)

Nous mentionnerons enfin dans le même ordre d'idées
deux dispositions concernant les maisons menaçant
ruine. L'article 17 titre XIV prévoyait le cas, où une maison particulière pouvait, par sa vétusté, causer de sérieux
dommages aux voisins, et donnait aux officiers de police
le pouvoir de forcer les propriétaires de cesdites maisons à exécuter les réparations nécessaires à leur consolidation. S'ils refusaient de se soumettre après en avoir
été légalement interpellés, les officiers ducaux avaient
alors le droit de saisir les loyers et les fruits de ces biens
pour être employés à couvrir les frais des réparations
jugées indispensables. (Lorraine : XIV, 17. — Clermont :
XIX, 5. — Epinal : X, 27. — Gorze : XIII, 32. — Marsal :
74. — Evêché de Metz : XII, 13.)

L'article 25 visait une hypothèse presque semblable ;
c'est le cas où une maison en ruine menaçait les voisins.
Ceux-ci alors avaient le droit d'agir directement contre
le propriétaire de l'immeuble, et de le contraindre, soit
à la démolir, soit à la reconstruire, soit enfin à prendre
les mesures nécessaires pour empêcher tout accident.
(Lorraine : XIV, 25.)

CHAPITRE VI

L'intérêt public exige que chaque propriété soit exactement délimitée, afin d'éviter toute difficulté entre les voisins, aussi lorsque ces limites n'étaient point suffisamment indiquées, les coutumes, ou à leur défaut, l'usage, ordonnaient à chaque propriétaire de planter des bornes séparatives des deux héritages, et dès qu'un des deux voisins le demandait, l'autre ne pouvait s'y refuser sans encourir des peines spéciales. Les frais occasionnés par l'abornement étaient supportés également par les deux parties, mais lorsqu'un propriétaire refusait d'accéder à l'invitation de son voisin, celui-ci, en Lorraine, devait soumettre les difficultés au seigneur bas-justicier, et dans ce cas les frais résultant de la poursuite judiciaire restaient complètement à la charge du récalcitrant. (Bassigny, 22. — Saint-Mihiel : II, 25. — Gorze : III, 38. — Bar : 49. — Luxembourg : IV, 43. — Evêché de Metz : V, 19. — Clermont : XIX, 18.)

Il faut au surplus avoir grand soin, relativement à la servitude d'abornement, de ne pas la confondre au point de vue de la compétence avec le cas où il s'agissait de

bornes déplacées ou enlevées frauduleusement, et où la
partie lésée jouissait d'une véritable action pénale contre l'auteur de ce délit. La répression en était autrefois très sévère ; car nous lisons dans une ordonnance du 10 mars 1393 que le coupable était puni : « du
fouet et de la marque d'un fer chaud brûlant sur les
deux épaules, et ensuite banni à perpétuité de nos Etats
avec défense de s'y retrouver sous peine de la hart. »
(Voir sur cette dernière matière les ordonnances du 17
mars 1497, du 15 mars 1520 et du 20 mars 1563, auxquelles on peut ajouter un arrêt rendu par le Parlement,
séant à Saint-Mihiel, du 20 décembre 1598.)

CHAPITRE VII

Il était défendu en droit commun de traverser avec des voitures des prairies sous peine d'une amende de 60 sols, si la contravention avait lieu pendant le temps où la vaine pâture était interdite, et de 5 sols si elle avait été commise à une autre époque de l'année. (Lorraine : XV, 15.) Mais lorsqu'il s'agissait de terrains ne donnant pas sur un chemin, ou une route, et qui par conséquent seraient demeurés incultes à raison même de leur situation, les coutumes avaient admis, par dérogation à la règle générale, que les propriétaires ou leurs concessionnaires auraient le droit de passage sur les héritages voisins pour se rendre dans leurs propriétés. Cette servitude légale de passage pouvait s'exercer soit à pied, soit en voiture, lorsque les conditions suivantes se trouvaient réalisées. Les terrains devaient d'abord être enclavés de tous côtés, de telle sorte que l'accès en eût été complètement impossible autrement ; puis les propriétaires ne pouvaient bénéficier de ce privilège que dans la mesure nécessaire à la bonne culture et à l'exploitation du fonds dominant ; enfin ce droit devait être exercé dans l'endroit où le trajet était le moins long et le moins préjudiciable aux propriétaires servants. Si l'accord ne pouvait se faire entre les intéressés, on choisissait un ou plusieurs experts et le procès se déroulait devant le seigneur bas-justicier. (Luxembourg : IV, 43. — Gorze : XIII, 50. — Epinal : VIII, 4.) Le bénéficiaire devait dans tous les cas réparer intégralement les dommages que l'exercice de son droit pouvait causer. (Gorze : XIII, 50.)

La coutume du Val-de-Liepvre et de Sainte-Marie-aux-Mines fait également mention de la servitude de passage pour les terres enclavées, et pour les prés au moment de la récolte. Les usages locaux présentaient une anomalie curieuse, car on y trouvait mentionnée *la reconnaissance législative de droits appartenant à de simples particuliers ;* c'est ce qui arrivait notamment pour certains droits de passage dont l'assiette était déterminée d'une façon très précise. C'est ainsi que l'article 3 nous apprend « qu'entre les sieurs Henry Gemel et Marc Leclerc est une ancienne entrée et issue pour le pré Petit-Jean et autres prés, pour mener le foin et autres choses au temps et lieux compétents ».

Du droit de passage, je rapprocherai la prétendue servitude de tour de charrue, qui existait en fait en Lorraine, mais qui n'y avait jamais été reconnue légalement. La coutume de Clermont allait jusqu'à la prescrire formellement et prononçait contre les délinquants une amende, réduite à 5 sols, lorsque le délit avait été fait « non malicieusement. » (XX, 10.)

CHAPITRE VIII

DE L'ALIGNEMENT

Les coutumes d'Epinal (X, 2) et de Gorze (XIII, 43) mentionnent expressément l'existence de cette servitude imposée sur toutes les propriétés des villes. Nul ne peut en principe avancer son bâtiment sur rue sans avoir au préalable appelé et fait voir le lieu au procureur général, ou à son substitut audit Epinal, gens de justice et gouverneurs présents, qui peuvent en permettre la construction, si la sécurité ou l'ordre public ne s'y opposent pas. Lorsque le requérant demandait l'autorisation soit de percer les murailles de la ville, soit simplement d'y appuyer quelque objet, cette procédure ne suffisait plus, et l'affaire devait être renvoyée à la signature des ducs de Lorraine.

L'habitant, qui sans élever un bâtiment, voulait seulement déplacer ou remplacer une toiture, galerie « ou autre advence » sur rue, devait en prévenir l'autorité, afin qu'elle pût prendre toutes les mesures nécessaires et s'assurer que les nouvelles constructions fussent identiques aux anciennes. Le défaut de notification de la part du propriétaire emportait contre lui une amende de 10 blancs et la démolition des ouvrages non autorisés. (Epinal : X, 3.)

En Lorraine, où les édits avaient introduit cet usage, l'alignement était primitivement donné par les géomètres arpenteurs. L'ordonnance de mai 1699 et celle du 4 janvier 1769 vinrent consacrer cette obligation pour la ville de Nancy, où les demandes devaient être adressées au lieutenant général de police. Cette matière fit encore l'objet de l'ordonnance du 1er septembre 1770, et d'un arrêt du Conseil du 4 juillet 1764, prescrivant aux propriétaires qui voudraient bâtir sur la Carrière de ne le faire qu'en suivant exactement le modèle de façade adopté par les ducs.

CHAPITRE IX

La coutume de Lorraine ne s'était point occupée de cette servitude ; mais la jurisprudence admettait que chaque propriétaire inférieur était obligé de supporter les eaux découlant naturellement des fonds supérieurs et provenant des pluies.

Il en était tout autrement des eaux ménagères, ou même des eaux de toiture, chacun, dans ces hypothèses, étant obligé de supporter ses eaux, sans pouvoir les déverser ailleurs que sur les chemins publics. (Gorze : XIII, 36).

A Bar, il semble bien que la servitude d'égout existait au profit des fonds supérieurs sur les fonds inférieurs non bâtis; mais ce droit n'était plus permis, lorsque le voisin inférieur en subissait « un préjudice notable, » ou lorsqu'il voulait élever une maison sur sa propriété. (Voir coutume du baillage de Bar, article 187).

CHAPITRE X

Nous n'avons point la prétention d'expliquer, ni
même d'énumérer toutes les charges de police introduites par les règlements municipaux ou généraux;
nous voudrions simplement en donner une idée sommaire.

Ces obligations, qui constituaient de véritables servitudes réelles, étaient principalement renfermées dans
l'ordonnance du 4 janvier 1769, parmi lesquelles nous
signalerons les suivantes, applicables à la ville de
Nancy :

1° Défense expresse, sous peine de 25 francs d'amende,
d'ouvrir les boutiques les dimanches et jours de fête.
(I, 2 à 4.)

2° Obligation de reconstruire dans l'année les maisons tombant de vétusté, ou de les vendre, ou de les louer
aux personnes qui se présenteront pour les reconstruire. (XVI, 2.) Cette prescription n'était d'ailleurs que
le développement de règles analogues contenues dans

l'ordonnance du 14 janvier 1704, accordant deux ans aux propriétaires pour se conformer à la loi, à l'expiration desquelles les fonds étaient vendus aux enchères publiques, et dans celle du 12 janvier 1715, qui fixait un délai de six ans pour les villages, et qui prononçait comme sanction l'expropriation des intéressés, *sans aucune indemnité !*

3° Obligation pour les propriétaires de cours et jardins « donnant sur rues » d'y élever des constructions dans l'année en ayant soin de les faire toutes sur le même modèle, sous peine d'expropriation forcée de l'emplacement. (XVI, 3.)

4° Défense d'ouvrir des caves « trappes saillantes sur rues », et obligation de les mettre au niveau du sol et de les tenir fermées, sous peine de 50 francs d'amende. (XVI, 4, et ordonnances du 28 août 1784 et 6 juin 1783).

5° Obligation de mettre des « cors pendants » pour recueillir les eaux pluviales, sous peine de 50 francs d'amende et de leur pose d'office.

6° Obligation de ne pas dépasser les mesures légales pour les avant-toits des boutiques.

7° Défense aux voituriers de déposer des pierres ailleurs, que dans les emplacements désignés par la police, et d'encombrer les rues avec des matériaux de construction. (XVI, 7, 8 et 9). Obligation d'enlever les décombres trois jours après la fin des constructions. (XVI, 10. Ordonnance du 6 juin 1783).

8° Obligation *aux propriétaires* qui bâtissent *d'éclairer eux-mêmes*, les chantiers « tant que les lanternes publiques ne sont point allumées ».

9° Obligation du balayage devant les maisons jusqu'au milieu de la chaussée à sept heures du matin du 15 février au 15 octobre, et à huit heures du 15 octobre au 15 février, et le samedi pendant toute l'année à trois heures, sous peine d'une amende de 2 francs contre les domestiques « payable par les maîtres, en retenue de leurs gages » (XVI, 14), sous la responsabilité des agents de police.

10° Obligation en temps de neige pour chaque habitant d'aider à l'enlèvement des neiges. (XVI, 20).

11° Défense à ceux qui n'ont ni cour, ni jardin, de nourrir des « porcs, lapins, poules, oies, canards et dindons » ni de les laisser aller dans les rues sous peine de 25 francs d'amende (XVI, 25).

12° Défense de mettre sur les fenêtres sur rues aucun « pot à fleurs ou autres objets » qui puissent tomber sur les passants, à peine de 10 francs d'amende.

13° Obligation aux personnes qui ont source ou fontaine chez elles de conduire le trop-plein dans les égouts de la ville par un canal souterrain, à peine de 100 francs d'amende. (XVI, 34).

14° Obligation de ne placer les fours que sur des caves, ou dans des lieux souterrains. (XVII, 2).

15° Défense de pénétrer dans les endroits où il y a des récoltes avec d'autres lumières que des lanternes. (XVII, 6).

16° Obligation au ramonage deux fois en hiver, et quatre fois pour les cuisines sous peine de 10 francs d'amende.

17° Obligation de tenir une cuve pleine d'eau devant toute maison d'un quartier en cas d'incendie dans les environs et de laisser prendre de l'eau dans tous les puits.

18° Obligation à l'échenillage. (XVIII, 1 et ordonnances générales des 11 janvier 1625 ; 25 février 1601, 13 mars 1716 ; 27 décembre 1738 ; 27 février 1761 et 15 mars 1774.)

TITRE SECOND

Des servitudes conventionnelles.

Nous avons parcouru jusqu'ici les principales servitudes légales réelles, nous arrivons maintenant à l'étude
des servitudes conventionnelles, c'est-à-dire à celles
qui ne doivent leur existence qu'à l'accord de deux ou
de plusieurs personnes.

Ces servitudes, que la convention peut faire varier à
l'infini, se ramènent à trois groupes principaux. Elles
sont en effet ou urbaines ou rurales : urbaines, quand le
fonds dominant est une propriété bâtie ; rurale, dans le
cas contraire ; apparentes ou non apparentes suivant
que la servitude est décelée ou non au dehors par des
marques visibles ; enfin elles sont continues ou discontinues, selon qu'elles n'exigent pas ou exigent l'intervention de l'homme pour réaliser le but que l'on s'était
proposé en les établissant.

La question la plus intéressante, et l'on peut dire
même la seule question de ce titre est sans contredit
celle de savoir par quels modes ces servitudes peuvent
s'établir. Comme leur nom l'indique, le premier et le
plus naturel de ces modes d'acquisition est la conven-

tion. Dès que l'accord s'est fait sur les conditions dans lesquelles la servitude est imposée, elle existe et aucune difficulté n'est possible pas plus qu'au cas où les servitudes sont établies par testament, car le testament, qui avant la mort de son auteur n'est qu'un acte unilatéral se transforme en une véritable convention par l'acceptation de l'héritier.

Les servitudes conventionnelles pouvaient en second lieu s'acquérir par la destination du père de famille. La coutume de Lorraine, il est vrai, n'indiquait pas cette source d'une façon expresse, mais les juristes et la jurisprudence l'avaient consacrée, et d'ailleurs l'article 2, titre XVI, de la coutume semblait bien l'admettre au moins implicitement, en disant « s'il n'y a titre, ou autrement....... » (Fabert, § 245.) Néanmoins, nous devons mentionner un arrêt du 30 janvier 1703, inséré au recueil manuscrit de M. Serres, des termes duquel il ressort que les servitudes ne peuvent pas être établies par la destination du père de famille. Il n'y a point à s'arrêter à cette décision, qui en réalité n'était qu'une fausse application de l'adage : « nemini res sua servit », et qui resta complétement isolée au milieu de la doctrine contraire.

On s'était demandé si la destination du père de famille pour être efficace devait avoir été consignée dans un acte écrit, selon les exigences de la nouvelle coutume de Paris ? Les commentateurs admettaient en général que cette condition n'était nullement nécessaire et que la simple disposition des lieux suffisait pour l'acquisition des servitudes. Sous la coutume de l'Évêché de Metz, on se rangeait au système contraire, et l'on exigeait un écrit par suite de la présence de cette condition dans l'article 22, titre XIII de la coutume de la ville de Metz que l'on appliquait par extension.

Enfin nous devons rechercher, et c'est ici que la difficulté apparaît, si les servitudes conventionnelles étaient susceptibles d'être acquises par prescription? Sur ce point il régnait en France la plus grande diversité : certaines coutumes admettant cette possibilité dans tous les cas, d'autres la refusent toujours, d'autres encore faisant une quantité de sous-distinctions, l'autorisant pour les uns et la repoussant pour les autres, ce qui rendait cette matière très compliquée.

Les coutumes Lorraines offraient des différences aussi considérables dans leurs dispositions dont nous allons essayer de présenter l'analyse sommaire.

Un premier groupe, très restreint il est vrai, comprend les coutumes, qui admettaient l'acquisition de toutes les servitudes par la prescription aux conditions ordinaires : telle était par exemple la coutume de Vaudémont (xv, 3,) où si quelqu'un taxait une possession de précaire, c'était à lui de le prouver, et jusqu'à preuve contraire toute prescription était utile.

Le second groupe avait établi une doctrine diamétralement opposée, et partant de ce principe que les fonds sont libres à moins d'un titre formel contraire, avait édicté que jamais les servitudes ne pourraient s'acquérir par prescription. C'était notamment la disposition de l'article 171 de la coutume de Bar et d'un acte de notoriété dressé par la prévôté de la dite ville le 12 juin 1699.

Cette législation, qui n'était, comme on le voit, que la conséquence de l'adage : nul seigneur sans titre, avait été également suivie à Verdun (xv, 3,) en Bassigny (180) et à Vitry en vertu de l'usage. Il faut noter toute fois que la prescription était possible, si l'intéressé avait fait une notification expresse de sa volonté d'acquérir une servitude par ce moyen au propriétaire du fonds servant. (Bar: 179.)

Le troisieme groupe enfin comprenait toutes les coutumes, où il n'existait aucune solution absolue, et où l'on décidait que les servitudes pourraient ou non s'acquérir de la sorte suivant que certaines conditions particulières se trouvaient ou ne se trouvaient pas remplies.

La coutume de Lorraine entre autres portait que les servitudes apparentes et non entachées de tolérance pouvaient être acquises par la prescription de trente ans, tandis que la solution opposée était applicable dans tous les autres cas. (Lorraine : XIV, 4). En lisant l'article 23 titre XIV, et au premier abord on pourrait peut-être croire que la continuité était requise ; mais ce serait se tromper, car ce même article précisément nous montre le contraire par sa disposition finale, au moins d'une façon implicite, en nous faisant savoir que la servitude de passage (qui est discontinue) peut s'acquérir par prescription, s'il y a eu contradiction préalablement faite aux droits du propriétaire servant.

Les coutumes de Clermont (XIV, 5 et 6) et d'Epinal (X, 6) avaient suivi le même principe.

Il est d'ailleurs une règle commune à toutes les coutumes de ce groupe, c'est que la possession antérieure, pour être utile, doit être revêtue de toutes les qualités exigées en matière de prescription ordinaire. Enfin, il faut que l'on ne puisse considérer l'exercice du fait du prescrivant comme un acte résultant de la simple tolérance du propriétaire contre lequel on veut prescrire (Lorraine : XIV, 23.) De même la prescription ne pour-

rait avoir lieu si le droit que l'on prétendait acquérir ne constituait pour la personne qui en était titulaire que l'exercice d'une faculté; c'est ce que nous
pouvons constater relativement à l'acquisition d'une
servitude « altius non tollens : » par prescription
contre un voisin qui n'aurait pas usé de son droit
d'élever sa maison. La Coutume de Lorraine déclare
qu'en ce cas, la prescription n'est jamais possible, alors
même que l'intéressé aurait appuyé sur la toiture des
bois ou autres matériaux. (Lorraine : XIV, 15.)

Les coutumes, dont nous parlons, ne variaient donc
que dans le choix du *criterium* admis par elles pour
découvrir si l'on peut considérer l'acte en question
comme l'exercice d'une facilité concédée à ce titre de
tolérance ou de bon voisinage, ou au contraire comme
constituant une véritable servitude.

Dans l'Evêché de Metz, la prescription n'était possible
que pour l'acquisition des servitudes tout à la fois continues et apparentes; mais à ce sujet deux remarques
sont nécessaires pour ne pas donner à cette règle une
étendue qu'elle n'a pas. C'est que d'abord jamais on ne
pouvait acquérir de la sorte une servitude de jour ou de
vue, bien qu'elle fût continue et apparente, le législateur considérant que l'inconvénient résultant de ces
servitudes particulières était tel, qu'elles devaient
toujours être établies par titre. Il faut noter ensuite que
l'on pouvait acquérir les servitudes discontinues par la
possession immémoriale de cent ans.

La Coutume de Saint-Mihiel admettait les mêmes
principes et les mêmes restrictions; mais elle exigeait
de plus, pour l'acquisition des servitudes continues, que
le fonds servant consistât en une maison, ou du moins

en un héritage clos. Il en était de même à Gorze et à Marsal. (Saint-Mihiel : X, 4, 5 et 6. — Gorze : XIV, 37 à 42. — Marsal : 81 et 82).

Nous mentionnerons un dernier point, à savoir que dans les coutumes de ce troisième groupe qui admettaient en droit commun la prescription de dix à vingt ans, ce mode d'acquisition était également applicable aux servitudes.

Telles étaient, en résumé, les différentes règles reconnues par les Coutumes lorraines pour l'établissement des servitudes.

Lorsque un droit réel de cette nature avait été concédé, il fallait se reporter au titre pour connaître exactement quelle était l'étendue des droits du titulaire de la servitude. Toute la matière du reste était dominée par ce principe que la servitude était limitée aux besoins du fonds au profit duquel elle avait été constituée. Si elle avait été établie par prescription, cette règle recevait également son application, car les Coutumes ont soin de nous prévenir que la servitude dans ce cas s'exerçait dans la forme et dans la mesure dont le propriétaire dominant se trouvait en avoir joui pendant le délai imposé par la loi. Enfin lorsqu'elle devait son existence à la destination du père de famille, son étendue était limitée par l'intention même de l'auteur de la disposition des lieux. (Lorraine : XIV, 4.)

Un dernier point nous reste à examiner, c'est celui de l'extinction des servitudes. Les servitudes réelles créées pour l'utilité des fonds dominants sont de leur nature perpétuelles et doivent subsister aussi longtemps que les propriétés elles-mêmes. Les titres d'établissement pouvaient néanmoins contenir des clauses contraires, qui dans ces hypothèses, faisaient la loi des parties.

Quant à la prescription libératoire, elle était admise par toutes les coutumes lorraines sans aucune exception ; à Nancy, Bar, Saint-Mihiel, le délai était de 30 ans, à Epinal de 21 ans ; à Gorze de 20 ans 20 jours, enfin à Vitry il était de 10 à 20 ans suivant que l'on est présent ou absent, avec juste titre et bonne foi (16 et 135.) Il faut ajouter toutefois, comme Le Paige nous en prévient, que la jurisprudence ne validait cette extinction que pour les servitudes rurales, et qu'en conséquence la prescription libératoire « per non usum » ne s'appliquait pas aux servitudes urbaines.

TITRE TROISIÈME

De la servitude réelle usagère.

—

CHAPITRE PREMIER

NOTIONS GÉNÉRALES

La servitude dont nous allons nous occuper « n'est pas l'usage considéré comme un droit purement personnel s'éteignant au décès du concessionnaire, ni un privilège concédé à quelqu'un et à ses descendants jusqu'à l'extinction de cette descendance, mais au contraire l'ensemble de certains droits attribués dans un intérêt d'utilité publique soit aux communautés villageoises, soit à leurs habitants, soit à quelques particuliers à raison de leur domicile, à l'effet de les autoriser à percevoir dans les propriétés avoisinantes des produits nécessaires à leurs besoins [1] », soit enfin à des communautés religieuses [2].

[1] Beaune : *Droit coutumier français.*
[2] Concessions de droit d'usage aux moines de N. - D. de Nancy en 1210 ; à l'abbaye de Rangeville en 1227, au prieuré de Bar en 1232, à l'abbaye de Clairlieu, en 1244..., etc.

Cette première notion nous montre immédiatement qu'il faut bien se garder de confondre la servitude usagère avec la servitude d'usage. En effet la première est une servitude réelle, la seconde est personnelle ; l'une constitue un droit réel, véritable démembrement de la propriété, l'autre un simple avantage concédé exclusivement à une personne. De cette différence, on tirait en pratique plusieurs conséquences importantes :

1° L'usager, dont nous nous occupons, ne pouvait exercer son droit que dans la commune où il habitait ; en d'autres termes, c'est le lieu et non la personne qui donne droit à la servitude usagère ;

2° La servitude n'était point indéfinie, mais au contraire strictement limitée par les besoins de l'usager ;

3° On ne peut vendre le fonds dominant sans aliéner par le fait même le droit d'usage ;

5° Défense de vendre le droit lui-même, ni les produits qu'on en retire ;

4° Obligation d'employer les produits usagers sur place, et interdiction de les transporter à l'étranger, (*infra*, pour le développement de tous ces points.)

Les auteurs de notre législation coutumière avaient une notion très exacte du caractère de réalité de l'usage, et nous n'en voulons pour preuve que ce fait d'avoir placé son étude immédiatement après celle des servitudes réelles. (Lorraine : XIV et XV.)

Le droit d'usage concédé aux habitants d'un village remonte à une époque très reculée ; son origine est obscure et a donné lieu aux discussions les plus passionnées. Selon les uns, les usages communaux ne seraient qu'un dernier vestige de la propriété primitive des communes dont les seigneurs se seraient peu à peu emparés, tandis que selon les autres, il ne faudrait y voir que l'effet des concession faites par les seigneurs à leur sujets, soit à titre onéreux, soit à titre gratuit [1]. Quoi qu'il en soit, nous croyons que nos coutumes lorraines sont parties de la dernière de ces deux opinions, et pour justifier notre avis nous n'avons qu'à indiquer d'avance que les seigneurs avaient le droit de réglementer l'exercice des droits d'usage des habitants et de leur adresser à ce sujet toutes les admonestations qu'ils jugeaient convenables. (Lorraine : XV, 29.) Cette disposition trouve plus facilement selon nous son explication dans le second que dans le premier système.

La matière de la servitude usagère en général présentait en Lorraine une importance pratique très considérable par suite de la fréquence, et on peut presque dire de l'universalité de ces droits [2].

L'usage réel pouvait s'exercer soit sur les champs cultivés ou autres, soit sur les forêts, très nombreuses alors dans notre province. Quant à son acquisition, il n'était dérogé en rien aux règles admises par les coutumes au sujet des servitudes réelles ordinaires. C'est ainsi qu'il pouvait résulter soit de la convention, soit de la prescription, soit enfin de la possession immémoriale ; mais le plus souvent la possession même immémoriale ne suffisait pas à elle seule, et devait être accompagnée de la prestation d'une redevance annuelle.

Lors donc qu'une coutume n'avait point édicté de rè-

---

[1] Gabriel Thomas : *De la servitude réelle usagère dans les forêts.*

[2] Les règles que nous allons indiquer dans la suite de ce titre peuvent encore avoir une application actuelle, lorsqu'il s'agit principalement d'interpréter des titres anciens accordant ces privilèges aux communes.

gles spéciales au sujet de l'acquisition des servitudes usagères, il fallait recourir aux dispositions générales établies par cette même coutume pour les servitudes réelles conventionnelles. Pour les interpréter, on devait autant que faire se pouvait se reporter au titre originaire ou, si cela était impossible pour une cause ou pour une autre, se guider d'après les habitudes de la localité. (Gorze : XVI, 58.)

Parmi les servitudes usagères, nous nous proposons d'étudier successivement les questions relatives à la vaine pâture, au parcours, à la grasse pâture, à l'embannie, à la vaine pâture en forêt, à la glandée, aux agents chargés de réprimer les contraventions, au maronage, à l'affouage, et enfin aux concessions de ces privilèges dans les biens domaniaux.

CHAPITRE II

On entendait par droit de vaine pâture le pouvoir pour les habitants d'une commune d'envoyer leurs troupeaux paître dans les terrains compris dans leur finage, sous les restrictions imposées par la coutume. Ce droit appartenant à tous les habitants entraînait également pour tous l'obligation de supporter cette charge dans leurs propriétés. J'ai dit que ce pouvoir appartenait aux habitants de la commune pris collectivement; je ne reviendrai pas sur la question du droit au troupeau à part, me contentant de rappeler ici que cette prérogative n'existait en principe qu'au profit du haut-justicier, aussi chacun ne pouvait-il bénéficier du vain paturage qu'en joignant son bétail à celui de toute la commune. La seule condition imposée aux usagers était de justifier d'une résidence suffisante dans la localité où ils prétendaient exercer ce droit.

La servitude de vaine pâture s'établissait par titre ou par prescription soit de trente ans (arrêt du 2 juillet 1703), soit immémoriale selon les dispositions particulières de chaque coutume; mais la destination du père de famille était ici impossible par la force même des choses.

En Lorraine, l'on peut dire que la vaine pâture existait pour ainsi dire à l'état de servitude légale, les coutumes portant que toutes les terres y étaient soumises en vertu de l'usage, s'il n'y avait titre, possession immémoriale ou marques du contraire. (Lorraine : xv, 1. — Bar : 206. — Saint-Mihiel : xiii, 1. — Epinal : viii, 2. — Bassigny : 129.) Cet article, qui en définitive fonde la vaine pâture sur une possession immémoriale reconnue légalement pour toutes les localités des baillages de Nancy, Vosges et Allemagne, semble être en contradiction formelle avec deux autres dispositions de la même coutume : nous voulons parler des articles 23 et 24 du titre XIV. L'article 23 dit en effet que l'exercice de la vaine pâture ne doit être considéré que comme une simple tolérance de la part du propriétaire du fonds pâturé et qu'en conséquence le fait de supporter bénévolement la pâture ne peut être considéré comme une base capable d'établir une servitude.

Nous croyons qu'en réfléchissant un peu, il est facile de concilier cette disposition avec la règle générale que nous avons posée au début. Il faut maintenir en principe que le droit de vaine pâture existe en Lorraine, l'article 1er titre XV est formel, sans parler des articles suivants que la coutume a consacrés au même sujet ; quant à l'article 23 titre XVI, il me semble ne pas avoir l'importance que certains auteurs lui ont donnée, entre autres M. Beaune, qui, s'appuyant sur ce texte ont posé en règle que la vaine pâture n'avait jamais lieu dans notre province sans titre exprès. Selon nous, il faut faire abstraction complète de cet article dans la question qui

nous occupe en ce moment, son seul but étant d'abord
d'établir par deux exemples (il s'agit en effet tout à la
fois du pâturage et du droit de passage) que les faits
constituant de pures facultés ne peuvent servir de
fondement à l'établissement des servitudes par prescription, et qu'ensuite on peut toujours se soustraire
à l'obligation de la vaine pâture en mettant des clôtures autour de sa propriété. Le président de Mahuet qui
s'était déjà aperçu de cette contradiction apparente
l'expliquait en disant que l'article 23 ne s'appliquait
qu'aux terrains où il était permis de se clore, ce qui n'était
pas possible pour les fonds situés en pleine campagne.
La coutume de Gorze présentait les mêmes dispositions
et s'expliquait de la même façon.

En résumé, l'on peut dire qu'en Lorraine, la vaine pâture constituait un usage coutumier, fondé sur une association tacite présumée entre les habitants et considérée comme avantageuse tout à la fois à l'élevage du
bétail et à la bonne culture des terres.

Dans la définition que nous avons donnée de la vaine
pâture, nous avons fait mention de certaines restrictions
apportées par la coutume ; en effet qui dit vaine pâture
ne veut pas exprimer un droit absolu de pâturage sur
toutes les terres des habitants de la commune indistinctement et à toutes les époques de l'année. Pour pouvoir
jouir de cette servitude usagère, il fallait la réunion de
plusieurs conditions que nous allons successivement
parcourir.

1° Relativement aux terrains qui en étaient l'objet,
nous pouvons poser en principe que la vaine pâture
n'était possible que dans les fonds cultivés, produisant
des récoltes périodiques et dont le but n'était pas le pâ-

turage d'une façon permanente. D'un autre côté, il était
impossible d'admettre que l'exercice de ce droit pût porter atteinte d'une façon trop considérable aux justes prérogatives des propriétaires, aussi notre coutume avait-
elle décidé que le vain pâturage ne serait permis dans
les prairies qu'après la première récolte (fenaison) ou
même après la seconde (regains) suivant les habitudes
locales, et dans les terres cultivées qu'après la rentrée
des récoltes. Par exception, la jurisprudence reconnaissait qu'il pouvait avoir lieu dans les prairies non dé-
pouillées lorsque les terres du canton qui les joignaient,
étaient en versaines, ou s'il y avait en ce sens possession
immémoriale. (Arrêt de la Cour du 2 juillet 1703.)

Il était possible au contraire, de conduire le bétail en
tout temps pâturer sur les chemins, dans les terres en
friches, et dans les terrains non encore ensemencés.
(Lorraine : XV, 3. — Saint-Mihiel : XIII, 3. — Châtel, IX,
4. — Verdun : XI, 1. — Évêché de Metz : XIV, 3. — Vitry : 122. — Bassigny : 129. — Gorze : XVI, 10, 11, 12.
— Luxembourg : XVIII, 23 et 28 [1].) Les fruits sauvages
tombés par hasard à la suite d'une tempête ou à la suite
de leur maturité peuvent également être l'objet de la
vaine pâture dans les lieux non-fermés. (Gorze : XVI, 13
— Saint-Mihiel : XIII, 4. — Châtel : IX, 7.) La vaine pâture s'exerçait aussi dans les forêts, mais nous n'insisterons pas sur ce point que nous examinerons à part un
peu plus loin.

2° Il pouvait exister sur les époques, pendant lesquelles

---

[1] La Coutume de Luxembourg était très développée sur cette matière, très importante dans le pays, où le législateur lui-même a soin
de nous dire que l'élevage des bestiaux est le principal revenu des habitants (XVIII, 1°).

la vaine pâture était ouverte, des coutumes locales, que l'on devait suivre partout où elles étaient en vigueur, même depuis la rédaction officielle de la coutume générale de 1594. Rien n'était d'ailleurs plus raisonnable qu'une telle disposition, qui seule pouvait ménager d'une façon efficace les intérêts des propriétaires sur les biens desquels le vain pâturage avait lieu. Les conditions de climat, la nature du sol, les modes de culture, variant énormément dans notre province, la règle ne devait pas être partout identique.

Pour les terrains ensemencés, la difficulté n'était point considérable, puisque la récolte terminée, il était permis d'y conduire le bétail. Quant aux prés, nous pouvons affirmer qu'en Lorraine, cette permission existait, depuis la fenaison, c'est-à-dire la première récolte. La conséquence d'une telle législation était la prohibition de faire une seconde récolte, les prairies devant être abandonnées à la pâture aussitôt après la première, et nous ne voulons pour preuve de ce dire que le grand nombre d'ordonnances des ducs de Lorraine autorisant, en raison de circonstances spéciales, les « regains » pour une année déterminée. Il est certain que ces monuments législatifs eussent été d'une inutilité absolue, si cette seconde récolte avait été possible ordinairement. Ces ordonnances étaient édictées pour éviter la ruine des propriétaires, qui par suite du manque de la « fenaison » se fussent trouvés privés de nourriture d'hiver pour leurs chevaux et leur bétail. Parmi ces ordonnances, nous mentionnerons celles du 10 juillet 1603, 1er juillet 1615, 13 juillet 1729 ; 3 juillet 1741 , 27 juillet 1744 ; 23 juillet 1746 ; 19 juin 1753, 1er juillet 1758, 20 juillet 1776 ; celles du 31 mars 1731, 7 juillet 1781 et 11 juin 1784 à la suite

de sécheresses extraordinaires, qui avaient complètement brûlé la première récolte ; enfin celles du 27 juillet
1766 et 13 juillet 1779 rendues nécessaires par l'enlèvement des foins par les inondations, et par l'abondance
des pluies qui avaient avarié ce que les eaux n'avaient
point emporté [1].

Dans toutes ces hypothèses, non seulement il y avait
pour les propriétaires permission de faire une seconde
récolte dans les prés, mais encore l'ordonnance leur en
faisait une véritable obligation, et l'on devait « mettre
en réserve » pour les regains une partie des prairies de
la commune. Le législateur avait été amené à édicter de
pareilles mesures afin de remédier à l'incurie des habitants, aussi ces ordonnances étaient-elles considérées
comme étant d'ordre public, et n'étant pas susceptibles
de modifications provenant de la convention même de
l'unanimité des habitants. (Arrêts du Conseil d'Etat du
27 juin 1731 et 6 juillet 1734.) La désignation des prés destinés à constituer ces réserves était faite par les officiers
de l'Hôtel de Ville, ou par les maires. La sanction de la
violation de toutes ces prescriptions consistait dans les
peines prononcées par les coutumes pour les *mésus*
champêtres, mais dont le taux était porté au double.
(Arrêt du 20 juillet 1766.) Enfin comme dernière précaution, les ordonnances avaient indiqué la façon dont la
récolte serait partagée : un tiers devait en être attribué
au seigneur haut-justicier et les deux autres aux habitants, proportionnellement au nombre de têtes de bétail
de chacun. Lorsque le seigneur n'avait point de trou-

---

[1] Pour nous donner une idée de la cherté du foin en 1604, Fabert
nous rapporte qu'on le vendait de 30 à 35 francs le char.

peau dans la commune, sa part accroissait à la collectivité des habitants. Quand la permission de faire des foins avait été ainsi accordée, la commune bénéficiaire n'avait néanmoins pas le droit de s'opposer au passage des bestiaux des propriétaires qui usaient légitimement du droit de parcours dans des fonds non réservés. (Ordonnance du 16 juin 1719.)

La coutume de Lorraine avait ensuite prévu l'hypothèse où il n'y avait point d'usage local bien déterminé pour indiquer la date à partir de laquelle la vaine pâture n'était plus possible dans les prés, aussi avait-elle décidé que dans ces circonstances, les prairies seraient « en défense » depuis « La Notre-Dame de mars » (25 mars) jusqu'à la récolte. (Ordonnance du 4 mars 1729.) Cette limitation variait dans les autres coutumes, ainsi à Verdun, en Bassigny, à Clermont et à Bar, la date était celle du 1er mars, à Vitry du 15 février au 1er mars suivant la fertilité de l'année, à Luxembourg du 1er mai seulement, enfin la coutume de Châtel, qui admettait la date du 25 mars prolongeait l'interdiction du vain pâturage jusqu'au 8 septembre. (Vitry : 122. — Bassigny 129. — Clermont : XX, 1. — Verdun : XI, 1. — Lorraine, XV, 5. — Luxembourg : XVIII, 25. — Chatel : IX, 4. — Bar : 108.) La coutume de Metz ne mettait les prés en défense qu'à partir de la Saint-Georges (23 avril) ; mais la pratique fit voir les inconvénients d'une telle mesure, et une déclaration du 4 avril 1764 prononça la défense dès le 25 mars. En Lorraine même, les commentateurs nous apprennent que les dispositions de la coutume n'étaient point suivies, et qu'en fait, le pâturage durait jusqu'à la fin du mois de mai, abus qui fût réprimé à plusieurs reprises par le législateur.

A Gorze, l'on distinguait les « prés hauts » où la défense existait depuis le 25 mars, et les « prés bas » c'est-à-dire ceux situés sur le bord des rivières, où le pâturage pouvait avoir lieu jusqu'au 23 avril. A Epinal, la prohibition courait depuis le 25 mars et durait jusqu'à la Madeleine (22 juillet), et plus tard encore, si le mauvais temps avait empêché la récolte. (VIII, 3. — Gorze : XVI, 17.)

3° Pour que le vain pâturage fût possible, il fallait enfin la réalisation d'une dernière condition, à savoir que les champs et terrains ne fussent pas fermés par des clôtures. Toute clôture entourant un fonds d'une façon suffisante avait pour résultat d'empêcher la vaine pâture à tous les bénéficiaires. (Lorraine : XV, 3. — Châtel : VIII, 18. — Bar : 208. — Verdun : XI, 1. — Luxembourg : XVIII, 27. C'était là pour chaque propriétaire un moyen facile de se soustraire à cette charge, moyen contre lequel personne ne pouvait protester puisque de droit commun « il est toujours licite à chacun de rendre son héritage meilleur », nous dit Le Paige ; et qu'en Lorraine ce privilège était imprescriptible sauf dans le cas où il y avait eu contraction formelle aux droits du propriétaire et que depuis cet acte il s'était écoulé un délai de trente ans sans protestation de sa part. (Lorraine : XIV, 23 et 24).

Au sujet de cette impossibilité de se clore, on pouvait se demander, si ce droit appartenait non seulement aux propriétaires de terres avoisinant les habitations, mais aussi à ceux de fonds situés en pleine campagne ? La question était restée indécise jusqu'en 1707, et la jurisprudence n'avait point été unanime dans le sens de l'affirmative, comme le prouve un arrêt de la Cour du

8 août 1703 entre Andreu de Châtenoy et les habitants
de la dite commune, où il avait été décidé que l'on ne
pouvait clore que les héritages joignant aux maisons.
Fabert disait que ce droit à la clôture n'existait pour
les terrains ruraux, qu'autant que cette construction
avait pour but l'amélioration du fonds, par exemple
lorsqu'il s'agissait de transformer un champ en jardin.
La difficulté fut résolue par un arrêt du 9 juillet 1707
et un édit de mars 1767, qui établirent d'une façon absolument générale le droit pour tout propriétaire de se
clore ; mais on était obligé au préalable de faire visiter
le terrain par les officiers publics, qui devaient prendre
les précautions nécessaires pour que la clôture n'eût pas
pour résultat d'obstruer un chemin, ou d'empêcher l'accès des champs voisins. L'édit de 1767 avait été rendu,
comme nous le lisons dans son préambule, dans le but
de favoriser le rétablissement d'une bonne race cheva-
line en Lorraine, en donnant pour cela toute facilité
aux éleveurs. De plus, à ce propos, il faut bien remarquer que cette permission de clore les terres en rase
campagne fut surtout avantageuse pour les grands propriétaires fonciers qui avaient les ressources d'élever ces
clôtures, tandis que les petits cultivateurs n'en profitè-
rent pas par suite du manque d'argent, et même en
souffrirent à cause de la diminution considérable de
l'étendue du pâturage communal.

Nous rappellerons d'ailleurs que dans plusieurs coutumes, il y avait pour les propriétaires de certains terrains spécialement déterminés, obligation d'établir des
clôtures temporaires (*supra*), ce qui y empêchait la
la vaine pâture d'une façon absolue.

Un fonds, par suite du changement de sa nature pou

vait enfin être soustrait à cette obligation pour l'avenir,
pourvu toutefois que cette transformation ne fût point
le résultat d'un calcul frauduleux de la part du propriétaire. (Vaudémont : XVI, 1. — Arrêt du 6 juillet 1703.)

4° Les coutumes, outre ces premières restrictions,
avaient encore prohibé le pâturage dans certains fonds,
où le dommage eût été irréparable ; c'est ainsi qu'il était
défendu d'une façon absolue de conduire le bétail dans
les vignes, à n'importe quelle époque de l'année, et
qu'elles soient ou non entourées de clôtures. (Lorraine :
XV, 4. — Châtel : IX, 6. — Clermont : XX, 2. — Evêché de Metz : XIV, 6. — Luxembourg : XVIII, 24. —
Gorze : XVI, 18. — Saint-Mihiel : XIII, 12. — Vaudémont : XVI, 3). Nos anciens commentateurs avaient
approuvé, sans réserve, cette prohibition, qui avait pour
but de sauver de la ruine une des richesses du pays[1].

Les contrevenants étaient punis en Lorraine d'une
amende de 5 sols pour chaque tête de bétail prise en mésus sans préjudice des dommages-intérêts dus au pro-

---

[1] Il est curieux de lire la façon originale dont les auteurs s'expri-
maient à ce sujet. Canon, après avoir signalé la défense, nous fait savoir : « que la raison en est la tendresse de la vigne, *res est tenera*,
infirma injuriæ impatiens. »

Quant à Fabert, il proclame de son côté que : « par cette clause,
l'on voit reluire la prudence de la Coutume, en ce qu'elle concerne
les vignes, et par les vignes, le vin, la joie et la liesse des cœurs des
hommes.

De là s'épand le vin doucement savoureux
Qui réjouit le cœur du mortel langoureux.

Aussi est cela de tous droits recommandable ; car, au droit civil, celui qui offensait les vignes était puni comme un larron. Quant au droit
divin, nous ne trouvons pas que le Sauveur du monde se soit appelé
le Pré, ni la Terre, mais il s'est bien appelé la Vigne, ni qu'il ait
changé le vin en eau, mais bien l'eau en vin. » N° 272.

priétaire. (Lorraine : XV, 4). Ce taux fut porté à 7 francs barrois en vertu d'une décision du 13 août 1699 et d'un arrêt du 10 décembre 1737. A Luxembourg, l'amende était de 6 florins d'or. (XVIII, 24) [1].

Il était de même interdit de conduire les troupeaux vain pâturer dans les blés non coupés, ni sur les chemins publics proches de ces récoltes avant le lever et après le coucher du soleil, sous peine d'amende arbitraire. (Bassigny : 135. — Gorze : XVI, 22. — Châtel : IX, 3. — Saint-Mihiel : XIII, 13. — Clermont : XX, 16. — La jurisprudence avait encore admis que la vaine pâture ne pourrait avoir lieu sur les berges des étangs du mois de mai au mois de septembre. (Arrêt de la Cour Souveraine séant à Saint-Mihiel du 26 juin 1626 contre les habitants de Mandres-aux-quatre-Tours, au profit du seigneur Blanchard d'Hamouville, et Ordonnance de 1707 : VII, 9.)

Lorsque le pâturage était autorisé dans un fonds

---

[1] Les vignes avaient d'ailleurs toujours été l'objet de la sollicitude des ducs de Lorraine, qui, pour en conserver les bonnes espèces, et pour arriver à leur faire produire la meilleure qualité, ne reculaient pas de prendre des décisions du genre de celles du 13 août 1669 et 10 décembre 1737 portant interdiction aux gens de Pagny-sur-Moselle de planter des légumes, des arbres dans leur vignoble, et de les labourer avant le 1er mars, sauf permission écrite « en cas de faveur du temps. » J'ajoute que les espèces à planter étaient spécialement déterminées par les ordonnances, entre autres celle du 22 avril 1728, qui n'autorisait que la race dite « Pineau » à l'exclusion de sa « grosse race » dont les produits étaient bien moins délicats.

Enfin tous les délits commis dans les vignes étaient punis avec la dernière rigueur ; ainsi un nommé Pierre Fiat de Malzéville est condamné, le 13 mars 1743, à subir le carcan pour avoir volé des plants, et à être battu de verges publiquement à tous les endroits ordinaires, enfin à un bannissement de cinq ans. « Arrêt solennel de la Cour Souveraine du 13 mars 1743).

quelconque les habitants avaient le droit en général d'y
mener toute sorte d'animaux à eux appartenant, mais
ici encore la coutume et les ordonnances postérieures
avaient apporté quelques exceptions fondées toutes sur
cette idée, qu'il n'est point admissible que les propriétaires de terrains pâturés puissent avoir à souffrir d'une
mesure prise en grande partie dans leur intérêt.

C'est ainsi que la coutume de Lorraine interdit d'une
façon absolue le pâturage des porcs dans les prairies :
« parce que la nature de ces « sortes d'animaux est de
fouir et remuer la terre avec le groïn, ce qui renverse
la racine des herbes et rend le sol du pré inégal, et mal
aisé à faucher. » Cet inconvénient n'existait point à un
degré aussi considérable dans les terrains ordinaires, où
l'accès de la vaine pâture leur était permis. (Lorraine :
xv, 3. — Vaudémont : xvi, 17, — Châtel : ix, 6. — Bar :
208. — Epinal : viii, 5. — Clermont : xx, 2. — Verdun :
xi, 1. — Saint-Mihiel : xiii, 12.) Néanmoins la coutume
de Bassigny (130) et celle de l'évêché de Metz (xvi, 6 et
21) proscrivaient ces animaux de tous prés, vignes, jardins et chenevières sous peine de 3 francs d'amende
et des dommages-intérêts. L'interdiction frappait également partout les porcs relativement aux étangs, où
jamais on ne pouvait les conduire. Dilange trouve cette
défense singulière « parce que, dit-il, il n'y a pas d'apparence que l'on puisse mener des porcs dans des étangs
pleins d'eau » ainsi décide-t il que cette disposition n'a
trait qu'aux étangs desséchez, « parce que le porc
mange les œufs de poissons cachés dans le limon. »
Ce que le commentateur trouvait étrange était bien naturel, comme le dit justement un arrêt du 26 juin 1626,
cité plus haut, en justifiant cette prohibition « car ces

animaux creusent les barrelages et font des viailles par
où l'eau et le poisson sortent de l'étang. »

Il y avait également défense de faire pâturer des moutons et des chèvres dans les jardins, sauf dans les enclos appartenant aux propriétaires de ces animaux, et
encore dans ce dernier cas, pour les y conduire, devait-
on les tenir attachés par une corde pendant le temps
qu'ils traversaient les propriétés en défense ; à peine de
5 francs d'amende en cas de contravention de jour et
de garde faite, de confiscation, si c'est de nuit : et de
7 ou 14 gros en cas d'échappé de jour ou de nuit. (Ordonnance du 3 avril 1779.)

Enfin sans interdire le pâturage d'une façon absolue
pour certaines espèces d'animaux, plusieurs ordonnances réglementèrent la manière dont le droit devait
être exercé : ainsi celle du 17 avril 1783, inspirée par
cette idée édictait que dorénavant les chevaux ne pourraient plus vain-pâturer qu'autant qu'ils seraient réunis en seul troupeau commun, comme cela se passait
pour le bétail ordinaire.

Les habitants de la commune, qui jouissaient de
vaine pâture, ne pouvaient en user qu'en bons pères de
famille, et particulièrement ils ne devaient réunir au
troupeau que des bestiaux leur appartenant réellement,
ou qu'ils ont à laix sans fraude. C'est pour assurer l'exécution de cette prescription que la coutume locale de
La Bresse, dans son article 5, édictait, qu'il « n'est loisible à aucun habitant de la dite Bresse mettre, ni envoyer espèce de bétail quelle elle soit, ni bœufs, vaches,
chevaux ou austres au vain-pâturage de leurs montagnes et finage qu'il ne les ait nourris pendant l'hiver, qu'on dit communément hiverner en son logis, et

quant aux vaches, chevaux et poulains seulement qu'il
ne les ait achetés pour leur nécessité seulement et légiti-
ment sans fraude ni supposition de noms de personne
ou de marchés pour couvrir les laix, retenues à hôte ou
autres marchés frauduleux qu'ils en pourraient faire à
peine de 5 francs d'amende à Son Altesse pour la
première fois, avec la restitution des interdits à la
communauté, et pour la seconde fois, de la confiscation
dudit bétail aussi à Son Altesse, et de deux amendes
chacune de 5 francs, l'une à elle, l'autre à la dite communauté, sauf de cette règle néanmoins les pauvres
qui n'ont moyen d'avoir bétail à eux, et auxquels est permis tenir de louage une vache seulement et l'envoyer
audit pâturage pour subvenir à leur nourriture et celle
de leur famille. »

Les seigneurs et autres privilégiés ayant droit de
troupeau à part (*supra*) pouvaient faire pâturer ce troupeau sur leurs terres et sur tous les fonds susceptibles de
vain pâturage ; mais cette prérogative leur était personnelle et ne devait point dégénérer pour eux en une
source de gains illicites au détriment des habitants. Il
leur était interdit en conséquence de mêler à leurs
troupeaux des animaux ne leur appartenant pas ou de
céder à titre onéreux leur privilège, ils avaient seulement la faculté d'admodier en même temps que leur
domaine, sous peine de dommages-intérêts au profit
des habitants de la commune. (Lorraine : xv, 31. — Châtel : ix, 28.)

Les seigneurs ne pouvaient d'ailleurs abuser de leurs
droits en envoyant au pâturage un nombre trop considérable de bestiaux, ce qui eût amené la ruine des petits propriétaires; aussi le troupeau seigneurial devait-

il être composé en proportion des terres soumises à la
vaine pâture. Ce point avait été formellement établi par
un arrêt de la Cour Souveraine de 1647 rendu entre le sieur
de Beauveau, seigneur d'Essey, pour les trois quarts et
les habitants contre le sieur la Forge seigneur du même
lieu pour un quart qui avait prétendu avoir le droit de
mettre en pâturage autant de bétail qu'il lui plaisait. Ses
prétentions furent repoussées, et la Cour ordonna des
experts chargés d'indiquer le nombre maximum d'animaux dont chaque troupeau devait être composé.

L'ordonnance du 16 mai 1599 interdisait aux usagers,
soit la vente, soit simplement l'admodiation de leur droit
de vain pâturage, sous peine de 50 francs d'amende et
de confiscation du bétail contre le preneur, qui en outre
devait payer une amende de 50 francs sans que
jamais dans aucun cas, les juges puissent modérer
les condamnations. Dans certaines circonstances, le
législateur apporta quelques dérogations à cette règle
absolue en raison des circonstances désastreuses dans
lesquelles une foule de communes se trouvèrent, principalement pendant la période des guerres du XVII° siècle, en autorisant à louer tout ou partie de la vaine pâture, afin que ces communautés pussent se procurer
quelques ressources.

La coutume, après avoir posé l'ensemble des règles
relatives à la vaine pature, devait prévoir les infractions qui seraient commises à cette occasion. Dès avant
1594, nous connaissons les peines excessivement sévères portées en cas de mésus champêtres ; l'ordonnance
du 31 juillet 1571 prononçait contre les délinquants le
bannissement et le fouet, et s'ils étaient repris ensuite
dans l'intérieur des états des ducs, après leur expulsion,

la peine de la mort naturelle. Ces pénalités, beaucoup
trop rigoureuses, furent transformées par la coutume
et réduites à de simples amendes; si la contravention
avait eu lieu de nuit et de garde faite, l'amende était de
5 sols par tête de bétail, plus la confiscation au profit
du seigneur. Il y avait « garde faite » nous dit à ce propos la coutume de Bassigny (133), lorsque « celui qui
est commis à la garde du bétail est trouvé gardant
iceluy en l'héritage auquel le dommage est fait, ou que
le gardien est près dudit bétail de sorte qu'il le peut voir
et ne fait diligence de le mettre hors, ou qu'il mène ou
conduit le bétail audit héritage. »

Lorsque le mésus avait été commis de jour, le coupable n'était condamné qu'à une amende de 5 sols par
tête et à des dommages intérêts proportionnés aux dégâts causés par le bétail. (Lorraine : XV, 4 et 5). Les
délits de nuit étaient donc beaucoup plus sévèrement
punis que ceux de jour, parce que, nous dit Marcol :
« ceux qui sont trouvés nuitamment méritent peine plus
forte, car le propriétaire repose sous la confiance de la
défense des lois. »

Le taux de ces diverses amendes fut augmenté dans
une assez forte proportion par une ordonnance du 29
mai 1709, qui prononçait contre les mésusants de jour
et pour échappée une amende de 5 francs, et une de
10 francs, si la contravention était de nuit, ou de jour
« de garde faite. » Cette nouvelle législation fut néanmoins de très courte durée, où l'ordonnance du 2 janvier 1710 rendue à la suite de mauvaises récoltes
ramena le montant des amendes aux quotités fixées
par la coutume de 1594, en y ajoutant simplement une

somme de 5 sols attribuée au bangard, qui avait constaté la contravention.

Nous mentionnerons enfin dans cet ordre d'idées, une
déclaration d'avril 1733, interprétative des articles 2, 4,
5, 11 et 15 de la coutume de Lorraine, décidant que les
amendes pour échappées de bétail ou mésus de jour
seraient fixées au chiffre de 7 gros barrois par tête de
bétail, et à 14 gros, si le délit avait été commis de nuit.
S'il y avait eu « garde faite » de jour, la peine était de
5 francs d'amende, si c'était de nuit, le coupable se
voyait en outre frappé de la confiscation de son bétail.
Ces dispositions furent étendues au baillage de Saint-
Mihiel par déclaration du 10 mai 1735.

Les autres coutumes avaient prononcé des peines plus
ou moins sévères; ainsi à Epinal, la confiscation n'était
jamais ordonnée, mais était remplacée par une amende
de 60 sols (VIII, 9); à Marsal, l'amende était de 5 francs
à garde faite, et de 3 gros pour mésus par échappée
76); à Gorze, les infractions de jour dans un lieu clos,
sont punies de 1 franc barrois, de 2 francs en cas de récidive, et enfin d'une amende arbitraire si le même
auteur se rend coupable à nouveau du même délit, le
tout sans préjudice des dommages-intérêts (XVI, 24). Si
la contravention avait eu lieu de nuit, ou si de jour elle
avait été faite avec effraction, l'amende pour la première fois était de 5 francs et de 10 pour la seconde.
(Gorze : XVI, 25).

La coutume de l'Evêché de Metz enfin prononçait une
amende de 3 gros pour échappée, de 6 francs pour
mésus de garde faite de jour, et de 12 francs pour garde
faite de nuit. (XIV, 6).

Dans toutes les législations que nous venons de parcourir, il n'y avait point à se préoccuper de la position du délinquant, lorsqu'il s'agissait de prononcer la confiscation. Les indigents n'échappaient pas à cette règle générale, et ce fait constitue une dérogation très remarquable au principe posé par la coutume de Lorraine en matière de saisie, prescrivant qu'en droit commun on ne pouvait saisir les bestiaux nécessaires à l'existence des pauvres. (Lorraine : XVII, 20.)

Au sujet de la vaine-pâture, et comme s'en rapprochant, nous rappellerons un droit, qui était d'un usage général en Lorraine : le glanage. Le glanage consistait dans la tolérance laissée aux indigents de recueillir tous les épis oubliés dans les champs après la rentrée des moissons. La coutume de Gorze mentionne expressément la permission du glanage, mais pour qu'il en fût ainsi, il fallait que la récolte fût rentrée, et non pas seulement mise en gerbes (XVI, 23.) On pourrait encore, il nous semble, rapporter au glanage l'ordonnance du 2 août 1711 dans laquelle il est dit qu'il n'est permis d'envoyer les bestiaux au vain pâturage dans les champs moissonnées que vingt-quatre heures après l'enlèvement des gerbes, car il est probable que ce délai n'était accordé qu'en vue de permettre le glanage d'une façon utile.

CHAPITRE III

Lorsque la vaine pâture, au lieu de s'exercer sur le territoire de la Commnne à laquelle appartenaient les bénéficiaires s'étendait aux bans des communes voisines, cette servitude usagère prenait le nom de parcours.

Le parcours était admis dans toutes nos coutumes lorraines; son origine est très ancienne, et, si nous en croyons Marcol : « ce droit n'est autre chose qu'une usance de coutume qui dépend des anciennes sociétés, qui étaient entre deux ou plusieurs villes ou villages de divers seigneurs pour la commodité de leur commerce et la nourriture de leurs bestiaux, comme si l'on disait parcourir les champs et héritages d'un village voisin à charge de représailles. »

Aussi peut-on dire, qu'en Lorraine, le parcours existait partout où il n'y avait titre, signes ou prescription contraires. (Lorraine XV, 1. — Saint-Mihiel : X II, 1. — Vitry : 122. — Epinal : VIII, 2. — Evêché de Metz : XIV, 1. — Gorze : XVI, 1. — Verdun : X, 1. — Luxembourg : XVIII, 1. — Châtel : IX, 1.). Notons toutefois que le parcours fut supprimé législativement dans

le Barrois-Mouvant et dans les Trois Evêchés par édits
de mai 1768 et août 1769.

Ce droit était réciproque et s'exerçait sur le finage de
la commune voisine ; mais il fallait pour cela que les
« bans fussent joignant, » c'est-à-dire qu'il n'y ait entre
les territoires des deux localités aucune parcelle de terre
si peu considérable qu'elle fût, appartenant à une tierce
communauté. (Lorraine : XV, 1). Il ne suffirait même
pas qu'il y eût un point de contact entre les deux fina-
ges, il fallait de plus qu'ils se joignassent complètement dans toute l'étendue du territoire situé du côté de
la commune sur laquelle on voulait user du parcours.
(Arrêt de la Cour entre les habitants de Villiers et ceux
de Caussy :) Ainsi le parcours ne serait pas possible, si
entre les deux bans il y avait rivière ou bois seigneuriaux. (Saint-Mihiel : XIII, 2.)

La réciprocité de fait était formellement indiquée par
la jurisprudence comme un caractère essentiel du parcours, de telle sorte que si l'une des communes cessait
d'en jouir pour un motif légal, l'autre ne pouvait en conserver le bénéfice. (Arrêt de la Cour Souveraine du 4
avril 1770.)

Le parcours pour être valablement exercé devait l'être
entre deux communes dépendant du même Etat, remarque présentant une certaine importance pour les
villages situés aux frontières de Lorraine. C'est ainsi que
les communes limotrophes du Barrois-Mouvant et de
l'Evêché de Metz ne purent plus jouir de ce privilège
à partir des édits de mai 1768 et août 1769, qui suppri-
maient totalement ce droit dans ces deux provinces. C'est
également en vertu de ce principe, qu'il n'était point
admis en droit qu'on pût user du privilège du parcours

entre communes lorraines et françaises en vertu seulement de la possession immémoriale. (Arrêt du 13 décembre 1575.) Telle était la loi ; mais en fait il paraît
que le parcours existait entre ces villages, parce que,
nous dit Dilange : « ces peuples, qui sont similés, se sont
accordés les uns les autres par une tacite société et communication de leurs vaines pâtures. »

Le droit de parcours ainsi limité appartient en principe à tous les habitants de la commune ; mais néanmoins il avait été jugé que le fermier d'un seigneur résidant dans un autre village, ne pouvait, dans les
Vosges, conduire au parcours son troupeau sur les terres de la seigneurie de l'autre village. (Arrêt du 1er mars
1707.

Quant aux fonds sur lesquels, dans chaque commune le parcours pouvait avoir lieu, les coutumes
nous apprennent que ce sont tous ceux qui sont soumis à la vaine pâture ; nous ne reviendrons pas sur les
règles que nous avons déjà données à ce sujet relati-
ment aux différentes prohibitions de pâturage, nous
contentant de poser cette maxime que le parcours est
interdit dans toutes les terres où la vaine pâture est
elle-même prohibée. (Lorraine : xv.) Cette même similitude a lieu pour les époques où le pâturage est permis, pour les terres, qui y sont soumises et pour les
animaux que l'on peut y conduire.

Le droit de parcours étant d'un usage général en
Lorraine il arrivait que toutes les communes ou à peu
près envoyaient leurs troupeaux en pâture sur les territoires les unes des autres, et il en résultait souvent
que deux communes différentes conduisaient leur bétail sur le ban d'un troisième village situé entre elles.

Dans ces circonstances, il aurait pu s'élever des difficultés relativement à l'endroit où chaque troupeau
devait s'arrêter ; ainsi il eût été inadmissible qu'un
bourg situé à l'est d'une commune par exemple préten-
dît exercer son droit de parcours sur tout le ban de
cette commune, même jusqu'à la limite occidentale de
son territoire, ce qui n'eût pas manqué d'amener des
procès avec le village placé à l'ouest de la commune,
sur laquelle ce pâturage avait lieu. Les coutumes pour
remédier à ces inconvénients journaliers avaient précisé
d'une façon presque mathématique la partie du ban que
chaque commune pourrait utiliser. Le parcours avait
lieu sur toutes les terres situées entre les deux villages
jusqu'au clocher de chaque bourg, s'il y a une église,
et jusqu'au milieu du village, s'il n'y en a pas. « La limite, qui se règle par l'écart du clocher, suppose une
ligne droite d'un clocher d'un village au clocher de
l'autre, entre lesquels il y a parcours et une autre ligne traversant chaque clocher et perpendiculaire
à la ligne droite, de sorte que les lignes traversant les
deux clochers soient parallèles. Cela fait limite respec-
tive et de même de chaque village dans sa direction
par la ligne droite d'un clocher à l'autre. » (Lorraine :
xv, 1. — Vitry : 122. — Bar : 206. — Saint-Mihiel : xiii,
1. — Clermont : xx, 3. — Epinal : viii, 2. — Gorze : xvi, 2.
— Evêché de Metz : xiv, 1. — Verdun : xi, 1. — Analyse
des coutumes, page 391). A Luxembourg les limites
étaient assignées par la justice aux différentes communes. (xviii, 2, et 21).

Telle était la règle générale pour la détermination du
parcours, mais elle n'avait rien d'obligatoire et la
convention pouvait la modifier, hypothèse où l'on in-

diquait la séparation fictive par des bornes ou autres signes extérieurs. (Saint-Mihiel: xiii, 2. — Gorze : xvi, 3.)

Nous savons que la contiguïté des deux villages était une condition absolument nécesaire pour jouir du parcours ; aussi n'était-il point permis, pour se rendre au pâturage, de faire traverser aux troupeaux une partie du territoire d'un autre village situé entre les deux communes qui prétendaient exercer leur droit de parcours. Ce délit spécialement prévu par les coutumes portait le nom de « transfinage », et était frappé d'une amende de 5 sols par tête de bétail, si l'infraction avait eu lieu de jour ou de nuit par simple échappée, à à laquelle on ajoutait la confiscation en cas de « garde faite » (Lorraine: xv, 2. — Gorze: xvi, 4. — Verdun : xi, 1,) sans que le délinquant pût jamais pour s'excuser ou se disculper arguer de la saison avancée dans laquelle on se trouvait et par conséquent du peu de préjudice causé au village intéressé. (Lorraine : xv, 2, *in fine*). La coutume de l'Évêché de Metz prononçait la confiscation chaque fois que la contravention était intentionnelle et une amende de 3 gros dans le cas contraire. xiv, 2.)

CHAPITRE IV

DE LA VIVE OU GRASSE PATURE

A la vaine pâture, l'on opposait la vive ou grasse
pâture, expressions sous lesquelles on désignait celle
qui s'exerçait à toute époque de l'année dans des terrains à ce spécialement destinés et entretenus dans ce
but. Le pâturage y était permanent et constituait le revenu du fonds ; en d'autres termes « la vive pâture
consomme toutes les récoltes produites pendant l'été par
la terre, tandis que la vaine pâture ne consomme que les
herbages crus naturellement sur le sol cultivé après
l'enlèvement des récoltes, ou ceux que produit la terre
en jachères. » Cette notion montre bien la différence,
qui sépare nettement ces deux espèces de pâturage, et
fait voir combien la grasse pâture présentait d'avantages
pour le bétail qui y trouvait une nourriture plus abondante et d'une meilleure qualité, au moins en général.

La distinction de ces deux droits, quelquefois délicate
en pratique, était essentielle, car la législation présen-
sentait à ce double point de vue des règles tout à fait
diverses.

La grasse pâture ne constituait point en effet habi-
tuellement une servitude, le droit de l'exercer n'appartenant en principe qu'aux seigneurs ou propriétaires des
fonds de cette nature, et n'étant pour eux que l'exercice

des attributs de la propriété pleine et entière. Ainsi le
bétail du propriétaire pouvait-il y pâturer, et lorsque
ces terres dépendaient d'une commune, les habitants
en jouissaient chaque fois que le village n'en avait
point disposées autrement. (Saint-Mihiel : XIII, 8). C'est
en vertu de ces règles, que la personne non-proprié-
taire qui proclamait le privilège de la grasse pâture sur
un fonds était pour cela obligée de montrer un titre formel de concession, ou simplement dans quelques con-
tumes de justifier d'une possesion immémoriale. (Gorze :
XVI, 37 et 38). — Evêché de Metz : XIV, 8. — Verdun :
XI, 2. — Vitry : 123. — Saint-Mihiel : XIII, 8).

Des principes que nous venons d'exposer ressort cette
conséquence que jamais le troupeau communal n'avait
le droit de paître dans les terres de grasse pâture (hors
le cas de propriétés communales), même si celles-ci
n'étaient point entourées de clôtures. La même interdiction frappait le bétail des communes voisines, de telle
sorte que nous pouvons nous résumer en disant que la
vaine pâture et le parcours sont prohibés dans les fonds
en nature de vive pâture.

Mentionnons en terminant que le terme « de grasse
pâture » n'avait point le même sens dans toutes nos
coutumes, et que, notamment à Gorze et dans l'Evêché
de Metz, ce mot était le plus souvent employé pour désigner le droit de glandée dans les forêts, que nous étudierons bientôt en détail [1].

---

[1] Il ne faut pas confondre non plus la vive ou grasse pâture avec ce
que nos anciens auteurs appelaient le « haut poil », c'est-à-dire le
droit consistant à faire pâturer le bétail dans la grande herbe avant la
fauchaison du 23 avril au 24 juin. Ce pouvoir exorbitant devait résulter d'un titre exprès de concession. Les seigneurs de Sorcy jouissaient
d'une telle faveur pour 149 bêtes, en vertu d'un acte de 1532.

CHAPITRE V

DE L'EMBANNIE

Le parcours n'était point possible, comme nous venons de le constater, dans les terrains en nature de grasse pâture ; il nous faut maintenant nous occuper d'une dernière circonstance y faisant obstacle : nous voulons parler de l'embannie, épharnie, épargne, ou escharnie.

On entendait par embannie le fait pour une communauté de déclarer mettre en réserve une partie des fonds de son territoire et d'y interdire par là même le parcours, tant que cette mesure n'était point rapportée. (Arrêt de 1624 contre les habitants d'Armaucourt au profit de ceux de Lanfroicourt). Cette défense exceptionnelle ne pouvait être appliquée que dans l'intérêt des habitants du village qui en prenait l'initiative ; aussi jamais les communes ne devaient les vendre, ni les louer, ni en faire profiter des bestiaux autres que ceux appartenant aux habitants, le tout à peine de confiscation. (Lorraine : XV, 29. — Gorze : XVI, 8 et 9).

Quant à l'utilité de l'embannie, voici la façon dont le Président de Mahuet s'exprime à ce sujet : « Pour comprendre ce que c'est que l'embannie, il faut savoir que lorsqu'on a fait la dernière labeur ès-terres labourables, et que l'on sème pour les blés, huit jours avant la Saint-Remy (1er octobre) et huit jours après, les laboureurs sont souvent tellement pressés qu'à peine ont-ils le loisir de retourner à la maison et d'y ramener leurs chevaux, lesquels conséquemment sont obligés de laisser pâturer à la campagne. Mais, afin que les chevaux puissent avoir de l'herbe en suffisance, les laboureurs sont accoutumés après la première faulx de mettre en ban de rechef un canton de prairie réservée, lequel on appelle embannie, sur lequel le troupeau communal n'a point pâturé et où ils envoient paître leurs troupeaux de chevaux, lesquels y trouvent suffisamment pour se nourrir, et comme cet embannie est pour le bien des chevaux des villages, il est défendu aux communautés de se priver de cette commodité par aucun contrat même de location pour y faire repaître les bêtes d'autrui sous quelque prétexte que ce soit, à moins qu'ils ne les tiennent à laix ».

Telle était la pratique en usage en Lorraine, dont le résultat était d'interdire le pâturage des fonds réservés tout à la fois au troupeau communal ordinaire lorsque l'embannie avait été prononcée pour une région particulière, et à ceux des villages voisins, qui auraient pu y prétendre en vertu de leur droit de parcours. (Gorze : xvi, 5. — Saint-Mihiel : xiii, 5).

Lorsqu'une commune avait décidé de mettre l'embannie sur une portion de son finage, elle devait s'adresser, en Lorraine, au seigneur bas-justicier pour en obtenir l'assentiment et pour la faire prononcer solennellement. (Bar : 50. — Saint-Mihiel : ii, 25.) Après la prononciation de cette mesure, il fallait pour la rendre opposable aux habitants des communes voisines la leur signifier officiellement, au moins six semaines avant la date où la prohibition devait produire ses effets. (Lorraine : xv, 29. — Gorze : xvi, 6. — Saint-Mihiel : xiii, 5.) Dans la forme usitée dans chaque localité. (Arrêts de la Cour Souveraine du 27 novembre 1703 et 13 août 1733.)

Le résultat de la notification était de permettre d'appliquer contre les communes voisines, qui auraient continué à envoyer leurs troupeaux vain pâturer dans les endroits réservés les peines prononcées en pareille circonstance. A Bar, la sanction de l'embannie violée était de 3 gros barrois, mais par interprétation de l'article 50 qui la prononçait, la jurisprudence décidait que l'amende n'était point encourue par tête de bétail, mais pour le troupeau entier. (Arrêt du baillage de Bar du 12 juin 1687 au profit de Charles Michel de Bussy contre la dame abbesse de Saint-Hilde.) La coutume de Saint-Mihiel édictait contre les contrevenants une amende de 60 sols, s'il y avait eu garde faite (xiii, 7) exigible pour chaque tête de bétail, et 5 sols dans les autres cas (ii. 25). Dans les coutumes qui étaient muettes sur la sanction de ces infractions, il fallait appliquer les peines de mésus en vaine pâture. (*supra.* — Arrêts du 15 avril 1733 et 17 avril 1757.)

Au sujet de l'embannie nous devons indiquer certaines restrictions importantes apportées au droit des communes, qui usaient de cette faculté.

Au point de vue de l'étendue des terres, qu'il était possible d'y soumettre l'usage à Saint-Mihiel ne permettait pas d'étendre cette mesure à tout le finage, mais seulement au tiers, les deux autres devant toujours rester ouverts au troupeau communal; mais il n'y avait point à se préoccuper de la nature des fonds réservés qui pouvaient tout aussi bien consister en terres labourées qu'en prairies. (Gorze : xvi, 5.)

De plus dans toutes les coutumes, il ne fallait pas que les habitants d'un village, en mettant l'embannie même sur une simple partie de leur territoire, pussent y trouver un moyen indirect de se soustraire à l'obligation du parcours. Aussi avait-on stipulé que la mise en embannie, pas plus que les permissions de faire des regains accordées par les ducs, ne pourraient en aucun cas avoir pour effet d'empêcher le passage sur les terres réservées, soit du troupeau communal, soit des communes voisines, se rendant au pâturage sur le fonds, où la défense n'avait point été mise, pourvu toutefois que ces faits ne constituassent pas des actes dolosifs ou frauduleux. Lorsque les troupeaux, en passant, commettaient quelque dégât, la commune propriétaire en devait réparation. (Gorze : xvi, 7. — Saint-Mihiel : xiii, 6. — Evêché de Metz : xiv, 5. — Ordonnance du 12 juin 1623.)

L'embannie d'ailleurs n'était jamais qu'une mesure temporaire, dont la durée ne pouvait dépasser une saison, et devait être indiquée dans l'arrêté, qui l'établissait. L'expiration de ce délai, suivi de la levée solennelle de l'embannissement, avait pour conséquence le rétablissement de la situation antérieure, c'est-à-dire que les terres pouvaient de nouveau être soumises au pâturage comme précédemment.

Notons enfin que les seigneurs eux-mêmes étaient obligés de se soumettre aux règlements d'embannie

pris par la communauté et étaient punissables en cas
d'infraction. (Clermont : xv, 17.) [1]

[1] On voit par ce qui précède que l'embannie n'était en définitive
que l'application aux pâturages de la théorie générale du ban dont
nous croyons utile de donner une notion générale.

Les bans consistent dans l'interdiction faite aux habitants d'un village de se livrer à la récolte de fruits déterminés avant qu'un arrêté
de l'autorité compétente n'en ait donné la permission. (Lorraine : xv,
10). Cette mesure pouvait s'appliquer à toutes les récoltes possibles,
même aux fruits sauvages ; mais elle était surtout fréquente en ce qui
concernait les moissons et les vendanges. Son but principal était d'empêcher la cueillette trop hâtive de fruits non mûrs qui ne pouvaient
gagner que d'être récoltés plus tard, et de faciliter beaucoup la répression des vols dans les terres, où personne ne pouvait prétendre s'y
trouver pour opérer la récolte. C'était au seigneur justicier qu'incombait le pouvoir de prononcer le ban, mais, en général, il ne le pouvait
pas de sa propre autorité privée : il lui fallait l'avis et le consentement des habitants de la commune spécialement convoqués à cet effet au son de la cloche. Les maires se livraient souvent à des exper-
tises dans le but de se rendre compte de l'opportunité de la mesure
sur laquelle on allait se prononcer. (Arrêt du conseil du 10 mars 1753).
En Lorraine et à Bar, le seigneur bas-justicier avait le pouvoir d'imposer les bans (Lorraine : VIII, 4). (Bar. : 50) et celui de les lever ; à
Gorze, c'était le moyen-justicier (III, 16), ainsi qu'à Saint-Mihiel (III,
24).

Quant aux peines portées contre les contrevenants, elles variaient
suivant les coutumes locales depuis 5 à 10 sols d'amende jusqu'à 60
sols. (Lorraine : XV, 11. — Bar. 50. — Saint-Mihiel : II, 24).

On pourrait également rapprocher de l'obligation résultant de la
mise en ban, certaines ordonnances apportant d'autres restrictions
aux droits du propriétaire ; ainsi celle du 20 juillet 1699, interdisant
aux laboureurs de rentrer leurs moissons de nuit ; celles du 29 novembre 1724, 30 juillet 1709 et 16 novembre 1720 défendant de vendre
des grains avant la récolte, enfin celles du 8 septembre 1578 et 9 septembre 1624 prohibant la vente « des vins sur pied... » etc.

CHAPITRE VI

DE LA PATURE EN FORÊT

—

Section Iʳᵉ

De la vaine pâture.

La servitude usagère de pâture pouvait s'exercer non seulement sur les terres et prés, mais encore dans les forêts, soit des particuliers, soit des communautés, où elle avait lieu, du moins en plaine, sous ses deux formes de vaine pâture et de parcours. Dans ces hypothèses, les coutumes avaient édicté des règles spéciales, aussi en avons-nous réservé l'étude pour une section spéciale. On conçoit facilement d'ailleurs que les forêts présentant un aspect très différent de celui des autres héritages soumis au pâturage tant au point de vue de la production que de l'entretien, la nécessité de ces dispositions est évidente et n'a besoin d'aucune justification.

Les titulaires du droit de pâturage dans les forêts ne pouvaient prétendre à un tel privilège, qu'autant qu'ils

en avaient été investis soit en vertu d'un titre formel
(Clermont : XX, 3,) soit en retour du payement d'une
redevance pendant trente ans, soit par inféodation (Vitry 119,) soit enfin par possession immémoriale (Saint-
Mihiel : XIII, 9. — Luxembourg : XVIII, 19,) ou simplement par la prescription de quarante ans (Verdun :
XI, 4.) Toutefois, en Lorraine, depuis 1701 et d'après
l'opinion de M. Guyot, la vaine pâture ne résultait plus
que d'un titre.

Le pâturage, qui pouvait être concédé soit à des particuliers, soit, ce qui était beaucoup plus fréquent, à des
communes, n'autorisait jamais la coupe des herbes dans
les bois, pour se les approprier directement, le tout à
peine d'une amende de cinquante francs et de la confiscation des outils et attelages, s'il y a lieu. (Arrêt du
20 mai 1758.)

Les bestiaux devaient rentrer tous les soirs à leurs
étables, car il n'était permis en aucun cas de les faire
parquer dans les forêts, ni d'y construire des abris dans
ce but.

De même, il était interdit aux usagers de conduire
pâturer leurs troupeaux dans des cantons de bois mis
en coupes, aussitôt que celles-ci avaient été exécutées,
de façon à ce que les adjudicataires de la coupe ne pussent accuser les titulaires du pâturage du vol de pièces
de bois s'il venait à s'en produire (Bassigny : 127.) D'un
autre côté, le législateur, après avoir pris ces dispositions, devait ne pas laisser les usagers à la merci des adjudicataires ; aussi l'article 8 titre XV avait-il exigé que
les coupes de bois taillis ne pourraient être faites à la
seule appréciation des propriétaires, mais qu'elles devaient être réglées et aménagées d'une façon fixe et pré-

cise. Les coupes annuelles devaient en outre être exécutées rapidement de manière à ne point porter atteinte
aux droits légitimes des habitants des communes jouissant de la pâture ; ce dernier point fut confirmé par une
ordonnance du 28 février 1698. (Lorraine : XV, 8. —
Luxembourg : XVIII, 8.)

Quant aux autres restrictions, elles avaient principalement été inspirées par l'idée que les bois où le pâturage s'exerçait ne devait point en souffrir, et qu'en con-
quence la pâture devait être interdite tant qu'un préjudice réel pouvait en résulter. Ce danger était surtout à
craindre après l'exploitation d'une coupe, alors que les
pousses de la nouvelle année et même des années suivantes étaient extrêmement tendres et délicates, et par
le fait exposées beaucoup plus aux ravages du bétail,
qui, en les broutant, aurait retardé la recrue des arbres,
ou même en aurait amené la mort par suite de la répétition de cette dévastation pendant plusieurs saisons
consécutives. Il y avait donc là un intérêt de premier
ordre à sauvegarder, aussi voyons-nous dès le xive siècle une ordonnance du 27 février 1390, confirmée par
celle du 1er décembre 1519, prononcer la mise en défense de toutes les forêts de moins de huit ans de repousse,
à peine de 5 francs d'amende pour chaque bête prise en
mésus. La Coutume de Lorraine changea ce délai, en le
restreignant à 5 ans : « jusqu'à ce que le rejet soit de
5 feuilles. » (Lorraine : XV, 7. — Vitry : 118. — Clermont : XX, 4.) et enfin l'ordonnance du 6 mai 1757 en
reporta la défense à huit ans et plus s'il y avait lieu. A
Luxembourg et à Bar il n'y avait point de délai spécial,
tout y était considéré comme une question de fait, et la
vaine pâture n'était tolérée à nouveau qu'autant que les

rejets étaient d'une taille suffisante pour ne plus pouvoir être détruits par les bestiaux. (Bar : 205. — Luxembourg : XVIII, 9). En cas de désaccord, la justice prononçait après avoir entendu les deux parties adverses.
La Coutume de l'Évêché de Metz avait fixé la défense
jusqu'à la troisième feuille seulement pour le bois des
Salines et à la cinquième pour tous les autres, mais
cette réduction, paraît-il, ne fut jamais admise par les
communes de Vic et de Moyenvic. (XIV, 7.) A Châtel le
pâturage n'était autorisé qu'après sept ans de repousse
(IX, 4) ainsi qu'à Saint-Mihiel pour les bois en montagnes : en Bassigny qu'après huit ans (127), enfin à Gorze
qu'après quatre ou cinq ans suivant la fertilité du sol.
(XVI, 12 et 47).

La même préoccupation de conservation avait également inspiré le législateur de l'ordonnance du 13 juin
1724 prescrivant que dans tous les bois situés en Lorraine, la pâture serait interdite pendant cinq ans dans
le quart de chaque forêt. Cette mesure protectrice, qui
devait s'étendre à la totalité du fonds par suite de cette
espèce de roulement quinquennal, n'était cependant
applicable qu'autant que les bois étaient dépeuplés ou
en mauvais état.

Les lettres patentes du 9 mai 1783 prohibèrent la
vaine pâture et le parcours dans toutes les coupes de
nettoiement faites dans les sapinières des Vosges jusqu'à ce qu'elles aient été déclarées défendables. Cette
décision avait été rendue nécessaire à la suite des abus
commis dans ces sortes de bois, où les prévenus prétendaient que les dispositions de la Coutume ne s'appli-
quaient pas.

Souvent les propriétaires de bois soumis à la servi-

tude usagère de vaine pâture faisaient en sorte, pour
s'y soustraire indirectement, d'entourer de jeunes coupes de moins de cinq ans un canton de taillis ancien et
défendable de manière à ce que les troupeaux ne pussent
aller pâturer sans traverser la zone prohibée et par là
sans encourir l'amende. La jurisprudence ne pouvait
tolérer une pareille fraude, aussi avait-elle décidé qu'en
ce cas les concessionnaires n'avaient point à s'inquiéter
du jeune taillis, et qu'ils avaient le droit de le traverser
sans encourir de peines. (Canon.)

Les autres restrictions apportées à l'exercice du pâturage concernaient ensuite les animaux qu'il était défendu de conduire dans les forêts. Les ordonnances du
17 décembre 1628 et 30 avril 1779 prononçaient cette
interdiction contre les « chèvres, brebis et moutons, » et
la coutume de Bassigny faisait de même contre les
porcs, sauf pour l'époque de la glandée, (128). Cette
décision fut étendue à toute la Lorraine par un édit du
6 mai 1757. La sanction dans le premier cas était de
5 francs d'amende pour chaque bête reprise en mésus de
garde-faite, de 7 gros par échappée de jour et de 14 de
nuit ; dans le second cas la peine prononcée était la
confiscation des animaux.

Le droit de pâture en forêt, comme d'ailleurs toutes
les servitudes usagères, n'existait que dans la limite des
besoins de celui qui en était investi, et ne pouvait devenir
entre ses mains une source de revenus. La coutume en
avait tiré cette conséquence que l'usager ne devait pas
envoyer dans les forêts plus d'animaux que ceux destinés à sa nourriture et à celle de sa famille, c'est-à-dire
à des personnes demeurant avec lui et ne formant
qu'une seule maison. Le nombre des animaux que cha-

que propriétaire pouvait ainsi détenir était fixé souve-
rainement par le juge, et en cas de contravention, les
animaux, qui n'avaient pas été l'objet d'une autorisation spéciale étaient saisis au profit du seigneur justicier. De plus, le propriétaire délinquant était passible
d'une amende et de dommages-intérêts envers le seigneur foncier sans préjudice des peines qui pouvaient
avoir été établies par les usages locaux. (Lorraine : XV,
27. — Gorze : XVI, 39.)

Quant aux peines portées contre les contrevenants
aux règles que nous venons de parcourir, l'ordonnance
du 3 février 1443, prononçait une amende de 25 livres
pour les mésus commis par des bestiaux appartenant
à des communes, et de 15 francs s'il sont la propriété
de particuliers, pour les délits de jour et de 25 francs
pour ceux de nuit. Cette ordonnance tomba en désuétude, et depuis la rédaction de la coutume, on appliquait
à ces contraventions les peines ordinaires édictées en
cas d'infraction aux lois de la vaine pâture (*supra*). A
Gorze toutefois, on conserva des sanctions spéciales :
5 francs pour mésus par échappée, 10 francs si c'était
de garde-faite de jour et 20 francs de nuit, et dans tous
les cas sans préjudice des dommages-intérêts accordés
par le juge au propriétaire lésé. (XVI, 47 et 48.)

Section II.

De la glandée.

Le droit de glandée, connu également sous les noms
de droit de paisson, de panage, de grasse pâture (*hoc
sensu*) ou droit de grainer, était la possiblité légale

pour ceux qui en étaient titulaires, de recueillir les fruits des chênes et des hêtres ou de les faire manger sur place par leurs porcs. Ce droit appliqué aux fruits des hêtres portait le nom de droit de faînasse et était gouverné par les mêmes règles.

C'était aux propriétaires, ou aux seigneurs des forêts, qu'appartenait le droit de glandée, aussi pour y prétendre fallait-il être muni de titres formels. (Evêché de Metz : XIV, 8 et 9. — Saint-Mihiel : XIII, 8).

La glandée présentait en Lorraine une importance très considérable où l'élevage et l'engraissement des porcs était l'une des ressources les plus précieuses des campagnards ; aussi comprend-on pourquoi cet attribut était réservé aux propriétaires qui ne le cédaient que moyennant une forte redevance. (Voir un acte de concession de la glandée aux habitants de Blamont dans les bois de Tryon, du 28 février 1608).

La durée de la glandée était variable dans notre province ; en Lorraine, elle commençait « à la Notre-Dame de Septembre » (8 septembre) et finissait « à la Saint-André » (30 novembre), date à partir de laquelle le recours, ou seconde période de la glandée, était possible jusqu'à la Saint-Georges (23 avril). (Lorraine : XV, 6. — Epinal : VIII, 6). La coutume de Bassigny limitait le « droit de paisson entre « la Saint-Michel » (29 septembre) et le 1er mars exclusivement ; celle de l'Evêché de Metz entre le 1er octobre et Noël, et le recours entre Noël et la Saint-Georges ; celle de Saint-Mihiel du 8 septembre à la « purification » (2 février), et le recours du 2 février au 15 mai. (XIII, 16); celle de Gorze de l'Exaltation de la Sainte-Croix (14 septembre) jusqu'à Noël, et le recours de Noël à la Saint-Georges (XVI, 43), celle de Verdun

du 29 septembre au 30 novembre et le recours du 11
décembre au 15 mai (XI, 6); enfin celle de Bar du 1er
octobre au 1er février (207). Le recours fut formellement aboli, malgré tout usage contraire par le règlement général des Eaux et Forêts de 1707, et depuis ce
moment la glandée fut autorisée jusqu'au 1er mars.

Pendant toute la durée de la glandée qui d'ailleurs ne
pouvait avoir lieu que dans les forêts défendables, ceux
qui en avaient obtenu la concession ne devaient y conduire que les porcs nécessaires à leur entretien. (Evêché de Metz : XIV, 11. — Châtel : IX, 21) sauf confiscation. A Luxembourg, on n'y envoyait que les porcs que
chaque usager possédait avant la Saint-Jean (XVIII, 18).
Aussi y avait-il défense absolue de conduire dans les
bois pendant la saison de la glandée des troupeaux de
porcs, autres que ceux des titulaires de ce droit particulier, et qui en général ne pouvaient posséder que
six, ou huit animaux par famille. Cette prohibition
n'existant que dans l'intérêt des propriétaires était susceptible d'être levée avec leur autorisation. (Lorraine :
XV, 9). — Saint-Mihiel : XIII, 17. — Verdun : XI, 7.
Epinal : VIII, 7,) La peine portée contre les mésusants
était une amende de 5 sols par tête, et la confiscation
en cas de garde faite.

CHAPITRE VII

DES AGENTS CHARGÉS DE LA RÉPRESSION DES DÉLITS RURAUX RELATIFS A L'EXERCICE DU DROIT DE PATURAGE

L'exercice du droit de pâturage présentant un grand intérêt pratique avait dû être l'objet des préoccupations du législateur, aussi les coutumes avaient-elles organisé dans ce but un service de personnes dont la mission était de surveiller les usagers et de constater les contraventions qui pouvaient être commises.

Ces agents spéciaux avaient reçu le nom de « messiers, banvards ou bangards », et remplissaient un rôle analogue à celui des gardes champêtres actuels. Ils étaient choisis par les communes dans les plaids annaux et n'entraient en fonction qu'autant qu'ils avaient prêté serment devant le juge royal d'accomplir fidèlement leur mandat. (Arrêt du conseil du 10 mars 1753). Dans un certain nombre de localités, ils étaient désignés par le seigneur bas-justicier : (Bassigny : 24. — Gorze : III, 4. — Luxembourg : IV, 44), et à Sainte-Marie-aux-Mines, ils prêtaient serment entre les mains des « heimbourgs » ou magistrats municipaux (16).

Les bangards devaient veiller à la conservation de

toutes les récoltes [1], et faire des tournées de jour et de nuit, point sur lequel le législateur insiste à plusieurs reprises et notamment par un arrêt de la cour du 24 novembre 1770.

Une conséquence de leur qualité d'officiers publics assermentés apparaissait dans ce fait qu'ils étaient crus de leurs constatations sur leur seule affirmation, sans avoir besoin de produire aucun témoin, au moins en règle générale. (Lorraine : XV, 11. — Châtel : V, 2. — Evêché de Metz : XIV, 22. — Marsal : 76. — Epinal : VIII, 8. — Luxembourg : IV, 44 et XVIII, 2). En Lorraine, au début, il n'y avait aucune restriction à ce sujet, et les bangards étaient crus quelle que fût l'importance du délit ; il n'en fut plus de même depuis la déclaration du 22 janvier 1723 qui limita cette prérogative pour les cas où la condamnation était inférieure à 100 francs. En Bassigny les bangards n'étaient crus sans témoin que jusqu'à 1 franc barrois (131), à Bar jusqu'à 10 sols (209), à Saint-Mihiel jusqu'à 60 sols ; enfin à Gorze le garde après chaque rapport devait en affirmer la sincérité par serment (XVI, 34.)

Lorsqu'un prévenu voulait prouver l'inexactitude ou même l'inexistence des faits relevés contre lui par un messier, il ne le pouvait qu'au moyen de l'inscription de faux (Bassigny : 12) ; mais cette procédure n'était nécessaire que pour les délits punis d'une amende inférieure à 5 francs. (12.)

Nous venons de voir que les bangards en principe

---

[1] Nous voyons par un arrêt du Conseil d'État du 23 mars 1722, qu'ils devaient veiller d'une façon spéciale à la protection des plantations de tabac, dont la culture avait été d'abord interdite par des arrêts du 13 décembre 1704 et 10 février 1707.

étaient crus sans avoir besoin de produire des témoins, nous devons toutefois mentionner que ce privilège ne leur était plus reconnu quand ils déposaient d'un fait se rapportant à leur personne, par exemple, de violences dont ils auraient été les victimes ; sauf à Luxembourg où la règle générale restait en vigueur. (Gorze : XVI, 35. — Luxembourg : XVIII, 5.)

Un bangard, après avoir constaté une contravention, devait en dresser aussitôt un rapport et l'adresser à la justice compétente dans les vingt-quatre heures, en le soumettant préalablement à l'enregistrement au greffe. (Evêché de Metz : XIV, 22.)

Le rapport contenait la mention détaillée de toutes les circonstances qui avaient accompagné ou suivi l'infraction, notamment relatait le nom du prévenu, l'heure, le lieu et le jour du délit, et devait être rédigé en français, sauf dans le baillage d'Allemagne. (Clermont : I, 30. — Evêché de Metz : XIV, 23. — Arrêt du Parlement de Nancy, du 24 août 1778.)

Les messiers étaient obligés également de s'emparer du bétail pris en mésus et des armes ou ustensiles appartenant aux contrevenants, puis de mettre le tout en gage pour assurer la comparution du prévenu en justice et le payement des amendes. Le gage saisi était du reste restitué immédiatement aux accusés qui consentaient à fournir caution suffisante. (Luxembourg : XVIII, 4.) Cette obligation de s'emparer d'une sûreté réelle était très rigoureuse pour les gardes, car si nous en croyons un arrêt du 22 décembre 1713, désapprouvé, il est vrai, par l'opinion publique, la jurisprudence allait jusqu'à déclarer nul tout rapport non accompagné d'une prise de gage. A Luxembourg, lorsque le délinquant refusait de donner cette garantie, ou la reprenait violemment des mains des gardes, la coutume prononçait contre lui une amende de 6 florins d'or, sans préjudice des peines corporelles qui avaient pu être encourues de ce fait. (XVIII, 5.)

Dans l'hypothèse, où le bangard n'avait pu saisir les instruments du coupable, il en prévenait le propriétaire du champ ravagé, dans la huitaine, à peine de 60 sols d'amende.

Les messiers étaient compétents pour verbaliser contre toute personne, sans distinction de qualité. Pour les délits commis par des domestiques ou par des enfants, l'officier de police devait les constater ; mais la responsabilité du fait retombait sur le maître et sur les parents du prévenu (Clermont : xx, 23), qui répondaient ainsi de toutes les contraventions rurales de leurs subalternes, ou des membres de leur famille.

Le salaire de ces officiers de police rurale était fixé par la coutume d'Epinal à 1 gros pour les tournées faites de jour et 2 gros par celles de nuit pour chaque délit constaté, le tout à prélever sur les amendes prononcées (viii, 9).

La justice compétente pour connaître des actions relatives aux mésus champêtres était à Gorze le moyen-justicier pour les cas où la reprise avait été faite de nuit (iii, 26) et le bas-justicier dans les autres hypothèses. (iii, 41.) Dans les autres coutumes, on devait suivre les règles ordinaires de la compétence eu égard à la quotité de l'amende, qui pouvait être encourue pour chaque infraction en particulier, ainsi en Lorraine le bas-justicier était compétent pour toutes les contraventions dont la peine était inférieure ou égale à 10 sols d'amende ; au-dessus de ce taux, l'affaire devait être portée devant le moyen-justicier, qui pouvait prononcer des condamnations à 60 sols d'amende, enfin au-dessus de 60 sols et pour les cas de confiscation, le haut-justicier était seul compétent. (Lorraine vii,1 et viii, 1.) A Saint-Mihiel,les procès se déroulent dans tous les cas devant le moyen-justicier (ii. 23.) Mentionnons une dernière sévérité édictée contre les délinquants par l'ordonnance du 7 septembre 1615 consistant dans la défense de se faire assister d'avocats pour soutenir leurs intérêts devant la justice, sous prétexte « qu'en soulevant des incidents ou des difficultés, les avocats mettaient obstacle à la rapidité des affaires. »

La coutume de Lorraine, ainsi que la plupart des autres, ne s'était point contentée de l'organisation du service des bangards pour assurer la répression des mésus champêtres ; elle avait en outre investi de ce soin d'autres personnes, et notamment les propriétaires des champs, où l'infraction avait été commise. Lorsqu'un propriétaire trouvait des bestiaux en pâture illégalement dans ses terres, il avait le pouvoir de les arrêter, de les mettre en gage et de faire rapport du tout à la justice, qui prononçait la condamnation sur sa simple affirmation suivie de serment solennel. (Lorraine : xv, 11. — Evêché de Metz : xiv, 24. — Epinal : viii, 10. — Gorze : xvi, 36.) Dans cette dernière coutume, le possesseur n'avait ce droit, qu'autant qu'il n'avait pu trouver de bangard pour constater le délit.

De même le propriétaire a également le pouvoir, quand le dégât est commis par des oies ou autres volailles, d'en tuer deux ou de les faire saisir toutes, et les conduire à l'autorité, qui poursuivait qui de droit. (Châtel : ix, 14. — Saint Mihiel : xiii, 14. — Clermont : xx, 14.)

Le soin de constater les contraventions appartenait encore à tout individu, témoin d'un délit rural, à condition d'en avertir immédiatement la justice et d'y conduire la personne qui s'en était rendue coupable et le bétail dont il avait fait reprise. Cette personne, qui remplissait ainsi le rôle du bangard devait être accompagnée d'un témoin et prêter serment de l'exactitude de ses allégations. (Lorraine : xv, 11. — Luxembourg : xviii, 3.) A Clermont, elle était crue sur son simple serment jusqu'à 5 sols. (xx, 13). Si le coupable s'était échappé, et qu'il ait été poursuivi et pris, la procédure était identique (Lorraine : xv, 12). — Epinal, viii, 11) ; mais à Luxembourg, il subissait, outre la peine légale, une amende extraordinaire (xviii, 6).

Dans toutes les hypothèses, que nous venons de parcourir, les délinquants étaient toujours condamnés à la réparation du préjudice causé aux propriétaires sur les terrains desquels les bestiaux avaient été repris, sans pouvoir jamais prouver que le dommage existait antérieurement au fait qui leur était reproché : ils étaient en quelque sorte tenus *in solidum* de toutes les dégradations commises sur le fonds ; aussi la prudence leur conseillait-elle de faire procéder à une visite de lieux immédiatement après la constatation du délit, afin de n'être point exposés à payer le préjudice qui pourrait être commis dans la suite, mais avant le jugement.

CHAPITRE VIII

DU MARONAGE

On entendait par maronage le droit de se faire délivrer dans les forêts, qui y étaient soumises, des bois soit
pour construire des bâtiments aux titulaires, soit pour
réparer ceux qu'ils possédaient antérieurement. Cette
servitude pouvait peser sur les forêts de haute-futaie
domaniales (*infra*), ou sur celles des particuliers, et ce
sont ces dernières qui feront l'objet de ce chapitre. (Lorraine : XV, 17.)

Nous ne reviendrons pas sur la façon dont ce droit
pouvait s'acquérir, les règles étant les mêmes que celles
que nous avons étudiées au sujet des servitudes réelles
en général. (Lorraine : XIV, 23. — Epinal : V, 25. —
Verdun : XI, 4. — Saint-Mihiel : XIII, 9. — Gorze :
XVI, 38. — Evêché de Metz : XIV, 9.)

Le maronage |constituait pour celui qui en était ti-
tulaire un avantage considérable, mais l'usager n'étant
pas usufruitier ne devait en user que dans la mesure
exacte de ses besoins actuels : « car l'usage ayant été
donné pour la vie de l'usager, il n'est pas entendu avoir

été donné à sa postérité de nouveaux édifices, et c'est
pour cette raison qu'il ne peut pas faire un amas exces-
sif de bois dans son bûcher pour en transmettre le prix
ou la valeur à ses héritiers. » (De Boucier.) Le plus souvent d'ailleurs le titre de concession indiquait d'une façon précise les droits de l'usager et leur étendue. Les
concessions absolument générales étaient très rares.

Cette idée que le droit de maronage est limité par
les besoins de l'usager explique la coutume en vertu de
laquelle les bois n'étaient délivrés à une commune usagère qu'autant que les charpentiers municipaux en
avaient fait la demande formelle, appuyée et affirmée
par le maire ; de plus les communes n'avaient droit à
ces fournitures que pour les réparations utiles et non
pour les dépenses simplement voluptuaires. (Ordonnance du 17 décembre 1628.)

Les pièces de bois de maronage, ou « bois merrain »
concédées ne devaient être employées qu'à la construction ou à la réparation des maisons, mais en fait il arrivait très souvent que les titulaires en faisaient un tout
autre emploi, et par conséquent commettaient une
fraude au détriment du fonds servant, dont le propriétaire eût été néanmoins obligé de fournir de nouveaux
matériaux, lorsque ceux-ci eussent été véritablement
utiles. C'est pour remédier à ces abus que d'une part
l'ordonnance générale de 1707 (III, 7), fit défense aux
usagers de changer la destination du bois de maronage
à eux livrés, à peine de subir les sanctions appliquées
au vol, et leur ordonna de justifier de l'emploi des matériaux dans le mois de l'achèvement des travaux. Ces
prescriptions furent renouvelées par l'article 41 de l'édit
du 14 août 1721 et par un arrêt de la Cour du 24 décem-

dre 1753. D'autre part, l'ordonnance du 31 janvier 1724
prohiba la délivrance des bois de maronage destinés à
faire de simples clôtures, pour lesquelles d'ailleurs on
pouvait employer les bois d'affouage (*infra*) ; mais ce
dernier point n'était pas applicable aux usagers des forêts de sapins des Vosges (déclaration du 13 juin 1724,).
Enfin la même ordonnance du 31 janvier 1724 étendit
l'interdiction aux bois, avec lesquelles les usagers prétendaient faire des « essains », s'il n'y avait un titre accordant expressément ce droit.

Le maronage ne pouvait être exercé au simple ca-
price de l'usager qui devait en jouir en bon père de
famille, et se conformer aux réglements édictés à ce
sujet par les seigneurs hauts-justiciers. (Lorraine : xv,
17. — Réglement donné par de Pressigny le 20 août
1582.) La coutume de Lorraine avait été interprétée
par l'ordonnance du 31 mars 1599, en vertu de laquelle
les dits réglements pouvaient être faits par des seigneurs
autres que les hauts-justiciers, à condition qu'ils eussent droit de propriété ou de juridiction. En pratique,
lorsqu'il s'agissait de formuler de pareils règlements,
les seigneurs avaient l'habitude de réunir tous les intéressés pour entendre leurs observations et les suivre
s'il y avait lieu. (Évêché de Metz : xiv, 12). On voit par
cette remarque combien les dispositions relatives au
droit de maronage étaient susceptibles de varier, aussi
la coutume d'Epinal avait-elle eu la précaution de dire,
pour éviter toute difficulté, que les usages locaux devaient être suivis de préférence aux articles de la coutume (viii, 1).

Lorsqu'il n'y avait point de réglement, le seigneur
du fonds servant avait le droit d'en imposer un, quand

les usagers ne se conduisaient pas en bons pères de famille, ou abusaient de leur privilège.

Tout usager ayant besoin de bois de construction ne
pouvait lui-même les abattre dans la forêt, mais devait adresser une requête écrite aux préposés forestiers du seigneur propriétaire, afin d'obtenir la désignation des arbres qui lui étaient nécessaires. L'acte de
délivrance des bois portait le nom « d'assignal » et parfois n'était point indispensable, lorsque ce titre en faisait
remise expresse. Avant le xviie siècle, l'assignal était
donné verbalement par les gruyers ; mais depuis cette
époque, il le fut par écrit. (Lorraine: xv, 17. — Gorze :
xvi, 45. — Luxembourg: xviii, 17).

Les gardes forestiers ainsi avertis devaient indiquer
les arbres en les marquant au moyen d'un marteau
spécial aux armes de la seigneurie et, sans pouvoir retarder les constructions des usagers. (Ordonnance du
27 janvier 1390). S'il y avait négligence, ou mauvaise
volonté de leur part, c'est-à-dire s'ils laissaient expirer
un délai de vingt-quatre heures sans procéder à la marque, les titulaires du maronage pouvaient abattre eux-
mêmes les arbres qui leur étaient nécessaires. (Lorraine :
xv, 25). A Châtel le délai était au maximum de huit
jours. (ix, 18 ; à Luxembourg, aucun délai n'était indiqué et tout y était une question de fait abandonnée à
l'appréciation des tribunaux. (xviii,17). Quant un usager
avait choisi un arbre et qu'on le lui avait octroyé, il
ne pouvait plus en choisir un autre sous prétexte de
défectuosité, après en avoir déjà commencé l'abat-
tage.

Les agents chargés de la délivrance des bois et d'en
surveiller l'emploi recevaient une indemnité de 10 sols

par arbre et par vacation, répartie à la façon suivante:
3 sols au maître particulier, 2 sols au procureur du roi,
2 sols au garde-marteau, 2 sols au greffier et 1 sol au
forestier accompagnant les officiers. Les vacations
n'étaient pas accordées lorsqu'il s'agissait d'arbres délivrés pour les constructions du domaine ou pour les réparations de maisons incendiées. (Voir, par exemple,
l'arrêt du Conseil d'Etat du 15 novembre 1726 pour
Sainte-Marie-aux-Mines).

Les gardes forestiers devaient livrer en premier lieu les
bois ou arbres malades et ceux « commençant à seicher
par les cimes, si ces arbres sont encore convenables »,
et ce n'est qu'à leur défaut qu'ils pouvaient désigner des
arbres verts. (Gorze : XVI, 46.) Toutefois, nous ne
croyons pas devoir appliquer au maronage les articles
18 et 19, titre XV de la coutume de Lorraine, malgré
leur apparence de généralité ; ce serait, il nous semble,
aller contre la volonté du législateur sagement inter-
prété et contre le but qu'il s'était proposé en consacrant le droit de maronage.

L'usager de ces bois ne pouvait ni les vendre, ni les
donner gratuitement, ni, à plus forte raison, les transporter à l'étranger, ni vendre son droit d'usage lui-
même, sauf le cas où le titre de concession portait la
permission d'en aliéner les produits, ce qui se rencontrait surtout pour les titulaires fabriquant des objets de
leur industrie avec ces matériaux. (Charte de Rambervillers du XIVᵉ siècle.

Indépendemment de ces prescriptions, nous mentionnerons encore la défense faite aux usagers d'abattre
les arbres réservés pour le service de l'artillerie des
ducs, (Ordonnance du 11 juillet 1572) et ceux destinés

aux constructions navales de la marine française, à peine de 3,000 livres d'amende et de la confiscation. (Ordonnance du 27 septembre 1748[1]).

Quant aux contraventions commises dans l'exercice du droit de maronage, elles étaient de la compétence des grueries seigneuriales et les peines étaient en principe les mêmes que celles prononcées contre les délinquants en matière d'affouages (*infra*). (Lorraine : XV, 23.) Lorsque les contraventions consistaient dans des faits très graves, la sanction pouvait quelquefois consister dans la privation complète du droit d'usage. (Arrêt de 1582 contre les habitants de Villers-Saint-Etienne au profit des chanoines de l'Eglise de Toul), ou en une amende, qui souvent prenait le caractère d'un cens perpétuel. (Lettres du 27 janvier 1564 contre les habitants de Battigny[2]).

[1] Il y avait de plus une véritable servitude imposée dans ce but aux propriétaires des forêts situées à moins de six lieues des rivières navigables ou flottables, qui ne pouvaient couper leurs chênes que six mois après en avoir prévenu l'administration, pour que celle-ci pût choisir les bois destinés à la marine.

[2] Parmi les droits d'usage les plus connus, nous signalerons ceux qui avaient été concédés aux habitants de Dabo par une ordonnance d'août 1569 et le règlement du 27 juin 1613. Ces usages ont fait l'objet de nombreux travaux dans lesquels les auteurs se sont principalement demandés si ces privilèges ne constituaient pas une classe particulière d'usage. La difficulté venait de ce que le caractère de réalité semblait manquer à ces servitudes, qui n'étaient point concédées indistinctement à toutes les familles de Dabo ; mais à quelques-unes seulement, revêtues de la dignité de bourgeoisie, d'où l'on fut tenté d'y voir une sorte d'« usufruit perpétuel ». M. Guyot, le dernier auteur qui se soit occupé de cette question, estime que ces usages doivent être confondus avec la servitude réelle usagère ordinaire, car la condition essentielle pour bénéficier de ces droits consiste dans l'incolat. Toutefois, les habitants de Dabo avaient reçu en vertu de leur titre de concession, la faculté de pouvoir vendre les produits de leur droit

d'usage chaque année, c'est-à-dire « huit sapins vifs, par ménage, et quatre pour les veuves ; » c'est ce caractère qui a contribué également à jeter un doute sur la question.

Les mêmes prérogatives appartenaient aussi à quelques familles d'Eingenthal.

CHAPITRE IX

Un droit usager qui se rapprochait beaucoup du maronage et qui s'acquérait de même était la servitude d'affouages (Lorraine : XV, 17). L'affouage consistait également dans l'attribution à un habitant ou à une commune d'une certaine portion de bois à prendre dans des forêts déterminées, bois dont la destination était le chauffage de ceux qui en bénéficiaient. Outre cette différence avec le maronage, la pratique en révélait une autre, à savoir que l'usager ici n'avait point à prouver son besoin actuel pour obtenir sa part. Il ne faut d'ailleurs pas confondre avec ces usagers, les habitants « amoisonnés ou affortés » qui en réalité n'étaient que des simples acheteurs ordinaires. (Comptes de la recette de Dompaire pour 1549).

Le service des affouages était organisé par des arrêtés spéciaux obligatoires tout aussi bien pour les usagers que pour les seigneurs propriétaires des forêts asservies. (Clermont : XX, 6 et 7. — Lorraine : XV, 17. — Gorze : XVI, 52 et 53).

Les bénéficiaires devaient user de leur droit en bons pères de famille, aussi leur était-il défendu de couper leur bois au hasard, mais ils étaient obligés de suivre les règlements de l'aménagement de la forêt selon les indications des agents forestiers, (Gorze : XVI, 44 et 58. — Luxembourg : XVIII, 14. — Lorraine : XV, 20.), sans jamais pouvoir exercer leur prérogative dans les parties mises en réserve, et destinées à préserver les bois de la dévastation, ni dans les bois de garenne. (Gorze : XVI, 41 et 53.).

Lorsque les aménagements n'existaient pas, les seigneurs propriétaires pouvaient les exiger. Cette mesure, qui n'atteignait en rien les droits des usagers, était très précieuse pour les propriétaires, qui par l'abandon d'une partie de la forêt aux ayants-droit, se réservaient la pleine et entière jouissance sur le surplus ; mais il ne faut pas perdre de vue que cet apportionnement n'était fait *qu'en jouissance et non en propriété*. (Acte d'aménagement de 1271 pour les habitants d'Atton et de 1317 pour Châtel-sur-Moselle).

D'une façon générale, l'assignal n'était point nécessaire en matière d'affouages (Règlement de 1580 pour Ramonchamp) ; mais il pouvait avoir été stipulé par une clause spéciale de l'acte de concession. Les coupes devaient d'ailleurs être aménagées de telle manière, que les arbres aient le temps de repousser avant d'être l'objet d'une nouvelle exploitation : le délai imposé entre chaque coupe variait de dix-huit à douze ans suivant la fertilité du sol. (Lorraine : XV, 21.)

Le soin d'indiquer les parties des bois où les affouages pouvaient être coupés incombait aux gruyers, qui dans cette mission ne devaient jamais délivrer plus de

bois que n'en comportait le titre de l'usager. (Ordonnances du 20 avril 1446, 4 décembre 1419, 4 mars 1506,
27 novembre 1540, et 27 novembre 1541.) Les maîtres
des eaux et forêts négligeaient souvent de faire ces désignations et mettaient ainsi les habitants des communes dans l'impossibilité de les exploiter durant l'hiver.
Il y avait là un abus auquel vint remédier l'arrêt du
21 mars 1757, ordonnant qu'au mois de juillet de chaque année les officiers des maîtrises indiqueraient le
canton de la forêt réservé aux affouages, à défaut de
quoi le Grand Maître y ferait procéder par un officier
spécial.

Pendant l'exploitation, les usagers ne pouvaient s'emparer des bois volés ou abattus en fraude, ni de ceux appartenant aux adjudicataires des coupes. (Ainsi jugé au
profit des chanoinesses de Darney contre la commune
de Dombasles-devant-Darney.) L'ordonnance du 23 janvier 1708 prescrivait en outre à tous les usagers des bois
seigneuriaux avoisinant les bois domaniaux de couper
leurs affouages en bûches de six pieds de longueur à
peine de confiscation et de 10 francs d'amende. Cette
prescription, qui pourrait peut être passer pour un excès
de réglementations, s'expliquait par les faits qui l'avaient
rendu nécessaire. Avant 1708 en effet les usagers des
forêts avoisinant celles des Ducs avaient soin de prendre pour leurs bois la même mesure que celle adoptée
par les forestiers de l'Etat, afin de pouvoir soustraire
pendant la nuit une certaine quantité des produits des
coupes domaniales et être assurés de l'impunité par suite
de l'impossibilité où étaient les gruyers de distinguer
ces bois mêlés à ceux des usagers. C'est cette fraude
que l'ordonnance de 1708 eut pour but de faire cesser.

Lorsque les usagers coupaient leurs affouages, la coutume leur imposait toujours l'obligation de choisir le bois-mort et le mort-bois avant d'abattre des arbres verts. (Edit du 14 août 1721, article 41.) Ces deux termes de bois-mort et de mort-bois qui par leur répétition semblent constituer une redondance à l'exemple d'un de nos dictons populaires avaient reçu chacun dans le langage forestier une signification technique spéciale (Lorraine : xv, 17. — Châtel : ix, 19 et 20. — Gorze : xvi, 92. — Luxembourg : xviii, 12.)

Le bois-mort était en Lorraine celui qui était privé de toute végétation, et qui était sec, peu importe du reste qu'il fût encore debout ou à terre ; l'usager y avait droit dans tous les cas. (Gorze : xvi, 55. — Evêché de Metz : xiv, 13.) Certaines concessions étaient limitées an bois-mort gisant par terre, ainsi celles accordées aux habitants de Liffol-le-Grand (1586) et de Châtenoy (1630.)

On entendait au contraire par mort bois les essences forestières ne portant pas de fruits, telles qu'aulnes, genêts, épines..., etc. A Gorze, ce mot désignait dans quelques localités toutes les espèces d'arbres à l'exception du chêne et des « fougs » (hêtre). Gorze : xvi, 55 et 57. — Lorraine : xv, 20.) L'usager ne pouvait abattre ces arbres qu'autant que les gruyers en avaient fait les désignations (*supra*.)

Quant aux châblis ou « ventoirs », c'est à dire les arbres renversés par la tempête ou par tout autre accident, dont l'importance était considérable dans les pays montagneux, ils appartenaient dans toutes les hypothèses aux propriétaires des forêts et jamais aux usagers (Luxembourg : xviii, 16,) sauf concessions expresses. (Chartes de Saint-Quirin de 1471 et d'Archette 1575.)

Le droit de l'usager devait être proportionné à ses besoins, il ne pouvait ni vendre, ni transporter, en dehors de la commune où il habitait, le produit de ses affouages. (Lorraine : xv, 19 et 23. — Gorze : xvi, 54) ou le droit lui-même d'usage. (Ordonnance du 6 août 1569 et 5 décembre 1740.)

Lorsque ce droit appartenait à une commune, les affouages devaient être partagés entre tous les habitants en y comprenant le curé et à son défaut le vicaire (Clermont : xxi, 7. — Arrêts de la Cour du 4 septembre 1704 et 7 juin 1706.)

La répartition entre les ayants droit se fit différemment suivant les époques. D'après le règlement du 31 janvier 1724 la distribution dans les bois ducaux avait lieu par portion ; on attribuait une portion entière aux habitants payant 30 livres d'impositions, deux tiers de portion à ceux qui payaient 10 livres, et enfin un tiers à tous les autres ; deux portions au seigneur résidant, une et demie au curé ou vicaire, une et demie aux nobles résidants, et une s'ils n'y sont pas domiciliés. Toutes ces portions étaient tirées au sort. Ce mode de répartition très injuste en fait fut aboli par la déclaration du 13 juin 1724, qui établit un partage égal entre tous les habitants. (Arrêts du 31 décembre 1746 pour la commune d'Emestroff, et du 9 février 1754 pour Salm.) Signalons encore à ce sujet l'arrêt du 20 mai 1758 permettant aux maréchaux et cloutiers éloignés des forêts de convertir leurs affouages en charbon avant de les transporter.

Les produits que les usages retiraient des affouages pouvaient consister soit en bois de chauffage, soit en échalas, ou ramées, soit encore en écorce de chêne ou

32

de sapin. (Lorraine : XV, 21. — Gorze : XVI, 51. —
Charte de Rambervillers de 1427.)

Les infractions pour mésus étaient punies en vertu
des règlements émanant des Ducs, auxquels on devait
ajouter, s'il y avait lieu, les usages locaux. (Lorraine :
XV, 24. — Ordonnance du 27 novembre 1540.) Tout délinquant surpris de nuit dans les bois avec voitures
attelées, encourait la confiscation de son attelage et des
bois dont elles étaient chargées au profit du haut-justicier. (Lorraine : XV, 26.) Si la contravention avait eu
lieu de jour, la confiscation n'était prononcée que contre les « forains » et tel était l'usage local. Dans tous les
cas, le seigneur foncier avait droit à la réparation du
préjudice causé. A Gorze l'amende était de 5 francs
(XVI, 49,) et de 6 francs dans l'Evêché de Metz. (XIV, 16.)
En cas d'abus de jouissance, les usagers à Luxembourg
pouvaient être frappés d'une amende arbitraire, qui ne
devait toutefois jamais dépasser 6 florins d'or. (II,
47.)

Nous ajouterons enfin que l'ordonnance du 14 juillet
1611 portait une amende de 15 francs contre toute personne ayant coupé un chêne, sans en avoir la permission, de 10 francs pour les arbres fruitiers, et de 5 francs
pour toutes les autres essences.

Quant aux agents chargés de veiller à la répression
des contraventions en matière de maronage et d'affouages, c'étaient d'abord les gruyers ducaux, puis ceux
nommés par les seigneurs. (Verdun : XI, 5.) Les affaires
étaient portées aux basses-justices ou aux tribunaux
des grueries jugeant en premier ressort et à la Chambre
des comptes en appel. Les officiers sont crus de leurs rapports déposés dans les vingt-quatre heures, sur leur sim-

ple affirmation pour les faits entraînant une amende
de moins de 5 francs à Verdun (XI, 3.) et de 5 sols tournois à Vitry. Les détails de la compétence et de la procédure étaient d'une façon générale semblables à ceux
que nous avons donnés au sujet des bangards, aussi n'y
reviendrons-nous pas en ce moment [1].

[1] Nous avons vu que le seigneur du fonds servant pouvait, au moyen
de l'apportionnement, imposer aux usagers l'obligation de n'exercer
leurs droits que dans une partie déterminée de la forêt, mais nous
devons ajouter qu'il jouissait encore d'une autre faculté, lorsqu'il voulait détruire à jamais le lien qui l'unissait aux usagers : ce moyen était
le cantonnement.

Le cantonnement était l'opération en vertu de laquelle le seigneur
abandonnait *en pleine propriété* aux usagers un certain canton de sa
forêt, à condition de la renonciation de la part de ces derniers à leurs
droits sur la partie dont il restait propriétaire souverain. Ce contrat
qui, au premier abord, pourrait peut-être paraître présenter moins
d'avantages que le simple apportionnement, où le seigneur n'aliénait
rien de sa propriété, avait néanmoins des effets très précieux, car il
anéantissait complètement la servitude imposée moyennant l'abandon
pur et simple d'une partie relativement peu considérable de sa terre.
Le cantonnement était connu en Lorraine dès le xive siècle, et M. Guyot
fait mention d'un acte de 1345 par lequel le seigneur d'Haussonville,
pour décharger ses bois des droits d'usage, abandonne la propriété de
425 jours de bois à l'abbaye de Moyenmoutiers, usagère. (Voir : Guyot :
Les forêts lorraines.)

CHAPITRE X.

Il nous faut, avant de terminer la matière des servitudes, indiquer quelques règles spéciales lorsqu'il s'agissait de droits d'usage sur les biens domaniaux, soit de
pâturage, soit de maronage, soit enfin d'affouages.

Le principe dominant est que pour prétendre à l'exercice de ces privilèges, il faut être nanti d'un titre formel de concession, et que jamais la prescription ou la
possession immémoriale ne peuvent le remplacer. Cette
nécessité absolue d'un titre est indiquée dans un grand
nombre d'ordonnances parmi lesquelles nous mentionnerons celles du 27 novembre 1541, du 23 mars 1616,
15 mai 1712, le règlement général des Eaux et forêts
de 1707, celles du 6 février 1710, 7 janvier 1713 et enfin
31 mai 1731.

Nous avons vu précédemment quelles étaient les règles suivies quand il s'agissait d'un bien royal donné
en censive, nous avons constaté surtout que ces concessions étaient révocables au bon plaisir des ducs; nous
devons examiner ici la même question et étudier si les
droits d'usages accordés par les ducs sur les domaines

étaient définitifs et irrévocables? Nous avons fait valoir, dans la deuxième partie de cette étude les raisons qui à notre avis devaient faire admettre le principe de l'inaliénabilité des biens domaniaux ; notre conviction restant identique, nous en tirerons cette conséquence que les droits d'usage concédés dans de pareilles conditions étaient toujours révocables. Il faut même aller plus loin, et dire que jamais la convention, même expresse, ne pourra renverser cette règle d'ordre public, et que, par suite, les droits d'usage seraient révocables, alors même, qu'une clause formelle aurait été insérée dans l'acte de concession. La jurisprudence qui avait été souvent appelée à se prononcer sur des difficultés de cette nature, n'avait jamais hésité et s'était toujours rangée à l'opinion que nous venons de présenter. (Ordonnance du 21 décembre 1446, 25 septembre 1736, 9 juillet 1729, 18 mars 1722 et Arrêt de la Cour Souveraine du 8 février 1749).

POSITIONS

Droit romain.

I. — Le simple pacte engendre une obligation naturelle.

II. — La dévolution n'existait pas à Rome dans l'ordre des agnats.

III. — La dévolution d'ordre à ordre était consacrée par la loi des Douze-Tables.

IV. — Les mots « salva rerum substantia » dans le principium du titre IV du Livre II des *Institutes de Justinien* indiquent que l'usufruitier ne peut « abuti », c'est-à-dire changer la destination de la chose sur laquelle son droit s'exerce.

Droit civil.

I. — Un testateur ne peut valablement imposer à ses héritiers l'obligation de rester dans l'indivision même pendant moins de cinq ans.

II. — Un interdit judiciaire ne peut valablement contracter mariage.

III. — L'article 1328 du Code civil est limitatif.

IV. — La clause insérée dans un contrat de mariage en vertu de laquelle des futurs conjoints déclarent adopter ou non le régime de communauté si telle condition se réalise ou ne se réalise pas, n'est pas valable et doit être annulée.

Droit international privé.

I. — La règle « locus regit actum » s'applique aussi bien aux actes authentiques qu'aux actes sous-seing privé.

Droit criminel.

I. — La loi du 14 août 1885 portant liberté de fabrication des armes de guerre n'a pas abrogé les dispositions relatives au port d'armes, et notamment l'article 314 du Code pénal et la loi du 24 mai 1834.

II. — La tentative impossible n'est punissable en aucun cas.

Droit administratif.

I. — Tout particulier lésé dans ses droits par une décision administrative peut agir par la voie contentieuse pour faire reconnaître la validité de ses prétentions.

II. — Tout particulier simplement lésé dans ses intérêts ne jouit que d'un recours gracieux pour obtenir le rapport de la mesure dont il se plaint.

Droit des gens.

1. — Un fonctionnaire public d'un Etat appelé régulièrement sur le territoire d'une nation voisine pour affaires de service, et particulièrement pour le redressement de bornes frontières, alors que cette mission rentre dans ses attributions en vertu d'une con-

vention intervenue entre les deux Etats voisins, doit être regardé
comme inviolable et en conséquence ne peut être arrêté sous
aucun prétexte par les autorités du pays étranger dans lequel il
se trouve momentanément.

Vu par le doyen de la Faculté
Président de l'acte public.

E. LEDERLIN.

VU ET PERMIS D'IMPRIMER

Le Recteur,

M. MOURIN.

TABLE DES MATIÈRES

—

ESSAI

SUR LES GENS ET LES GENTILES A ROME

——

Pages.

BIBLIOGRAPHIE. 1

INTRODUCTION et SOMMAIRE. 3

CHAPITRE I. — Aperçu chronologique des différentes opinions émises sur la *gentilitas* par les auteurs anciens et modernes : St-Isidore de Séville. — Budée. — Cujas. — Gravina. — Pasquier. — Hotoman. — Cbladen. — Pothier. — Sigonius. — Terrasson. — Nieuport. — Pitiscus. — Beaufort. — Rosinus. Heineccius. — Baudoin. — Fustel de Coulanges. — Laferrière. Domenget. — Guérard. — Ortolan. — Niebuhr. — Giraud. — Mommsen. — Ihering 7

CHAPITRE II. — De la nature et de l'origine de la *gentilitas* dans les temps historiques de Rome 15

CHAPITRE III. — De la *gentilitas* et de l'agnation. Comparaison et développement historique de ces deux institutions. 27

Pages

Section 1re — Epoque antérieure à la loi des Douze-Tables . 28

Section 2e — Epoque postérieure à la loi des Douze-Tables.. 40

CHAPITRE IV. — Fondement de la *gentilitas*. — Communauté d'origine. — Adoption. — Composition de la *gens*. Des affranchis. — Des *gentes* patriciennes et plébéiennes. — Destinées de la *gentilitas*. 55

   Section 1re — Du fondement de la *gentilitas*. 55

   Section 2e — De la possibilité légale pour une *gens* d'adopter des étrangers. 67

   Section 3e — Composition de la *gens*. Les affranchis pouvaient-ils en faire partie 70

   Section 4e — Des *gentes* patriciennes et plébéiennes. . . . 78

   Section 5e — De la disparition de la *gentilitas* 85

CHAPITRE V. — Droits et obligations des *gentiles* 89

CHAPITRE VI. — De la notion de la *gentilitas* en droit comparé 133

   Grèce. 135

   Inde 138

   Peuples germaniques. 141

   Etats scandinaves 144

   Suisse allemande. 144

   Celtes et Gaulois. 144

   Lois barbares 146

   Irlande 146

   Ecosse 147

   Pays de Galles. 148

   Bretagne 149

   Russie 149

   Slaves méridionaux (Bosnie, Herzégovine, Monténégro, Bulgarie, Serbie) 150

   Kabylie 155

   Résumé de droit comparé. 156

   Conclusion 156

CONTRIBUTION

A L'ÉTUDE DU DROIT COUTUMIER LORRAIN

(FIEFS — CENSIVES — SERVITUDES RÉELLES)

Pages.

BIBLIOGRAPHIE 3
INTRODUCTION 9

PREMIÈRE PARTIE

De l'alleu, des fiefs et des justices seigneuriales.

LIVRE PREMIER. — De l'alleu 17
LIVRE SECOND. — Des fiefs 23

CHAPITRE I. — Définition. Nature et origine des fiefs . . . 23
CHAPITRE II. — Des modes d'acquisition des fiefs 26
CHAPITRE III. — Du contrat d'inféodation 29

Section 1re — De la capacité requise pour concéder un fief. 29
Section 2e — De la capacité requise chez le concessionnaire
d'un fief 33
Section 3e — Des choses qui peuvent faire l'objet d'une inféodation 48

CHAPITRE IV. — Classification des fiefs 50
CHAPITRE V. — Des obligations du vassal 54

Section 1re — Notion et caractère des charges féodales . . . 54

Pages.

Section 2e — Etude des charges féodales. 58

Section 3e — A qui les charges féodales devaient-elles être
rendues 68

Section 4e — Par qui les obligations féodales devaient-elles
être exécutées? 71

Section 5e — A quel moment les devoirs féodaux doivent-ils
être exécutés? 79

Section 6e — De l'imprescriptibilité des devoirs féodaux . . 85

CHAPITRE VI. — Des devoirs imposés aux seigneurs. . . . 86

CHAPITRE VII. — Des droits du vassal sur son fief. 88

CHAPITRE VIII. — Du retrait féodal 95

CHAPITRE IX. — De la sanction de l'inexécution des devoirs
des vassaux 103

LIVRE TROISIÈME — Des justices seigneuriales.

Notions générales sur le principe de séparation de la propriété
féodale et de la juridiction 111

TITRE PREMIER. — De la Haute-Justice 114

CHAPITRE I. — Notion. Compétences civiles et criminelles.
Devoirs et charges imposées a 1 seigneur haut
justicier. 114

CHAPITRE II. — Des droits des seigneurs hauts-justiciers. . 122

1er GROUPE. — Des droits utiles ordinaires 122

Section 1re — Finance des offices seigneuriaux 123

Section 2e — Exemptions et franchises accordées aux admodiateurs et fermiers des hauts-justiciers. . 124

Section 3e — Des droits de banalité 124

Section 4e — Du droit de colombiers sur piliers. 132

Section 5e — Des droits de triage et de tiers-denier 135

Section 6e — Du droit de troupeau à part. 136

Pages.

Section 7e — Du droit de chasse.   138
Section 8e — Du droit de pêche.   154
Section 9e — Du droit de deshérence.   160
Section 10e — Du droit de bâtardise   161
Section 11e — Du droit d'épave   162
Section 12e — Du trésor   166
Section 13e — Du droit de confiscation en matière crimi-
             nelle.   167
Section 14e — Du droit de confiscation en matière civile. .   170
Section 15e — Du droit aux amendes civiles et criminelles .   172
2e *GROUPE.* — Des droits utiles contingents.   173
Section 1re — Du champart et des dîmes.   173
Section 2e — Du droit de lods et ventes.   175
Section 3e — Des corvées.   176
Section 4e — Du droit de mainmorte personnelle   178
Section 5e — Droit de foires et marchés   180
Section 6e — Droit de grand poids   181
Section 7e — Des droits de rouage, forage, fouage, péage,
             bac et pontenage   181

3e *GROUPE.* — Des droits honorifiques accordés aux seigneurs
             hauts-justiciers.   183

TITRE SECOND. — **De la Moyenne Justice.**   186
TITRE TROISIÈME. — **De la Basse Justice.**   188

APPENDICE A LA PREMIÈRE PARTIE   190

    1o Copie d'un acte d'inféodation.   190
    2o Acte relatant la prestation d'un hommage-lige   192
    3o Acte de dénombrement   193
    4o Acte de donation d'un fief avec l'acte portant confirma-
       tion et autorisation de cette aliénation par le souverain
       féodal.   194
    5o Acte constatant la permission de rétablir un signe pa-
       tibulaire   194

Pages.

6° Acte de sauvegarde 196

DEUXIÈME PARTIE

Des censives.

CHAPITRE I. — Notions et éléments de la censive 199
CHAPITRE II. — Du contrat d'accensement. Capacité des parties et objet de la concession 206
CHAPITRE III. — Des obligations du censitaire 211
CHAPITRE IV. — Des droits du censitaire 213
CHAPITRE V. — Des droits du seigneur censier 223
CHAPITRE VI. — De la sanction de l'inexécution des obligations du censitaire 226
CHAPITRE VII. — De quelques règles particulières aux censives ducales 231

TROISIÈME PARTIE

Des servitudes réelles.

Notions générales et division des servitudes 237

Des servitudes réelles 238

TITRE PREMIER. — **Des servitudes légales** 239

CHAPITRE I. — De la servitude de jour et de vue 240
CHAPITRE II. — De la mitoyenneté des murs 245
CHAPITRE III. — De la mitoyenneté appliquée à d'autres constructions que des murs 253
CHAPITRE IV. — De la clôture forcée 255
CHAPITRE V. — Des distances à observer et des précautions à prendre pour certaines constructions . . . 258
CHAPITRE VI. — De l'abornement 260

Pages.

CHAPITRE VII. — Du droit de passage pour les terres enclavées 262
CHAPITRE VIII. — De l'alignement. 264
CHAPITRE IX. — De l'écoulement des eaux naturelles . . . 266
CHAPITRE X. — Des servitudes ou charges de police imposées aux propriétaires de maisons ou terrains
situés dans les villes 267

TITRE SECOND. — **Des servitudes conventionnelles** 278

TITRE TROISIÈME. — **De la servitude réelle usagère** 278

CHAPITRE I. — Notions générales. 278
CHAPITRE II. — De la vaine pâture 282
CHAPITRE III. — Du parcours. 300
CHAPITRE IV. — De la vive ou grasse pâture 305
CHAPITRE V. — De l'embannie 307
CHAPITRE VI. — De la pâture en forêt 312

Section 1re — De la vaine pâture. 312
Section 2e — De la glandée. 317

CHAPITRE VII. — Des agents chargés de la répression des délits ruraux, relatifs à l'exercice du droit de
pâturage. 320
CHAPITRE VIII. — Du maronage 326
CHAPITRE IX. — Des affouages. 333
CHAPITRE X. — Des servitudes usagères dans les domaines
ducaux 340

POSITIONS. 343

Saint-Amand (Cher). — Imprimerie de DESTENAY.

www.ingramcontent.com/pod-product-compliance
Lightning Source LLC
Chambersburg PA
CBHW060916220326
41599CB00020B/2980